ESKİLERİN MASALLARI

ESÂTİR-UL EVVELİN

MURAT UKRAY

ESKİLERİN MASALLARI
ESÂTİR-UL EVVELİN

ೞ ✿ ೞ

Yazarı (Author): Murat UKRAY
Sayfa Düzeni ve Grafik Tasarım: E-Kitap Projesi
Yayıncı (Publisher): http://www.ekitaprojesi.com
Baskı ve Cilt (Print): POD (Bookvault) Inc.

Sertifika: 45502
İstanbul – Ağustos, 2013

ISBN: 978-625-8196-71-9
eISBN: 978-605-9654-26-5

İletişim ve İsteme Adresi:
E-Posta (e-mail): muratukray@hotmail.com
İnternet Adresi (web): www.kiyametgercekligi.com

© Bu eserin basım ve yayın hakları yazarın kendisine aittir. Fikir ve Sanat Eserleri Yasası gereğince, izinsiz kısmen ya da tamamen çoğaltılıp yayınlanamaz. Kaynak gösterilerek kısa alıntı yapılabilir.

İTHAF

"Bu ESER, tüm ESKİMEZ ESKİLERİ'me, KIYAMET'e Kadar Eskimeyecek olan KUR'AN-I HAKİM'e ve Kabirde Bulunan Ahiret Hayatına Göçüp Gitmiş ATALARIMA ve Onların Kudsi HİKAYELERİ'ne & HATIRALARI'na İthaf ve Takriz edilmiştir, Ruhunuz Şad olsun, AMİN.."

قىيامەة گەرچەكليغي كلياتى

Kıyamet Gerçekliği Külliyatından

ESKİLERİN MASALLARI

ESÂTİR-UL EVVELİN

©*Copyright By: Murat Ukray*

~ *2013* ~

ESKİLERİN MASALLARI

&

ESÂTİR-UL EVVELİN

"Birden akla gelen ve "BU YILIN TECDİD EDİCİ MÜELLELLİFATI ACABA NE OLACAK?" diye düşünürken, parlak ve Tarih-i Kadimin derin derelerini, Kuran-ı Hakim'in nuruyla aydınlatan birtakım kıssaların içerisinde, iman-ı tahkikiye giden yollar olduğunu işaret eden, isbat ve ilan eden bu mühim eser, zaten Kıyamet Gerçekliği'nin mühim bir parçasının bu ayın içinden itibaren gün yüzüne bu eserle çıkmaya başlaması, bu yıl içinde telif edilecek tefsir-i hakiki'nin de zaten bu eselerin içerisinde olacağına dair işaret geldi. Kıyamet Gerçekliği'nin her bir parça eseri, içerisinde bulunduğu zamana ait iman-ı tahkikinin en mühim meselesine bakan İMAN-KÜFÜR mücadelesine ait en mühim meseleyi her sene içerisinden çıkan ve her yıl yenilenen bir eseriyle TECDİD ettiği gibi, hem ZAMANI hem de İNKAR'dan vücut bulan o mesele-i mühimmeye dair tam bir açıklamalı cevap getirerek, ZAMANI YENİLEMEKTEDİR."

"Mühim bir kısmı zamanın, GENİŞ DAİRESİ'ndeki en önemli hadisata ilişkin bir takım hikayeler ve her ne kadar MİT, MASAL (MESEL)'ler, DESTAN'lar veya EFSANE'ler olarak bunlara bakarken, bu eserler niçin telif gereği düşünüldü diye kendi kendime sorarken birden şu Kur'an-ı Hakim'in parlak ayeti bana yön gösterdi ve ne için çoğunluğunun kaynağı olan Hindistan ve Şarki Asya civarındaki yüzyıllardır anlatıla gelen birtakım destan ve hikayelerin içerisinde dahi, Kur'an-ı Hakim'in birçok suresindeki birçok ayetinde işaret edilen ve o eski zamanlardaki İMAN-KÜFÜR mücadelelerinin varlığına dalalet eden ve bu cihetle o eski zamana bakan ayet-i celilelerin iman-ı tahikikiye uzanan şubeleriyle ilan ve isbat etmek üzere yazılan şu küçük fakat mühim eser; Agarta, Atlantis, Mu, Çin-Hind vs. eski medeniyetler; ile Nuh, İbrahim, Zülkarneyn, İbrahim AS. vs. Kur'an-ı Hakim'de anlatılan peygamberlik hikayeleri bağlantısı meselesine bu zamanda neden çalıştırıldık diye sorarken, işin hakikati şimdilik şu ayet-i celileler ile bildirildi:"

KURAN-I HAKİM:

31. Onlara âyetlerimiz okunduğu zaman dediler ki: «(Evet) işittik, istesek biz de bunun benzerini elbette söyleyebiliriz. Bu ÖNCEKİLERİN MASALLARI'ndan başka bir şey değildir.»
{ENFAL, 31}

24. Onlara: Rabbiniz ne indirdi? denildiği zaman, «ÖNCEKİLERİN MASALLARI» derler.
{NAHL, 24}

Yazar Hakkında

Murat UKRAY, 17 Ağustos 1976 tarihinde İstanbul'da doğdu. İlk, orta ve lise öğrenimini İstanbul'da tamamladı. Daha sonra Yıldız Teknik Üniversitesi Elektronik Mühendisliği bölümünde ve aynı üniversitenin fen bilimleri enstitüsünde yüksek lisans öğrenimi gördü. 2000'li yılların başından bu yana, çeşitli yerli ve yabancı kaynaklardan araştırmalar yaparak imanî ve bilimsel konularda çeşitli makaleler ve grafik tasarımları (aralarında Hz. Mevlana, Üstad Bediüzzaman Saidî Nursî'ye v.b. ait çizimlerin de bulunduğu) eserleri hazırladı. Çocuklar için *"Galaxy"* isimli bir oyun tasarladı. Yazarın, kaotik zaman serileri ve yapay sinir ağlarıyla borsa da tahmin sistemleri üzerine uluslararası düzeyde yayınlanmış bir makalesi ve yayınlanmış iki kitabı vardır. Bunlardan ilki: Kıyamet Gerçekliği, Kur'ân'daki İncil'deki ve diğer bazı ilmî kaynaklardaki kıyametin büyük alâmetlerini içinde bulunduğumuz zamana yönelik açıklamaya ve aydınlatmaya yönelik bir çalışmadır. Kitaba, ayrıca günümüz Türkçe'sini Osmanlı Alfabesine kodlayan bir de Osmanlıca Alfabe konulmuştur. Kitap, bu konuyla ilgili Kur'an âyetleri ve hadislere yönelik batınî bir tefsirdir. İkincisi ise: 5 Boyutlu Rölativite ve Birleşik Alan Teorisi, Plâton'dan günümüze kadar devam eden süreç içerisinde yapılan fizik yasalarını birleştirme çabasına yönelik bir çalışma olup, Kur'ân'ın bazı semavî müteşâbih ayetlerinin tefsirine yönelik, bugüne kadar çeşitli bilim adamları tarafından yapılmış matematiksel ve fiziksel çalışmaları da içerecek şekilde, gözlemleyebildiğimiz maddî evreni matematiksel olarak açıklamaya çalışan zahirî bir tefsirdir. Kitapta, evrenin yapısını ve karadelikleri açıklayan hikmet (fizik) yasaları çeşitli teoremlerle anlatılmakta olup, yüksek bir matematik bilgisi gerektirmektedir. Her iki çalışmanın da amacı iman-ı tahkikînin batınî ve zahirî kutuplarına yöneliktir. Yazar, halen çalışmalarına İstanbul'da devam etmektedir.

Murat UKRAY, Müstear ismini eserlerinde kullanan Yazar & Yayıncı, aslen UKRAYNA (KUZEY KAFKASYA) göçmeni olan İstanbullu bir ailenin tek çocuğu olarak 17 Agustos 1976 tarihinde İSTANBUL'da doğdu. İlk, Orta ve Lise öğrenimini istanbul'da tamamladı. Bakırköy Anadolu Ticaret Lisesi'ni başarıyla bitirdikten sonra, YILDIZ TEKNİK üniversitesi ELEKTRONİK Mühendisliği Bölümünde 1995-2000 yılları arasında eğitim gördü ve 2000 yılında mezun oldu ve aynı Üniversitenin FEN BİLİMLERİ Enstitüsünde 2002-2004 yılları arasında Yüksek Lisans öğrenimi gördü, burada ileri teknolojik araştırmalara ve bilimsel çalışmalara katıldı. Daha sonraki yıllarda ise, AMERİKA'daki GÜNEY CALİFORNİYA ÜNİVERSİTESİ (University of Southern California)'da ileri araştırmalar enstitüsünde Bulanık Cebir (Fuzzy

Lojik) yapay zeka temelli elektronik devre sistemleri ve Kaotik zaman serilerinin zaman domeni incelemeleri konusu ile Einstein'ın Birleşik Alan Kuramı üzerinde çalışmalar yaptı. Bu çalışmalarının önemli sonuçlarını Akademik makaleler ve Kitap olarak da 2007-2010 yılları arasında yine Amerikada tanıştığı POD (Print on Demand) sistemiyle yayınladığı gibi, bu yayıncılık sistemini 2011 yılından itibaren Türkiyeye getirmek ve modifiye etmek için, 2006 yılından beri yazdığı diğer eserlerle birlikte KLASİK yayıncılıkla eserlerini yayınevlerinde yayınlamak yerine, alternatif olacak bir yayıncılık sistemi şeklinde web yayıncılığının temellerini ilk kez atarak, web çalışmalarına da başlamış ve böylelikle ilk kez dijital ve basılı ortamda kitap yayıncılık hayatına da Türkiye'de başlamış oldu..

Yazarın yayınlanmış diğer Kitapları:

1- **Kıyamet Gerçekliği** *(Kurgu Roman) (2006)*
2- **Birleşik Alan Teorisi** *(Teori – Fizik & Matematik) (2007)*
3- **İsevilik İşaretleri** *(Araştırma) (2008)*
4- **Yaratılış Gerçekliği- 2 Cilt** *(Biyokimya Atlası)(2009)*
5- **Aşk-ı Mesnevi** *(Kurgu Roman) (2010)*
6- **Zamanın Sahipleri** *(Deneme) (2011)*
7- **Hanımlar Rehberi** *(İlmihal) (2012)*
8- **Eskilerin Masalları** *(Araştırma) (2013)*
9- **Ruyet-ul Gayb (Haberci Rüyalar)** *(Deneme) (2014)*
10- **Sonsuzluğun Sonsuzluğu (114 Kod)** *(Teori & Deneme) (2015)*

11- Kanon (Kutsal Kitapların Yeni Bir Yorumu) *(Teori & Araştırma) (2016)*

12- Küçük Elisa (Zaman Yolcusu) (Çocuk Kitabı) (2017)

13- Tanrı'nın Işıkları (Çölde Başlayan Hikaye) *(Bilim-Kurgu Roman) (2018)*

14- Son Kehanet- 2 Cilt *(Bilim-Kurgu Roman) (2019)*

http://www.ekitaprojesi.com

http://kiyametgercekligi.com

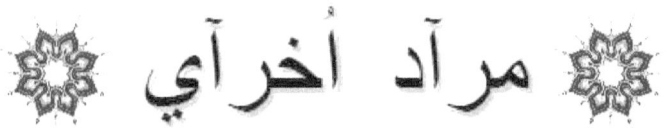

İçindekiler

Önsöz (Giriş)...(13-21)

Giriş (Mukaddime):

Birinci Ders: Niçin bu eser kaleme alındı?..............(22-63)

İkinci Ders: Adem AS'ın Kıssası...........................(64-76)

Üçüncü Ders: Yunus AS'ın Kıssası........................(77-82)

Dördüncü Ders: Nuh AS'ın Kıssası......................(83-102)

Beşinci Ders: Salih AS'ın Kıssası.......................(103-149)

Altıncı Ders: Musa ile Hızır AS'ın Kıssası..............(150-164)

Yedinci Ders: Adem AS'ın iki oğlunun Kıssası....(165-173)

Sekizinci Ders: Ölüyken canlanan
Kuşların Kıssası..(174-177)

Dokuzuncu Ders: Issız bir kasabaya
uğrayan bir adamın Kıssası...........................(178-184)

Onuncu Ders: Bahçe Sahipleri Kıssası..............(185-193)

Onbirinci Ders: Zülkarneyn AS'ın Kıssası ile Agarta
ve Mu & Atlantis Eski Uygarlıklarına giriş..........(194-306)

Onikinci Ders: Ergenekon &
Demirci Kawa Destanları...............................(307-325)

Onüçüncü Ders: Gılgamış Destanı...................(326-332)

Ondördüncü Ders: Nibelungen Destanı..........(333-348)

Onbeşinci Ders: Harut ile Marut......................(349-359)

Onaltıncı Ders: Iason ve Argonotlar Efsanesi...(360-368)

Onyedinci Ders: Kızılderili Mitolojisi..................(369-383)

Onsekizinci Ders: Theseus ve Minotauros.........(384-392)

Ondokuzuncu Ders: Yaşam İksiri
Üzerine Bir Hikaye...(393-400)

Yirminci Ders: Hayalet Gemi: Mary Celeste &
Roanoke (Kayıp Koloni) Efsaneleri................. (401-414)

Yirmibirinci Ders: 10.000 Yıllık Nükleer Savaş:
Mahabharata Destanı..................................(415-434)

Yirmiikinci Ders: HATİME – SONUÇLAR –
KUR'AN-I HAKİM'İN ALLAH KELAMI OLDUĞUNA DAİR
YAPILAN TARİHSEL İTİRAZLAR VE "ESKİLERİN MASALLARI"
İDDİALARINA CEVAPLAR.............................(435-475)

KUR'AN HAKKINDA BATILI
AYDINLARIN BAZI SÖZLERİ............................(476-478)
NOTLAR..(479-482)

ÖNSÖZ

EY ARKADAŞ! "KUR'AN-I HAKİM'in, Tarih-i Kadim'in derinliklerine bakan ve Eskilerin Hikayeleri şeklinde anlatılagelen mühim bir sırrına bakan, ONÜÇ TARİHİ MÜTEŞABİH AYETİNDEN istifade ettiğim, ON KISA PARLAK KISSA'dan ibarettir. Tamamı, BİR MUKADDİME ile tarihin derinliklerine uzanan ON KISSA'dan oluşan ON EFSANE ile sonuç niteliğindeki BİR HATİME'den oluşan 22 DERS'ten ibarettir.."

Şimdi, bu parlak hakikatlerin tamamını, TARİH VE MİTOLOJİ Lisanıyla ifade edeceğim. Kim isterse istifade edebilir..

Birden akla gelen ve "BU YILIN TECDİD EDİCİ MÜELLİFATI ACABA NE OLACAK?" diye düşünürken, parlak ve Tarih-i Kadimin derin derelerini, Kuran-ı Hakim'in nuruyla aydınlatan birtakım kıssaların içerisinde, iman-ı tahkikiye giden yollar olduğunu işaret eden, isbat ve ilan eden bu mühim eser, zaten

Kıyamet Gerçekliği'nin mühim bir parçasının bu ayın içinden itibaren gün yüzüne bu eserle çıkmaya başlaması, bu yıl içinde telif edilecek tefsir-i hakiki'nin de zaten bu eselerin içerisinde olacağına dair işaret geldi. Kıyamet Gerçekliği'nin her bir parça eseri, içerisinde bulunduğu zamana ait iman-ı tahkikinin en mühim meselesine bakan İMAN-KÜFÜR mücadelesine ait en mühim meseleyi her sene içerisinden çıkan ve her yıl yenilenen bir eseriyle TECDİD ettiği gibi, hem ZAMANI hem de İNKAR'dan vücut bulan o mesele-i mühimmeye dair tam bir açıklamalı cevap getirerek, ZAMANI YENİLEMEKTEDİR.

"Mühim bir kısmı zamanın, geniş dairesindeki en önemli hadisata ilişkin birtakım hikayeler ve her ne kadar MİT, MASAL (MESEL)'ler, DESTAN'lar veya EFSANE'ler olarak bunlara bakarken, bu eserler niçin telif gereği düşünüldü diye kendi kendime sorarken birden şu Kur'an-ı Hakim'in parlak ayeti bana yön gösterdi ve ne için çoğunluğunun kaynağı olan Hindistan ve Şarki Asya civarındaki yüzyıllardır anlatılagelen birtakım destan ve hikayelerin içerisinde dahi, Kur'an-ı hakim'in birçok suresindeki birçok ayetinde işaret edilen ve o eski zamanlardaki İMAN-KÜFÜR mücadelelerinin varlığına dalalet eden, ve bu cihetle o eski zamana bakan ayet-i celilelerin iman-ı tahkikiye uzanan şubeleriyle ilan ve isbat etmek üzere yazılan şu küçük fakat mühim eser, Agarta, Atlantis, Mu, Çin-Hind vs. eski medeniyetler; ile Nuh, İbrahim, Zülkarneyn, İbrahim AS. vs. Kur'an-ı Hakim'de anlatılan peygamberlik hikayeleri bağlantısı meselesine bu zamanda neden çalıştırıldık diye sorarken, işin hakikati şimdilik şu ayet-i celileler ile bildirildi:"

KURAN-I HAKİM:

وَاللَّهُ خَيْرُ الْمَاكِرِينَ ﴿٣٠﴾ وَإِذَا تُتْلَىٰ عَلَيْهِمْ ءَايَاتُنَا قَالُوا۟ قَدْ سَمِعْنَا لَوْ نَشَآءُ لَقُلْنَا مِثْلَ هَٰذَآ إِنْ هَٰذَآ إِلَّآ أَسَاطِيرُ ٱلْأَوَّلِينَ ﴿٣١﴾ وَإِذْ

ENFAL, 31. Onlara âyetlerimiz okunduğu zaman dediler ki: «(Evet) işittik, istesek biz de bunun benzerini elbette söyleyebiliriz. Bu ÖNCEKİLERİN MASALLARI'ndan başka bir şey değildir.»

{ENFAL, 31}

يُسِرُّونَ وَمَا يُعْلِنُونَ إِنَّهُ لَا يُحِبُّ الْمُسْتَكْبِرِينَ ﴿٢٣﴾ وَإِذَا قِيلَ لَهُم مَّاذَآ أَنزَلَ رَبُّكُمْ قَالُوٓا۟ أَسَاطِيرُ ٱلْأَوَّلِينَ ﴿٢٤﴾ لِيَحْمِلُوٓا۟ أَوْزَارَهُمْ كَامِلَةً يَوْمَ الْقِيَامَةِ وَمِنْ أَوْزَارِ الَّذِينَ يُضِلُّونَهُم بِغَيْرِ عِلْمٍ أَلَا سَآءَ مَا يَزِرُونَ ﴿٢٥﴾

NAHL, 24. Onlara: Rabbiniz ne indirdi? denildiği zaman, «ÖNCEKİLERİN MASALLARI» derler.

{NAHL, 24}

كُلَّ مَا جَآءَ أُمَّةً رَّسُولُهَا كَذَّبُوهُ فَأَتْبَعْنَا بَعْضَهُم بَعْضًا وَجَعَلْنَٰهُمْ أَحَادِيثَ فَبُعْدًا لِّقَوْمٍ لَّا يُؤْمِنُونَ ۞ ثُمَّ أَرْسَلْنَا مُوسَىٰ وَأَخَاهُ هَٰرُونَ بِـَٔايَٰتِنَا وَسُلْطَٰنٍ مُّبِينٍ ۞ إِلَىٰ فِرْعَوْنَ وَمَلَإِيْهِۦ فَٱسْتَكْبَرُوا۟ وَكَانُوا۟ قَوْمًا عَالِينَ ۞ فَقَالُوٓا۟ أَنُؤْمِنُ لِبَشَرَيْنِ مِثْلِنَا وَقَوْمُهُمَا لَنَا عَٰبِدُونَ ۞ فَكَذَّبُوهُمَا فَكَانُوا۟ مِنَ ٱلْمُهْلَكِينَ ۞ وَلَقَدْ ءَاتَيْنَا مُوسَى ٱلْكِتَٰبَ لَعَلَّهُمْ يَهْتَدُونَ ۞

MÜ'MİNUN, 44. Sonra, biz peyderpey peygamberlerimizi gönderdik. Herhangi bir ümmete peygamberlerinin geldiği her defasında, onlar bu peygamberi yalanladılar; biz de onları birbiri ardından yok ettik ve onları birer «İBRET HİKAYELERİNE (EFSANELERE)» dönüştürdük. Artık iman etmeyen kavmin canı Cehenneme!

{MÜ'MİNUN, 44}

وَجَعَلْنَا بَيْنَهُمْ وَبَيْنَ ٱلْقُرَى ٱلَّتِى بَٰرَكْنَا فِيهَا قُرًى ظَٰهِرَةً وَقَدَّرْنَا فِيهَا ٱلسَّيْرَ سِيرُوا۟ فِيهَا لَيَالِىَ وَأَيَّامًا ءَامِنِينَ ۞ فَقَالُوا۟ رَبَّنَا بَٰعِدْ بَيْنَ أَسْفَارِنَا وَظَلَمُوٓا۟ أَنفُسَهُمْ فَجَعَلْنَٰهُمْ أَحَادِيثَ وَمَزَّقْنَٰهُمْ كُلَّ مُمَزَّقٍ إِنَّ فِى ذَٰلِكَ لَءَايَٰتٍ لِّكُلِّ صَبَّارٍ شَكُورٍ ۞ وَلَقَدْ صَدَّقَ عَلَيْهِمْ إِبْلِيسُ ظَنَّهُۥ فَٱتَّبَعُوهُ إِلَّا فَرِيقًا مِّنَ ٱلْمُؤْمِنِينَ ۞ وَمَا كَانَ لَهُۥ عَلَيْهِم مِّن سُلْطَٰنٍ إِلَّا لِنَعْلَمَ مَن يُؤْمِنُ بِٱلْءَاخِرَةِ مِمَّنْ هُوَ مِنْهَا فِى شَكٍّ

SEBE, 19. Bunun üzerine: Ey Rabbimiz! Aralarında yolculuk yaptığımız şehirlerin arasını uzaklaştır, dediler ve kendilerine yazık ettiler. Biz de onları, ibret KISSALARI (EFSANELER, MASALLAR, HİKAYELER) haline getirdik ve onları büsbütün (AYRI AYRI MEMLEKETLERE) dağıttık. Şüphesiz bunda, çok sabreden ve çok şükreden herkes için İBRETLER (GÖSTERGELER, AYETLER, İŞARETLER) vardır.

{SEBE, 19}

اَيَأْمُرُكُمْ بِالْكُفْرِ بَعْدَ اِذْ اَنْتُمْ مُسْلِمُونَ ۝ وَاِذْ اَخَذَ اللّٰهُ مِيثَاقَ النَّبِيّٖنَ لَمَا اٰتَيْتُكُمْ مِنْ كِتَابٍ وَحِكْمَةٍ ثُمَّ جَاءَكُمْ رَسُولٌ مُصَدِّقٌ لِمَا مَعَكُمْ لَتُؤْمِنُنَّ بِهٖ وَلَتَنْصُرُنَّهُ قَالَ ءَاَقْرَرْتُمْ وَاَخَذْتُمْ عَلٰى ذٰلِكُمْ اِصْرٖي قَالُوا اَقْرَرْنَا قَالَ فَاشْهَدُوا وَاَنَا مَعَكُمْ مِنَ الشَّاهِدٖينَ ۝ فَمَنْ تَوَلّٰى بَعْدَ ذٰلِكَ فَاُولٰئِكَ هُمُ الْفَاسِقُونَ ۝

ÂL-İ İMRÂN, 82: Her kim de İSLAM'DAN BAŞKA bir din ararsa, artık ondan ihtimali yok BATIL DİNİ kabul olunmaz ve Ahirette kaybedenlerden olur.

وَلْيَحْكُمْ أَهْلُ ٱلْإِنجِيلِ بِمَآ أَنزَلَ ٱللَّهُ فِيهِ وَمَن لَّمْ يَحْكُم بِمَآ أَنزَلَ ٱللَّهُ فَأُو۟لَٰٓئِكَ هُمُ ٱلْفَٰسِقُونَ ۝ وَأَنزَلْنَآ إِلَيْكَ ٱلْكِتَٰبَ بِٱلْحَقِّ مُصَدِّقًا لِّمَا بَيْنَ يَدَيْهِ مِنَ ٱلْكِتَٰبِ وَمُهَيْمِنًا عَلَيْهِ فَٱحْكُم بَيْنَهُم بِمَآ أَنزَلَ ٱللَّهُ وَلَا تَتَّبِعْ أَهْوَآءَهُمْ عَمَّا جَآءَكَ مِنَ ٱلْحَقِّ لِكُلٍّ جَعَلْنَا مِنكُمْ شِرْعَةً وَمِنْهَاجًا وَلَوْ شَآءَ ٱللَّهُ لَجَعَلَكُمْ أُمَّةً وَٰحِدَةً وَلَٰكِن لِّيَبْلُوَكُمْ فِى مَآ ءَاتَىٰكُمْ فَٱسْتَبِقُوا۟ ٱلْخَيْرَٰتِ

MAİDE, 48: Sana da (ey Muhammed) **geçmiş kitapları tasdik eden ve onları kollayıp koruyan Kitab (Kur'ân)**'ı HAK (GERÇEK) ile indirdik. Onların aralarında Allah'ın indirdiği ile hükmet. Onların arzu ve heveslerine uyarak, sana gelen haktan sapma. Biz, her biriniz için bir ŞERİAT ve YOL belirledik. Eğer Allah dileseydi sizi TEK bir ümmet yapardı, fakat size verdiklerinde sizi denemek istedi. Öyleyse iyiliklere koşun. Hepinizin dönüşü Allah'adır. O, ihtilafa düştüğünüz şeyleri size HABER verecektir.

لَآ إِلَٰهَ إِلَّا هُوَ ٱلْعَزِيزُ ٱلْحَكِيمُ ۝ هُوَ ٱلَّذِىٓ أَنزَلَ عَلَيْكَ ٱلْكِتَٰبَ مِنْهُ ءَايَٰتٌ مُّحْكَمَٰتٌ هُنَّ أُمُّ ٱلْكِتَٰبِ وَأُخَرُ مُتَشَٰبِهَٰتٌ فَأَمَّا ٱلَّذِينَ فِى قُلُوبِهِمْ زَيْغٌ فَيَتَّبِعُونَ مَا تَشَٰبَهَ مِنْهُ ٱبْتِغَآءَ ٱلْفِتْنَةِ وَٱبْتِغَآءَ تَأْوِيلِهِۦ وَمَا يَعْلَمُ تَأْوِيلَهُۥٓ إِلَّا ٱللَّهُ وَٱلرَّٰسِخُونَ فِى ٱلْعِلْمِ يَقُولُونَ ءَامَنَّا بِهِۦ كُلٌّ مِّنْ عِندِ رَبِّنَا وَمَا يَذَّكَّرُ إِلَّآ أُو۟لُوا۟ ٱلْأَلْبَٰبِ ۝ رَبَّنَا لَا تُزِغْ قُلُوبَنَا بَعْدَ إِذْ هَدَيْتَنَا وَهَبْ لَنَا مِن لَّدُنكَ رَحْمَةً إِنَّكَ أَنتَ ٱلْوَهَّابُ ۝

ÂL-İ İMRÂN, 7: O, sana KİTAB'ı indirendir.

Onun (Kur'an'ın) bazı âyetleri, **MUHKEM (DEĞİŞMEYEN, SABİT, ZAMANA VE ŞARTLARA GÖRE YENİDEN AÇIKLANAMAYAN, YENİLENMEYEN)'dir,** onlar kitabın anasıdır.

Diğerleri de, **MÜTEŞABİH (DEĞİŞKEN, DİNAMİK, ZAMANA VE ŞARTLARA GÖRE YENİDEN AÇIKLANAN, YENİLENEN)'dir.** Kalplerinde bir eğrilik olanlar, fitne çıkarmak ve onun olmadık yorumlarını yapmak için müteşabih âyetlerinin ardına düşerler. Oysa onun GERÇEK manasını ancak Allah bilir. İlimde derinleşmiş olanlar, "**Ona inandık, hepsi Rabbimiz katındandır**" derler.

(Bu İNCELİĞİ, TARİH DERİNLİĞİNİ) ancak akıl sahipleri düşünüp anlar.

وَأُتْبِعُوا فِي هَٰذِهِ لَعْنَةً وَيَوْمَ الْقِيَامَةِ بِئْسَ الرِّفْدُ الْمَرْفُودُ ۝ ذَٰلِكَ مِنْ أَنْبَاءِ الْقُرَىٰ نَقُصُّهُ عَلَيْكَ مِنْهَا قَائِمٌ وَحَصِيدٌ ۝ وَمَا ظَلَمْنَاهُمْ وَلَٰكِنْ ظَلَمُوا أَنْفُسَهُمْ فَمَا أَغْنَتْ عَنْهُمْ آلِهَتُهُمُ الَّتِي يَدْعُونَ مِنْ دُونِ اللَّهِ مِنْ شَيْءٍ لَمَّا جَاءَ أَمْرُ رَبِّكَ وَمَا زَادُوهُمْ غَيْرَ تَتْبِيبٍ ۝ وَكَذَٰلِكَ أَخْذُ رَبِّكَ إِذَا أَخَذَ الْقُرَىٰ وَهِيَ ظَالِمَةٌ إِنَّ أَخْذَهُ أَلِيمٌ شَدِيدٌ ۝ إِنَّ فِي ذَٰلِكَ لَآيَةً لِمَنْ خَافَ عَذَابَ الْآخِرَةِ

ذَٰلِكَ يَوْمٌ مَجْمُوعٌ لَهُ ٱلنَّاسُ وَذَٰلِكَ يَوْمٌ مَّشْهُودٌ ۝ وَمَا نُؤَخِّرُهُ إِلَّا لِأَجَلٍ مَّعْدُودٍ ۝ يَوْمَ يَأْتِ لَا تَكَلَّمُ نَفْسٌ إِلَّا بِإِذْنِهِ ۚ فَمِنْهُمْ شَقِيٌّ وَسَعِيدٌ ۝ فَأَمَّا ٱلَّذِينَ شَقُوا۟ فَفِى ٱلنَّارِ لَهُمْ فِيهَا زَفِيرٌ وَشَهِيقٌ ۝ خَٰلِدِينَ فِيهَا مَا دَامَتِ ٱلسَّمَٰوَٰتُ وَٱلْأَرْضُ إِلَّا مَا شَآءَ رَبُّكَ ۚ إِنَّ رَبَّكَ فَعَّالٌ لِّمَا يُرِيدُ ۝ وَأَمَّا ٱلَّذِينَ سُعِدُوا۟ فَفِى ٱلْجَنَّةِ خَٰلِدِينَ فِيهَا مَا دَامَتِ ٱلسَّمَٰوَٰتُ وَٱلْأَرْضُ إِلَّا مَا شَآءَ رَبُّكَ ۖ عَطَآءً غَيْرَ مَجْذُوذٍ ۝

HÛD, 100: Bunlar, sana DOĞRU HABER (KISSA) olarak aktardığımız (GEÇMİŞTEKİ, TARİHTEKİ, MİTOLOJİDEKİ) kuşakların haberleridir. Onlardan kimi AYAKTA KALMIŞ (hâlâ izleri var, kimi de) biçilmiş ekin (gibi yerle bir edilmiş, KALINTISI SİLİNMİŞ)'tir.

HÛD, 101: Biz onlara zulmetmedik, ancak onlar kendi nefislerine zulmettiler. Böylece Rabbinin EMRİ geldiği zaman, Allah'ı bırakıp da taptıkları İLAHLAR, onlara hiç bir yarar sağlayamadı, 'HELAK ve KAYIP'larını arttırmaktan başka bir işe yaramadı.

HÛD, 102: Onlar, zulüm işlemektelerken, ÜLKELERİ (veya KUŞAKLARI, NESİLLERİ) yakaladığı zaman, Rabbinin yakalayıvermesi işte böyledir. Gerçekten O'nun yakalayıvermesi pek ACIKLI, pek şiddetlidir.

HÛD, 103: Ahiret azabından korkan için bunda kesin AYETLER (DELİLLER, İBRETLER) vardır. O, bütün insanların kendisinde toplanacağı bir gündür ve O (KIYAMET), GÖZLEMLENEBİLEN (GELMESİ BEKLENEN ve MÜMKÜN OLAN) bir gündür.

HÛD, 104: Biz onu (KIYAMETİ VE ONUN BÜYÜK ALAMETLERİNİ) sayılı bir sürenin (ecelin) dışında ertelemeyiz.

HÛD, 105: (KIYAMET'in) Geleceği günde, O'nun izni olmaksızın, hiç kimse söz söyleyemez. Artık onlardan kimi 'BEDBAHT ve MUTSUZ' {GÖSTERGELERE İNANMA-YANLAR}, (kimi de) MUTLU ve BAHTİYAR'dır {GÖSTER-GELERE İNANANLAR},.!

* * *

ଔ ✿ ଓ

BİRİNCİ DERS

GİRİŞ {MUKADDİME}

Niçin bu eser kaleme alındı?

Son zamanlarda, yükselişe geçen bir inkarcı fikir sisteminin, istinad noktasını ve nihai gücünü eski tarihi belge veya birtakım kurgulanmış (teorik) kanıtlara dayandırarak, peygamberlerin ve yaşadıkları olayların ve kutsal kitaplar vasıtasıyla bize ulaşan mesellerin gerçeğe aykırı veyahutta yanlış yazılmış oldukları veyahutta bütün bütün inkar etme noktasına zihni götürerek, iman-ı tahkikinin esasına ve erkanına ilişkin bazı mühim imani meseleri inakara götürdüğü görülmektedir. Özellikle, gücünü tarihi kanıtlardan çok, uydurma birtakım hadisler ve tarihi belgeler ile zihni ve aklı çeldirici peygamberlerin veya kutsal kitapların varlığına ilişkin somut kanıtlar bulma arayışına felsefi ve bilimsel olarak bireyi sürüklemek istemesi ve şeytanın da bir vesvese ve desisesiyle, akılla şüphe uyandıran ufak bir zihni çeldirici meselenin büyütülmesi veya çarpıtılmasıyla, birtakım çoğu genç ve ilmi derinliği olmayan safiyane insanları, gücünü birtakım sosyal medya ve internet siteleri vasıtasıyla da arttırarak inkar noktasına sürüklediği görülmektedir.

İşte bu noktada, bu eseri kaleme almamızın esas nedeni; bu noktada şeytanın ve büyük deccalın bu inkarcı fikir sisteminden husule gelen tereddütleri izale ile birlikte, iman-ı tahkiki'nin tamiratına ilişkin meseleleri aklı ve zihni iman-ı tahkikinin Kur'an'ın nurlu pencereleri hükmünde olan ilgili müteşabih ve muhkem ayetlerine dayandırarak, meselenin ilmi derinliklerine ve tarihsel kanıtlarına da değinerek ve her üç kutsal kitapta geçen ilgili bölümleri tarihsel kanıtlarıyla karşılaştırarak tevhidi ve vahdaniyyetin kainata olduğu kadar, tarih-i kadime de vurmuş olduğu parlak sikkeyi ilan ve isbat etmekdir.

Gerçi, bu kıymetli eserde doğu ve batı kaynaklarından tahkik edilerek ortaya konacak olan bu eski uygarlıklara ve kavimlere ait meseleler genişçe ve birçok millette teferruatlı ve ayrı ayrı gitse de, biz yine önceki Kıyamet Gerçekliği eserlerindeki metodolojiyi ve dokuyu da bozmadan ve harika bir surette tüm bu meselelerin varlığını kıyamete ve onun isbatına bakan kıyametin büyük alametlerinden birisi olan ve tarih öncesinde yeraltında saklı kalmış olan ve ahir zamanda yeniden ortaya çıkacakları ayet ve hadislerle sahih olarak bildirilen Agarta Medeniyeti ve onların sakinleri olan Ye'cüc ve Me'cüc bahsi üzerine odaklayarak, hem bu eski medeniyetlere ait bilgileri, sırr-ı vahyin feyziyle ortak bir noktada birleştirmiş olacağız ve hem de iman-ı tahkikiye giden bir yoldaki önemli bir kilometre taşı olan ve ahir zamana bakan mühim bir meselenin de ağırlıklı olarak bu eserde isbatına çalışacağız..

Vesselam..

İşte, **Furkan-ı Hakim**'de, "**Eskilerin Masalları**" ve "**Mitoloji Kurbanları**" terimleri ile nitelendirilen bu inkarcı zihniyete ait, temsil dürbünüyle bu meseleye bakanlar, şunu gösteriyor ki; insanoğlunun karakteri, asırlar geçse de hiç değişmiyor. Dün ne ise, bugün de aynı. Zaman değişti, ama bu hakikat hiç değişmedi! İşte bu inkarcı zihniyet, bir yandan son ilahi Kitap'ta anlatılanlara, "Zaman artık değişti veya Modernleşti!" diyerek kitleleri aldatıp, "Eskilerin Masalları!" diyerek karşı çıkıyor! Diğer yandan da, kitleleri bu meselelere odaklayarak aldatıp, günlük hayatını "Çağın Mitolojileri"ne göre düzenliyor veya tarihi öyle algılıyor, olayları birer yaşanmış tesadüfler zinciri olarak medya ve yayın organlarının da gücüyle bu şekilde lanse ettiriyor! Daha dün, Arap müşrikleri de aynı şeyleri söylüyor ve yapmıyorlar mıydı oysa ki. Bunu Kur'an'daki birçok ayette açıkça okumaktayız. Peki, şimdi yaşadığımız bu çağda farklı olan nedir? Günümüzün çağdaş müşrikleri de aynı şeyleri söylemiyor veya yapmıyorlar mı!

İşte, **Furkan suresi**'nin 5.ayetinde buna şöyle işaret ediliyor:

"Onlar, 'Kur'an öncekilerin masallarıdır; başkalarına yazdırıp sabah akşam kendisine okunmaktadır' dediler."

{Furkan, 5}

Tabi, bunları anlatırken, buradaki esas amacımız, tarihi bilgileri arttırmak, araştırmak ve tahkik etmek değildir ki; zaten yazılı tarih bunu hemen hemen tüm insanlık tarihi boyunca çeşitli suretlerde kaleme alarak not etmiştir. Aynı, üslup TEVRAT (ESKİ AHİT), İNCİL (YENİ AHİT) ve KUR'AN'da da mevcuttur. Fakat esas en önemli mesele ise, TEVHİD'i isbat edecek şekilde tarih içindeki tüm bu kaynaklardaki ele alınan meseller ve hikayeler şeklindeki anlatıları, efsaneleri karşılaştırmalı bir üslup ile VAHDANİYYET ilkesi çerçevesinde, hepsinin kökenini tevhid dinleri ve esas olarak islamiyettin saf ve temiz olan VAHİY nurundan nuzül eden birer HAKİKAT PARÇALARI olduklarını İLAN ve İSBAT etmektir.

İşte bu mühim Eser, bu esas meseleye odaklanmıştır ve kendi metodolojisi içerisinde, tarihi KADİM bilgileri tevhid ekseninde bu yorum farkına göre yeniden ele alarak, bu tarihi meseleleri ele alırken, Hz. Adem'in yaratılışından başlayarak, kademeli olarak ilerlemekte ve aynı zamanda, insanlık tarihinin Hz. İbrahim zamanının hemen öncesine tekabül eden Zülkarneyn AS. Zamanına kadar kronolojik bir şekilde kıssalarını o Eski medeniyetlerin bazılarına geçen masallar ve efsanelerin izdüşümlerinde karşılaştırmalı olarak yenidene ele alarak, hepsinin aynı nurani kaynaktan geldiklerini TEVHİD ekseninde İLAN ve İSBAT etmektedir.

İşte, bu eser şunu ilan ve isbat etmektedir ki, bu hakikat parçalarını taşıyan kıssaların her birisi, zaten bizatihi KENDİSİ, TARİHE DÜŞÜLMÜŞ KAYITLAR ve birer İBRET DERSİ oldukları için, kitabımız boyunca ilerleyen her bir bölümde, ibret çıkarılması gereken birer İBRET LEVHASI veya HİKAYESİ olarak bakılmalıdır, SALT ESKİLERİN ANLATILAGELEN sıradan bir MASALI değillerdir. Kur'an'ın zamanın geniş dairesine yayılmış olan hakikat parçalarıdır.

Öyleyse, buradaki hakiki amacımız ve hedefimiz; yine Kur'an-ı Hakim'in bu asrımıza bakan bazı mühim şüphelerden ve TARİH-İ KADİM vasıtasıyla, şeytanın da vesvesesiyle akla düşürdüğü ve imanın erkanına ilişen bazı mühim soruları ve halli güç olan mühim imani bazı meseleleri İMAN-I TAHKİKİ'yi isbat ve ilan etmek üzere, gerekli ilim dallarından (TARİH VE MİTOLOJİ) yararlanarak İLAN ve İSBAT etmektir.

KUR'AN'DA ANLATILAN İBRETLİK ÖYKÜLER:

ESKİLERİN MASALLARI

Kur'an, Mekke'de yükselen sarsıcı söylemi bastırmak için, inkarcıların türlü savunma refleksleri geliştirdiklerini söyler, bunlardan en/ön önemlileri ise şunlardır:

ESKİLERİN MASALI - UYDURULMUŞ YALAN - APAÇIK BÜYÜ - ÇOK ESKİ BİR YALAN - ANLATILAGELEN UYDURULMUŞ HİKAYELER -ATALARIN HİKAYELERİ

Acaba bunlar neye, hangi söyleme karşı söyleniyordu dersiniz? Peygamber ne söylüyordu ki, peygamberin bu söylemine karşın masal - efsane - sihir - büyü - iftira - yalan - uydurma vs. diyorlardı, onunla alay ediyorlardı. Gerçekten böyle olabilirmiydi, işin aslı nedir dersiniz? Bu küçük eserimizde, aslında bir umman olan ve ve o nazik peygamberin kalbinde bir cam kırığı-misali derin yaralara bırakan bu iftiraların ne kadar asılsız olduğuna değineceğiz bu küçük ve anlamlı eserimizle elimizden geldiğince.

Bir şairin dediği gibi;

CAM KIRIKLARI!

Simsiyah bir gecenin ortasındayım
Gözlerimde hüznün masum bakışları var
Yüreğimdeki sen çıkmaya hazır
Bekliyorsun gecenin sonunu...

Sokaklardaki ıssızlık işliyor damarlarıma
Kapkaranlık yollar... Ve sessiz
Tek ışık kırık bir loş sokak lambası
O da aydınlatmaya yetmiyor yalnızlığımı..
Yıldızlar var gökyüzünde
Her şeye rağmen parıldıyorlar
Yürüyorum... Yollar karanlık... Sessiz
Tek ışık kırık bir loş sokak lambası..

Bakışlarımdaki hüzün karanlık sokakta
Oldu bir yalnızlık ve korku...
Üşüyorum... Yollar karanlık ve sessiz
Binalar var yıkık dökük..

Kiminin camı yok kiminin kapısı
Cam kırıkları var soğuk kaldırımlarda
Elim kanıyor onları toplarken
Kanımı damlatarak devam ediyorum..

Bu sessiz ve karanlık yola
Tek ışık kırık bir loş sokak lambası
O da aydınlatamıyor ıssızlığımı
Yürüdükçe ıssızlık artıyor bu sokakta..

Daha çok üşüyor ve korkuyorum
Gözlerimdeki hüznün sesi kulaklarımda
Yürüdükçe daha da çok kırık dökük bina
Kiminin bacası yok kiminin çatısı...

Gecenin sessizliği çökerken üzerime
İşlerken yüreğime yalnızlık
Elimdeki cam kırıkları ile uyanıyorum.

Senin yokluğunu farkediyorum bir an...
Ben hala bıraktığın yerdeyim
Ellerimde cam kırıkları..

İşte, biz de o şeffaf ve güneşi aksettiren cam kırıkları misali, Kur'an güneşinin parlak lem'alarıyla aydınlatmaya çalıştığımız o küçük virane odamızı, iç dünyamızı ve dimağımızı, kah tarihin derinliklerine inerek, kah ayetlerdeki kıssaları yeniden önümüze koyarak derinlemesine ufkumuzu açacak şekilde, biz de bu meselenin içerisine dalıp, Hakikat-i Kur'aniyenin nurlu parlak levhalarını göstermeye ve İ'caz-ı ilahiyesinin sırlı mektuplarını, Tarih-i Kadim'den günümüze uzanan uzunca bir elif çizgisi gibi okumaya ve anlamaya ve de en önemlisi anlatmaya çalışacağız.

Anlatmaya çalışacağız, ve çalışmalıyız da, hatta derimiz kağıt ve kanımız mürekkep olsa dahi bu hakikatlerin anlatılmasını düşünmekteyiz ve öyle de olmalı. Asr-ı saadette de fikir ekseni bu minvalde dönmüyor muydu? Efkar-ı umumiye bu çarklar içerisinde yuvarlanıp gitmiyor muydu? İlmin kayıp hazineleri ve kur'anın elmas kılınçları bunlar değil miydi? Ve de en önemlisi de bizim bu asrın insanını ilgilendiren meselesi, bizim hepimiz için, ister mümin isterse puta tapan olsun kayıp hazinesi değil miydi? Ve bulmak için Çin'de dahi olsa bulup yerin altından çıkartıp getirmesi gerekmiyor muydu? İşte biz de bu eserimizde kah uzak doğuya, kah Hinde, Çine veya Rusyaya, veyahutta ta Amerikaya giderek bu sırlı hakikatleri "ESKİLERİN KUR'AN-I HAKİMDEKİ ESKİMEZ MASALLARINI" bu sırlarla ve kur'an-ı hakimin ilgili ayetleriyle, bu asırdan ta oralara uzanıp ilmen KEŞİF VE İHATA edeceğiz. Bakınız, ne kadar anlamlıdır ki, biz bu ithamların geçtiği yerleri KUR'AN'dan tek tek çıkardık.

En çok geçen de ESKİLERİN MASALLARI bakın,
Dinle şimdi neymiş bu eskilerin masalları?

Esâtir-ul Evvelin

İLKİ: Daha ikinci sure olan KALEM suresinde:
Yalanlayanları tanıma, itaat etme onlara! İsterler ki onları kayırıp yumuşak davranasın onlara da, onlar da sana yumuşak davransınlar. Çokça yemin eden aşağılık âdi, küçük gören, dedikoducu, Hayrı engelleyen, günahkâr zorba, Kaba/Saba ve asalak Mal - Mülk ve oğullar sahibi oldu diye karşısında ayetlerimiz okunurken, ESKİLERİN MASALLARI diyor. Fakat, çok sürmez yakında yakasını kurtaramayacağı bir zilletle damgalanacak ve o bürnü sürtülecek.

[Kalem; 8-16]

Görüldüğü gibi ESKİLERİN MASALLARI denmesinin sebebi **MAL VE OĞULLAR SAHİBİ** olmakmış **MAL VE OĞULLAR SAHİBİ** Kur'an'ın [Bahçe sahipleri] gibi devrin servet sahipleri için kullandığı bir tabirdir. Nitekim bu ayetlerden hemen sonra Bahçe sahipleri kıssasının anlatılması tesadüf olamaz. Bunlar bugünkü tabirle "**BURJUVAZİ**" veya "**YÜKSEK SOSYETE**" dediğimiz sınıflara tekabül eder. Peki, kendini yüksek gören sözde aydınlanmış ileri medeniyet olduğu iddia edilen zihniyetin inkarcı sisteminin dayanak noktaları nelerdir ve geçerli nedenleri var mıdır? Şimdi ona bakacağız; Oysa ki;

KURANIN ÖNCELİKLİ AMAÇLARI:
1- BİR OLAN ALLAHA İMANI SAĞLAMAK
2- AHİRETE İMANI SAĞLAMAK
3- SALİH AMEL İŞLEMEYİ SAĞLAMAK'tır.

KURANIN TEMEL KONULARI;
1- İMAN
2- AMEL
3- AHLAK

İMAM-I MATURİDİYE GÖRE (333-944): "VAHYİN DOĞRULUĞU VE GERÇEKLİĞİ, ONUN DIŞ DÜNYAYA UYGUN OLMASIYLA – YANİ EŞYANIN TABİATINA UYGUN OLMASIYLA – BİLİNEBİLİR. AKIL DA TEK BAŞINA VAHYİN DOĞRULUĞUNU SAĞLAYACAK GÜCE SAHİP DEĞİLDİR. O HALDE, AKIL VAHYİN DOĞRULUĞUNU ANCAK DIŞ DÜNYADAN HARAKETLE, VAHYİN BİLDİRDİKLERİNİN DIŞ DÜNYADA GERÇEKLEŞMESİYLE – TOPLUMSAL, SOSYOLOJİK, VEYA AKADEMİK BOYUTLARDAKİ DİNAMİZMİYLE – BİLİNEBİLİR."

KURAN, ÖNCELİKLE İNDİĞİ TOPLUMA VE DAHA SONRA BÜTÜN İNSANLIĞA, İNSAN HAYATINA ANLAM ARAYIŞINDA DOĞRU YOLU, DOĞRU HAYAT BİÇİMİNİ GÖSTERMEK İÇİN İNDİRİLMİŞ BİR MESAJDIR, ÖNCELİKLİ KONUSU BUDUR, TOPLUMU DÜZENLEYECEK UNSURLARI SEMADAN İNSANLARIN ANLAYACAĞI SEVİYEYE İNDİRMEK, ENTEGRE ETMEKTİR.

KURAN; HEM AHLAKİ YÖNÜYLE DE İNSAN DAVRANIŞLARINI DÜZENLEMEK İÇİN İNDİRİLMİŞTİR Kİ, DOĞRU VE YANLIŞI BİRBİRİNDEN AYIRABİLEN, AHLAKİ İDRAKE SAHİP İNSANLAR YETİŞTİRMEYİ AMAÇLAR, ESAS HEDEF İTTİHAZ EDER.

Sual: Peki insanlığa olan mesajındaki nihai hedefi, mukaddesatına sınır teşkil eden hatları, savunma alanları nelerdir?

El-Cevap: İNSANLIĞI KÖTÜLÜĞÜN KARANLIĞINDAN KURTARIP İYİLİĞİN AYDINLIĞINA TAŞIMAKTIR.

Peki, böyle bariz açık mesajları ortada dururken, MÜŞRİKLERİN KUR'ANA VE PEYGAMBERE İTHAMLARI nelerdir?

1- MECNUN-ŞAİR, ki kur'anın beyanına göre o asla bir şiir söyleyen bir şair veya aklını yitirmiş bir deli değildi ki, tüm 1430 sene içerisindeki mütekellim ve müteaffin arif zatlar buna şahittir kuvvetli birer bürhandır ki, her birisi dahi onun en akıllı insan olduğuna hükmederken; en akılsız şahıslar nasıl olur da onu böyle itham etmeye kalkışabilir, bir düşün.

2- ESATİRUL EVVELİN = EVVELKİ TOPLUMLARIN MASALLARI, ki onların birer masal olmayıp, bizatihi tarihin kendisi tarafından kanıtlanmış yüzlerce numune ile kendisini ilan ve isbat eden gerçek hikayeler olduğunu şu yeryüzünün değişik yerlerine dağılmış olan hemen hemen tüm kültürler, diller kendi lisanlarıyla zaten anlatmaktadır. Eğer hala inanmıyorsan, gel bu eserde ben sana bunun öyle olduğunu tüm isbatlarıyla ilan ve isbat edeceğim ki, şu ilmi eserin te'lif nedeni de en çok şu mühim mesele üzerine bakmaktadır.

MÜSTEŞRİKLERİN KURAN VE PEYGAMBERE İTHAMLARI:

1- KURANIN, ÖNCEKİ KAYNAKLARIN DERLENMESİ SONUCU OLUŞTURULAN BİR KİTAP OLDUĞU Kİ, ÖNCEKİ KAYNAKLAR DENİLEN TARİHTEKİ TÜM GELMİŞ PEYGAMBERLER TARİHİ; NUH, ZÜLKARNEYN, HZ. İBRAHİM, LUT, MUSA, İSA, DAVUD; İÇLİ, YUMUŞAK HUYLU VE KENDİSİNİ ALLAHA VERMİŞ BİRİSİYDİ,

TEVHİD'İN EN BARİZ SEMBOLÜ İDİLER Kİ, ONA BAKIP ÖRNEK ALMAN YETERLİDİR, ÜSTELİK ONLARI KAYDEDEN TARİHİN BİZATİHİ KENDİSİ DE BUNA ŞAHİTTİR, İSTERSEN BUNA DAİR ÇOK NUMUNEYİ TARİH-İ KADİM İÇERİSİNDE GÖREBİLİRSİN.

GILGAMIŞ DESTANI, SÜMERLERE AİTTİR. (UTNAPİŞTİM = HZ. NUHUN DİĞER ADIDIR) DİĞERLERİNİ İSE, HAKEZA SEN KIYASLA BUNA MİSAL BİNLERDİR AMA BU ESER BOYUNCA ANCAK BİRKAÇ ADEDİNE DEĞİNEBİLECEĞİZ.

KUR'AN İLE ÖNCEKİ KİTAPLAR ARASINDAKİ BENZERLİĞİN SEBEPLERİ:

1- BU KİTAPLARIN DA AYNI KAYNAKTAN YANİ ALLAHTAN GELMELERİ,

2- ALLAHIN GÖNDERDİĞİ KİTAPLARDA VAHYİN MUHATABI OLAN İNSANLARIN BİLDİĞİ OLAYLARDAN, ANLATIMLARDAN YARARLANMASIDIR.

KUR'AN AHİRET DÜŞÜNCESİNİ ARAPLARIN İÇİNDE BULUNDUĞU YOĞUN TİCARET HAYATININ TERİMLERİNİ KULLANARAK ANLATMIŞTIR. KURAN BUNUN İÇİN; HESAP, TARTI, ÜCRET, ZARAR, SATIN ALMA, KAR, TİCARET GİBİ TERİMLERİ KULLANMIŞTIR.

BENZER ŞEKİLDE, İNCİLDE BU MESAJ; ÇİFTÇİ, ZİRAAT VE BALIKÇILIK GİBİ O GÜNKÜ FİLİSTİN TOPLUMUNUN VE ROMA İMPARATORLUĞU'NUN HAYATINDAN ALINAN KELİMELERLE VE TERİMLERLE ANLATILMIŞTIR AYNI MESAJINI. BUNUN İÇİN EKİN, AYRIK OTU, HASAT, İYİ HASAT, KÖTÜ HASAT, KÖŞE TAŞI GİBİ TERİMLERİ KULLANMIŞTIR.

Örneğin, yine buna benzer bir ayet yine şu şekildedir:

*** HİÇ ZARARA UĞRAMAYACAK BİR TİCARET, ALLAHIN EMİRLERİNE UYMAKLA YAPILIR. ***

YİNE, ÜZEYİR PEYGAMBER; YAHUDİLİKTE TEVRATI KAYBOLMAKTAN KURTARDIĞI İÇİN İKİNCİ MUSA OLARAK ANILMAKTADIR Kİ, DİN TARİHİNDE BÖYLE KÖKLÜ DEĞİŞİMLER YAŞANAN DÖNEMLER OLMUŞTUR.

OYSA, PEYGAMBERİMİZİN O DÖNEMDE KUR'AN MESAJINI VAHİY DIŞINDA HERHANGİ BİR YERDEN ÖĞRENEBİLMESİNİN İMKANI İSE YOKTUR, ÇÜNKÜ GETİRİLEN MESAJ TAMAMEN YEPYENİ BİR VİZYON ORTAYA KOYARAK ÖNCEKİ ŞERİATLERİN (ÖRNEĞİN, İSEVİLİĞİN BOZULMUŞ İMAN ESASLARI GİBİ) TAMAMINI HEM İÇERMEKTE VE KAPSAMAKTA VE HEM DE YENİLEMEKTEDİR, AÇIKLAYICI ÇÖZÜMLER GETİRMEKTEDİR.

KUR'ANA VE PEYGAMBERE YAPILAN ÇAĞDAŞ İTHAMLAR:

1- 12 YAŞINDA İKEN SURİYEYE YAPTIĞI SEYAHAT SIRASINDA BURADAKİ BİR HRİSTİYAN RAHİPTEN, RAHİP BAHİRADAN, KURANDA ANLATILANLARI ÖĞRENDİĞİ,

2- PEYGAMBERİN, KURANI MEKKEDE BULUNAN BAZI ROMALI VE HABEŞ HRİSTİYANLARDAN ÖĞRENDİĞİ,

3- HZ. PEYGAMBERİN BİLGİ KAYNAKLARI ARASINDA

ŞAİRLERİN OLABİLECEĞİ Kİ, BU ADI GEÇEN ARAP ŞAİRLERDEN:

1- NADR BİN HARİS: İRAN HÜKÜMDARLARININ HİKAYELERİNİ, İRAN MİTOLOJİSİNİ, RÜSTEM VE İSFENDİYARIN HİKAYELERİNİ SÖYLERDİ.

2- ÜMEYYE BİN SABİT; KİTABI MUKADDES, HALK EFSANELERİ, MİTOLOJİK MAHİYETTE BAZI ANLATIMLARI DİLE GETİRİRDİ.

BUNLARDAN SAYILABİLİR Kİ, ŞİMDİ GELECEK KISIMLARDA BUNLARA TEK TEK CEVAP VERECEĞİZ:
"KURAN, TESLİS İNANCININ UNSURLARI ARASINDA MERYEMİ SAYMAKTADIR. HALBUKİ, HRİSTİYANLAR MERYEMİ TESLİS UNSURLARI ARASINDA SAYMAZLAR.

YİNE KURAN, HZ. İSANIN ÇARMIHA GERİLMEDİĞİNİ, ANCAK İNSANLARA ÖYLE GÖRÜNDÜĞÜNÜ SÖYLEMEKTEDİR. FAKAT HRİSTİYANLIKTA HZ. İSANIN ÇARMIHTA CAN VERMESİ VE TEKRAR DİRİLMESİ TEMEL DİNİ BİR ESASTIR.

YİNE, KUR'AN AYNI ŞEKİLDE, ÜZEYİRİ ALLAHIN OĞLU OLARAK KABUL ETTİKLERİNİ BELİRTMEKTEDİR. ANCAK YAHUDİLER ARASINDA GENEL KABUL GÖRMÜŞ TEOLOJİDE BÖYLE BİR İNANÇ YOKTUR.

BAZI HRİSTİYANLARIN HZ. MERYEMİ TESLİSİN BİR UNSURU OLARAK KABUL ETTİKLERİNE DAİR BAZI TARİHSEL İPUÇLARI BULUNMAKTADIR. YİNE, KURAN'IN BELİRTTİĞİ GİBİ, HZ. İSANIN ÇARMIHA GERİLMEDİĞİNİ, ANCAK İNSANLARA ÖYLE GÖSTERİLDİĞİNİ

SÖYLEYEN BİR HRİSTİYAN MEZHEBİN VARLIĞI DA BİLİNMEKTEDİR."

KUR'AN DOĞRULUĞUNU DELİLLENDİRMEK İÇİN:
1- MUHATAPLARININ GÖZLERİNİN TABİATA ÇEVİRMESİNİ, ARAŞTIRMA YAPMALARINI,
2- TARİHİ ARAŞTIRMALARINI,
3- DAHA ÖNCE KENDİLERİNE KİTAP GELENLERİN BİLGİLERİNE BAŞVURMALARINI, İSTEMEKTEDİR.

Demek ki, bu kesimlere yönelik bir söylem yükseltiliyor, onlar da bunlara ESKİLERİN MASALLARI diyor ki, bunun böyle olduğunu ayetleri okudukça apaçık göreceksiniz ve şaşıracaksınız. Şimdi, bütün dikkatinizi ayet parağraflarının bizzat içeriğine veriniz, önyargılarınızı bir kenara bırakınız.

İKİNCİSİ: "AYIRAN - FARKI GÖSTEREN" demek olan FURKAN suresinde:
İnsanlık için uyanışa vesile olsun diye doğruyu yanlıştan ayıran ölçüyü kuluna indiren ne kutlu, ne yücedir! Göklerin ve yerin mülkü O'na aittir Çocuk edinmemiştir. Mülkiyetinde ortağı yoktur.
Her şeyi yaratmış ve yarattığı her şeyin doğasını ve kapasitesini belirlemiştir. Hal böyleyken hiçbir şey yaratamayan, bilakis kendileri yaratılıp duran, kendileri için ne zarara ne faydaya malik olamayan, ne öldürmeye, ne yaşatmaya, ne de diriltmeye malik olamayan O'ndan başka ilahlar ediniyorlar.
Üstelik gerçeğin üstünü örtenler: **BU YANLIZCA KENDİSİNİN UYDURUP DURDUĞU BİR İFTİRADIR.**

Hatta bu öyle bir iftira ki, "bu konuda başkalarından da yardım alıyor" diyorlar. Bunların yaptığı apaçık haksızlık ve yalancılıktır. Yine diyorlar ki: BUNLAR ESKİLERİN MASALLARIDIR, onları yazdırtmış, sabah akşam kendisine okunup duruyor..

[Furkan; 1-5]

Görüldüğü gibi, paragrafta **GÖKLERİN VE YERİN MÜLKÜ ALLAH'A AİTTİR** ve **MÜLKİYETİN DE ORTAĞI YOKTUR** vurguları yapılıyor. Onların sahip olduklarının ise yaratmayan, kendisi yaratılmış olan, öldürmeye, yaşatmaya, diriltmeye MALİK olamayan bir takım İLAHLAR olduğu söyleniyor.

İlahlaştırdıkları şeyler ise sahibi olduklarını iddia ettikleri mülkleriydi. Bunlara öylesine güveniyorlardı ki **MAL VE OĞULLARININ** ve **BAHÇELERİNİN** dünyada sırtlarını yere getirtmeyeceğine, hiç kimseye ihtiyaç duydurmayacağına ve bu sebeple de kimseye hesap vermek durumunda olmadıklarını düşünüyorlardı. Bu nedenle ısrarla **MÜLK ALLAH'INDIR VE MÜLK'ÜNDE ORTAĞI YOKTUR** vurguları yapılıyor diyerek, inkarcı fikirleri yine kendi silahlarıyla vurarak, zaten ayetler kendi dinamizmi içerisinde meseleye uygun cevap vermekteler.

Nitekim, yine aynı mantığa göre düşünürsek, ALLAH'ın mülküne sahip olmaya kalkmanın en elverişli argümanı da **ALLAH'IN OĞLU** iddiasıydı. Nitekim tarih boyunca TANRI'NIN OĞLU iddiasında olmayan hiçbir mülk sahibi [kral, imparator] görülmemiştir. Bunun için de **O ALLAH Kİ ÇOCUK EDİNMEMİŞTİR** denilerek bu iddia biçiliyor ve bir dönem kapatılıyor, tarih içerisindeki tüm şirk unsurları bu iki kısa ayette bıçak gibi kesiliyor [Ayrıca bkz. İhlas suresi].

ÜÇÜNCÜSÜ: "KARINCA" demek olan NEML suresinde:

Peki kimdir gökleri ve yeri yaratıp sizin için gökten su indiren? O su ile bağlar bahçeler bitirip gözünüzü gönlünüzü açan? Siz onların tek bir dalını bile bitiremezdiniz. ALLAH'la birlikte başka bir ilah ha? Olur şey değil! Onlar iyice yoldan çıkmış bir güruh.

Yeryüzünü yerleşime uygun bir yer haline getiren, vadilerinden dereler, ırmaklar akıtan, üzerine sağlam dağlar yerleştiren ve iki deniz arasına engel koyan kimdir? ALLAH'la birlikte başka bir ilah ha? Olur şey değil! Onların çoğu ne söylediklerini bilmiyor. Darda kalanın imdadına yetişip kötü durumdan kurtaran ve sizleri yeryüzünün varisleri kılan kimdir? ALLAH'la birlikte başka bir ilah ha? Ne kadar az düşünüyorsunuz.!

Kara ve denizin karanlıklarında yolunuzu bulmanızı sağlayan, sevgi ve merhametinin önünde rüzgârları müjdeci olarak gönderen kimdir? ALLAH'la birlikte başka bir ilah ha, oysa ki ALLAH, koştukları ortaklardan yüce, çok yücedir.

Yaratılışı başlatıp sonra yenileyerek sürdüren, size sürekli gökten ve yerden rızıklar veren kimdir? ALLAH'la birlikte başka bir ilah ha, Ey muhammed söyle onlara doğru söylüyorlarsa getirsinler delillerini. Ve yine söyle onlara: Göklerde ve yerde ALLAH'tan başka kimse ğaybı bilemez. Ne zaman yeniden diriltileceklerini de bilmezler. Oysa ahiret hakkında kendilerine devamlı bilgi veriliyor.

Fakat onlar kuşku içinde kıvranıp duruyorlar. Açıkçası kalp gözleri körelmiş, göremiyorlar. Kâfirler: Nasıl yani, biz ve atalarımız toprak olduktan sonra yeniden mi diriltileceğiz?

Geçin bunları, bu lafları çok duyduk. **BUNLAR ESKİLERİN MASALLARINDAN BAŞKA BİR ŞEY DEĞİL** diyorlar.

[Neml; 60-68]

Görüldüğü gibi, paragrafın başından itibaren uzunca bir liste sıralanıyor ve her seferinde **ALLAH İLE BİRLİKTE BİR İLAH HA?** diye soruluyor. Klasik bakış bunun tahtadan taştan putlar olduğunu sanıyor. Dikkat edin [halbuki sıralanan şeyler ALLAH'ın mülkünden örnekler ve bunları sahiplenme, kendi mülkü haline getirip ona ihtiyacı olanlardan saklama, dahası bunlara çit çevirip zimmetine geçirme kastediliyor]. Kur'an işte buna tümden **İLAHLAŞMAK** diyor ve reddediyor.

Kur'an'ın YAKINLIK SAĞLAMALARI İÇİN EDİNDİK-LERİ İLAHLAR tabirinin ne olduğunu yine Kur'an'ın kendisi açıklar ve der ki:

[Ne mallarınız ne de oğullarınız, sizi bizim katımıza daha çok yaklaştıran şeylerdir]

[Sebe: 37]

Dikkat edilirse yukarıdaki paragrafta [PUT] ismi hiç geçmiyor. Bilakis gökten inen su, toprak - arazi - yeryüzü yani [arz] bağ - bahçe - ağaç - dal - vadi - dere - ırmak - deniz - gökten ve yerden rızıklar deniyor. Bunlar o günkü tarım toplumunda servet tasvirleridir ve bunlar sıralanırken her defasında soruluyor: Hem ALLAH'a inanacaksınız, hem de ALLAH'ın sayılan mülklerini zimmetinize geçirip başkasını bundan mahrum edeceksiniz ha? Bu ilahlaşmak ve mülküne ortak olmaya kalkmaktır yani [şerîkun fî'l-mülk]'dür.

[Bunların hesabının sorulacağı bir gün gelecek, bu yaptıklarınız yanına kâr kalmayacak, yargılanacaksınız. Burada, olmazsa orada] denince [Ne yani yeniden mi diriltileceğiz? Bizden önce kime hesap sorulmuş? Kapanın elinde kalıyor, görmüyor musunuz? Ne burada ne orada hesap mesap yok? Bunlar ESKİLERİN MASALLARINDAN BAŞKA BİR ŞEY DEĞİL diyorlar.

DÖRDÜNCÜSÜ: "İNANMIŞLAR" demek olan MÜ'Mİ-NUN suresinde:

Hayır, öncekilerin dediğini diyorlar. Ölüp toz toprak ve kemik yığını haline geldikten sonra yeniden diriltileceğiz, öyle mi? Doğrusu bu laflar bize de atalarımıza da bundan önce söylendi durdu.

ESKİLERİN MASALLARINDAN BAŞKA BİR ŞEY DEĞİL BUNLAR Ey Muhammed sor anlara: Peki, yeryüzü ve orada var olanlar kimindir? Eğer biliyorsanız söyleyin. Şüphesiz ki ALLAH'ındır diyecekler. Öyleyse cevap ver: Peki bu hafızasızlık neden?

Tekrar sor onlara: Yedi kat göklerin Rabbi ve şu muazzam görkemin sahibi kimdir? şüphesiz ALLAH'ın diyecekler. Öyleyse cevap ver: Peki bu aldırmazlık neden?

Tekrar sor onlara: Her şeyin mülk hükümranlığını elinde tutan, koruyup kollayan ama kendisine karşı kimsenin korunup kollanamayacağı kimdir, haydi söyleyin biliyorsanız? şüphesiz ALLAH'dır diyecekler değil mi. Öyleyse cevap ver: Peki bu aldanış niçin?

[Mu'minun; 81-92]

Demek ki, **MAL VE OĞULLAR SAHİPLERİ** veya **BAHÇE SAHİPLERİ** sadece ALLAH'a inanmakla kalmıyor, yeryüzünün, orada var olanların [su, bağ, bahçe, tarla, maden ocakları, hayvan sürüleri vb] görkemli arşın, melekûtun yani [tüm mülk deryasının] hükümranının ALLAH olduğuna da inanıyorlar. Çünkü **TÜM BUNLAR KİMİN** diye sorulunca her defasında da **ALLAH'ın** diyorlar.

Madem öyle sahiplenmeyin, zimmetinize geçirmeyin, tapulamayın, verin o zaman? ALLAH bütün bunlardan insanların eşit şekilde yararlanmasını istiyor [Bakınız: Fussilet; 10] İçimizden zenginler arasında dönüp dolanan bir tahakküm aracı olmasını istemiyor [Bakınız: Haşr; 7]

Aksi halde hesabını vermezseniz, er yada geç bunun hesabını vermek için huzura çıkarılacaksınız, öldükten sonra bile kaçamayacaksınız denince **[Ölüp toz toprak ve kemik yığını haline geldikten sonra yeniden diriltileceğiz, öyle mi?]** Doğrusu bu laflar bize de, atalarımıza da bundan önce söylendi durdu. ESKİLERİN MASALLARINDAN BAŞKA BİR ŞEY DEĞİL BUNLAR diyorlar.

BEŞİNCİSİ: "KUM TEPELERİ" demek olan AHKAF suresinde: **Kâfirlik edenler hakikatin üstünü örtenler, iman edenler hakkında; "Eğer ona inende bir hayır olsaydı, [ayak takımımız] bizden önce ona koşmazlardı" diyorlar. Fakat onunla doğru yola gelmeyi kendilerine yediremediklerinden her zaman BU ESKİ BİR YALAN diyecekler.**

[Ahkaf; 11]

Demek ki, "DİN BİR AFYONDUR" sözünü o günkü inkârcılar, Marx'ın söylediğinin tam tersi manada söylüyorlardı. Yani: **[Din kitleleri uyuşturmak için zengin üst sınıfların halka ayaklanmamaları için zerkettiği bir uyuşturucudur]** DEĞİL aksine tam tersi [Din yani [Muhammed'e gelen] kendini peygamber gören birisinin, ezilenler yeryüzünün önderi olacak, adalet, eşitlik olacak, köleler özgürleşecek, siz cennete onlar cehenneme gidecek] vaatleriyle ayaklanma çıkarmak için halka zerkettiği bir uyuşturucudur.

Bununla ayak takımını büyülüyor. Sihirli sözlerle mutlu yarınlar ve toz pembe gelecek vaat ediyor. Yoksa bu ayak takımı nasıl bu kadar cesaretli olabilir? Eğer söylediğinde bir hayır olsaydı ilk önce biz icabet ederdik. Dolayısıyla eskiden beri söylenen bir takım hayali vaatler ve masallar bunlar.

ALTINCISI: yine "KUM TEPELERİ" demek olan AHKAF suresinde:

Fakat öyleleri de vardır ki anne ve babasına: Öf be! benden önce bu kadar insan gelip geçmişken tekrar huzura çıkarılacağımızı mı söyleyip duruyorsunuz? der. Anne ve babası ALLAH'a sığınarak: Yazıklar olsun, inan. ALLAH'ın sözü gerçektir; bundan şüphe olmaz. der. O yine: HEPSİ YALAN ESKİLERİN MASALLARI BUNLAR der

[Ahkaf; 17]

Bu ayetteki **ESKİLERİN MASALLARI** diyenin kim olduğu, hangi kesimden birisi olduğunu ise üç ayet sonra açıklanıyor bizlere: **Kâfirlik edenlere ateşin karşısına çıkarılacakları gün şöyle denecek; [Siz, bütün güzelliklerinizi dünya hayatınızda tükettiniz ve onların zevkini sürdünüz. Artık bugün yeryüzünde haksız yere büyüklük taslamanızın ve fesat peşinde koşup durmanızın karşılığı aşağılayıcı bir azap olacak].**

[Ahkaf; 20]

Ayette geçen, "**FESAT ÇIKARTMAK**" Kur'an'ın anlam örgüsü içinde daima Adem kıssasında geçen son sınırına kadar toplamak yani [şecere-i huld] ve yıkılmayacak bir mülkiyet yani [mülk-i la yebla] için ele geçirme, çalma, hırsızlık ve bunlar için yapılan işgal, talan ve kargaşayı ifade eder.

[Güzellikleri dünya hayatında tüketmek] ele geçirdiklerini sorumsuzca harcamayı, [zevkini sürmek] de onlarla har vurup harman savurmayı, gününü gün etmeyi ifade eder. İşte böylesine birine **"ALLAH VAR HESAP VAR BÖYLE YAPAMAZSIN"** denince, Bizden önce bunca insan gelmiş geçmiş, kimseye bir şey olmamış, biz mi hesap vereceğiz, yok böyle şeyler, masal, hikaye bunlar diyorlar.

YEDİNCİSİ: "BAL ARISI" demek olan NAHL suresinde:
ALLAH, büyüklük taslayanları sevmez. Böyleleri Rabbiniz ne indirdi? denildiğinde: **ESKİLERİN MASALLARI** derler. Böyle söylemekle KIYAMET gününde kendi veballerini tümüyle, saptırdıkları cahillerin veballerini de kısmen üzerlerine almış olurlar.

Dikkat edin, ne kötü bir vebaldir bu! Onlardan öncekiler de düzen kurmuşlardı. ALLAH kurdukları düzeni temelden yıkmış, çatılarını da başlarına geçirmişti. Azap, onlara fark edemedikleri bir yönden gelmişti.

[Nahl: 23-26]

Bu ayette de **ESKİLERİN MASALLARI** diyenlerin büyüklük taslayanlar olduğu ifade ediliyor. Yine, burada da Kur'an'ın anlam bütünlüğü içinde bunlar servet ve iktidar sahipleri **[mal ve oğul sahipleri, nimet sahipleri, bahçe sahipleri]** demek oluyor.

Bunlar tarih boyunca hep bir düzen kurmuşlar ve her defasında kurdukları düzen başlarına geçmiştir. Bundan sonra başkası olacak değildir. Bunlar hep demişlerdir ki: Adalet, eşitlik, cennet, ezilenlerin kurtuluşu ve yeryüzüne önder olmaları, kölelere özgürlük, şirksiz [sınıfsız/kastsız] bir toplum yani [ümmet-i vahide] bir hayalden ibarettir, **"ESKİLERİN MASALLARINDAN BAŞKA BİR ŞEY DEĞİLDİR!"**

Böyle söyleyenlere deniyor ki ayette: Böyle söylemekle kıyamet günün da yani [ayaklanma - kalkış - kıyam] gününde kendi veballerini tümüyle, saptırdıkları cahillerin veballerini de kısmen üzerlerine almış olurlar. Dikkat edin, ne kötü bir vebaldir bu!

SEKİZİNCİSİ: "YOLSUZLUK YAPANLAR" demek olan MUTAFFİFİN suresinde:

Yolsuzluk yapanların vay haline! Onlar alacaklarının son kuruşuna kadar peşine düşerler. Ama iş, vereceklerine gelince kıyısından kenarından nasıl çalıp çırpacaklarını hesaplarlar.

Onlar tekrar diriltileceklerini sanmıyorlar mı? O büyük günde hesaba çekilecekler. Öyle bir gün ki insanlık o gün Âlemlerin Rabbi'nin huzurunda esas duruşa geçecek! Kötülerin sicili tutulmuştur.

Bilir misin, sicil ne demek? Orada her şey madde madde yazılmıştır. O gün yalan diyenlerin vay haline! Onlar hesaplaşma gününe yalan diyenlerdir. Ona, ancak hak ve adaleti çiğneyen ve günah küpü haline gelmiş olan yalan der.

Ona ayetlerimiz okunduğu zaman: ESKİDEN BERİ SÖYLENİP DURULAN MASALLAR der. Hayır! Kazanmakta olduklarından dolayı kalpleri paslanmıştır onların. Doğrusu onlar o gün Rablerinden yüz bulamayacaklar. Doğruca alev alev yanan ateşi boylayacaklar. Sonra da onlara;

O YALAN DEYİP DURDUĞUNUZ ŞEY İŞTE BU! Denilecek.

[Mutaffifin; 1-17]

Görüldüğü gibi buradaki **ESKİLERİN MASALLARI** teranesi de parağrafın başındaki eksik ölçüp tartma yani [yolsuzluk] ile ilgilidir. Onlara [Eksik ölçüp tartmayın, halkın malına göz dikmeyin, çalmayın, çırpmayın. hak yemeyin, hesabınız çok yaman olur, hem halkın mahkemesinden hem de ALLAH'ın mahkemesinden kurtulamazsınız dendiğinde **BUNLAR ESKİDEN BERİ SÖYLENİP DURULAN MASALLAR** derler.

Buna verilen cevap ise Leheb suresindeki tehdit ile aynıdır:

[Malı ve kazandıkları onu kurtaramayacak. Kazanmakta olduklarından kalpleri paslanmıştır. Yani mal ve kazanma hırsından gözleri bir şey göremez olmuştur. Bunları temizleyecek şey ise alev alev yanan ateştir.]
[Tebbet, 2-3. Ayetler]

DOKUZUNCUSU: "GANİMET MALLARI" demek olan ENFAL suresinde:

Biliniz ki mallarınız ve oğullarınız birer imtihan vesilesidir. Asıl büyük mükâfat ALLAH'ın katındadır. Ey iman edenler! Eğer ALLAH bilinciyle yaşarsanız, size, doğru ile yanlışı ayırma yetisi verir; suçlarınızı örter ve sizi bağışlar.

Çünkü ALLAH büyük lütuf sahibidir. Hani kâfirler seni hapsetmek, öldürmek yahut sürgün etmek için plânlar kuruyorlardı. Onlar plân kurup dururken, ALLAH bütün plânlarını boşa çıkarttı. Çünkü bütün hesaplar ALLAH'tan döner. Onlara ayetlerimiz okunduğu zaman: Tamam duyduk. İstesek biz de bunun benzerini söyleyebiliriz. **TÜM BUNLAR ESKİLERİN MASALLARINDAN BAŞKA NEDİR Kİ** dediler.

[Enfal; 28-31]

Görüldüğü gibi, buradaki **ESKİLERİN MASALLARI** da, paragrafın başında işaret edildiği gibi yine aynı konu ile ilgili Mal ve oğullar. **MAL VE OĞUL SAHİPLERİ** tabirinin Kur'an'ın anlam bütünlüğü içinde ne anlama geldiğini artık biliyoruz. Bunlar düzenlerinin sürmesi için plan kuruyorlar, peygamberi hapse atmak, öldürmek ve bu beladan kurtulmak için ellerinden geleni yapıyorlar. Fakat azap hiç beklemedikleri bir yerden geliyor.

İşte tüm bunların planını bozmak için, **ALLAH BİLİNCİYLE YAŞAMAK** yani [takva] sahibi olmak gerekir. Öyle olursa ALLAH, mülkün ALLAH'a ait olduğuna iman etmişlere doğru ile yanlışı ayırma yetisi verir. Kim yalancı, kim sahtekar, kim münafık, kim laf olsun diye, kim yürekten mülk ALLAH'ındır diyor, ayırabilirler.

BU VE BUNUN GİBİ ANLATILAN TARİH ÖNCESİNE AİT HIKAYE & DESTAN VE EFSANE & KISSALARLA KUR'AN'IN İLİŞKİSİ NEDİR?

KUR'AN-I KERİM'DEKİ KISSALARIN ANLATILMA SEBEBLERİ NELERDİR?

Kıssa kelimesinin terim ve kavram olarak anlamları:
Kıssa kelimesi (çoğulu: kısas) Arapça' da "K-S-S" kökünden türemiş bir isim olup, sözlükte "Hikaye, Haber, Cümle, Söz parçası,

Olay, Durum veya Mevzu" gibi anlamlara gelir. Kelimenin aslını oluşturan "**el-kâs**" mastarı da; bir şeyi veya bir kimsenin izini sürüp ardınca gitmek, bir haber veya sözü açıklayıp bildirmek, anlatmak veya nakletmek" anlamlarına gelmektedir.

Kur'an-ı Kerimde: "(Habibim): Biz sana kıssaların en güzelini anlatıyoruz" (**Yusuf:3**) ve "Sen onlara bu kıssayı anlat, belki üzerinde düşünürler" (**A'raf:176**) ayetleri bu kullanıma örnek olarak gösterilebilir.

"el-Kasas"ise "anlatılan hikaye, rivayet haber ve iz" gibi anlamlara gelir. Yine bu kökten türetilen el-kâs (çoğulu: kassas veya kussas) da bir olayı anlatan, kıssa veya destan anlatan halk hikayecisi ya da dini öğütler veren vâiz gibi anlamlara gelmektedir.

Kuran'da kıssanın anlatılış amaçları:

Kur'an-ı Kerimde kıssalar tamamen birtakım dini ve ahlaki amaçlara yönelik olarak anlatılmıştır. Konuları ve anlatılış sebepleri dahi, rastgele veya amaçsız olmayıp hepsi imani temel hakikatlere yaslanan ve ahiret hayatına ilişkin derin kapalı meseleleri insani temsil dürbünleriyle gözümüzün önündeki hazır birer tarih vesikası gibi yaklaştıran, Kur'an'da sıkça kullanılan önemli birer teleskopmisal anlatım araçlarıdır, önemli birer köşe taşı hükmündedirler. Mesela nasihat ve öğüt verme, ibret, irşat, hidayet, uyarma, sakındırma, özendirme (Terhib ve Terğib) ve müjdeleme gibi hususlara dikkat çekmek ve insanın nazarını bu konulara yoğunlaştırmasını sağlamak, Kur'an kıssalarının temel amaçları arasında yer alır. Nitekim Yusuf kıssasını anlatırken, "Elbette onların hayat hikayelerinde akıl sahipleri için ibret vardır. (Bu Kur'an) uydurulacak bir söz değildir; ancak kendilerinden öncekilerin doğrulanması, her şeyin açıklanması ve inananlar için bir kılavuz ve rahmettir." (12/111) buyurulmaktadır.

Ayrıca, Kur'an'da çokça anlatılan bu kıssalar; yüksek bir belagat, tarihsel doğruluk ve İ'caz içerdiklerinden vahiy ve peygamberliğin ispatı, Allah'ın varlığını ve birliğini ispat, Hz. Adem'den Hz. Muhammed'e kadar tüm peygamberlere gönderilen dinlerin temelde aynı esaslarda birleştiğini anlatmak, uyarma, müjdeleme, Allah'ın gücünün ve kudretinin büyüklüğünü gösterme, hayra teşvik, kötülüklerden kaçınma, zorluklar karşısında sabır, verilen nimetlere şükür, iyilerin mükafatlandırılması, kötülüğün cezalandırılması vs. gibi birtakım ahlaki gayeleri içine almış ve bunların ifadelendirilmesi için anlatılmıştır. Şimdi, bu amaçlardan bir kısmını kısa maddeler halinde zikretmekte fayda vardır:

1- **Vahiy ve risaletin ispatı.** Hz Muhammed'in kendisine Kur'an'dan başka herhangi bir bilgi verilmediği halde, mesela kendi zamanında yaşayan Yahudi ve Hıristiyan bilginleriyle herhangi bir irtibatının olmadığı bilinmesine rağmen, onu Hz. İbrahim, Hz. Yusuf, Hz. Musa, Hz. İsa gibi peygamberlerin hayat hikayeleri ve tevhid mücadelelerinden haberdar olması ve onları anlatması bu durumun ispatıdır. "Kur'an-ı Kerim'de bu durumun ifadesi olarak birçok ayet zikredilmiştir. Mesela Hud suresinde Nuh kıssasını anlattıktan sonra: "Bu sana vahyettiğimiz gayb haberlerindendir. Bundan önce onları ne sen ne de kavmin biliyordunuz" buyurulmaktadır. Ayrıca Sad suresinde Hz. Adem kıssasını anlatmadan önce: "De ki: Bu büyük bir haberdir ki, siz ondan yüz çeviriyorsunuz. Mele-i A'lâ'da onlar aralarında çekişirken benim hiçbir bilgim yoktu. Ben ancak gelecek tehlikeleri apaçık haber verici (bir peygamber) olduğum içindir ki (o bilgi) bana vahyolunuyor. Rabbin o (münazara) zamanında meleklere demişti ki: "Ben muhakkak çamurdan bir insan yaratacağım." (**Sad: 67-71**).

2- Tüm peygamberlere gönderilen dinlerin temelde bir olduğu ve hepsinin ilkelerinin Allah tarafından belirlendiği, tüm Mü'minlerin bir ümmet olduğu ve Allah'ın hepsinin de Rabbi olduğunu bildirmek. "Hakikaten sizin bu ümmetiniz (bütün peygamberler ve onlara iman edenler) tek bir ümmettir. Ben de sizin Rabbinizim, öyleyse bana ibadet edin." (Enbiya, 21/92)

3- Dinin tek bir Allah'tan geldiğini tek bir temel (tevhid) üzerine bina edildiğini bütün peygamberlerin davet amaçlarının aynı olduğunu ve kavimlerin akıbetlerinin de benzer olduğunu beyan etmek. "(Ey Peygamber!) Senden önce hiçbir elçi göndermedik ki, ancak ona 'Ben'den başka ilah yoktur, sadece Bana kulluk edin' diye vahyetmiş olmayalım."(Enbiya, 21/25)

4- Allah'ın peygamberlerine yardım edip inkarcıları helak edeceğini ve inananları ödüllendireceğini beyan etmektir. Bunu da Hz. Muhammedi ruhen güçlendirmek ve onun imana davet ettiği kimselere güzel örnekler sunmak amacıyla yapar. Ancak meselenin başka bir boyutu daha var ki, Kur'an kıssaları, risalete muhalif olan ve Peygambere karşı duranların tavırları üzerinde çok fazla durmaktadır. Bu yüzden kıssalar, sözü, bu meseleleri açıklığa kavuşturan ve bunları zihinlerde yerleştiren bazı talimatlara getirmektedir. Tartışılan meseleler, Allah'ın birliği, öldükten sonra tekrar dirilme ve peygamberlikle ilgili olduğu için, bütün bu konular Kur'an kıssalarında açıkça görülmektedir. Kur'an bu gerçeği şöyle ifade ediyor:

"Elçilerin başlarından geçenlerden senin yüreğini pekiştirecek her şeyi sana anlatıyoruz. Bunlarda sana gelen gerçek, inananlara bir öğüt ve hatırlatmadır." (11/120)

5- Allah'ın peygamberlerine, seçkin kullarına ihsan buyurduğu nimeti beyan edip onları müjdelemek.

"Öyle ki elçilerimiz umutlarını yitirdikleri ve yalanlandıklarını sandıkları vakit, yardımımız onlara yetişmiştir. Böylece dilediklerimiz kurtarıldı. Güçlü baskınımız suçlu bir toplumdan geri çevrilemez."(12/110)

6- Ademoğullarını Şeytan'ın vesvese ve ayartmasına karşı uyarma, Şeytan'la onlar arasında ta babalarından beri sürüp gelen düşmanlığı belirtmek.

7- Bunlardan başka Kur'an-ı Kerim'de kıssalar Allah'ın her şeye gücünün yettiğini beyan etmek (Hz. Adem'in yaratılışı, Hz. İsa'nın doğumu, Hz. İbrahim'in ölü kuşları çağırması, Allah'ın kendisini öldürüp yüz sene sonra dirilttiği kimsenin kıssası gibi...) güzel ve iyi olanın kötü ve müfsidin sonunu beyan etmek, aceleci ve kısa görüşlü insanın örneği ile sabırlı ve gaybi hikmeti bilen insanların örneği gibi kıssalar da vardır.

Kur'an'da kıssa bağlamında kullanılan kelimeler:

Kur'an Kıssalarının sınıflandırılmasına geçmeden önce Kur'an-ı Kerim'de Kıssa bağlamında kullanılan ifadelerin belirtilmesi ve açıklanmasında fayda görüyoruz. Kur'an-ı Kerim'de geçmiş peygamberlerin, milletlerin ve kavimlerin yaşadıklarıyla ilgili olarak çeşitli ifadelerle nakiller yapılmaktadır.

1- Haber/Ahbar: Bu kelimeler meydana geldiği zaman itibariyle Hz. Peygamber dönemine daha yakın olan ve izleri tamamen kaybolmamış olayları anlatmak ve onlardan ibret alınması amacıyla hatırlatmak için kullanılmıştır.

2- Nebe'/Enba': Kelimeleri genellikle zaman ve mekan itibariyle tarihin derinliklerinde meydana gelmiş ve neredeyse unutulmaya yüz tutup kaybolmuş olayları haber vermekte kullanılmaktadır. Nebe kelimesi sözcük anlamı itibariyle kendisine bir ilim veya en azından zann-ı galip elde edilen büyük önemi olan haber anlamındadır. Bu tür haberlerin yalan veya herhangi bir ilave eksiltmeden uzak olması gerekir. Kuran'da kıssalar bağlamında mütalaa edilen geçmişe ait birtakım olaylar "Nebe'" veya "Gayb haberleri" ifadeleriyle belirtilmişlerdir.

3- Esatir/Usture (Eskileri masalları, Hikaye, uydurma hikaye): Kur'an'ın indirildiği dönemde kendilerine Kur'an okunan Müşrikler Hz Muhammed'in getirdiği bu bilgilerin, vahiy eseri olmadığı, sadece öncekilere ait hikayeler olduğu ve Muhammed (as)'ın bu bilgileri başka birinden öğrendiğine inanıyor ve bundan dolayı da ona iman etmiyorlardı. İşte, şu akımın neden olduğu sualci bir felsefi zihniyet yine aynı çeldirici yöntemle inkar-ı kur'an cihetiyle saldırıya ve hücuma geçtiği anlaşılıyor. Mesela, kur'an-ı hakimde birtakım tabirlerle, mesela "Esatir-il Evvelin" gibi, Zülkarneyn, Nuh ve ta eski zaman peygamberliklerini ve hatta İslam peygamberi Muhammed (S.A.V.) kadar getirerek, onların varlığına ve yaşadıkları dönemin olaylarını tarihsel kanıtlarla zorlama bir iddia ve tasdik ettirme, aksi takdirde ise vahye olan güzensizliği teşvik etmek suretiyle her birisini adeta inkar etme noktasına kadar işi götürmektedir. Kur'an bu durumu şöyle açıklar:

"**Dediler ki: Evvelkilerin masalları, onları yazdırmış, sabah akşam kendisine okunuyor.**"(25/5)

"**Biz onların, ona bir insan öğretiyor!" dediklerini biliyoruz. Haktan saparak kendisine yöneldikleri adamın dili a'cemi, bu ise apaçık Arapça bir dildir.**" (16/103)

Aslına bakılırsa, Kur'an kıssalarına hikaye denmeyeceği oldukça açıktır. Çünkü hikayede, anlatılan olayın gerçekte meydana gelip gelmemesi arasında fark yoktur. Bu anlamda Kur'an kıssalarının mahiyet ve keyfiyeti hikayeyle bağdaşmaz. Çünkü, Kur'an kıssaları içinde vehim ve kuruntu ile hayal karışımı bulunan şeyler olmayıp, bilakis gaye itibariyle de Kur'an'ın temel esaslarıyla uyum içindedir. Kur'an inkarcıların söylediği gibi bir hikaye kitabı değil, bilakis her şeyi bilen ve tüm tarihi sanki hazır yaşanmış gibi görebilen ve kendisine hiçbir şeyin gizli kalmayıp, her şeyden haberdar olan Allah tarafından gönderilmiş bir hidayet rehberidir.

4- Kıssa: Kur'an'ın tarih yorumunun tespitinde "kıssa" kelimesi önemli bir yer tutar. Tarihi oluş içinde cereyan etmiş olan ve genel insanlık yasalarına dikkat çeken olayların, ilahi teşhisler, tespitler ve zımni direktifler içererek sunulması olgusuna dikkat çeken Kur'an kıssaları adı ve başlığı konulmamış bir tarih felsefesi ve yorumu konumundadır.

5- Mesel/Emsal: Mesel, Misl: Aslında bir şeyin benzeri demektir Meselin çoğulu Emsaldir. Temsil ise, bir kıssa veya bir söz beyan etmek, yazı veya başka bir şeyle, bir şeyin kendisine bakıyormuşçasına misalini tasvir etmek, suretlendirmek demektir. Yani benzerini getirmek, örnek vermek, göz önüne dikmek ve benzetmek demektir. Istılâhî manada ise halk arasında kabul görüp yayılmış, teşbihe dayalı, içerisinde bir düstur ve hikmet taşıyan kinayeli veciz sözlerdir. Kur'ânî ıstılahta mesel veya emsal denilince gerçekte vuku bulmayan ancak hatırlatma, nasihat, teşvik, uyarma, ibret ve iyi bir hareketi onaylama, anlatılan bir olayın akla yatkınlığının sağlanması, soyut ifadelerin daha anlaşılır bir şekilde açıklanması gibi amaçlar için Kur'an-ı Kerim'in getirdiği örneklerdir.

Kıssaların çeşitliliği konusu:

Kuran kıssalarının amaçları, mahiyet ve içerikleri ile edebi üslupları, uzunluk ve kısalıklarına göre çeşitli tasnifleri yapılmaktadır. Fakat kanaatimce Kur'an'da kıssa başlığı altında değerlendirilmesi gereken kısım sadece tarihi kıssalardır. Temsilleri kıssalara dahil etmeden aynı amaca yönelik fakat birbirlerinden tamamen farklı anlatım biçimleri olarak görmek, müstakil bir başlık altında fakat Kur'an'ın genel amaçlarının dışına çıkmadan incelemenin kıssaları anlaşılmasıyla ilgili bir çok problemi de çözeceği kanaatindeyiz. Yine, birtakım inkarcı zihniyetler ise, bu kıssaların gerçekliğine ilişerek, hem mesela hz. Peygamberin hayatındaki bazı anlatılan olayları dahi bu kıssa çerçevesinde ele alarak, akla muhal ve imkansız görerek, mesela zem-zem kuyusunun bulunması, kabenin inşası, hz. Peygamberin mekke dönemindeki yaşamış olduğuna dair kanıt olmadığının ileri sürülmesi veyahutta bazen çok evliliğine dair veyahutta kur'an-ı hakim'in bazı ayetlerinde matematiksel hatalar bulunduğu gibi, tutumsuz ve gerçek dışı, hiçbir dayanağı olmayan iddialarla sözde vahyin gerçekliğini ve peygamberlerin yaşanmış hayatlarını inkar etme noktasına götürmekle ve buradan da "PEYGAMBERLERE İMAN" rüknünü iptal etmek suretiyle imanın erkanına ilişildiği tesbit edilmektedir.

Tarihi Kıssalar: Kur'an'ın en önemli özelliklerinden birisi de tutarlılığıdır. Kur'an önce bir şeyi bildirip, birkaç sayfa sonra onunla çelişecek başka bir husus beyan etmez. Dolayısıyla, hiçbir Kur'ânî tarihsel bilgi kanıtlanmış tarihsel gerçeklerle çelişmediği ve Kur'an'ın tamamen yeni (başka kaynaklardan alıntı olmayan anlamında) tarihsel bilgileri bildirdiği gerçeğinin de altını çizmek gerekir. Kur'an-ı Kerim yalnızca tarihi kendisi yaratan ve asla hata yapmayan "Mükemmel Tarihçi", Allah tarafından vahyedilmiş ve O'nun tarafından şu şekilde tanımlanmıştır. "Hâlâ düşünmüyorlar mı? Eğer O, Allah'tan başkası tarafından indirilseydi, onda birçok uyumsuzluk (ve tutarsızlık) bulacaklardı."(4/82)

Tarihi Kıssalar tarihsel gerçekliği itibarıyla tamamen vakaya uygun olarak anlatılan kıssalardır. Kanaatimize göre, bu tür kıssalarda anlatılan olaylar, şahıslar ve diğer unsurlar tamamen gerçeğe uygundur. Kıssanın resmettiği kahramanlar gerçekte yaşamış kişilerdir. Onlara nispet edilen bütün sözler söylenmiş ve bütün fiiller gerçekten işlenmiştir. Bütün bunlarda ne bir ilave ve ne bir eksiltme söz konusudur.

Aslında Kur'an'da kıssa kavramının tam olarak ifade ettiği de tarihi kıssalardır denilebilir. Bu tür kıssaları vakaya uygunluk bakımından tamamen gerçeği yansıttığını daha önce belirtmiştik. Fakat Kur'an'ın amacı muhataplara tarih konusunda ayrıntılı bilgi vermek ve tarih anlatmak değildir. Bu sebepten dolayı da olay, zaman ve mekan ile şahıslarla ilgili olarak fazla ayrıntıya girmez. Bilakis Kur'an'ın genel amaçlarından olan, irşat tebliğ, ibret ve ders alma gibi amaçlara hizmet edecek kadarını almış diğer ayrıntılara da bilerek girmemiştir.

Bu tür kıssaları:

a) Önceki Peygamberler ve kavimleri arasında geçen olayları anlatan kıssalar.

b) Peygamber olmadıkları halde kendilerinden bahsedilen Zülkarneyn, Hz Meryem gibi birtakım büyük şahsiyetler ile Ashab-ı Kehf, Ashabu'l Karye, Ashabu'l Uhdud gibi bazı kavim ve topluluklarla ilgili kıssalar.

olmak üzere iki grupta toplayabiliriz.

Meseller: Mesel kelimesi Kur'an'da Kıssa bağlamında anlatıldığında ibret, örnek ve ders çıkarma amacıyla kullanılsa da yapı itibariyle kıssalardan tamamen farklı bir şekli olduğundan dolayı biz kıssalardan tamamen ayrı olarak mütalaa edilmesi kanaatindeyiz. Kur'an'da temsili anlatım biçiminin kullanıldığı birçok ayet vardır. Temsille anlatım, ifade biçimlerinin adeta zirvesidir. Çünkü temsilde soyut, mücerret ve manevi mefhumlar, teşhis sanatıyla görülen ve herkes tarafından bilinen suret ve şekiller halinde tasvir edildiği için, onu herkes anlar. Temsiller soyut anlamlar üzerindeki sır perdelerini kaldırır. O kavram dinleyenlerin gözünün önünde canlanır, belirgin hale gelir. Hayal ve vehmedilen mana kesin anlaşılır bir şekilde gözler önüne serilir.

Mesellerin sözleri az, anlamları çok, söyleyenin söylemesi kolay olduğu için, sözlerin en açığı ve en etkilisidir. Meselleri önemine Kur'anda şöyle değinilir. "Allah öğüt alsınlar diye insanlara böyle meseller irad eder." **(İbrahim,14/25)**. "And olsun ki biz bu Kur'an'da insanlara her çeşit temsili türlü biçimlerde anlattık, ama insanların çoğu inkarda direttiler." **(İsra, 17/89)**

Şimdi Kur'an'ın gösterdiği mesellere birkaç örnek verip konuyu biraz daha açmaya çalışalım.

"Sonra bunun arkasından yine kalpleriniz katılaştı şimdi taş gibi, yahut daha katı. Çünkü taşın öylesi vardır ki ondan nehirler fışkırır, öylesi vardır ki yarılıp içinden sular kaynar. Öylesi de vardır ki, Allah korkusundan yükseklerden aşağılara yuvarlanır. Ne yapsanız Allah hiç birinden gafil değildir."

(Bakara, 2/74)

Bu ayette, Yahudilerin ve Kafirlerin kalplerinin katılığı ve sertliği taşın katılığı ve sertliğine benzetilmiştir. Hatta, ondan daha da katı olduğu belirtilerek, bazı taşların yumuşayıp içinden su sızdırdığı ama kafirlerin ve Yahudilerin kalplerinin asla yumuşayıp, inanmayacakları bildirilmiştir. Bu ayette kalplerin taşa benzetilmesi, taşın sertlik için mesel olarak kullanılması dolayısıyladır.

"Kendilerine Tevrat öğretildiği halde onunla amel etmeyenlerin hali, sırtına kitap yüklenmiş eşeğin haline benzer. Allah'ın ayetlerini yalanlayanların hali ne çirkindir (Cuma, 62/5). Bu ayette Yahudiler, bilhassa Yahudi alimleri kitap yüklü merkeplere benzetilmişlerdir. Çünkü onlar Tevrat'ı öğrenmişler fakat onunla amel etmemişlerdir. Benzetme yönü de, eşeğin yüklendiği kitaplardan, taşıdığı ağırlık, çektiği zahmet ve yorgunluktan başka bir menfaatinin olmayışıdır. Zaten bu hayvan aptallığı ve akılsızlığı ile bilinir. Buradaki temsil okuduğu ve öğrendikleriyle amel etmeyen her bilgine yöneliktir.

"Sen o münafıkları gördüğün zaman kalıpları hoşuna gider, konuştuklarında sözlerini dinlersin. (Fakat gerçekte onlar) sanki giydirilip dayatılmış İçi boş (kof) bir kütük gibidirler. Her gürültüyü kendi aleyhlerinde sanırlar. Onlar düşmandır, onlardan sakın. Allah kahretsin onları!... Nasıl da haktan yüz çeviriyorlar?"

(Münafikun, 4)

Bu ayette münafıkların dış görünüşleri süslü, püslü, konuşmalarının ilgi ve alaka uyandırıcı olduğu bildirilir, fakat içlerinde ima yoktur. Karakter şahsiyet ve cesaretten de yoksundurlar. Korkaktırlar, ürkektirler. Allah onların bu hallerini üzeri insan gibi giydirilip (dik duramadığı için de) duvara dayatılmış içi boş ağaç kütüklerine benzetmiştir.

İşte EY ARKADAŞ, ve şu tarih-i kadim yolculuğuna benimle beraber çıkmak isteyen YOLDAŞ, şu gelecek olan bu ve bundan sonraki kıssaları ve yaşanmış olan efsaneleri anlatırken, sen de yunus-misal o balığın karnından kurtulmak cihetiyle bu asrın karnındasın, sıkıntıların ve dertlerin hadsizdir, içerisine düştüğün şu karanlık deniz de hadsiz olması cihetiyle belki o kudsi peygamberlerden 100 derece daha çok bela ve musibetlere muztarız ve münacatımızı ve zat-ı zülcelalden yaptığımız şu çalışmalar hesabına affımızı niyaz ve tazarru ederiz..

İşte, eğer şimdi hazırsan şimdi o tarih yolculuğuna beraber çıkacağız..

KUR'AN-I HAKİM'DE "ESATİR-UL EVVELİN" KAVRAMI

Esatir kelimesi yazmak anlamına gelen satr kelime kökünden türetilmiş bir kelimedir. (1) Usture kelimesinin çoğuludur. Doğru olmayan, asılsız ve boş sözler demektir. Esatiri Yunanca, Aramice veya Süryanice'de 'tarih' anlamına gelen historia ve storiadan Arapçalaşmış istar veya istarenin çoğul şekli olduğunu kabul edenler de vardır. Ancak Cahiliye dönemi şiirlerinde satr kökünün kullanıldığı da bilinmektedir, Esatir-ül evvelin ise mana olarak hurufat, uydurma, saçmalama, ve masal demektir. Esatir-ül evvelin kelimesinin söz olarak kadim tarih anlamına gelebileceğini söyleyen Elmalılı, kavram olarak da günümüzde de kullanılan tarih olmuş, tarihe karışmış, masal olmuş sade lafta kalmış manalarına gelebileceğini söyler.

Genellikle, *Esatir-ül Evvelin*' Kur'an kıssaları ile ilgili zannedilmiştir. Ancak Kur'an'da kafirlerin kıssalar için özel olarak bu *Öncekilerin Masalları*' anlamına gelen tabiri kullandıklarına dair bir ayet yoktur. Ancak bu kıssaların gerçekten vuku bulmadığı şeklinde anlaşılmamalıdır. Kur'an'ın gaybi kıssaları hak olarak anlattığını hesaba katarsak (Al-i İmran 3/44) kıssaların da vuku bulduğunu anlayabiliriz. Kıssaların sembolik olduğu söylenirse "daha önceki kavimlerin başlarına gelenlerin bakılıp ibret alınmasının istenilmesi ve o kavimlere ait yerlerin bazılarının işlek bir yol üzerinde bulunduğunun bildirilmesi"(Neml 27/69) gibi ayetleri anlamak mümkün olmayacaktır. Mecazi mekanlar nasıl gezilip görülecek ve ibret alınacaktır? Kıssaları (mantıki olarak olmasa da) pratikte esatir-ül evvelin gören bu anlayış kesinlikle Kur'ani değildir. Ayrıca bu yaklaşımla peygamberlere verilen mucizeler de kolayca bir kenara bırakılabilecektir. Acaba bu durumda bizim mucize göstermemiz mümkün olmadığına göre bu haberlerden nasıl ibret alınacaktır?

Ayrıca anlatılan kıssalardaki peygamber isimlerinin de mecazi olduğu; aslında o peygamberlerin de yaşamadığı ibret olsun diye öylesine Kur'an'da bulunduklarını söylemek kıssaları mecazi kabul eden anlayış açısından pek problem çıkarmayacaktır.

Kaynaklar, Kur'an hakkında esatir-ül evvelin tabirini ilk defa Nadr b. Haris'in kullandığını kaydeder. Rivayete göre Ebu Süfyan, Velid b. Mugire, Ebu Cehil, Utbe b. Rebia ve Nadr b. Haris'ten oluşan bir grup müşrik, Kur'an okumakta olan Hz. Peygamber'i gizlice dinlemeye gitmişler Nadr da 'ne dediğini anlayamıyorum fakat galiba benim size dediğim gibi geçmiş milletlerin efsanelerinden (esatir) bahsediyor' cevabını vermiştir.

Müfessirlerin çoğu esatir-ül evveline *'önceki milletlere ait rivayetler'* anlamını vermiş ve bunlara kahramanlık hikâyeleriyle tarihi kıssaların dahil olduğunu belirtmişse de esasen esatir daha çok putperest kavimlerin tanrılarına ilişkin efsanelerini ifade eder. Bunlar hak dinden sapanların aslını değiştirerek ortaya koydukları batıl inançlar olarak da görülebilir. Bu kitabın ilerleyen bölümlerinde bu neviden 10 adet efsaneyi anlatarak bu durumu daha iyi görebileceğiz. Esatir kelimesinin sözlükte 'gerçeğe uygun olmayan sözler' anlamına gelmesi de bu görüşü doğrulayıcı mahiyettedir. Dolayısıyla, bu anlatılagelen kıssaların doğruluğuna ilişkin yegane doğru kaynağın ve referans kitabın ve kıstas alınması gereken bilgilerin yine Kur'anda bulunduğunu kabul etmemiz gerekir ki, bu efsanelerin hakikatine de ulaşabilelim. Kur'an'da ahiret inancı (Nahl16/24) ve yeniden dirilme için (Ahkaf46/17; Neml27/68) kafirlerin bu tabiri kullandıkları anlatılır. Ayrıca, Kur'an bu sapkın kimseleri çok yemin eden, gıybetçi, koğuculuk yapan ve hayra engel olan kişiler olarak tanımlar. Bunlar aynı zamanda soysuz ve yardakçıdırlar. (Kalem68/10-15)

Kafirler şöyle diyorlardı: **"Bu Kur'an, Muhammed'in uydurduğu bir yalandan başka bir şey değildir. Bu hususta**

O'na diğer bir kavim yardım etmiştir. Muhakkak ki, bir zulüm ve yalan getirdiler. Kur'an Muhammed'in yazdığı ve ezberlemek için sabah akşam okuttuğu geçmiş kavimlere ait efsanelerdir. De ki: O'nu göklerde ve yerde bütün esrara vakıf olan Allah indirdi. Muhakkak O Gafur'dur, Rahim'dir."

(Furkan25/4-6)

Yani Kur'an bu noktada şunu iddia eder ki; Hz. Muhammed bu ayetler indiğinde okuma yazma bilmezdi ve ne de daha önce bir tarih kitabı okumuş değildi. Ayrıca, bunu bırakın bir şeyi okuyup anlayabilecek, yazabilecek ve onu bir başkasına okuyabilecek durumda bile değildi.

Fakat bu inkarcılar ise aksine şunu iddia etmektedirler; O Kırk yıl aramızda yaşamıştır. Peygamberlik iddiasında bulunmasından önce Kur'an'da yer alan ifade ve bilgileri ihtiva eden tek bir şey ağzından çıkmamıştı. Ama şimdi birden bire böyle akıllı ve mantıklı şeyler söylüyor ve geçmiş milletlerin hikâyelerini anlatıyor. Bu şahıs bütün bu bilgileri nereden almıştır? Olsa olsa bunların kaynağı eski kitap ve destanlardır. Bu şahıs herhalde gece bu kitapların tercümelerini başkalarından öğreniyor ve sabah bize anlatıyor. Bu konuda kendisine yardım eden bazı alimler vardır. Ne var ki, Mekkeliler birkaç yabancı köle hariç bu sözde alimlerden hiçbirinin ismini veremiyorlardı. Bunları dinleyen biri onların aklına ancak şaşabilirdi. İlginç olan ise, Kur'an'ın onlara karşı bir delil sunmayışıdır. Mekkelilerin görünüşte ciddi ve ağır olan bu itirazları neden böylesine hafife alınmış ve şiddetle reddedilmiştir?

Şimdi, O dönemki Mekke'yi gözümüzün önünde canlandırırsak bu sorunun cevabını kolayca bulmuş olacağız:

Birincisi: Bir kere Mekkeli kabile reisleri Müslümanları dövmek ve sövmek konusunda gösterdikleri mahareti bu konuda niye gösteremiyorlar? Pekala şüphe ettikleri eve baskın yapıp bütün kitapları ortaya çıkarabilirlerdi. İstedikleri kütüphaneyi darmadağın edebilirlerdi. Hz. Muhammed'in gizlice çalıştığı yeri basıp her şeyi gün ışığına çıkarabilirlerdi. Bu imkanlar ellerinde idi ve ayrıca sayıca da bunu yapabilecek çoğunlukta idiler.

İkincisi: Hz. Muhammed'in Kur'an'ı yazma(!) işine yardımcı olduğu bildirilen kişilerin hepsi Mekke'nin sakinleriydiler. Bu kişilerin bilgi ve meziyetleri kimseden gizli değildi. Akıl ve izan sahibi kimse Kur'an gibi muzzam bir eseri bu kişilerin yazdığına ya da hazırladığına inanamazdı.

Üçüncüsü: Kur'an'ın hazırlanmasında yardım ettikleri iddia edilen kişilerin hemen hemen hepsi Mekkeli kabile reislerinin serbest bıraktıkları kölelerdi. O dönemde bırakın bu kıssaları anlatmayı, Mekke ve aşiret hayatında serbest bırakılan bir kölenin eski efendisinin himayesi olmaksızın nefesini alması bile zordu. Bu eski kölelerin kendi eski efendilerini kızdıracak şekilde, düşmanları olan hz. Muhammed ile işbirliği yapmaları düşünülebilir mi? Onlar bu korkunç neticeyi bilmiyorlar mıydı?

Ayrıca, Hz. Muhammed'e Kur'an-ı Kerim'i okudukları veya yazıp verdikleri bildirilen kölelerin hemen hepsi daha sonra İslam'ı kabul etmiş ve Peygamberimize bütün kalpleriyle birlikte olmala-rının cezasını da ağır hakaret ve işkence şeklinde çekmişlerdi. Şimdi, kaynaklık ettikleri bir düşünceyi kazandırdıkları (!) Hz. Peygamber'e iman etmeleri ve bu uğurda zulüm ve işkenceye maruz kalmaları düşünülebilir mi?

Kafirlerin, Kur'an'ın esatir-ül evvelin olması konusunda bir delilleri bulunmadığı gibi iddiaları da slogandan öteye geçmemektedir. Onların bu tanımı, halen günümüzde de bir uzantısı bulunan sözde modernleşmek adına, Kur'an'ı çağdışı görme eğiliminin bir uzantısıdır. Amaçları saf insanları kandırıp davet yolundan uzaklaştırmaktır. Onlar hem kendileri ondan uzak dururlar, hem de diğer insanları ondan alıkoyarlar (Enam 6/26). Onların Kur'an'ı inkar için ileri sürdükleri bu delil zaten onların kendi içlerinde de çelişkilerini ve bocaladıklarını ortaya koymaktadır. Zira, vahiy öncesi hayatında 'el-emin' olarak isimlendirdikleri bir kimseyi bir anda yalancı olarak itham etmektedirler.

Kafirler, Kur'an'ın eskilerden kalma bir masal derlemesi olmadığını çok iyi biliyorlardı. Fakat onların amaçları sadece tartışma çıkarmak, reddetmek ve yalanlama bahaneleri bulmak ve uzun vadede insanların kafalarına kuşku tohumları ekmekti. Örneğin, günümüzde halen uzantıları devam eden bazı inkarcı ateist fikirler veya evrimci, atomcu ve maddeci sofestaist görüşler gibi.

Dikkati çeken diğer bir nokta da, onların bu iddialarında 'yeni' bir şey bulamayışlarıdır. Eski, gerçek ya da çağdaş olamayacağından, gerçek ve akılcı olması gereken mesaj yeni olmalıdır. Oysa, mesaj her zaman için "BİR"dir ve "EVRENSEL GENEL GEÇERLİ"dir ve de öyle olmaya devam edecektir. Dolayısıyla, insanların doğru yolu bulabilmeleri için başlangıçtan bu yana gelen mesajın muhtevası aynıdır.

Günümüzde de, açıkça söylenilmese de Kur'an'ın ortaçağ karanlıklarına dönüş olduğu, yeni ve çağdaş olmadığı, günümüz ihtiyaçlarına cevap veremeyeceği gibi iddiaları o dönemki mantığın devam ettiğini göstermektedir. Halburki şirk ve tevhid mücadelesi her çağda devam etmektedir. İmtihan da değişmemiştir, çünkü ölüm değişmemiştir, kainattaki işleyen arızi ve fıtri kanunlar manzumesi yine değişmemiştir. Hz. Adem'den bu yana gelen tevhidi anlayışta bir değişme olmadığı doğrudur. Ancak, dinin asılları korunduğu gibi, toplumların ihtiyaçlarına göre şeriatlerde Allah tarafından değişiklikler de yapılmıştır. Bu doğrudur, çünkü her şey ve zaman yenilendiği gibi, kurallar ve kanunlar da şeriata göre yeniden şekillenmek ve yenilenmek durumunda olmasından daha doğal bir şey yoktur. Bu nedenledir ki, her peygamber bir önceki peygamberin getirdiğini onaylamıştır, şeriatın sebest bıraktığı alanlarda da ümmetini cehd göstermeye teşvik etmiştir. İnsanoğlunun karakteri, asırlar geçse de hiç değişmiyor. Dün ne ise, bugün de aynı. Bir yandan son ilahi Kitapta anlatılanlara eskilerin masalları diyerek karşı çıkıyor! Diğer yandan, günlük hayatını çağın mitolojilerine göre (eski Mısır veya eski Yunan ve Roma'yı yaşatmaya çalışıyor) düzenliyor! Peki, şimdi soruyoruz bu inkarcı zihniyete ve modern cahiliyet düzenine: Bu Çelişki Neden? Daha dün Arap müşrikleri de aynı şeyleri söylemiyor ve yapmıyorlar mıydı?.

Peki, şimdi ne değişti? Günümüzün, çağdaş müşrikleri de aynı şeyleri söylüyor ve yapıyorlar! Örneğin, Furkan suresinin 5. ayetinde buna işaret ediliyor: "Onlar, Kur'an öncekilerin masallarıdır; başkalarına yazdırıp sabah akşam kendisine okunmaktadır dediler". Kur'an'da sıkça anlatılan peygamberlerin hayatları, evvelki toplumların başlarına gelenler, tarihe mal olmuş büyük olaylar, hala kalıntıları var olan ve izleri silinmemiş büyük felaketler hakkında, insanlar tefekkür edip ders çıkaracakları yerde, bazıları inkar kolaycılığını seçtiler. Bunlara; bu eserimize konu olan, esatir-ul evvelin, yani eskilerin masalları, dediler. Olaylara, mitoloji gözüyle baktılar ve Peygamberi kast ederek, gece-gündüz bu ayetler kendisine yazdırılıyor, dikte ettiriliyor dediler. Böylece hem Allaha iftira attılar, hem Peygamberi yalancı çıkarmaya çalıştılar. Aslında, bu sözleriyle sözde bilimsel araştırmalara ve sahte bulgulara dayandırdıkları birtakım tutarsız delilleriyle insanların kafalarını karıştırmayı hedefliyorlardı. İddialara inandıklarından değil!

İşin ilginç yanı, bu masallara karşı çıkanlar, asıl kendileri eskilerin masallarıyla avunuyorlardı. Uzakdoğunun efsanelerini, Yunan'ın, Roma'nın İskender hikayelerini, Aristo'nun Platon'un sözde hikmet dolu ama inancı ve yaratıcıyı felsefeyle sorgulamaya çalışan, akla sığdırmaya kalkışan yazılarını, Roma'nın esrarengiz mitolojilerini, İran'ın İsfendiyar masallarını birbirlerine anlatıp duruyorlardı. Akıllarınca, insanları eğlendirebilmek, meşgul edebilmek için, Allah'ın âyetlerine karşı alternatif (!) sunuyorlardı! İşte, modern denilen tarih anlatısının sana anlatıp durduğu hikaye budur ki, acaba içerisindeki hakikat kur'anda anlatılanın yüzde biri kadar var mıdır? Bir düşün?

Peki gayeleri nedir? İnsanların ilahi vahye olan alakasını kesmek, dikkatleri başka tarafa yöneltmekti. Hz. Peygamber aleyhissalatü vesselamın bunları kendiliğinden uydurmadığını elbette onlar da biliyordu. Hiçbir zaman, ne papazdan, ne rahipten, ne de başka birinden ders aldığını iddia etmediler. Ama, insanlar bu ayetleri duyarlar ve inanırlarsa iktidarları ellerinden gidecek, söz ve hakimiyetleri bitecekti. Yani, Asıl mesele buydu.

Günümüzün modern kâfirleri, pozitivist ve materyalist akımın mensupları, sekülerizm savunucuları ve lâ-dînî/laik çevreler de, Allahın kitabına aynı sözlerle yaklaşıyorlar! İnsanları; çağdaşlık, gelişmişlik, değişimcilik, ilericilik, modernlik v.b. gibi yaldızlı kelimelerle avlamaya, zihinlerini çalmaya ve Kur'an'dan uzaklaştırmaya veya -"*Haşa!, onu çağ dışı*" göstermeye- çalışıyorlar! Peki, ölüm bize uzak mıdır değil midir? Eğer, ilericilik bu demek idi ise, ölüm mazide mi kaldı bize göre yoksa onların zannettikleri ilericiliğin ta en ilerisinde bizi mi beklemektedir? İşte, Kur'an söz konusu olduğunda da, evet, o kutsal bir kitaptır, inanıyoruz ama artık hitapları eski çağlarda kalmıştır diyorlar! Hükümlerinin geçer-liliğini yitirdiğini, o hükümlerin eski insanlara ait olduğunu söylüyorlar! Açıkçası, Arap müşrikleri gibi, ayetlere eskilerin masalları demiş oluyorlar! Ama aynı kişiler, uzak doğunun mitolojik öğretilerini hayranlıkla dinliyor, etkileniyor, uygulamaya koyuyorlar. Ruh dünyalarını, efsunlar, gizemli olaylar ve esrarengiz anlatımlarla tatmin etmeye çalışıyorlar.

Medyumlardan, tarotçulardan, falcılardan medet umuyorlar! Böylece, diplomaları, sıfatları, ünvan ve kariyerleri ne olursa olsun, bu tavırlarıyla inanç konusunda cahiliye devrinin çöl bedevileriyle aynı safta buluşmuş oluyorlar!

Şirk de, şeytandan bu yana varlığını korumuş şekil değiştirse de muhtevası aynı kalmıştır. Kaldı ki o günkü müşriklerin Kur'an'ı ve ahiret inancını 'öncekilerin uydurmaları' olarak değerlendirmeleri tutarsızdır. Çünkü, onların zamansal açıdan putlara tapınma ve onları şefaatçi kabul etme anlayışları da eskidir. Zaman olarak bir şeyin kadim olması onun yanlışlığını veya doğruluğunu göstermez. Doğru her zaman doğrudur.

Sonuç olarak, "**Kur'an'ın 'öncekilerin masalları' olduğunu söylemek ancak azgın kafirlerin iddiasıdır. Onların kazandıkları kalplerini paslandırmıştır**" (Mutaffifin83/14). "**Onlar, ahirette günahlarının tamamını saptırdıkları insanlarınkilerin de bir kısmını yükleneceklerdir**" (Nahl16/25).

Bunun için, bu esere, Eskilerin en eski meseli ve kıssası olan yaratılışın başlangıcına gidip, Adem aleyhisselamın kıssasını anlatan hikayesi ile başlıyoruz:

* * *

İKİNCİ DERS

ON KISSA

BİRİNCİ KISSA

ADEM AS.'IN KISSASI:

İnsanın yaratılış hikayesi

Şimdi sizleri, eserimizdeki tüm meseleler boyunca isbatını ele alacağımız "Eskilerin Masalları" kavramının ilk başlangıç noktası olan ve özellikle yaratılışı inkar eden inkarcı fikir sisteminin altyapısını oluşturan fikirlere antitez olması açısından, insanlığın ilk kıssası ve bu kıssanın gerisindeki köklü duygularla bir süre için başbaşa bırakıyoruz:

Sual: Neden mi böyle başlıyoruz?

El-cevap: Çünkü biz, şu anda biz "Mele-i alâ'nın", ruhlar aleminin yüce alanındayız. Basiretimizin gözlerini yüce doruklardan sızan parıltılara dikmiş, insanlığın ilk kıssasını dinliyor, bu kıssanın filmini seyrediyoruz: (Bakara, 2/30-39)

30- Hani Rabb'in, meleklere **"Ben yeryüzünde bir halife yaratacağım"** demişti.

- Melekler **"Ya Rabbi sen yeryüzünde kargaşalık çıkaracak, kan dökecek birini mi yaratacaksın? Oysa biz seni överek tesbih ediyor, takdis ediyoruz"** dediler. Allah meleklere **"Ben sizin bilmediklerinizi bilirim'** demişti.

Demek ki, Allah'ın yüce iradesi şu yeryüzünün dizginlerini kâinatın bu yeni varlığına teslim etmek, burayı onun eline vermek istiyor. Yani yüce Allah yaratıp, düzene koyduğu şu yeryüzüne kendi temsilcisi sıfatıyla gönderdiği insana; buradaki varlıklardan yararlanma, onların özelliklerini tanıyıp araştırma, onları değiştirme, gizli olan yönlerini bulup açığa çıkarma, çeşitli yeraltı kaynaklarını bulup günyüzüne çıkarma, işleme ve bütün bunları yaparken de Allah'ın halifeliği gibi son derece ağır bir görevi yerine getirirken yeryüzünün bütün imkânlarını onun hizmetine sunma kararındadır.

Yine, demek ki yüce Allah kendi dileğini gerçekleştirme görevi verdiği ve "insan" ünvanına layık gördüğü bu yeni varlığı, yaşamı boyunca karşı karşıya geleceği yeryüzünün çeşitli güç kaynaklarına (enerji, hammadde-doğa kanunları vs.) denk gelecek, onlarla baş edebilecek derecede gizli güçlerle donatmıştır.

Buna göre, yeryüzüne ve evrenin tümüne hükmeden temel kanunlarla, bu yeni varlığa, onun çeşitli güç kaynakları ve enerjilerine hükmeden temel kanunlar arasında sıkı bir uyum, ahenkli bir birlik vardır. Böyle olduğundan dolayıdır ki, bu iki kanun arasında, herhangi bir çatışma olmamakta ve insan enerjisi şu koca kâinat kayasına çarpıp paramparça olmaktan kurtulmaktadır.

O halde şu uçsuz-bucaksız yeryüzündeki varlık düzeni içinde sözünü ettiğimiz insanın mevkii, rolü son derece önemlidir ve bu onurlu statüyü onun için, kerem sahibi olan yaratıcısı dilemiş, uygun görmüştür.

Yüce Allah'ın "Ben yeryüzünde bir halife yaratacağım" ilahî buyruğunu, yeryüzünde halife olarak bulunan insanoğlunun bugün gerçekleştirdiği büyük işlerin ışığında gören bir göz ve idrak eden bir kalple değerlendirdiğimiz zaman bütün bunların ilahî iradenin sadece bir kısmı olduğunu görebiliriz.

30/b- Melekler "Ya Rabbi sen yeryüzünde kargaşalık

çıkaracak, kan dökecek birini mi yaratacaksın? Oysa biz seni överek tesbih ediyor, takdis ediyoruz" dediler.

Meleklerin bu sözleri bize şunları düşündürüyor. Melekler ya sezgilerine ya yeryüzünde yaşanmış eski tecrübelere veya basiretlerinin sağladığı ilhama dayanarak "insan" adı verilen bu yeni varlığın yaratılışı veya yeryüzünde geçireceği hayat hakkında bazı bilgi kırıntılarına sahiptiler ve bu bilgi kırıntılarına dayanarak insanoğlunun yeryüzünde kargaşa çıkaracağını ve kan dökeceğini öngörüyor, ya da bekliyorlardı. Bunun yanında onların, salt iyilikten ve yaygın barıştan başka hiçbir şey düşünmeyen masum meleklik yapılarının normal bir gereği olarak, Allah'ı överek tesbih etmeyi; O'nu her türlü noksanlıklardan tenzih etmeyi varlıkların tek gayesi, yaratılışın biricik gerekçesi saydıkları ve bu amacı da kendi varlıkları ile gerçekleşmiş gördükleri anlaşılıyor. Öyle ya onlar, Allah'ı överek kendisine hamdediyor, O'nu her türlü noksanlıktan tenzih ediyor, hep O'na ibadet ediyor, bu ibadetten bir an bile geri durmuyorlardı.

Fakat melekler, yüce Allah'ın yeryüzündeki bu halifesi eli ile dünyayı inşa ve imar etme, oradaki hayatı geliştirip çeşitlendirme dileğinin hikmetinden habersizdiler. Bu konuda hiçbir bilgileri yoktu. Kimi zaman kargaşa çıkaracak ve kimi zaman da kan dökecek olan insan, görünürdeki bu kısmi kötülüklerin yanında onlardan daha büyük ve geniş kapsamlı iyilikler yapacaktı. Sürekli gelişme, kesintisiz ilerleme, yapıcı sonuçlara ulaştıran yıkıcı hareket, ısrarlı girişim, aralıksız araştırmacılık, bu dünyayı azimle değiştirme ve daha iyi düzeye çıkarma çabası onun eli ile gerçekleşecek iyiliklerdi. Bunun üzerine her şeyi bilen ve her şeyin akıbetinden haberdar olan yüce Allah kararını meleklere bildirdi:

31- Allah, Adem'e bütün isimleri öğretti. Sonra bütün nesneleri meleklere göstererek, "Haydi, eğer davanızda haklı iseniz, bunların isimlerini bana söyleyin" dedi.

32- Melekler "Ya Rabbi, sen yücesin, bizim senin bize öğrettiklerin dışında hiçbir bilgimiz yoktur, hiç şüphesiz sen herşeyi bilirsin ve her yaptığın yerindedir" dediler.

33- Allah, Adem'e "Ey Adem, bunlara o nesnelerin adlarını bildir" dedi. Adem, meleklere bütün nesnelerin isimlerini bildirince Allah, onlara "Ben size, `göklerin ve yerin bütün gizliliklerini, ayrıca sizin bütün açığa vurduklarınız ve içinizde sakladıklarınızı bilirim' dememiş miydim?" dedi.

Şu anda biz basiretimizin gözlerini yüce doruklardan sızan parıltılara dikmiş, "Mele-i Alâ'da", ruhlar aleminde meleklerin gördüklerini görüyoruz: Şu anda biz, yüce Allah'ın insan denen bu varlığa yeryüzü halifeliği görevini teslim ederken kendisine sunduğu sırrın bir bölümünü görüyoruz. Nesnelere isimler verme yolu ile onları sembolize etme gücünün sırrını, şahısları ve nesneleri isimlendirme yeteneğinin sırrını... O isimler ki, dille ifade edilen birtakım kelimeleri şahısların ve somut nesnelerin sembolleri, simgeleri haline getiriyor.

Bu işlem, insanın yeryüzündeki hayatı açısından çok önemli bir güçtür. Bu gücün olağanüstü önemini kavrayabilmek için, insanın nesnelere isim takma yeteneğinden yoksun bırakıldığını varsayalım: İnsanlar, herhangi bir nesne hakkında aralarında anlaşma sağlayabilmek için, mutlaka o nesnenin karşılarında bulunması gerekecek. Bunun sonucunda karşılaşılacak büyük güçlüklerin, anlaşma ve ortak yaşamı ne kadar zorlaştıracağını düşünmek bile ürküntü veriyor insana. Mesela, iki insan bir hurma ağacı hakkında konuşmak istediklerinde bu anlaşmayı sağlamanın tek yolu o hurma ağacını yanlarına getirmek ya da onun yanına gitmek olurdu. Ya da sözkonusu olan şey bir dağ ise bu konuda birbiriyle konuşmak isteyenlerin o dağın yanına gitmekten başka çaresi kalmazdı. Veyahutta, bir insan hakkında ortak anlayışa varabilmek için o insanı diyalog yerine getirtmekten başka bir yol kalmazdı onlar için. Bu durum ise hayatı yaşanmaz kılacak korkunç bir zorluk oluştururdu. Başka bir deyimle eğer Allah insan denen bu varlığa nesneleri isimlerle sembolize etme yeteneğini bağışlamamış olsaydı, yeryüzündeki hayat gelişemez, son derece ilkel düzeyde kalırdı. Meleklere gelince onların böyle bir yeteneğe ihtiyaçları yoktu. Çünkü görevleri, böyle bir yeteneği gerektirmiyordu. Bu yüzden de onlara böyle bir güç verilmemişti.

Yüce Allah bu sırrı Hz. Adem'e öğrettikten sonra meleklerin karşısına bir takım nesneleri getirince onlar bu nesnelerin isimlerini bilemediler. Nesnelere ve şahıslara sözlü semboller takma işlemini nasıl yapacaklarını öğrenmemişlerdi çünkü. Bu yetersizlikleri ortaya çıkınca yüce Allah'ı her türlü noksanlıktan tenzih ederek ve yalnız Allah'ın bildirdiğinden ibaret olan bilgilerinin sınırlı olduğunu ikrar ederek acizliklerini açıkça itiraf ettiler. Oysa Hz. Adem önüne gelen nesnelerin isimlerini söyleyebildi. Bunun hemen arkasından melekleri, yüce Allah'ın her şeyi iyi bildiğini ve her yaptığının yerinde olduğunu iyice kavramaya çağıran şu ilâhî cevapla karşılaşıyoruz:

"Allah meleklere "Ben size dememiş miydim ki, ben göklerin ve yerin bütün gizliliklerini, ayrıca sizin bütün açığa vurduklarınız ile içinizde sakladıklarınızı bilirim" dedi."

34/a- Hani biz meleklere "Adem'e secde ediniz" dedik de hemen secde ettiler. Yalnız iblis kaçındı, kendini büyük gördü ve kâfirlerden oldu.

Yeryüzünde kargaşa çıkaracak ve kan dökecek olan, bununla birlikte kendisine, onu meleklerden daha üst düzeye çıkarıcı sırlar sunulan bu yeni varlık için, bu lütuf son derece onurlandırıcı bir durum. Ona bilgi sırrı yanında, gideceği yolu kendi isteğiyle seçmesini mümkün kılan bağımsız irade sırrı da verildi. Ayrıca o, karşısına çıkacak yol ayrımlarında iradesini bu yollardan biri üzerine yoğunlaştırmasına imkân veren çift yönlü, esnek bir karaktere sahip olduğu gibi şahsî çabası ile Allah'ı bulabilecek, Allah'ın varlığını kavrayabilecek yetenek de verilmiştir kendisine. Bütün bunlar insanı onurlu kılan sırlardan sadece bir kısmıdır. Melekler, Allah'ın yüce emrine uyarak Hz. Adem'e secde ettiler. Ama:

34/b- Yalnız iblis kaçındı, kendini büyük gördü ve kâfirlerden oldu.

Burada kötü tiynetin ne olduğu somut biçimde ortaya çıkıyor: Yüce Allah'ın emrine karşı gelmek... Üstün olanın üstünlüğünü onaylamaya yanaşmamak... Günahı üstünlük taslama aracı haline getirmek ve bile bile gerçeğe gözünü kapamak...

Bu ayetten anladığımıza göre İblis, bir melek değildi, sadece onlarla birlikte yaşıyordu. Eğer meleklerden biri olsaydı, yüce Allah'ın bu emrine karşı gelmezdi. Çünkü başta gelen özellikleri, onların "Allah tarafından kendilerine verilen emirlere karşı gelmemeleri, verilen emirleri yapmaları"dır. (Tahrim Suresi, 6)

Ayetteki "istisna" ifadesi, İblis'in meleklerden olmasını kanıtlamaz. Onun onlarla birarada yaşaması bu istisnayı mümkün kılar. Meselâ "Falancaoğulları geldi, Ahmed hariç" cümlesinde Ahmed'in sözkonusu "Falancaoğulları"ndan değil de onların sadece bir yakını olmasının mümkün oluşu gibi. Kur'an'ın belirttiğine göre İblis, Cinn'lerdendir. Allah cinleri "Koyu ateşin dumanından yarat-mıştır (Rahman Suresi, 15)· Bu açıklama, şeytan'ın meleklerden olmadığının kesin bir delilidir.

İşte, şimdi gözlerimizin önünde KIYAMET'e kadar devam edecek olan ve hiç bitmeyecek bir savaş alanı beliriyor. İblis tarafından temsil edilen kötülük tiyneti ile Allah'ın yeryüzündeki halifesi arasındaki savaş... Alanı insan vicdanı olan sürekli bir savaş. İnsanın iradesine sarılması, Rabbine vermiş olduğu söze bağlı kalması oranında iyiliğin galip geleceği, buna karşılık ihtiraslarına boyun eğerek Rabbinden uzak düşmesi oranında kötülüğün üstünlük kazanacağı savaş. Ayetleri okumaya devam ediyoruz:

35- Dedik ki; "Ey Adem, sen ve eşin Cennete yerleşiniz, oranın yiyeceklerinden istediğinizi bol bol yiyiniz, fakat şu ağaca yanaşmayınız, yoksa zalimlerden olursunuz.."

Onlara bütün Cennet nimetleri serbest bırakıldı; yalnız bir ağaç hariç. Tek bir ağaç. Bu ağaç belki de insanın yeryüzündeki hayatında mutlaka yer alacak olan "yasak" kavramını sembolize eder. Çünkü yasak kavramı olmaksızın irade ortaya çıkmaz; irade sahibi insanla, güdülen hayvan birbirinden ayırd edilemez. Bu imtihan edilmenin en temel özelliğidir. Çünkü bir imtihandaki temel koşullar, doğru ve yanlışlar çerçevesinde belirlenen kurallara ya uymak ya da uymamakla sınırlandırılmıştır. İnsanın ahdine bağlı kalıp kalmadığı, kendisine koşulan şartlara uyup uymadığı deneyden geçirilemez. Demek ki, irade, yolayrımı noktasıdır ve iradesiz bir teslimiyetle verilen emirlere uyanlar, dışardan insan kılığında görünseler de aslında hayvanlar aleminin birer parçasıdırlar.

36/a- Fakat Şeytan onların ayaklarını oradan kaydırarak, kendilerini içinde bulundukları nimet yurdundan çıkardı. Biz de dedik ki; "Birbirinize düşman olarak oradan aşağı inin. Yeryüzü belirli bir süreye kadar size barınak ve geçim yeri olacaktır."

Buradaki "ayaklarını kaydırdı" deyimi dile getirdiği eylemi gözlerimizin önünde tablolaştıran ne kadar canlı bir ifade! İnsan bu ifadeyi okurken, Hz. Adem ile eşinin Cennet'ten Şeytan tarafından sürüklenerek çıkarıldığını, ayaklarının itilerek boşluğa düşürüldüklerini görür gibi oluyor.

İşte o anda imtihan sonuçlandı; Hz. Adem verdiği sözü unutarak uğradığı kışkırtma karşısında zayıf düştü. Böylece de yüce Allah'ın sözü gerçekleşmiş ve takdiri meydana çıkmış oldu:

36/b- Biz de dedik ki; "Birbirinize düşman olarak oradan

aşağı inin. Yeryüzü belirli bir süreye kadar size barınak ve geçim yeri olacaktır."

Yüce Allah'ın bu buyruğu, belirlenmiş bir alan içerisinde Şeytan ile insan arasında kıyamete kadar sürecek olan savaşın başlangıcını ilan etmektedir. Hz. Adem ruhuna yerleştirilen fıtrat sayesinde hatasını anladı ve yuvarlandığı yerden doğruldu. Her başvurma ve sığınma anında sürekli olarak imdadına yetişecek olan Allah'ın rahmeti' kendisine yetişerek elinden tuttu.

37- Derken Adem, Rabbinden birtakım kelimeler belleyerek aldı da Rabbi onu affetti. Hiç şüphesiz O, tevbelerin kabul edicisidir ve merhametlidir.

Ardından, yüce Allah'ın Hz. Adem ve onun soyundan gelenlerle yaptığı sözleşme, insanın yeryüzünde Allah'ın temsilcisi olacağına ve bunu kıyamete kadar bozmayacağına dair yapılan sözleşmeye geliyor sıra.

38- Dedik ki; "Hepiniz oradan aşağı inin. Tarafımdan size bir yol gösterici geldiğinde kim benim hidayetime uyarsa onlar için korku yoktur ve onlar artık hiç üzülmezler."

39- Kâfir olup ayetlerimizi yalanlayanlar ise orada ebedi olarak kalıcı olmak üzere Cehennem'liktirler.

Böylece bu köklü ve sürekli savaş, kendi alanına intikal etti ve ok yaydan çıktı. Artık bir an bile ne duracak ve ne de yavaşlayacak bir savaş... Ayrıca insanoğlu, soyunun başlangıç sabahının bu alaca karanlığında, eğer bu savaşı kazanmak istiyorsa nasıl kazanacağını ve eğer yenik düşmeyi seçerse nasıl yenik düşeceğini de öğrenmiş oldu.

Şimdi bu kıssanın, yani insanlığın ilk kıssasının tekrar baş tarafına dönmemiz gerekiyor.

Yüce Allah meleklere "Ben yeryüzünde bir halife yaratacağım" dediğine göre demek ki, Hz. Adem daha ilk andan itibaren bu yeryüzü için; burada yaşamak üzere yaratılmıştı. O halde söz konusu yasak ağaç nerede idi? Hz. Adem'in bu imtihan edilme olayı nerede meydana geldi? Hz. Adem zaten ilk andan itibaren bu yeryüzünde yaşamak üzere yaratıldığına göre buraya nereden indirildi?

Anladığımız kadarıyla bu tecrübe, söz konusu yeryüzü halifesi için bir eğitim ve hazırlık yapısında saklı duran potansiyel güçler için bir uyarma metodudur. Yine bu, kışkırtmalara kapılma, bunların akıbetini tatma, sonra pişmanlık duyma, düşmanı tanıma ve arkasından güvenli bir limana sığınma talimidir. Yasak ağaç kıssası, Şeytan'ın körüklediği bundan tatma vesvesesi, verilmiş sözü unutarak günah işlemek, geçici bir sarhoşluktan sonra ayılarak pişman olmak ve Allah'dan af dilemek... Bütün bunlar insanoğlunun sık sık tekrarlanacak sürekli deney ve imtihan zincirinin halkalarıdır. Yüce Allah'ın rahmeti bu yeni varlığın, ilerde sık sık karşılaşacağı benzer olaylar karşısında böyle bir tecrübe ile donanmış, içine atılacağı yorucu savaşa hazırlanmış, bu savaşın karakteri ve akıbeti hakkında uygulamalı bir şekilde ders almış ve uyarılmış olarak halifelik misyonunun karargâhına, görev yerine inmesini gerekli görmüştür.

Şimdi tekrar geriye dönelim. Bu olay nerede olmuştu? Hz. Adem ile eşinin bir süre yaşadıkları Cennet neresi idi? Melekler kimlerdi? İblis kimdi? Yüce Allah onlar ile nasıl konuştu? Onlar Allah'a nasıl cevap verdiler?

Öncelikle, şunu belirtmekte fayda var ki, bu ve bunun gibi daha başka Kur'an ayetlerinde, insanların merak ettiği, ancak bilip-bilmemelerinin kendilerine hiçbir fayda sağlamayacağı ve bilmelerinin de imkansız olduğu sırları (gayb) Allah kendi katında tutmakta, insanların da bu tür sorularla uğraşmasını istememektedir. Bu yüzden, Allah yeryüzünde çeşitli bilgiler ve bilgi edinme yetenekleri ile donattığı insanı, gizli sırları (gayb) öğrenebileceği yeteneklerden mahrum bırakmış ona bu gücü vermemiştir. Yüce

Allah, bilmesinde kendisi için faydalar olan tabiat kanunlarının içyüzünü insanın bilgisine açarken, kendisine yararı olmayan gayb sırlarının bilgisini de ona kapalı tuttu. Meselâ insan, evrenin sırları ile ilgili olarak önüne açılan azımsanmayacak orandaki bilgi birikimine rağmen yaşadığı anın ötesinden halâ kesinlikle habersizdir. Başka bir deyimle eli altındaki bilgi edinme araçlarının hiçbiri ile bir saniye sonra başına neler geleceğini bilememektedir. Acaba şu anda ciğerlerinden dışarıya verdiği nefes tekrar geri dönecek mi, yoksa onun son nefesi mi olacak? İşte bu, bilgisi insana kapalı tutulan gaybi olayların bir örneğidir. Çünkü bu mesele hakkında bilgilenmek halifeliğin gerekleri arasında değildir. Tersine bu sorunun cevabının bilinebilmesi insanın yolu üzerinde bir engel oluşturabilirdi. Bilgisi insana kapalı tutulan ve gayb aleminin karanlık dehlizlerinde saklı kalan bunun gibi daha nice sırlar var ki, bunları yüce Allah'tan başka hiç kimse bilemez. Bundan dolayı insan aklının bu tür meselelere dalması doğru değildir. Çünkü insan, bu tür meselelerin özüne vakıf olacak bir bilgi edinme aracına sahip değildir. Bu uğurda harcanacak bütün çabalar boş, anlamsız, verimsiz ve yararsız kalmaya mahkûmdur. Bunun sayısız neticesini günümüzde de görmekteyiz.

Ayrıca, söz konusu gayb aleminin bilgisi insan aklına kapalı tutulduğuna göre, bu düğümü çözmenin yolu bilgiçlik taslayarak gayb alemini inkâr etmek değildir. Çünkü bir şeyi inkâr etmek için de o şeyi bilmek gerekir. Oysa bu alanın bilgisi, aklın temel yapısı ile bağdaşmaz, onun bilgi edinme araçlarının kapasitesi dışında kalır. Üstelik bu bilgi türü, insanın sözünü ettiğimiz görevini yerine getirmesi için vazgeçilmez bir ihtiyaç da değildir.

Gerçi, saplantılara ve hurafelere teslim olmak son derece zararlı ve tehlikelidir, ama bundan daha zararlı ve tehlikeli olanı, sırf onu kavrayamıyoruz diye "bilinmeyen"i inkâr etmek, yok saymak, gayb aleminin varlığını reddetmektir. Böyle bir tutum, sırf duyu organlarının somut algıları içinde yaşayan, bu algıların surlarını aşarak varlığın engin genişliğine açılamayan hayvanlık alemine geri dönmek olur.

O halde bu ayetlerde karşımıza çıkan bilinmezleri sahibine bırakalım. Burada bize, dünyadaki hayatımızı, vicdanımızı ve geçimimizi geliştirecek, iyiye götürecek oranda bilgi verilmiştir; bu kadarı bizim için yeterlidir. Biz bu kıssanın işaret ettiği evren ve insanla ilgili gerçekleri, varlık bütünü ve ilişkileri ile ilgili bakış açısını, insanın yapısı, değeri ve ölçüleri ile ilgili telkinleri algılamaya bakalım. İnsanlık için en yararlı ve doğruya ulaştıran tek yol budur.

O halde şimdi bu telkinleri, bakış açılarını ve gerçekleri elimizdeki bu tefsir kitabının hacmine uygun düşecek bir şekilde kısaca özetlemeye çalışalım: Hz. Adem kıssasının en bariz telkini -Burada da belirttiğimiz gibi- İslâm düşünce sisteminin insana, insanın dünya üzerindeki rolüne, onun varlık düzeni içindeki yerine, ona kıymet biçen değer ölçülerine verdiği olağanüstü önemdir. Bu kıssa, ayrıca insanın Allah ile yaptığı sözleşme (ahid) gerçeğini, halifelik görevine dayanak oluşturan bu ahdin mahiyetini de vurgulamakta, zihinlere işlemek istemektedir.

İslâm düşünce sisteminin insana vermiş olduğu bu olağanüstü değer, yüce Allah'ın "Mele-i Alâ'da" (yüce ruhlar aleminde) onun yeryüzünde halife olsun diye yaratıldığını ilân eden, ulvî açıklamasında bariz biçimde ortaya çıkar. Ayrıca meleklere, Hz. Adem'e secde etmeleri için emredilmesi, kendini üstün görerek bu emre uymaktan kaçınan İblis'in kovulması, ve baştan sona kadar Allah'ın insanı koruması altında bulundurması, bu olağanüstü değer verişin diğer belirgin delilidir.

* * *

ÜÇÜNCÜ DERS
İKİNCİ KISSA

YUNUS AS.'IN KISSASI:
{Bu kıssa, biraz da bizim bugünkü halimize benzer}

Hazret-i Yûnus Ninova'dan Ayrılınca,

Âyet-i kerîmede buyrulur:

وَذَا ٱلنُّونِ إِذ ذَّهَبَ مُغَاضِبًا فَظَنَّ أَن لَّن نَّقْدِرَ عَلَيْهِ فَنَادَىٰ فِى ٱلظُّلُمَٰتِ أَن لَّآ إِلَٰهَ إِلَّآ أَنتَ سُبْحَٰنَكَ إِنِّى كُنتُ مِنَ ٱلظَّٰلِمِينَ ۝ فَٱسْتَجَبْنَا لَهُۥ وَنَجَّيْنَٰهُ مِنَ ٱلْغَمِّ ۚ وَكَذَٰلِكَ نُـۨجِى ٱلْمُؤْمِنِينَ ۝ وَزَكَرِيَّآ إِذْ نَادَىٰ رَبَّهُۥ رَبِّ لَا تَذَرْنِى فَرْدًا وَأَنتَ خَيْرُ ٱلْوَٰرِثِينَ ۝ فَٱسْتَجَبْنَا لَهُۥ وَوَهَبْنَا لَهُۥ يَحْيَىٰ وَأَصْلَحْنَا لَهُۥ زَوْجَهُۥٓ ۚ إِنَّهُمْ كَانُوا۟ يُسَٰرِعُونَ فِى ٱلْخَيْرَٰتِ وَيَدْعُونَنَا رَغَبًا وَرَهَبًا ۖ وَكَانُوا۟ لَنَا خَٰشِعِينَ ۝

"Zünnûn'u da (zikret)! **O öfkeli bir hâlde geçip gitmişti..."** (Enbiyâ, 87)

"...(O), Biz'im kendisini aslâ sıkıntıya uğratmayacağımızı zannetmişti..." (Enbiyâ, 87)

Zünnûn, Hazret-i Yûnus'un lakâbıdır. Balık sâhibi mânâsına gelir. Ona bu lakab, kendisini balık yuttuğu için verilmiştir.

Yûnus -aleyhisselâm- şehirden ayrılınca Dicle Nehri'nin kenarına geldi. Bir gemiye bindi. Kur'ân-ı Kerîm'de buyrulur:

أَفَلَا تَعْقِلُونَ ۝ وَإِنَّ يُونُسَ لَمِنَ الْمُرْسَلِينَ ۝ إِذْ أَبَقَ إِلَى الْفُلْكِ الْمَشْحُونِ ۝ فَسَاهَمَ فَكَانَ مِنَ الْمُدْحَضِينَ ۝ فَالْتَقَمَهُ الْحُوتُ وَهُوَ مُلِيمٌ ۝ فَلَوْلَا أَنَّهُ كَانَ مِنَ الْمُسَبِّحِينَ ۝ لَلَبِثَ فِي بَطْنِهِ إِلَىٰ يَوْمِ يُبْعَثُونَ ۝ ۞ فَنَبَذْنَاهُ بِالْعَرَاءِ وَهُوَ سَقِيمٌ ۝ وَأَنْبَتْنَا عَلَيْهِ شَجَرَةً مِنْ يَقْطِينٍ ۝ وَأَرْسَلْنَاهُ إِلَىٰ مِائَةِ أَلْفٍ أَوْ يَزِيدُونَ ۝ فَآمَنُوا فَمَتَّعْنَاهُمْ إِلَىٰ حِينٍ ۝

"Hani O, dolu bir gemiye binip kaçmıştı." (Sâffât, 140)

Gemi, hareket ettikten bir müddet sonra suyun ortasında durdu. Onu bir türlü yürütemediler. Batacakları endişesiyle durumu uğursuzluk sayarak gemide günahkâr birinin olduğunu düşündüler. Bunun kim olduğu husûsunda kur'a çektiler. Kur'a Hazret-i Yûnus'a çıktı. O da başına gelen bu işin bir imtihân olduğunu fark ederek tevekkülle:

"Evet, o âsî kul benim!" dedi.

Ancak gemidekiler, onun hâlinden sâlih bir kimse olduğunu anlayarak kur'ayı birkaç defa yenilediler. Fakat hepsinde de netîce Yûnus -aleyhisselâm-'a çıktı. Nihâyet çâresiz bir şekilde: «Herhâlde bu kulun bir suçu olmalı!» diyerek Hazret-i Yûnus'u suların içine bıraktılar. Âyet-i kerîmelerde buyrulur:

"**Gemide olanlarla karşılıklı kur'a çektiler de** (Yûnus) **kaybedenlerden oldu.**" (Sâffât, 141)

"**Yûnus kendini kınayıp dururken O'nu bir balık yuttu.**" (Sâffât, 142)

Artık Hazret-i Yûnus, bir balığın karnındaydı. Orası karanlık bir yerdi. Kendisi henüz canlı idi ve şuuru da yerindeydi. Cenâb-ı Hak balığa, Yûnus'u yaralamamasını ve onun kemiklerine zarar vermemesini emretti.

Yûnus -aleyhisselâm-, ilâhî takdîre rızâ göstererek Rabbine teslîm oldu. Âyet-i kerîmede bu hâl şöyle bildirilir:

"...(Ve) **karanlıklar içinde** (Yûnus, pek üzgün bir şekilde hâlini Rabbine şöylece arz etti): **«Sen'den başka hiçbir ilâh yoktur. Sen'i tenzîh ederim. Gerçekten ben, zâlimlerden oldum!»**"

(Enbiyâ, 87)

Bu sırada balığın karnında bazı sesler işitti, bunun ne olduğunu merak etti. Allâh Teâlâ da, kendisine balığın karnında olduğunu vahyetti ve şöyle buyurdu:

"**Ey Yûnus! Bu sesler, denizde zikreden canlıların sesidir.**"

Hazret-i Yûnus, içinde bulunduğu bu zor ve sıkıntılı şartlar altında bile, her zaman olduğu gibi Cenâb-ı Hakk'ı tesbîh ve zikirden geri kalmamaya gayret etti. İstiğfâr ve duâ ile meşgûl oldu. Melekler onun durumuna muttalî olduklarında kendisi hakkında Allâh'a şefâatte bulundular. Nihâyet Cenâb-ı Hak, Hazret-i Yûnus'un da:

"**Sen'den başka hiçbir ilâh yoktur. Sen'i tenzîh ederim. Gerçekten ben, zâlimlerden oldum!**" diye çokça tesbîhi üzerine bu mübârek peygamberinin işlediği zelleyi affetti:

"**Bunun üzerine O'nun duâsını kabûl ettik ve O'nu kederden kurtardık. İşte Biz, mü'minleri böyle kurtarırız.**"

(Enbiyâ, 88)

Bu affın yegâne sebebi, Yûnus -aleyhisselâm-'ın çokça tesbîhiydi:

"**Eğer Allâh'ı tesbîh edenlerden olmasaydı, tekrar dirilecekleri güne kadar onun karnında kalırdı.**"

(Saffât, 143-144)

Yûnus -aleyhisselâm-, Rabbini zikretmesi, hatâsını idrâk etmesi ve tevekkülü sâyesinde kurtulmuştur. Bu hâli, kendisi için büyük bir rahmet ve nîmet vesîlesi olmuştur.

Mühim bir husustur ki, Yûnus -aleyhisselâm-, kavminin helâki için verilen kırk günlük mühlete 37 gün sabretmiş, üç gün sabredememişti. Buna mukâbil, Allâh Teâlâ da O'nu balığın karnında sabır tâliminden geçirmek gibi büyük bir imtihâna tâbî tutmuştur.

Sonunda Hazret-i Yûnus'u içinde yüce bir emânet gibi taşıyan balık, Allâh'ın emri ile O'nu sâhile bıraktı. Cenâb-ı Hak buyurur:

"**Hâlsiz bir vaziyette kendisini dışarıya çıkardık. Ve üstüne** (gölge yapması için) **kabak türünden geniş yapraklı bir nebat bitirdik.**"

(Sâffât, 145-146)

Balık onu çıkarıp sâhile bıraktığında, Yûnus -aleyhisselâm- zayıflamış, bitkin, hasta ve himâyeye muhtaçtı. Vücûdu, pelte hâlindeydi. Hava da oldukça sıcaktı. Allâh Teâlâ, onu güneşin yakıcı ziyâsından koruyacak geniş yapraklı bir bitki bitirdi. Onun gölgesinde sinek türünden bir haşerat da yoktu. Ayrıca Cenâb-ı Hak, bu bitkiden Hazret-i Yûnus'a süt damlattı.

Hazret-i Yûnus, kendisini toparlayınca, Ninova'ya yöneldi. Şehre yaklaştığında bir çobana rastladı. Kavminin hâlini sordu. Çoban olanı biteni anlattı. Kavminin îmân edip tevbekâr olduğunu ve böylece Allâh'ın kendilerini affettiğini bildirdi. Şimdi herkesin Yûnus -aleyhisselâm-'ın ilâhî emirleri bildirmek üzere gelmesini beklediğini söyledi.

Hazret-i Yûnus'un döndüğünü haber alan kavmi, hemen O'nun yanına geldiler. O esnâda Yûnus -aleyhisselâm- namaz kılmaktaydı. Namazdan sonra kendisini hasretle kucaklayıp özürler dilediler. Hazret-i Yûnus da, af ve müsâmaha ile davranarak onlara Allâh'ın emir ve yasaklarını öğretti. Bundan sonra kavmi, Allâh'a ve peygamberine itâat hâlinde, mes'ûd ve iyilik üzere bir hayat yaşadılar. Âyet-i kerîmede buyrulur:

"Sonunda O'na îmân ettiler. Bunun üzerine Biz de onları bir süreye kadar yaşattık."

(Sâffât, 148)

* * *

DÖRDÜNCÜ DERS

ÜÇÜNCÜ KISSA

NUH AS.'IN KISSASI

KUR'AN DENİZİNDEN BİR DİĞER MİSAL:

NUH AS. VE TUFANIN GERÇEKLİĞİ'NİN PEŞİNDE

Sümer tabletlerine kaldığımız yerden, Tufan ve tabletlerde anlatılanların kutsal kitaplarda nasıl yer aldıkları ile devam ediyoruz...

BÜYÜK FELAKET "TUFAN"

Artık bir karmaşa vardı ve bu insanlar çok gürültü yaparak Tanrı/çaların huzurunu bozuyordu. Aslında kaçınılmaz felaket olan son buzul çağının sona ermesi bunun için fırsattı.. İnsanlar habersizdiler ve hepsi sulara gömülüp yok olacaklardı..

Enki saf ve temiz olan Zi-Usu-Dra'ya (Türkçe fonetik ile okunduğunda; İzi Su Tengri) yeni bir nesil oluşturabilmesi için duvarın (kamışların) ardından bilgi verip bir gemi yapmasını sağlamasa idi.. Tufan yerde ne var ne yoksa hepsini yok ediyordu.. Tanrılar yer yüzünden uzakta olan biteni gözlüyorlardı..

Bir tablet onları anlatıyor. "Tanrılar köpekler gibi korktular, dış duvara dayanıp çömeldiler..

İnanna doğum sancısı çeken kadın gibi bağırarak, Heyhat eski günler kile döndü dedi..

Anunnakiler ve bütün Tanrılar onunla birlikte ağladılar..

Tufan bitip Nuh (Zi Usu Dra) Tanrı/çalar için kurbanlar kesti.. Pişen etlerin kokusu Tanrı/çaların iştahını açtı hepsi bir bir yeryüzüne inip kendileri için hazırlanan sofranın başına geçtiler. Ve Rab (Tekvin) "İnsanın yüzünden artık toprağı lanetlemeyeceğim çünkü insanın tasavvuru gençliğinden beri kötüdür."

Sümerlerin anlattığı Tufan kutsal kitaplarda da benzer bir şekilde anlatılır.. İlk önce Tevrat'a bakalım:

Tevrat'da Nuh Hikayesi

Kitabı Mukaddes'in 6 - 10. bölümlerinde Nuh ve tufanla ilgili gelişmeler anlatılır. Nuh yeryüzünde şiddet ve kötülüğün çok arttığı bir dönemde yaşamış bir kişidir. Kendisi Tanrı'nın gözünde doğru biridir. Bu nedenle Tanrı bir tufanla yeryüzündeki bütün canlıları yok edeceğini ve bir gemi yapmasını söyler. Tanrı 120 yıl sonra tufanı getirecektir. Nuh'un zamanındaki en dikkat çekici yönlerden biri "Allah oğulları" ya da "ilahi varlıklar" denilen ruh varlıkların yeryüzüne gelerek insan kızlarıyla evlenmeleridir. Kitabı Mukaddes bunlardan "Şeytan'ın melekleri" ve "cinler" olarak da söz eder. Tufan geldiğinde Nuh ve ailesi dışında herkes ölür. Bu ilahi varlıklar ise madde bedenlerini ruha çevirerek yeniden göksel konumlarına dönerler. Ancak artık Tanrı'nın diğer sadık meleklerinin arasında yer alamazlar ve Şeytan'ın tarafına geçerler. Kitabı Mukaddes, bütün ruhçulukla ilgili faaliyetlerde sözedilen ruh varlıkların bu isyan etmiş melekler - cinler - olduklarını belirtir.

İncil'de Nuh hikayesi:

Nuh'un günlerinde bir tufan olmuştur ve bu tufanla o dönemdeki insanlık dünyasına bir son verilmiştir. İsa da kendisinin ikinci gelişindeki ortamla Nuh'un günlerindeki ortam arasında bazı benzerliklerin olacağını söyler. Nuh'un günlerinde yeryüzü şiddet ortamına sahipti. İnsanlar ise bu şiddet ortamına ve kötülüklerin artmış olmasına rağmen umursamazdılar. İnsanlar her günkü işleriyle uğraşarak Nuh'un tufanla ilgili uyarısına aldırış etmemişlerdi. İsa benzer şekilde kendi gelişiyle ilgili zamanda da aynı durumların olacağını söyleyerek Nuh'tan bahseder:

Bu gibi tahmini senaryolar tarihin çeşitli dönemlerinde tartışılmış olup, özellikle 2010'lu yıllara girdiğimiz bu dönemde bu gibi tartışmalar daha da artmakla bilikte, kesin olan bir mesele olduğunu söyleyemeyiz. Fakat, İncil'in bazı bölümlerinde bu konuya işaret eden bazı pasajlara rastlanmaktadır. Bunları kısaca şöyle özetleyebiliriz:

Dünyanın son 2000 veya 3000 yıllık tarihi değil de, son 7600 yıllık tarihini, yani tüm insanlık tarihinin bir bütün olarak ele alınması gerektiğini ve tüm insanlık tarihinin temel olarak üç zaman parçasından oluştuğunu söyleyebiliriz:

Birincisi: İlk 2500 yıllık dönemdir ki, bu dönem "Yaratılış Dönemi" ve Hz. Âdem'le başlayan ilk insan neslinin, dünyadaki çoğalmasıyla ilgiliydi. Bu dönemde, ilk medeniyetlerin temeli atılmış ve yerleşik köy hayatına geçilmiş, ayrıca insanoğlu gönderilen peygamberlerin önderliğinde el aletleri kullanmayı ve tarım/hayvancılık prensiplerini öğrenmişti. Bu dönemin en önemli şahsiyeti olan ve İsrailoğullarının atası olan Hz. İbrahim, bu dönemin sonunda gelmişti.

İkincisi: İkinci 2500 yıllık dönemdir ki, bu dönemde insanlığın refah düzeyinin görece arttığı, yerleşik kent devletleri ve yönetimleri sistemine geçildiği "Krallık Dönemi" başlamıştı. Bu dönemde, özellikle İsrailoğullarına gönderilen ul-ül azm peygamberler vasıtasıyla medeniyet ve kültür alanında insanlık büyük bir ivme kazanmış ve pek çok harika eser ortaya çıkartmıştı. Fakat bununla birlikte, bu dönem pek çok karışıklıklara ve savaşlara da tanıklık etmişti. İsrailoğullarının son peygamberi olan Hz. İsa, bu dönemin sonunda gelmişti.

Üçüncüsü: Son 2500 yıllık dönemdir ki, bu dönem "Kıyamet Dönemi" ve âhirzaman olarak da tanımlanan kıyametten hemen önceki yaşanacak olan son çağ ve zaman dilimiydi. Bu dönem, pek çok kıyamet alameti ve işaretinin bellireceği, hiç yıkılmayacağı zannedilen (Roma gibi) büyük imparatorlukların yıkılacağı ve bu sürecin en sonunda tek bir devlet ve ulus kalıncaya kadar devam edeceği, dünyanın başına daha önce hiç gelmemiş felaketlerin gelmeye başlayacağı bir dönemdi. Ayrıca kısa süreli ve eşine tarihte rastlanmayan büyük bir barış ve saadet döneminin de yaşanacak olduğu yaklaşık 50 yıl sürecek olan bir "ALTINÇAĞ DÖNEMİ" bu dönemin içerisinde (sonlarına doğru) yer alacaktı. Bu dönemin son 400 yılı özellikle önemli olup, bu dönemde ortaya çıkacak olan büyük kıyamet alametleri (Başlıca alametleri Hz. MEHDİ, Hz. İSA'NIN YENİDEN GELMESİ ve DECCAL'ın gelmesi ve bunların savaşı -3. DÜNYA SAVAŞI'nın başlangıcı ki- 2030'lu yıllara doğru bu savaşın başlaması tarihçilerce öngörülür), bu dönemin en önemli sonuçları olup, bundan çok daha önemli olan ve 7600 yıllık insanlık tarihinin son 200 yılına ışık tutacak olan çok önemli işaretleri içermektedir. Çünkü, bu işaretlerin belirmesinden sonra, dünya o denli belirleyici bir biçimde değişir ki, sonrasında artık hiçbir şey eskisi gibi yürümez. İnsanlık tarihinin bu son acılı ve sıkıntılı dönemi, İncil'in değişik bölümlerinde özet olarak şu şekilde anlatılır:

"**O günlerin sıkıntısından hemen ardından,**
'**Güneş kararacak,**
Ay ışık vermez olacak,
Yıldızlar gökten düşecek,
Göksel güçler sarsılacak.' "
"**O zaman İnsanoğlu'nun belirtisi gökte görünecek. Yeryüzündeki bütün halklar ağlayıp dövünecek, İnsanoğlu'nun (burada hz. İsa'nın bir unvanı kullanılmış) gökteki bulutlar üzerinde büyük güç ve görkemle geldiğini görecekler.**"
{Matta, 24: 29,30}

Bu pasaja dikkat edersek, son cümlesinde çok önemli bir olayın yaşanacağına işarete edildiğini görürüz. Şöyle ki, Dünyanın geçirdiği büyük bir değişimden sonra, İncil'in son kısmında yer alan Vahiy Kitabı'nda bildirilen ve her biri yedişer işaretten oluşan bir dizi olay gerçekleştikten sonra, *"İnsanoğlu'nun belirtisi gökte görünecek"* ifadesiyle gökyüzünden gelecek olan ve Dünya'yı önemli bir şekilde etkileyecek olan bir belirtiden, yani bir gökcisminden bahsedilir. Burada açıkça belirtilmeyen, fakat işaret edilen bu gökcismi dünyaya çarpacak olan bir meteor veya yakınından geçecek olan bir kuyrukluyıldız olabilir. Dolayısıyla mana, tam bir ifade içermez. Fakat bu olayın gerçekleşmesiyle birlikte, dünyadaki iklim dengesinin büyük oranda bir değişim geçireceğini, bir sonraki âyetlerin akışından anlıyoruz. Burada ifade edilen, "Göklerin güçlerinin sarsılması" ifadesi ise, bu olayın akabinde atmosferde yaşanacak olan büyük bir değişime işaret ediyor olabilir. Bu olayları akabinde yaşanacakları İncil şöyle aktarır:

"Savaş gürültüleri, savaş haberleri duyacaksınız. Sakın korkmayın!
Bunların olması gerek, ama bu daha son demek değildir.
Ulus ulusa, devlet devlete savaş açacak;
Yer yer kıtlıklar, depremler olacak.
Bütün bunlar, doğum sancılarının başlangıcıdır."
{Matta, 24: 29,30}

Matta Kitabı, Hz. İsa'nın ağzından sunduğu bu "İkinci Geliş"e ilişkin ipuçlarının kilit noktasına, *"Büyük sıkıntı"* veya *"Doğum Sancısı"* olarak adlandırdığı bu kaos dönemini yerleştirir. Kargaşanın oldukça net olarak belirlenmiş olan fiziksel belirtileri bu şekilde, yani depremler, kıtlıklar ve iklim değişiklikleri şeklinde tanımlanır. Bu belirtilerin günlük yaşam üzerinde etkileri ise, insanlık tarihi boyunca insanların alışageldiği yaşam kurallarının bozulması; sosyal, siyasal ve psikolojik yansımalara bağlı ayaklanmaların, şiddetin, zulmün ve ahlak bozukluğunun boy göstermesi şeklinde tezahür eder. İşte, İncil'e göre Hz. İsa, bu büyük sıkıntı döneminin sonunda, yani burada ele aldığımız bu son 2500 yıllık dönemin sonunda, yeryüzüne iner ve yönünü şaşırmış ve rotasını kaybetmiş insanlığa doğru yolu gösterir ve liderlik yapar. Yine İncil'de bu kaos ortamı anlatılırken, bu durumun aniden nasıl ortaya çıkacağına ve insanların alışık olduğu düzenin nasıl değişeceğine şöyle işaret edilir:

"O günü ve saati, ne gökteki melekler, ne de O bilir; Allah'dan başka kimse bilmez. Nuh'un günlerinde nasıl olduysa, İnsanoğlu'nun gelişinde de öyle olacak. Nuh'un gemiye bindiği güne dek, tufandan önceki günlerde insanlar yiyip içiyor, evlenip evlendiriliyorlardı. Tufan gelinceye, hepsini süpürüp götürünceye dek başlarına geleceklerden habersizdiler. İnsanoğlu'nun gelişi de öyle olacak. O gün tarlada bulunan iki kişiden biri alınacak, biri bırakılacak. Değirmende buğday öğüten iki kadından biri alınacak, biri bırakılacak."

{Matta, 24: 36-39}

Yine Matta İncili'nin aynı bâbında bu konuya şöyle değinilir:

"Peygamber Daniel'in sözünü ettiği yıkıcı iğrenç şeyin kutsal yerde dikildiğini gördüğünüz zaman Yahudiye'de bulunanlar dağlara kaçsın. Damda olan, evindeki eşyalarını almak için aşağı inmesin. Tarlada olan, abasını almak için geri dönmesin. O günlerde gebe olan, çocuk emziren kadınların vay haline! Dua edin ki, kaçışınız kışa ya da Şabat Günü'ne rastlamasın. Çünkü o günlerde öyle korkunç bir sıkıntı olacak ki, dünyanın başlangıcından bu yana böylesi olmamış, bundan sonra da olmayacaktır. O günler kısaltılmamış olsaydı, hiç kimse kurtulamazdı. Ama seçilmiş olanlar uğruna o günler kısaltılacak."

{Matta, 24:15-22}

Kuran'da Nuh Hikayesi:

Kuran'da Nuh Peygamber ile ilgili olarak başlı başına bir sure vardır.

"Andolsun, Biz Nuhu kendi kavmine (elçi olarak) gönderdik. Böylece kavmine dedi ki: Ey Kavmim, Allaha kulluk edin. Onun dışında sizin başka İlahınız yoktur, yine de sakınmayacak mısınız? Bunun üzerine, kavminden inkâra sapmış önde gelenler dediler ki: Bu, sizin benzeriniz olan bir beşerden başkası değildir. Size karşı üstünlük elde etmek istiyor. Eğer Allah (öne sürdüklerini) dilemiş olsaydı, muhakkak melekler indirirdi. Hem biz geçmiş

atalarımızdan da bunu işitmiş değiliz."

(Müminun Suresi, 23-25)

"O da dedi ki: Ey Kavmim, gerçek şu ki, ben size (gönderilmiş) apaçık bir uyarıcıyım. Allaha kulluk edin, Ondan korkun ve bana itaat edin. Ki günahlarınızı bağışlasın ve sizi adı konulmuş bir ecele kadar ertelesin. Elbette Allahın eceli geldiği zaman, o ertelenmez. Bir bilmiş olsaydınız."

(Nuh Suresi, 2-4)

"Dedi ki: Rabbim, gerçekten kavmimi gece ve gündüz davet edip-durdum. Fakat davet etmem, bir kaçıştan başkasını arttırmadı. Doğrusu ben, onları bağışlaman için her davet edişimde, onlar parmaklarını kulaklarına tıkadılar, örtülerini başlarına çektiler ve büyüklük tasladıkça büyüklük gösterip-direttiler. Sonra onları açıktan açığa davet ettim. Daha sonra (davamı) onlara açıkça ilan ettim ve kendilerine gizli gizli yollarla yanaşmak istedim."

(Nuh Suresi, 5-9)

Nuh dedi ki: "Rabbim, gerçekten onlar bana isyan ettiler; mal ve çocukları kendisine ziyandan başka bir şeyi arttırmayan kimselere uydular. Ve büyük büyük hileli-düzenler kurdular."

(Nuh Suresi, 21-22)

"Nuh, Rabbim, yeryüzünde kafirlerden yurt edinen hiç kimseyi bırakma. dedi. Çünkü Sen onları bırakacak olursan, Senin kullarını şaşırtıp-saptırırlar ve onlar, kötülükten sınırı aşan (facirden) kafirden başkasını doğurmazlar."

(Nuh Suresi, 26-27)

Şüphesiz ki, Kutsal kitaplardan yola çıkarak şu hakikati ve tezi doğrulayabiliriz ki, Nuh peygamber, Sümerlerden önce gelmiş bir peygamberdi. Yazılı bir kitap olmasa bile onun öğretilerine inananlar yıllar boyunca bu hikayeleri nesilden nesile aktardılar ve sonunda Sümerlerin yazıya geçmesiyle bunlar birer mit olarak tabletlere dönüştü. Dolayısıyla, da sonraki kutsal kitaplar bu hikayelere yer verdiler. Böylece tarih-i kadim boyunca, bir ibret vesikası olarak, Sümerler'in tabletleri ile ve diğer medeniyetlere ilişkin anlatılan bu hikayelerin kutsal metinlerde verilen paralel özelliklerini keşfederek, tarih-i kadim içerisinde Kur'anın nuruyla, Kutsal Metinlerdeki bağlantıyı kurmuş olacağız. Şimdi bu bağlantıyı kurmaya bakacağız:

Tamamı ALTI MADDE'dir:
HZ. NUH VE TUFAN

Sual: Bir inkarcı ateist, bir yazısında şöyle bir mesele ele almıştır; *"Nuh"un "tufan" öyküsü de, kendisinin "ne kadar yaşadığına ilişkin açıklama da "akıl ve bilim dışılık" için çarpıcı örneklerdendir."* diye başlayan Yazar, Nuh Peygamberin Kur'an'da 950 sene yaşadığını yazdığını bunun da Tevrat'tan (Tevrat, Tekvin, 9:29) alındığını söylüyor. Bunun aslı nedir?

Hikâye ve istihza tarzıyla tarihle alay ederek ve zihinleri bulandırarak gerçeklikten saptırmaya çalışan, kısaca anlattığı Hz. Nuh'un hayatından sonra, *"Ve tüm araştırmacılar, Tevrat'taki bu öykünün kaynağının da "SÜMER TUFAN EFSANESİ" olduğunda birleşirler. Tevrat'tan bin yılı aşkın bir zaman öncesinin ürünü olan GILGAMIŞ DESTANI"nın* "efsane"deki adının, "Utnapiştim" olduğunu ve İlahiyatçıların da bunu kabul ettiğini söyleyerek, inandırıcı olmak için de 1932 yılına bir İlahiyat Fakültesinde yayınlanmış bir "araştırmayı" göstererek, *"gerçekten çaplı incelemesinde"* diyerek yazısını delillendirir.(!)

El-Cevap: Önce, bu açıklamanın hangi amaçla kurgulandığını ve inkarcı altyapısını analiz ederek maddeler halinde delilli ve isbatlı olarak cevap vermeye çalışacağız:

Birincisi: Kur'an'ı Kerim; Tevrat, Zebur, İncil'i reddetmez onların da İlahi kaynaklı olduğunu, kaynaklarının bir olduğunu ama tahrif edildiklerini söyler. Dolayısıyla, onlardaki bazı bilgilerin Kur'an'la benzerlik taşıması normaldir. Taberi, İbn-i Kesir, ve Hazin gibi tefsirlerde geçen Hz. Nuh'un yaşı ile ilgili rivayetler, Yahudi kökenli olan insanlardan gelen ve onların dinlerinde olan rivayetlerdir.

İkincisi: Hz. Peygamberin, Hz. Nuh'la ilgili kıssayı Tevrat'tan aldığını söyleyen malum şahıs, anlaşılan Nuh suresinin Mekke'de indiğinden habersizdir. Okuma yazma bilmeyen Hz. Peygamber'in Tevrat'ı okuması mümkün olmadığı gibi, kendisinden Mekke'de bilgi alabileceği bir yahudi de yoktur.

Üçüncüsü: Günümüzdeki arkeolojik bulguların tamamen doğru olduğunu varsayarak hareket edersek, bu inkarcı tavırla arkeoloji ilminin tamamen önünü kapayarak yeni bir bulguyu kabul etmeyecek bir tavır sergilenmektedir. O eski zamanlar halihazırda günümüzce tam olarak bilinemediği için, yanlış hükmedilerek, Tevrat'ta ve Kur'an'da 950 sene yaşadığı bildirilen Nuh Peygamberin, bu kadar yaşayamayacağını söyleyerek de, sanki o dönemde yaşamış, olaylara şahit olmuş gibi konuşarak *"bilimi, kutsal inek"* kabul eden insanın tavrını çizmiştir. Halbuki, bulunacak belki çok daha yeni bir arkeolojik bulgunun insanlık tarihinin yeniden yazılmasını sağlayacağından habersizdir.

Dördüncüsü: Eminiz ki, Arapça cümlelerin nasıl tahrif edileceği konusunda uzman olanlar, bu tür kelime oyunlarıyla gerçek tarihteki olayları zaman zaman kurcalayarak, Sümer yazıtlarının tercümelerine de güvenerek oturup Sümerceyi öğrenerek ve yazıtları orijinalinden okuyarak konuya vakıf olmak, tam olarak meselenin çözülebileceği anlamına gelmemektedir ki, tarihte pek çok yaşayan kavmi ve sonlarını, akibetlerini haber veren Kur'an'da bile bazılarına ait çok fazla detay bulamazken, o eski levhalara nasıl güvenebiliriz, belki onlar kendi okuyucusuna öyle sunmak istemiştir. Zaten bir dinler tarihi uzmanından da bunu sadece belgelemek tarihini tesbit etmek beklenir, onun doğruluğuna ilişkin peşin bir hüküm vermek mümkün değildir. Hatta bugün için, Afrika, Mezopotamya, Amerika, Çin, eski Yunan medeniyetlerini en ince ayrıntısına kadar araştırmalar yapılmış, 1985'te bulunan Yonaguni piramitleri ve Taiwan açıklarındaki Hujing su altı kenti hakkında yeterli araştırmaları yapılmış ve hatta o bölgeye gidip, dalarak gerekli tüm belgeleri araştırmacılardan önce bulmuş tufan ile bulguları araştırmış sonra okuyucuya sunmak istenmiştir. Fakat burada dikkat etmeliyiz ki, tüm bu tarihi araştırmalar Kur'anın perspektifinden bakılacağı gibi, aksi yönde bakılarak da değerlendirilebilir ve sonuç olarak bu tarihi belgeler çarpıtıladabilir.

Beşincisi: Umarız ki, araştırmacıların dediği, *"Yaratılış" ve "Tufan" gibi tek tanrılı dinlerde de karşılaşılan ilk dinsel anlatılar önce Sümerler ve sonrasında diğer Mezopotamya toplumları tarafından kayıt edildi."* Cümlesindeki "kayıt" ile *"ilk defa onlar tarafından yazıldı"* ifadelerinin farkını kavrayabilecek anlayışa sahiptirler. Bu malum fikirleri savunanlar ve sözde tarihçiler, herhalde aşağıda vereceğimiz bulgulardan da haberdardı:

Sir Leonard Wooley isimli amatör bir İngiliz arkeologun Mezopotamya'da yaptığı kazılar sırasındaki ele geçen bulgularda, o güne kadar bir efsane gözüyle bakılan Nuh Tufanıyla bağlantılı olduğunu keşfetti. Batı insanı çok haklı sebeplerden dolayı Kitab-ı Mukaddes'i güvenilir bir kitap olarak saymadığı için bu kitapta anlatılan Tufan olayını da mitolojik bir hikâye olarak değerlendirmekteydi. Ama Wooley'in araştırması bu inancın yanlışlığını ortaya koyuyordu. Özellikle, sevinenler Hıristiyan ve Yahudi din adamları oldular. Derhal heyetler oluşturulup çalışmalara başlanıldı.

Bu arada dünyanın her tarafında yapılan araştırmalar, Tufanın hemen hemen bütün toplumların efsanelerinde yer aldığını gösterdi. Asya'da 13, Avrupa'da 4, Amerika'da 37, Avustralya ve Okyanusya adalarında ise 9 adet Tufan tespit edilmişti. Bunların en şaşırtıcısı da Hopi kızılderililerine ait olanıydı. Denizden çok uzakta, Kuzey Amerika'nın güney batısında yaşayan Hopilerin destanlarında kabaran suların ülkelerini baştanbaşa kapladığı, dağların tepelerine kadar yükseldiği ve yeryüzündeki canlıları yok ettiği anlatılıyordu. Amerika'nın eski sahiplerinden olan Azteklerin destanlarından ise Tufanın süresi bile veriliyordu. Bütün bunlar, insanlık tarihinin hemen hemen başlarında meydana geldiğini gösterir...

Yine, İngiliz arkeolog Sir Leonard Wooley, 1922-1929 yılları arasında, Mezopotamya'nın antik şehirlerinden Ur'da uzun kazılar yaptı. Wooley ve ekibi, büyük başarılar göstererek MÖ. 4. bin yılından kalma kral mezarlarını ortaya çıkardılar. Mezopotamya tarihinin öğrenilmesinde dönüm noktası olan bu çalışmalar sırasında arkeolojik değeri çok yüksek kap, kacak, miğfer, silah vs. yanında Tufandan önceki kralların listesini ihtiva eden kil tabletler de bulundu. O zamana kadar kral listeleri mitolojik olarak görülüyordu. Tabletlerin bulunmasından sonra, Wooley, vakit kaybetmeden aynı yerde kazılara devam etti. Ne var ki, 12 metre daha derine inildiğinde izler tamamen kesilmişti. Tarihi hiç bir bulguya rastlanmıyordu. Bu arada toprağın yapısı incelendiğinde tuhaf bir şeyle karşılaşıldı. Zemin tamamen balçıkla kaplıydı, fakat bu kadar derinlikte saf balçığın ne işi vardı? Üstelik kazı çukurunun dibi, denizden çok uzakta ve nehir seviyesinden de bir kaç metre daha yukarıdaydı. Hiçbir arkeolog tatmin edici cevabı bulamamıştı. Wooley kazıyı devam ettirdi ve daha aşağılara indi. Derken 3 metreden fazla derinlik tutan balçık tabakası birden bire kesildi. Şimdi normal toprak tabakalarına gelindiği düşünülebilirdi ama hayır, zımpara taşlarına ve kap kaçak gibi eşyalara rastlanılmıştı yeniden.

Demek oluyordu ki, bu çok eski medeniyetin üzerini 3 metrelik balçık tabakası örtmüş, en üstte de Ur medeniyeti yeşermişti. Balçığın sebebi ve kapladığı sahayı öğrenebilmek için civar bölgelerde bir dizi kazı daha yapıldı. İlk çukurdan 300 metre uzakta açılan ikinci çukurda da aynı sonuç elde edildi. Wooley, bu sefer de yüksekçe bir tepeyi kazdırdı. Sonuç değişmemişti, Böylece, balçık yığılmasının, ancak çok kuvvetli bir su baskını, yani Tufanın eseri olabileceğine dair rapor hazırlandı ve bütün dünyada heyecanlı yankılar doğdu. Bu arada bazı çevreler su baskınının dar bir çevrede yaşandığını ileri sürmüşlerdi ama yeni kazılar, onların iddiasını iflas ettirdi. Şuruppak kralı Ubartutu zamanında bölgenin bütünüyle korkunç bir felakete uğradığı ve kültür izlerinin tamamıyla gömüldüğü açıkça anlaşılıyordu. Tufanla ilgili olarak Mezopotamya dışında etraflıca bir çalışma yapılmadığından, su baskınının nerelere kadar uzandığını tam olarak bilemiyoruz. Tahmin edilen mıntıka, Basra körfezinin kuzeybatısında, 400 mil uzunluğunda ve 100 mil genişliğinde bir sahadır. Olayın tarihi, MÖ. 4 binden çok önceki yüzyıllardır. Bu tufan bildiğimiz tüm dünyayı kapsayan, Nuh tufanı değildi elbette. Ama bu bile, geniş çaplı bir su baskınının neler yapabileceğini göstermesi bakımından önemlidir.

Öte yandan, yapılan jeolojik araştırmalar, mahiyeti bilinemeyen sebeplerden dolayı dünyamızın yer yer bir kaç defa suya gömüldüğünü gösteriyor. Miami Üniversitesinden jeokimyacı Jerry Stip'e göre, dünyanın yaşadığı en müthiş su baskını, günümüzden yaklaşık 11.600 sene önce olmuştur. Ancak bütün bu bulgular Nuh aleyhisselam zamanındaki tufana ait midir bilinememektedir. Mezopotamya dışında yapılacak kazıların bizi sonuca daha fazla yaklaştıracağı muhakkaktır. Özellikle Hazret-i Nuh'un inşa ettiği geminin kalıntıları ortaya çıkarılabilirse tufanın ne zaman meydana geldiğini öğrenmemiz mümkün olacaktır...

Altıncısı: Nuh aleyhisselamdan, Kur'ân-ı Kerîm ve hadis-i şeriflerde çokça bahsedilmiştir. Çeşitli vesilelerle Kur'ân-ı Kerîm'de 43 yerde ismi geçer. Zamanında meydana gelen Tufan sebebiyle "*İkinci Âdem*" diye de anıla gelmiştir. Asıl isminin Yesker olduğu, fakat kavminin kurtuluşu için çok ağladığından, ağlamak manasına gelen "*Nevh*" kökünden türemiş "**Nuh**" sıfatının asıl ismine dönüştüğü kayıtlıdır. Bu isim sami kökenlidir. Mezopotamya metinlerinden "**Gılgamış Destanı**"nda bu isim yerine "**Utnapiştim**" olarak kullanılmıştır. Gerek Nuh'un ve gerekse Utnapiştim'in sözlük manaları bilinmemektedir. Sümerlerin Tufan kahramanına verdikleri isim ise Zî-ud-Sudra'dır. **Zî**; hayat/can/ruh, **Ud**; zaman, Sudda ise; uzun manasına gelmektedir. Bu üç kelimeden meydana gelen ismin anlamı; Uzun ömürlü demektir. Nuh aleyhisselamın kavmi içerisinde 950 sene kaldığı bildirilmektedir. Bugünkü yaş ortalamaları gözönüne getirildiğinde akıl almaz bir durumla karşılaşıyoruz. Kur'ân-ı Kerîm, Hazret-i Nuh'un dışındaki hiçbir peygamberin ömründen bahsetmez. Hemen ilave edelim ki; Mezopotamya'da bulunan tabletlerde anlatılan Tufan'dan kurtulan insanların önderi Ziussudra adını taşımaktadır ki; uzun ömür sahibi anlamına gelmektedir.

Arkeologların Mezopotamyada buldukları bütün kral listeleri birbirini doğrular mahiyettedir. Arkeoloji literatürüne göre tufandan önceki Sümer krallarına Er sülaleler 1 (ES-1) denilmektedir ki, Tufan'a kadar 10 hükümdarın ismini içerir. 1932 yılında Irak'ın Horsabad şehri civarında, arkeologların WB-444 adını verdikleri 20.5 cm. kalınlığında bir tablet daha bulunmuştur. Bu tablete göre Tufan'dan önce tam 10 kral yönetici olmuştur. Bunlardan 7. nin adı Enok olarak verilmiştir ki, kayıtlardan İdris aleyhisselam olduğu tahmin edilmektedir. Eğer böyleyse İdris aleyhisselamdan 3 hükümdar sonra Nuh aleyhisselam göreve başlamış ve onuncu kral zamanında Tufan meydana gelmiştir. Kur'ân-ı Kerîm ve Hadis-i şerifler başta olmak üzere diğer İslami kaynaklar tarandığında pek çok arkeolojik, antropolojik ve jeolojik bilmece kolaylıkla çözülecek gibi görülmektedir.

Sual: Nuh Tufanı nerede gerçekleşmiştir? Nuh'un gemisi tufandan sonra nerede karaya inmiştir?

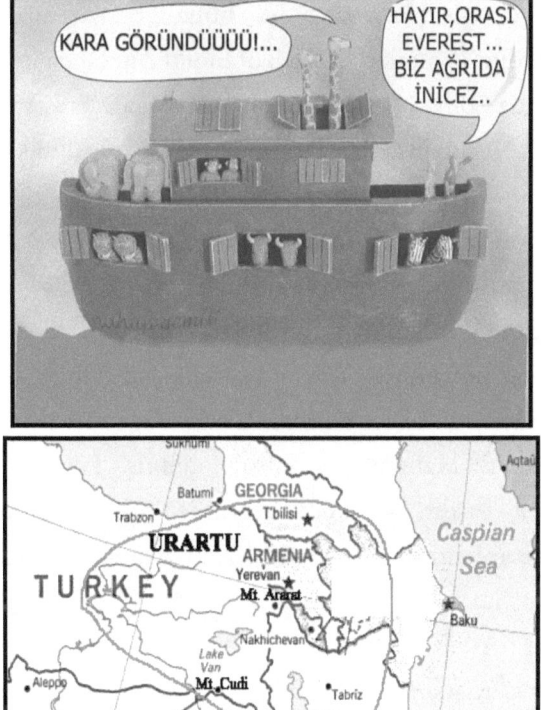

Hz. Nuh'a ve Kavmine asrımızdan tebessümlü bir selam diyelim. **Bu zamanda Kurtuluş iman edip de, Fırtınalı denizde yegane tutunacak dallar hükmünde olan Nuh'un gemisi-misal Kur'an hakikatlerine yapışanlarındır.**

El-cevap: Tabletlerdeki kayda göre, daha önceki bazı eserlerimizde de (Örneğin: İŞÂRÂT-UL İSEVİYYE, YARATILIŞ KISMI) Tufanın 10. Kral zamanında meydana geldiğini belirtmiştik. Bir hadîs-i şerîfte bunu teyid eden bir ifade vardır. Efendimiz, Eshab-ı kiramdan gelen bir soru üzerine; "*Âdem aleyhisselam ile Hazret-i Nuh arasında 10 karn (kuşak, asır, dönem...) geçmiştir*" buyurmuşlardır. İslam âlimlerinin nakillerine göre ilk peygamberler Âdem, Şit, İdris (a.s) hem peygamber, hem de o zamanki insanların yöneticisiydiler. Tabletlerde de buna benzer bazı ifadelere rastlanmaktadır. Tabletlere göre Tufandan önce gelen hükümdarlar, aynı zamanda birer din adamıdırlar. Maalesef tabletler İslami birikimden yoksun insanlar tarafından deşifre edildiklerinden, pek çok muğlâk ifadenin açıklanmasında zorluk çekilmektedir. Babilonya kayıtlarına göre ise gemi Nisir dağına, Tevrat'a göre Ararat dağları üzerine, Kur'ân-ı Kerîm'in buyurduğu şekliyle Cûdî dağına oturmuştur. Kurtuluş anlamına gelen Nisir, Asur topraklarının doğusunda bulunan bir bölgedir ki; Musul şehrinin kuzeyinde yer almaktadır. Yeni bulgularla, Babilonyalıların hangi dağa Nisir adı verdikleri tespit edilebilir. Hahamlarca tahrif edilmiş Tevrat'ta ise Ararat dağları kaydı vardır. Metinler üzerinde çok oynanmış olmasına rağmen bu isimlendirme doğrudur. Zira Ararat, Urartu kelimesinin İbranice transliterasyonudur ve MÖ. 1.000 yıllarında Van bölgesinde hâkim olan Asya menşeli Urartuların yaşadığı topraklar için kullanılmaktadır. Asurlular bu bölgeye *Uruadri* adını vermişlerdir ki; Ararat ve Urartu kelimelerinin değişik söylenişidir. Manası ise yüksek dağlar ülkesi veya yüksek ülkedir. Arkeolojik verilere ve tahrif edilmiş Tevrat'a göre gemi; Ağrı dağına değil "yüksek ülke"ye, yani Ararat-Uruadri-Urartu bölgesinde bir dağın üzerine oturmuştur. Yine aynı Tevrat'ta geminin, suların (Fırat-Dicle) doğduğu bölgeye yürüdükleri bildirilmektedir.

Hz. Nuh'un gemisinin nerede durduğuna yönelik kapsamlı bir araştırma yapan bilim adamları, bütün kaynakların Cudi Dağı'nı gösterdiğini ortaya çıkardı:

Şöyle ki:

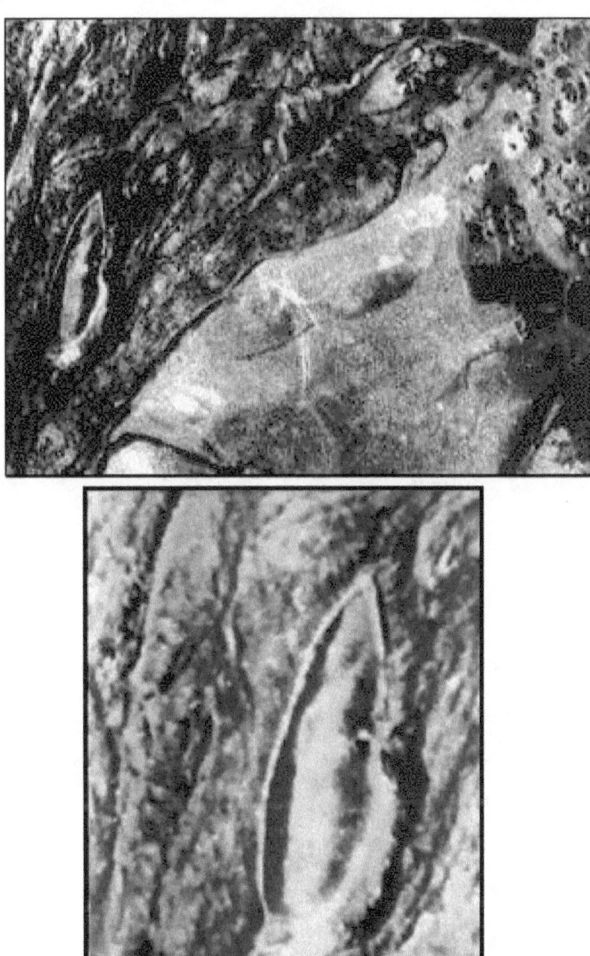

"Gemi de Cudi'ye oturdu ve 'Zalimler topluluğu Allah'ın rahmetinden uzak olsun!' denildi."

{Hud suresi, 44}

Tufandan sonar, Hz. Nuh'un gemisinin nerede durduğuna yönelik kapsamlı bir araştırma yapan bilim adamları, bütün kaynakların geminin Cudi Dağı'na indiğine işaret ettiğini ortaya çıkardı. Konu ile ilgili yıllardır çalışma yapan Şırnak Üniversitesi öğretim üyeleri, kutsal kitaplardan Kur'an ve Tevrat'ın yanı sıra Süryani ve Hristiyan kaynakları ile yerel kaynaklarda geminin Cudi'ye indiğinin anlaşıldığını belirtti. Araştırmada Cudi Dağı ile Şırnak bölgesindeki birçok köy ve bölge isimlerinin de Hz. Nuh'un soyundan ve gemisinden geldiğini belirlendi.

Yapılan araştırma hakkında bilgi veren Şırnak Üniversitesi İlahiyat Fakültesi Arap Dili ve Belagatı Anabilim Dalı Başkanı Yrd. Doç. Dr. Abdulmuttalip Arpa, kutsal metinler ile dilbilimsel bulgulardan yola çıktıklarını belirterek Hz. Nuh'un gemisinin Cudi'ye yerleştiğini, Hz. Nuh'un da Cizre civarında yaşadığını belirlediklerini söyledi. Tevrat ve Kur'an-ı Kerim'de Hz. Nuh'un günümüz Suriye ve Irak'ın birleştiği yerde yani Mezopotamya'da yaşaması ve tufanın da Mezopotamya merkezli olmasının muhtemel olduğunu anlatan Arpa, "Mezopotamya'daki en yüksek dağlardan biri olan Cudi ise suların yeryüzünden çekilmesinden sonra Hz. Nuh'un gemisinin inmesi için en müsait yerdir." dedi.

Kısacası, eldeki bütün belgeler bizi Ağrı dağından çok daha aşağılara götürmektedir. Cûdî adında iki dağ vardır. Birincisi Cizre yakınlarındaki Cûdî dağıdır. İslam tarihçilerine göre Cizre, Tufandan sonra kurulan ikinci şehirdir. Mu'cemul Buldan; Cûdî dağında Nuh'un (a.s.) mescidinin, Herevi ise evinin bulunduğunu yazmaktadır. Halen Cizre'de, Nuh'a (a.s.) nisbet edilen bir türbe vardır. Anadolu'nun en eski kavimlerinden olan Gutilere ait olan ve halen Londra'da bulunan tabletlerde de Nuh'un (a.s.) mezarının "*Rayat*" bölgesinde olduğu yazılıdır. Rayat, Dicle nehrinden itibaren, Cizre ovasının Silopi'ye kavuştuğu bölgenin adıdır ki, bu noktada Cûdî dağı bulunmaktadır. Daha eski bir kaynak olan ve MÖ. 250 yıllarında Babilli bir rahip olan Berossus'un yazdığı tufan kayıtlarına göre gemi, Cordiyan dağlarında durmaktadır ve yöre halkı, geminin dışını kaplayan katranı kazıyıp muska şeklinde kullanmaktadır. Berossus'un bahsettiği bölge Van gölünün güneyinde bulunmaktadır. 2 bin metrelik Cûdî, Mezopotamya ile Ararat arasındaki sınır dağdır. Bu dağ, Ağrı gibi kapsamlı bir şekilde araştırılmamıştır. Ancak bu dağda yürütülen araştırmalardan biri sırasında, geminin izlerine rastlandığı öne sürülmüşse de bu keşif ilmi açıdan kesin sonuca bağlanamamıştır. 1949 yılında batılı bir ekip tarafından yapılan araştırmanın sonuçları France Le Soir gazetesinin 31 Ağustos 1949 tarihli sayısında; *"Nuh'un gemisini gördük fakat Ağrı'da değil"* şeklinde sansasyonel bir başlıkla verilmiştir. Bu yazıya göre geminin boyu 150 metre, genişliği 24 metre, yüksekliği ise 15 metredir. 23 yıl önce de, Cûdî dağında bazı antik tahta parçaları bulunduğu iddia edilmiş, 6 Şubat 1972 tarihli bazı Türk gazeteleri bu keşfi; *"Nuh'un gemisinin Cûdî dağında olduğu tespit edildi"* başlığıyla vermişlerdir. Keşfi yapan, Alman Devletler Araştırma Enstitüsü ilim adamlarından Friedrich Bender'dir. Bender, Cûdî dağında bulduğu katrana benzer bir madde ile birbirine yapışmış kalın tahta parçalarını Almanya'ya götürerek analiz ettirmiştir. Sonuçta katranımsı maddenin 50 bin, tahta parçalarının ise; 6630 yıllık olduğu açıklanmıştır. İlim adamları bu tarihlemedeki hata payının 300 yılı geçmeyeceğini söylemişlerdir. Bender'in, çalışmaya başlamadan önce Kur'ân-ı Kerîm'i ve Tufanı anlatan Gılgamış destanını incelediği ve geminin Dicle ile Zap suyu arasında karaya oturduğu kanaatine vardığı da bildirilmiştir. Cûdî adını taşıyan ikinci yer ise, Doğu Beyazıt bölgesindeki Cûdî tepesidir. Halen bu tepede gemiye benzeyen bir kütle mevcuttur. Buradan alınan örneklerde, silisleşmiş ağaç kırıntıları ve saf demiroksitten ibaret parçacıklar bulunmuştur. Kütlenin yapısı, etrafındaki topraktan son derece farklıdır ve civarda yapılan jeolojik araştırmalar bu bölgede bir su baskınının meydana geldiğini doğrulamaktadır. Kabul edip etmemek kâfirlerin bileceği bir şeydir.

* * *

BEŞİNCİ DERS
DÖRDÜNCÜ KISSA

SÂLİH (A. S.) VE SEMÛD KAVMİ:

Sâlih (a.s.); Hayatı ve Tevhid Mücâdelesi, Semûd Kavmi & Hicr & Kur'ân-ı Kerim'de Sâlih (a.s.) ve Semûd Kavmi & Semûd Kavmi ve Günümüzdeki iman-küfür mücadelesine örnekler & Semûd Kavmi ve Almamız Gereken Dersler, Mesajlar

وَإِلَىٰ ثَمُودَ أَخَاهُمْ صَٰلِحًا قَالَ يَٰقَوْمِ ٱعْبُدُوا۟ ٱللَّهَ مَا لَكُم مِّنْ إِلَٰهٍ غَيْرُهُۥ قَدْ جَآءَتْكُم بَيِّنَةٌ مِّن رَّبِّكُمْ هَٰذِهِۦ نَاقَةُ ٱللَّهِ لَكُمْ ءَايَةً فَذَرُوهَا تَأْكُلْ فِىٓ أَرْضِ ٱللَّهِ وَلَا تَمَسُّوهَا بِسُوٓءٍ فَيَأْخُذَكُمْ عَذَابٌ أَلِيمٌ ۝ وَٱذْكُرُوٓا۟ إِذْ جَعَلَكُمْ خُلَفَآءَ مِنۢ بَعْدِ عَادٍ وَبَوَّأَكُمْ فِى ٱلْأَرْضِ تَتَّخِذُونَ مِن سُهُولِهَا قُصُورًا وَتَنْحِتُونَ ٱلْجِبَالَ بُيُوتًا فَٱذْكُرُوٓا۟ ءَالَآءَ ٱللَّهِ وَلَا تَعْثَوْا۟ فِى ٱلْأَرْضِ مُفْسِدِينَ ۝ قَالَ ٱلْمَلَأُ ٱلَّذِينَ ٱسْتَكْبَرُوا۟ مِن قَوْمِهِۦ لِلَّذِينَ ٱسْتُضْعِفُوا۟ لِمَنْ ءَامَنَ مِنْهُمْ أَتَعْلَمُونَ أَنَّ صَٰلِحًا مُّرْسَلٌ مِّن رَّبِّهِۦ قَالُوٓا۟ إِنَّا بِمَآ أُرْسِلَ بِهِۦ مُؤْمِنُونَ ۝ قَالَ ٱلَّذِينَ ٱسْتَكْبَرُوٓا۟ إِنَّا بِٱلَّذِىٓ ءَامَنتُم بِهِۦ كَٰفِرُونَ ۝ فَعَقَرُوا۟ ٱلنَّاقَةَ وَعَتَوْا۟ عَنْ أَمْرِ رَبِّهِمْ وَقَالُوا۟ يَٰصَٰلِحُ ٱئْتِنَا بِمَا تَعِدُنَآ إِن كُنتَ مِنَ ٱلْمُرْسَلِينَ ۝ فَأَخَذَتْهُمُ ٱلرَّجْفَةُ فَأَصْبَحُوا۟ فِى دَارِهِمْ جَٰثِمِينَ ۝

"Semûd kavmine de kardeşleri Sâlih'i (peygamber olarak gönderdik). Dedi ki: 'Ey kavmim! Allah'a kulluk edin, sizin O'ndan başka ilâhınız/tanrınız yoktur. Size Rabbinizden açık bir delil gelmiştir. İşte o da, size bir mûcize olarak (gönderilmiş) Allah'ın şu devesidir. Onu (kendi haline) bırakın, Allah'ın arzında yesin (içsin). Sakın ona herhangi bir kötülükle dokunmayın; sonra sizi acıklı bir azap yakalar.

Düşünün ki, (Allah) Âd'dan (Âd kavminden) sonra (onların yurduna) sizi hükümdarlar kıldı. Ve yeryüzünde sizi yerleştirdi. Onun düzlüklerinde saraylar yapıyorsunuz, dağlarında evler yontuyorsunuz. Artık Allah'ın nimetlerini hatırlayın da yeryüzünde fesatçılar olarak karışıklık çıkarmayın.

Kavminin ileri gelenlerinden müstekbirler/büyüklük taslayanlar, içlerinden müstaz'aflara/zayıf görülen iman edenlere dediler ki: 'Siz Sâlih'in gerçekten Rabb'i tarafından gönderildiğini biliyor musunuz (Buna inanıyor musunuz)?' Onlar da: 'Şüphesiz biz onunla gönderilene iman eden mü'minleriz' dediler. Müstekbirler/kibirlenip büyüklük taslayanlar da dediler ki: 'Biz de sizin iman ettiğinizi inkâr eden kâfirleriz.' Derken o dişi deveyi ayaklarını keserek öldürdüler ve Rab'lerinin emrinden dışarı çıktılar da: 'Ey Sâlih! Eğer sen gerçekten peygamberlerdensen bizi tehdit ettiğin azâbı getir!' dediler. Bunun üzerine onları o (şiddetli) sarsıntı yakaladı da yurtlarında diz üstü dona kaldılar. Sâlih de o zaman onlardan yüz çevirdi ve şöyle dedi: 'Ey kavmim! Andolsun ki ben size Rabbimin elçiliğini tebliğ ettim ve size öğüt verdim, fakat siz nasihat edenleri sevmiyorsunuz."

(7/A'râf, 73-79)

Sâlih (a.s.); Hayatı ve Tevhid Mücâdelesi:

Sâlih (a.s.), Kur'ân-ı Kerîm'de adı geçen peygamberlerden biridir. Semûd kavmine gönderilmiştir. Allah Teâlâ onu, önceki peygamberlerin getirmiş olduğu tevhid dininden sapıp kendilerine ilâhlar edinen Semûd kavmini uyarmak için bu kavme peygamber olarak göndermiştir. Ancak Semûd kavmi, öteki azgın kavimlerde olduğu gibi onu dinlememişler ve eziyet ederek, yanlarından kovmuşlardır. Semûd kavminin ileri gelenleri onunla alay ederek küçümsemeye çalışmış ve kendilerini tehdit ettiği azâbın gelmesini istemişlerdir. Bunun üzerine Allah Teâlâ, onları şiddetli bir şekilde cezalandırarak yok etmiştir. Sâlih (a.s.)'ın ve Semûd kavminin kıssası sonraki nesillere ibret olsun diye Kur'ân-ı Kerim'de yer almıştır.

Hz. Hud'un vefatından sonra, Semûd'un torunları Kuzey Arabistan bölgesine yerleştiler. Kendilerine köşkler, saraylar inşâ ettiler. Taşları oydular, onlara yeni şekiller verdiler. Köşklerini ve saraylarını bu şekillerle süslediler.

Semûd kavmi, tevhid inancını unutup Allah'a ortak koştular ve yapmış oldukları putlardan kendilerine tanrılar edindiler. Bu kavmin ahlâk ve fazilet bakımından en üstünü olan Sâlih'e kırk yaşına geldiği zaman peygamberlik görevi verildi.

Hz. Sâlih, kavmine gerçeği bildirdi. Onları doğru olan yola çağırdı. Tebliğde bulundu; "Şüphesiz ben, size gönderilmiş emin bir peygamberim. Allah'tan korkun ve bana itaat edin. Ben sizden tebliğim için bir ücret istemiyorum. Benim ücretim âlemlerin Rabbına aittir" dedi.

Sâlih (a.s.) gerçekten saygı duyulacak bir insandı. Semûd Kavmi de Hz. Sâlih'i sever, sayardı. Sâlih, dâvetini açıkladıktan sonra durum değişti. Kavmi, Sâlih'e karşı cephe almaya başladı. Babalarının yanlış inançlarını sürdürmeyi tercih ettiler. "Babalarımızın taptıklarına tapmaktan bizi yasaklıyor musun?" dediler.

Semûd kavmi, kendi aralarından birisinin gerçeği haber vermesini kabullenemediler, "İçimizden bir insana mı uyalım?" dediler. Kavmi, Hz. Sâlih'i suçlamaya başladı. Terbiyesizlik ettiler. Hz. Sâlih için "o, şımarık bir yalancıdır" dediler.

"Onlar yarın kıyâmette şımarık ve yalancının kim olduğunu bilecekler. Ama iş işten geçmiş olacak. Onların yalvarıp yakarmaları kendilerine bir yarar sağlamayacaktır." Semûd kavmi, Hz. Sâlih'e engel olamayacaklarını anlayınca, onunla uğraşmaktan vazgeçtiler. Sâlih peygambere inanan mü'minleri yollarından döndürmeye çalıştılar. Allah'ın elçisini yapayalnız bırakmak istediler. Mü'minlere; "Sâlih'in, Rabbı tarafından gönderilmiş bir peygamber olduğunu gerçekten biliyor musunuz?" dediler. O, gerçek iman mutluluğuna eren insanlar da "Biz, onunla gönderilen her şeye iman ederiz" dediler.

Hz. Sâlih sabretti. Ümitsizliğe kapılmadı. Gerçeğe yüz çeviren kavmini putlardan uzaklaştırmaya çalıştı. Onlara öğütlerde bulundu. Semûd kavminin sapıkları Hz. Sâlih'e; "Eğer doğru söyleyenlerden isen bir mûcize getir" dediler. Bu istekleri inanmaya yönelmelerinden değildi. Sapkınlıklarına yeni malzeme aramalarındandı.

Hiçbir şüpheye yer vermeyen bu kayıtsız şartsız iman karşısında Semûd kavminin inkârcıları şaşkınlığa düştüler; "Sizin inandığınızı bir inkâr ederiz" diyerek vicdanlarını bir kez daha sattılar. Bu inkârcılar, Hz. Sâlih'i bozgunculukla suçlarken halkı da inkâra zorladılar; "Yeryüzünü islah etmeyip bozgunculuk yapan beyinsizlerin emirlerine itaat etmeyin" dediler.

İstedikleri mûcize, dişi ve hâmile bir deve idi. Allah, mûcize olarak Semûd kavmine bu dişi deveyi verdi. Bu mûcize karşısında bazıları iman ettiler, bazıları da inkârlarında direttiler ve Allah elçisi hakkında "amma da sihirbazmış!" demek alçaklığında bulundular.

Semûd kavmi, bu kez de deveden rahatsız olmaya başladılar. Devenin fazla su içmesinden yakındılar. Yüce Allah suyu, deve ile Semûd kavmi arasında paylaştırdı; "Suyu içme hakkı bir gün onun, bir gün de sizindir" buyurdu. Deveyi her gördüklerinde mü'minlerin inancı yenileniyordu. Azgınların da kini artıyordu. Hz. Sâlih bu durumu biliyordu. Kavmini uyarıyordu; "Sakın ona fenalık ile dokunmayın. Eğer dokunursanız sizi büyük bir günün azâbı yakalar" diyordu.

Bu kavmin inkârcıları Sâlih'in sözlerini dinlemediler. Kendi aralarında Sâlih'i, mü'minleri ve dişi deveyi öldürmeyi kararlaştırdılar. Önce, mûcize olarak gönderilen deveyi öldürdüler. Bu hareketleriyle Sâlih peygamberi ve mü'minleri yıldırmak, korkutmak istediler; isyanlarını ve kinlerini kustular. "Ey Sâlih!" dediler. "Eğer sen gönderilmiş peygamber isen vaad ettiğin azâbı getir!"

Allah Elçisi yılmadı. Bu azgınlar topluluğuna; "Ey kavmim! Ben size Rabbımın risâletini tebliğ ettim. Size nasihat ettim. Fakat siz, nasihat edenleri sevmezsiniz" dedi. Hz. Sâlih, kavmine iyi muâmelede bulundu. Yine kurtuluş yollarını gösterdi. Tevbe etmelerini öğütledi. "Ey kavmim" dedi. "Niçin tevbeden evvel çabucak kötülüğü istiyorsunuz? Allah'tan mağfiretinizi istemeli değil miydiniz? Belki merhamet olunurdunuz."

Semûd Kavmi bu sözlere kulaklarını tıkadılar. Biz, senden ötürü ve seninle bulunanlar yüzünden uğursuzluğa uğradık" dediler. Belâ ve musîbetlere sebep olarak Sâlih'le mü'minleri gösterdiler. "O şehirde dokuz kişi vardı, ki bunlar, yeryüzünde fesat çıkarıyor, iyilikte bulunmuyorlardı."

Şânı Yüce Allah, bu olayı şöylece belirtiyor: "Onlar, bir hile düşündüler. Biz de onların haberleri olmadan hilelerini alt-üst ettik." Sâlih peygambere münkirlerin bu hilesi haber verildi. O da âilesini ve mü'minleri yanına alarak bu şehri terk etti. Böylece hicret olayı da gerçekleşti.

Azgınlar, planlarını uygulamak için geceleyin Sâlih peygamberin evini kuşattılar. Evin içinde kimseyi bulamayınca şaşırıp kaldılar. "Allah'ın azâbı onları yakalayıverdi. Bunun üzerine şiddetli bir sarsıntı tuttu. Yurtlarında yüz üstü düşüp öyle kaldılar."

Esâtir-ul Evvelin

Deveyi öldürten bu adamlar, kötü arzularını devam ettirmek niyetindeydiler. Bunların hepsi bir araya geldiler. "Gece baskını yapıp Sâlih'i ve âilesini öldürelim. Sonra velîsine; 'biz o âilenin helâkinde hazır değildik, gerçekten biz doğru söyleyenlerdeniz' diyelim" dediler. Kendi aralarında bu karara vardılar.

İşrte böylece, ne kadar inkârcı ve sapkın varsa hepsi de helâk oldu. Şehir bir harâbe haline dönüştü. Mü'minler bir müddet sonra bu harâbe haline dönüşen şehre geldiler. Azgınlığın ve inkârcılığın kötü sonucunu seyrettiler. Mü'min olduklarından dolayı Allah'a şükrettiler. Sâlih peygamber, mü'minlerle birlikte tekrar hicret ettikleri şehre döndü. Allah Elçisi Sâlih (a.s.), mü'minlere öğütlerde bulundu; onlara, Allah'a kul olmanın sevincini tattırdı. Her peygamber gibi o da Rabbinin rahmetine kavuştu. Ölümsüzlük diyarına ulaştı.

Semûd Kavmi:

Semûd, Kur'ân-ı Kerim'de adı geçen ve kendilerine uyarıcı olarak Sâlih (a.s.)'ın gönderildiği, Hicaz ile Suriye arasında Vadil-Kura'da yaşamış eski bir Arap kabilesidir. Kur'ân-ı Kerim'de bu kabilenin ismi yirmi altı yerde geçmekte olup, ayrıca Sâlih (a.s.)'dan bahseden âyetler de onun kavmi olan Semûd ile ilgilidir. Bu kavmin Kur'ân-ı Kerim'de zikredilişinin sebebi, peygamberlerini yalanlayıp inkârlarına devam etmelerinden dolayı helâk edilişlerinin bir ibret vâsıtası kılınmış olmasıdır. Semûd kavminin başına gelenler Kur'ân-ı Kerim'de ondan önceki Âd kavminin başına gelenlerle birlikte zikredilmektedir. Semûd kavmi; Semûd b. Casır b. İrem b. Sam b. Nuh'un neslidir (Taberî, Tarih, Beyrut -t.y-, I, 226). Arap kaynaklı olmayan tarihî belgelerde de Semûd kavminden bahsedilmektedir. M.Ö 715 tarihli Sargon kitabesinde Semûd kavmi, Asuriler'in hâkimiyet altına aldıkları, Şarkî ve Merkezî Arabistan kavimleri arasında zikredilmektedir. Aristo, Batlamyus ve Plinus, Semûd kavmini (Thamudaei) belirten isimden bahsetmişlerdir. Plinus'un Semûd kavminin oturduğu yer olarak zikrettiği Domatha ve Hegra'nın, İslâmî kaynaklarda bu kavmin oturduğu yer olarak kaydedilen Hicr ile aynı yer olduğu kabul edilebilir

(H. N. Brau, İ. A., Semûd mad.).

Hadis-i Şeriflerde, Rasûlullah (s.a.s.)'in H. 9. yılda Tebük seferine giderken Semûd kavminin yaşadığı Hicr'e uğradığı ve bu yerin Sâlih (a.s.)'ın kavminin yaşadığı yer olduğunu söylediği nakledilmektedir

(Buhârî, Enbiyâ 17; Ahmed bin Hanbel, I/66, 73).

Semûd kavmi, Âd kavminden sonra Allah Teâlâ'ya isyan edip küfre sapmış ve kendilerine tapındıkları putlar edinmişlerdi. Onları uyarmak ve ortağı bulunmayan tek Rab olan Allah Teâlâ'ya ibâdet etmeye yöneltmek için Sâlih (a.s.)'ı görevlendirdi. Sâlih (a.s.)'a kavminin müstaz'aflarından az bir topluluk iman etmişti. Dünyevî makam ve zenginliklerinden dolayı kendilerinin diğer insanlardan üstün olduklarını zanneden Semûd kavminin ileri gelenleri (mele'-i ala), hor gördükleri (müstaz'af) kimselere: 'Siz gerçekten Sâlih'in Rabbı tarafından gönderilmiş olduğuna inanıyor musunuz?' dediler. Onlar da; 'Doğrusu biz, onunla gönderilene iman ediyoruz' dediler. Büyüklük taslayanlar, 'Biz, doğrusu sizin iman ettiğinizi inkâr edenleriz' dediler" **(7/A'râf, 75-76)**.

Sâlih (a.s.), Semûd kavmini İslâm'a dâvet etmeye devam etti. Sâlih (a.s.)'ın onları imana dâvet edip uyarma ve korkutmaya ısrarla devam etmesi üzerine, ona şöyle dediler: "Ey Sâlih; bayramımızı kutlayacağımız zaman sen de bizimle gel (Semûd kavminin putlarını alıp şehir dışına çıkarak kutladıkları bir bayramları vardı). Bize bir âyet (dâvânı ispatlayacak bir şey) göster. Sen ilâhına duâda bulun; biz de ilâhlarımıza duâda bulunalım. Eğer senin ilâhın duâna icâbet ederse sana uyarız. Yok, bizim ilâhlarımız bize icâbet ederse sen bize tâbi olursun!" Bu isteklerini kabul eden Sâlih (a.s.) bayramda onlarla birlikte gitti. Putperestler, putlarından istekte bulundular. Ancak bir karşılık bulamadılar. Bunun üzerine kavmin reisi, Sâlih (a.s.)'a; "Ey Sâlih; bize şu kayadan bir deve çıkar. Eğer bunu yaparsan seni doğrulayacağız" dedi. Sâlih (a.s.), Allah Teâlâ kendileri için böyle bir deveyi bu kayadan çıkartırsa, onlardan iman edeceklerine dâir söz vermelerini ve yemin etmelerini istedi. Onlar, bu konuda yemin edip söz verdikten sonra, Sâlih (a.s.), namaza durdu ve Allah'a duâ etti. Bunun üzerine kaya yarıldı ve içinden onların istediği gibi gebe, karnı aç bir deve çıktı. Bu olay üzerine, onlar daha önce vermiş oldukları sözden cayarak iman etmediler (İbnul-Esîr, el-Kâmil fi't-Tarih, Beyrut 1979, I, 89-90). Sâlih (a.s.) onlara şu nasihatlerde bulundu: "...Ey kavmim; Allah'a ibadet edin. Sizin için O'ndan başka ilah yoktur. Size Rabbinizden apaçık bir mûcize gelmiştir. İşte,

Allah'ın şu dişi devesi size bir mûcizedir. Bırakın onu Allah'ın arzında otlasın. Ona bir kötülük yapmayın. Sonra can yakıcı bir azâba uğrarsınız. Hatırlayın; Allah sizi Âd kavminden sonra halifeler yaptı. Ve sizi yeryüzüne yerleştirdi. Orada, ovalarda köşkler yapıyor, dağları yontup evler yapıyorsunuz. Allah'ın nimetlerini hatırlayın. Yeryüzünde bozguncular olarak fesat çıkarmayın" (**7/A'râf, 73-74**).

Allah Teâlâ, hayvanların sulandığı kuyunun suyunun mûcize deve ile diğerleri arasında nöbetleşe kullanılacağını bildirmişti: "Onlara, suyun aralarında taksim olunduğunu haber ver. Her biri su nöbetinde hazır bulunsun" (54/Kamer, 28). Sâlih (a.s.) kavmine; "İşte şu devedir. Su içme hakkı belirli bir gün onun ve belirli bir gün sizindir" dedi (26/Şuarâ, 155). Deve onların arasında bir süre kaldı. Bu süre içerisinde, bir gün kuyunun suyunu deve içiyor, bir gün de onlar kuyunun suyundan istifade ediyorlardı. Semûd kavmi devenin su içtiği günlerde onun sütünü sağıyor ve kaplarını dolduruyorlardı (**İbn Kesîr, Tefsîrul-Kur'ânil-Azîm, İstanbul 1984, III, 437**).

Semûd kavminin Sâlih (a.s.)'ın dâvetine duydukları düşmanlık ve kinleri artınca, deveyi öldürmeyi planladılar. Allah Teâlâ bu durumu Sâlih (a.s.)'a bildirdi. Sâlih (a.s.), gördükleri mûcizeye rağmen iman etmekten kaçınan kavmine, eğer böyle bir iş yaparlarsa helâk edilecekleri uyarısında bulundu. Ancak onlar, onun bütün uyarılara kulak tıkayarak deveyi kestiler: Fakat O'nu yalanladılar. Ve derken deveyi kestiler. Bunun üzerine Rableri günahları yüzünden onları kırıp geçirerek yerle bir etti (**91/Şems, 14**).

Allah Teâlâ, Semûd kavmini, görmüş oldukları mûcizeye rağmen iman etmemelerinden dolayı hemen cezalandırmamış ve onlara mühlet vermişti. Ancak Sâlih (a.s.) onlara; eğer kendi isteklerinden dolayı mûcize olarak Allah tarafından gönderilen deveye bir zarar vermeye kalkarlar ise affedilmeyecekleri ve korkunç bir şekilde helâk edileceklerini onlara bildirmişti. İnkârlarında direten ve deveyi öldürerek azıtan Semûd kavmi için kurtuluş yolu kalmamıştı. Sâlih (a.s.), yaptıklarını görünce ağlamış ve onlara; "Yurdunuzda üç gün daha kalın..." (11/Hûd, 65) diyerek gelecek azâbı haber vermişti. Deveyi kestikleri günün akşamı dokuz kişilik bir grup (27/Neml, 48) Sâlih (a.s.)'ı öldürmeye karar verdiler. Onlar şöyle diyorlardı: "Eğer söylediği doğru ise biz ondan önce davranalım. Yok, yalancılardan ise onu da devesinin yanına gönderelim." Allah Teâlâ bu olayı şu şekilde haber vermektedir: "Aralarında Allah'a yemin ederek, şöyle konuştular; 'Sâlih'i ve âilesini bir gece baskınıyla öldürelim, sonra da akrabasına 'yakınlarınızın öldürülmesinden haberimiz yok; şüphesiz biz, doğru kimseleriz' diyelim." Onlar bir tuzak kurdular. Biz de onlar farkına varmadan, tuzaklarını alt üst ediverdik. Tuzaklarının âkıbeti nasıl oldu bir bak! Biz onları da kavimlerini de toptan helâk ettik. İşte zulümleri yüzünden, harap olmuş, bomboş evleri, şüphesiz ki bunda, bilen bir kavim için, büyük bir ibret vardır. İman edip Allah'tan korkanları kurtardık" (**27/Neml, 49-53**).

Semûd kavminin Sâlih (a.s.)'a isyan edip mûcize istemeleri ve sonrasında gelişen olaylar ve helâk edilişleri hakkında rivâyetler için (**bkz. Taberî, Câmiul-Beyan, Mısır 1968, VIII, 224 vd.; İbn Kesir, a.g.e., III, 434 vd.; İbnu'l-Esir, a.g.e., I, 89 vd.**).

İbn Kesir, konu ile ilgili olarak şöyle der: Bunlar, kendilerine 'Semûd' denen meşhur bir kabileydi. Dedeleri Semûd'un adını almışlardı. Semûd, Cedis'in kardeşidir. Bu ikisi de, Asir bin İrem'in oğullarıdır. İrem ise, Hz. Nûh (a.s.)'un oğlu Sam'ın oğludur. Semûd kavmi, Arab-ı Arîbe'dendir. Hicaz ile Tebük arasında Hicr denen yerde yaşarlardı. Rasûlullah (s.a.s.), Tebük Gazvesine giderken, beraberindeki Müslümanlarla Semûd kavminin yurdu Hicr'e uğramıştı. Semûd halkının (kalıntı halinde) evlerinin bulunduğu 'Hicr' denilen yere sahâbîlerle birlikte konakladı. Ashâb, Semûd halkının su içtikleri kuyulardan su çekip hamurlarını yoğurdular ve (kazan kurup bu hamurları) pişirdiler. Rasûlullah (s.a.s.), sahâbîlerin yemek yapmak için kazanlar kurduklarını haber alınca, onlara kazanlarını dökmelerini ve yoğurmuş oldukları hamurları develere yedirmelerini emretti. Daha sonra Rasûlullah (s.a.s.) ashâbını alıp Hz. Sâlih (a.s.)'in devesinin su içmiş olduğu kuyunun yanına götürdü. Buhârî ile Müslim'de geçtiği üzere, ashâbına: "Şu azâba uğramışların yurduna ancak ağlayarak girin. Eğer ağlamayacaksanız girmeyin. Yoksa onlara gelen musîbet, size de gelir" (**Buhârî, Salât 53, Enbiyâ 17, Tefsîru Sûreti'l-Hıcr 2; Müslim, Zühd 38, 39; Ahmed bin Hanbel, Müsned, II/9, 58**) buyurdu.

Hicr Bölgesi:

Hicr, Semûd kavminin yaşadığı kabul edilen bölge ve burada yer alan şehir için kullanılır. Sözlükte "men etmek" anlamında masdar ve "akıl; engel, yasak; himâye, korunan şey" mânâlarında isim olan hicr kelimesi, Kur'ân-ı Kerîm'de çeşitli sözlük anlamları yanında (meselâ bk. 6/En'âm, 138; 25/Furkan, 22, 53; 89/Fecr, 5) yer adı olarak da zikredilmekte ve burada yaşayanlardan "ashâbü'l-Hicr" diye söz edilmektedir (15/Hicr, 80). Bu bölgeye Hicr denilmesinin sebebi, muhtemelen muhâfazalı bir yer oluşudur (Mustafavî, et-Tahkîk, II/184). Eski dönemlerde Hegra (Strabon'da Egra. Pliny'de Hegra) diye anılan bu yerleşim merkezi, Kur'an'da olduğu gibi ilk dönem tarih ve coğrafya eserlerinde de Hicr diye geçmektedir. Buranın bir adı da Medâinu Sâlih olup bu adlandırma Sâlih peygamberle ilgisi dolayısıyladır (J. Healey, The Nabataeans an Madâin Sâlih, Atlal, Riyad, 1986, X/3, s. 108). Zamanla Hicr adı terkedilmiş, bunun yerini Medâinu Sâlih almıştır (**F. S. Vidal, Al-Hidr, El 2, -Fr.-, III/377**).

İslâmî kaynaklarda Medine ile Şam arasındaki Vâdi'l-Kurâ'da bulunduğu belirtilen Hicr (Yâkûtî, II/320-221) Arap yarımadasının

kuzeybatısında, Medine-Tebük yolu üzerinde Teymâ'nın yaklaşık 110 km. güneybatısında, içinden Hicaz demiryolunun geçtiği sarp kayalıklarla çevrili vâdinin ve bu vâdideki beldenin adıdır. Bugünkü yerleşim merkezi Alâ'nın 15 km. kuzeyine düşmektedir.
(M. Beyyûmî Mihrân, Dirâsât fî Târîhi'l-Arabi'l-Kadîm, İskenderiye, 1480/1980, s. 490).

Kur'ân-ı Kerîm'de belirtildiğine göre Ashâbü'l-Hicr dağlarda oydukları güvenli evlerde yaşayan, Allah'ın âyetlerinden yüz çevirip peygamberlerini yalanlayan bir kavimdi. Bir sabah vakti korkunç bir sesle gelen felâketle cezalandırılmışlar, yaptıkları şeyler ve kazandıkları kendilerine fayda vermemiştir (15/Hicr, 80-84). Ashâbü'l-Hicr'in Kur'an'da anlatılan özellikleri dikkate alınırsa bunların Semûd kavmi olduğu anlaşılır. Zira İlâhî âyetlerden yüz çevirme ve kendilerine gönderilen peygamberleri yalanlama, inanmayan kavimlerin ortak özelliği olmakla birlikte, korkunç bir sesle cezalandırılma Kur'an'da Lût (15/Hicr, 73; 38/Sâd, 13-14), Şuayb (11/Hûd, 94; 38/Sâd, 13-14) ve Sâlih (11/Hûd, 67; ve 54/Kamer, 31) peygamberlerin kavimleriyle ilgili olarak zikredil-mekte, kayaları oyup evler yapma işi ise, sadece Hz. Sâlih'in kavmi Semûd'un özelliği olarak belirtilmektedir (7/A'râf, 74; 26/Şuarâ, 141-159). Bu hususu dikkate alan müfessirler, Hicr sûresinde kıssaları anlatılan ashâbü'l-Hicr'in kendilerine Sâlih'in peygamber olarak gönderildiği Semûd kavmi olduğunu kabul etmişlerdir. Bu kavim Hz. Sâlih'i dinlemediği gibi, bir mûcize ve işaret olmak üzere yaratılan dişi deveyi de, konan yasağa rağmen kesmek sûretiyle Allah'ın emrini hiçe saymış ve neticede helâk edilmiştir.

Hz. Peygamber Tebük Gazvesi sırasında Hicr'den geçerken ashâbına buradan su almamalarını söylemiş, onların, "Biz bu kuyunun suyundan alıp hamur yoğurduk, kaplarımızı doldurduk" demeleri üzerine, "Öyleyse hamuru atın, aldığınız suyu da dökün!" buyurmuştur (Buhârî, Enbiyâ 17; Tecrid Tercemesi, IX/135; Müslim, Zühd 1). Bir rivâyete göre de hamuru deveye yedirmelerini, devenin içtiği kuyudan su almalarını (içmediklerinden almamalarını) istemiştir (Buhârî, Enbiyâ 17). Başka bir rivâyete göre ise Rasûlullah Hicr'den geçerken, "Kendilerine zulmedenlerin meskenlerine, onların başına gelen felâketin sizin de başınıza gelmemesi için ağlayarak girin, aksi halde girmeyin!" demiş ve devesini hızla sürerek oradan uzaklaşmıştır (**Buhârî, Tefsîrü'l-Kur'ân 15/2; Müslim, Zühd 1**).

Nabatîler döneminde gelişen Hicr şehri daha sonra önemini kaybetmiştir. X. yüzyılın başlarında İstahrî Hicr'i nüfusu az bir köy olarak zikreder (İstahrî, Mesâlik -de Goeje-, s. 19). Ünlü gezgin İbn Battûta Hicr'e uğradığını, burada Semûd kavminin kızıl kayalara oyulmuş meskenlerini gördüğünü, bu yapıların cephelerindeki nakış ve tasvirlerin parlaklık ve canlılığını koruduğuna, içlerinde hâlâ Semûd kavminin iskelet kalıntılarının bulunduğuna şâhit olduğunu kaydetmektedir (Seyahatname, I/119). Hicr'i ziyaret eden ve buradaki mevcut eserler hakkında bilgi veren ilk Avrupalı seyyah Charles M. Doughty'dir. Doughty, 1876-1877'de gerçekleştirdiği bu ziyareti esnâsında buradaki Osmanlı kalesinde kalarak hem bölge üzerinde incelemeler yapmış, hem de önemli kitâbelerin kopyasını çıkarmıştır. Doughty'nin Travels in Arabia Deserta (London 1888) adlı eseri bu seyahatin ürünüdür. 1907'de Medâinu Sâlih'te A. Jaussen ve R. Savignac adlı iki Fransız papazın yaptığı ilmî araştırmanın sonuçları da Mission archeologique en Arabie adıyla kitap haline getirilmiştir (Paris 1909-1914). Bölgede 1962'de ve 1985'te de çalışmalar yapılmıştır.

Bölgede yaşayan bedevilere göre Hicr adı kuzey-güney istikametinde 3, doğu-batı istikametinde 2 kilometrelik düz bir alanı ifade etmektedir. Vâdi, çok sayıda sarp kayalıkla ve çakıl tepecikleriyle çevrilidir. Arapça, Ârâmîce, Semûd dilinde, Nabatîce, Lihyânîce, hatta İbrânîce, Grekçe ve Latince birçok kitâbenin bulunduğu bölgenin merkezinde eski ticaret şehri Hicr'in önemli harâbeleri yer alır. Çok sayıda çanak çömlek parçası, yapı kalıntıları ve bir kısım ihâta duvarı Hicr'in eski dönemdeki önemini göstermektedir. Ancak daha etkileyici olan eserler ovayı kuşatan dağ yamaçlarında, özellikle de Kasrü'l-Bint denilen kayalıkta bulunan, çoğunluğunu aile mezarlarının teşkil ettiği kalıntılardır. Genellikle ölü gömüleri zemin altına yapılmış, bazen de ölüler ana odanın duvarları içine yapılan nişlere konmuştur. Medâinu Sâlih mezarlarının detayları genel olarak Petra'dakilere benzer. Mezarların cepheleri sahte sütunlarla, silme ve kornişlerle donatılmıştır. Buralara bazen kuş, bazen de urne (ölü yakıldıktan sonra küllerinin konulduğu kap) motifleri işlenmiştir, ancak bu ikinciler genellikle kapı girişlerinin üzerine oyulmuştur.

Vâdinin doğu ağzında Cebelu İslîb denilen kayalıklarda urne ve kuş tasvirli, yontulmuş sütunlu küçük nişler ihtivâ eden kayalar vardır. Cebelu İslîb merkezî bir alan etrafında çevrelenen kaya bloklarından oluşur. Dar bir boğazdan bu alana girilir. "Divan" veya "Meclisü's-Sultân" denilen bu alan üçgen şeklinde olup genişliği 10, derinliği 12 ve yüksekliği 8 metredir. Bu salonda dinî âyinler yapılmış olmalıdır. Bir duvarın ayırdığı kanyonun karşı ucunda yamacın kuzey yüzüne oyulmuş uzun bir kanal vardır, bununla şehre su getirildiği tahmin edilmektedir (**F. S. Vidal, Al-Hidr, EI 2, -Fr.-, III/377**).

Semûd Kavmi ve İbretlik Tavrının Değerlendirilmesi:

Kur'an'da belirtildiğine göre Semûd kavmi de, aynı Âd kavmi gibi Allah'ın uyarılarını göz ardı etmiş ve bunun sonucunda helâk olmuştur. Günümüzde arkeolojik ve tarihsel çalışmalar sonunda

Semûd kavminin yaşadığı yer, yaptığı evler, yaşama biçimi gibi birçok bilinmeyen, gün ışığına çıkartılmıştır. Kuran'da bahsedilen Semûd kavmi, bugün, hakkında birçok arkeolojik bulguya sahip olunan bir tarihsel gerçektir.

Semûd kavmiyle ilgili bu arkeolojik bulgulara bakmadan önce, elbette, Kuran'da anlatılan kıssayı incelemekte ve bu kavmin peygamberlerine çıkardıkları zorlukları gözden geçirmekte yarar var. Zira Kur'an her çağa hitap eden bir kitap olduğundan, Semûd kavminin kendisine gelen tebliği inkâr etmesi de her çağ için ibret alınması gereken bir olaydır.

Hz. Sâlih'in Tebliğinin niteliği ve analizi: Kur'an'da Semûd kavmini uyarıp korkutması için Hz. Sâlih'in gönderildiğinden bahsedilir. Hz. Sâlih, Semûd halkı içinde tanınan bir kişidir. Onun hak dini tebliğ etmesini ummayan kavim ise, kendilerini içinde bulundukları sapkınlıktan uzaklaşmaya çağırması karşısında şaşkınlığa düşmüştür. İlk tepki, yadırgama ve kınamadır:

"Semûd (halkına da) kardeşleri Sâlih'i (gönderdik). Dedi ki: 'Ey kavmim, Allah'a ibâdet edin, sizin O'ndan başka ilâhınız yoktur. O sizi yerden (topraktan) yarattı ve onda ömür geçirenler kıldı. Öyleyse O'ndan bağışlanma dileyin, sonra O'na tevbe edin. Şüphesiz benim Rabbim, yakın olandır, (duâları) kabul edendir.' Dediler ki: 'Ey Sâlih, bundan önce sen içimizde kendisinden (iyilikler ve yararlılıklar) umulan biriydin. Atalarımızın taptığı şeylere tapmaktan sen bizi engelleyecek misin? Doğrusu biz, senin bizi dâvet ettiğin şeyden kuşku verici bir tereddüt içindeyiz." (**11/Hûd, 61-62**)

Sâlih Peygamber'in çağrısına halkın az bir kısmı uydu, çoğu ise anlattıklarını kabul etmedi. Özellikle de kavmin önde gelenleri Hz. Sâlih'i inkâr ettiler ve ona karşı düşmanca bir tavır takındılar. Hz. Sâlih'e inananları güçsüz duruma düşürmeye, onları baskı altına almaya çalıştılar. Hz. Sâlih'in kendilerini Allah'a ibâdet etmeye çağırmasına öfke duyuyorlardı. Bu öfke sadece Semûd halkına özgü de değildi aslında; Semûd kavmi, kendisinden önce yaşayan Nûh ve Âd Kavimleri'nin yaptığı hatayı yapıyordu. Kur'an'da bu üç toplumdan şöyle söz edilir: "Sizden öncekilerin, Nûh kavminin, Âd ve Semûd ile onlardan sonra gelenlerin haberi size gelmedi mi? Ki onları, Allah'tan başkası bilmez. Elçileri onlara apaçık delillerle gelmişlerdi de, ellerini ağızlarına götürüp (öfkelerinden ısırdılar) ve dediler ki: 'Tartışmasız, biz sizin kendisiyle gönderildiğiniz şeyleri inkâr ettik ve bizi kendisine çağırdığınız şeyden de gerçekten kuşku verici bir tereddüt içindeyiz." **(14/İbrâhim, 9)**

Hz. Sâlih'in uyarılarına rağmen kavim, Allah hakkında kuşkulara kapılmaya devam etti. Ancak yine de Hz. Sâlih'in peygamberliğine inanmış bir grup vardı ki bunlar, daha sonra azap geldiğinde Hz. Sâlih ile beraber kurtarılacaklardı. Önde gelenler ise, Hz. Sâlih'e iman etmiş olan topluluğa zorluk çıkarmaya çalıştılar: "Kavminin önde gelenlerinden büyüklük taslayanlar (müstekbirler), içlerinden iman edip de onlarca zayıf bırakılanlara (müstaz'aflara) dediler ki: 'Sâlih'in gerçekten Rabbi tarafından gönderildiğini biliyor musunuz?' Onlar: 'Biz gerçekten onunla gönderilene iman edenleriz' dediler. Büyüklük taslayanlar (müstekbirler de şöyle) dedi: 'Biz de, gerçekten sizin inandığınızı inkâr edip tanımayanlarız." **(7/A'râf, 75-76)**

Semûd kavmi hâlâ Allah ve Hz. Sâlih'in peygamberliği hakkında kuşkulara kapılmaktaydı. Üstelik bir kısmı, Hz. Sâlih'i açık olarak inkâr ediyordu. Hatta, inkâr edenlerden bir grup -hem de sözde Allah Adına- Hz. Sâlih'i öldürmek için planlar yapıyordu: "Dediler ki: 'Senin ve seninle birlikte olanlar yüzünden uğursuzluğa uğradık.' (Sâlih) Dedi ki: 'Sizin uğursuzluğunuz (başınıza gelenler) Allah katında (yazılı)dır. Hayır, siz imtihan edilmekte, denenmekte olan bir kavimsiniz.' Şehirde dokuzlu bir çete vardı, yeryüzünde bozgun çıkarıyorlar ve dirlik düzenlik bırakmıyorlardı. Kendi aralarında

Allah adına and içerek, dediler ki: 'Gece mutlaka ona ve ailesine bir baskın düzenleyelim, sonra velîsine: 'Âilesinin yok oluşuna biz şâhit olmadık ve gerçekten bizler doğruyu söyleyenleriz' diyelim.' Onlar hileli bir düzen kurdu. Biz de (onların hilesine karşı) onların farkında olmadığı bir düzen kurduk.

(27/Neml, 47-50)

Hz. Sâlih, Allah'ın vahyi üzerine, kavminin Allah'ın emirlerine uyup uymayacaklarını belirlemek için Allah'tan bir mûcize olmak üzere son bir deneme olarak onlara dişi bir deve gösterdi. Kendisine itaat edip etmeyeceklerini sınamak için kavmine, sahip oldukları suyu bu dişi deve ile paylaşmalarını ve ona zarar vermemelerini söyledi. Böylece kavim bir denemeden geçirildi. Kavminin Hz. Sâlih'e cevabı ise, bu deveyi öldürmek oldu. Şuarâ Sûresi'nde, bu olayların gelişimi şöyle anlatılır: "Semûd (kavmi) de, gönderilen (elçi)leri yalanladı. Hani onlara kardeşleri Sâlih: 'Sakınmaz mısınız?' demişti. 'Gerçek şu ki, ben size gönderilmiş güvenilir bir elçiyim. Artık Allah'tan korkup sakının ve bana itaat edin. Buna karşılık ben sizden bir ücret istemiyorum; Siz burada güvenlik içinde mi bırakılacaksınız? Bahçelerin, pınarların içinde, ekinler ve yumuşak tomurcuklu göz alıcı hurmalıklar arasında? Dağlardan ustalıkla zevkli evler yontuyorsunuz. Artık Allah'tan sakının ve bana itaat edin. Ve ölçüsüzce davrananların emrine itaat etmeyin. Ki onlar, yeryüzünde bozgunculuk çıkarıyor ve dirlik düzenlik kurmuyorlar (ıslah etmiyorlar).' Dediler ki: 'Sen ancak büyülenmişlerdensin. Sen yalnızca bizim benzerimiz olan bir beşerden başkası değilsin; eğer doğru sözlü isen, bu durumda bir âyet (mûcize) getir görelim.' Dedi ki: 'İşte, bu bir dişi devedir; su içme hakkı (bir gün) onun, belli bir günün su içme hakkı da sizindir. Ona bir kötülükle dokunmayın, sonra büyük bir günün azâbı sizi yakalar.' Sonunda onu (yine de) kestiler, ancak pişman oldular." **(26/Şuarâ, 141-157)**

Hz. Sâlih ile kavmi arasındaki mücâdele Kamer Sûresi'nde ise şöyle bildirilir: "Semûd (kavmi) de uyarıları yalanladı. Dediler ki: 'Bizden biri olan bir beşere mi uyacağız? Bu durumda gerçekten biz bir sapıklık (dalâlet) ve çılgınlık içinde kalmış oluruz. Zikr (vahy) içimizden ona mı bırakıldı? Hayır, o çok yalan söyleyen, kendini beğenmiş bir şımarıktır.' Onlar yarın, kimin çok yalan söyleyen, kendini beğenmiş bir şımarık olduğunu bilip öğreneceklerdir. Gerçek şu ki Biz, bir fitne (imtihan ve deneme konusu) olarak o dişi deveyi kendilerine göndereniz. Şu halde sen onları gözleyip bekle ve sabret. Ve onlara, suyun aralarında kesin olarak pay edildiğini haber ver. Su alış sırası (kiminse, o) hazır bulunsun. Derken arkadaşlarını çağırdılar, o da bıçağını kapıp hayvanı ayağından biçip yere devirdi." **(54/Kamer, 23-29)**

Deveyi öldürdükten sonra kendilerine azâbın çabucak gelmemesi, kavmin azgınlığını daha da arttırdı. Hz. Sâlih'i rahatsız etmeye, onu eleştirmeye ve yalancılıkla suçlamaya başladılar: "Böylelikle dişi deveyi öldürdüler ve Rablerinin emrine karşı çıkıp (Sâlih'e de şöyle) dediler: 'Ey Sâlih, eğer gerçekten gönderilenlerden (bir peygamber) isen, vaad ettiğin şeyi getir bakalım!" **(7/A'râf, 77)**

Allah, inkâr edenlerin kurdukları hileli düzenleri boşa çıkarttı ve Hz. Sâlih'i kötülük yapmak isteyenlerin ellerinden kurtardı. Bu olaydan sonra artık kavme her türlü tebliği yaptığını ve hiç kimsenin öğüt almadığını gören Hz. Sâlih, kavmine kendilerinin üç gün içinde helâk olacaklarını bildirdi: "...(Sâlih) Dedi ki: 'Yurdunuzda üç gün daha yararlanın. Bu, yalanlanmayacak bir vaaddir." **(11/Hûd, 65)**

Nitekim üç gün sonra Hz. Sâlih'in uyarısı gerçekleşti ve Semûd kavmi helâk edildi: "O zulmedenleri dayanılmaz bir ses sarıverdi de kendi yurtlarında diz üstü çökmüş olarak sabahladılar. Sanki orada hiç refah içinde yaşamamışlar gibi. Haberiniz olsun; Semûd (halkı) gerçekten Rablerini inkâr etmişler, O'na nankörlük yapmışlardı. Haberiniz olsun; Semûd (halkına Allah'ın rahmetinden) uzaklık (verildi)." **(11/Hûd, 67-68)**

Semûd Kavmi Hakkındaki Arkeolojik Bulgular: Günümüzde Semûd kavmi, Kur'an'da bahsi geçen kavimler içinde hakkında en fazla bilgiye sahip olunanlardan bir tanesidir. Tarih kaynakları da, Semûd isimli bir kavmin yaşadığına deliller sunmaktadır.

Kuran'da bahsi geçen Hicr halkı ve Semûd kavminin aslında aynı kavim oldukları tahmin edilmektedir; zira Semûd Kavmi'nin bir başka ismi de Ashâb-ı Hicr'dir. Bu durumda "Semûd" kelimesi bir halkın ismi, Hicr şehri ise bu halkın kurduğu şehirlerden biri olabilir. Nitekim Yunan coğrafyacı Pliny'nin tarifleri de bu yöndedir. Pliny, Semûd kavminin oturmakta olduğu yerlerin Domatha ve Hegra olduğunu yazmıştır ki, buralar günümüzdeki Hicr kentidir **("Hicr" maddesi, İslâm Ansiklopedisi: İslâm Âlemi, Tarihi, Coğrafya, Etnoğrafya ve Bibliyografya Lugati, Cilt 5/1, s. 475)**.

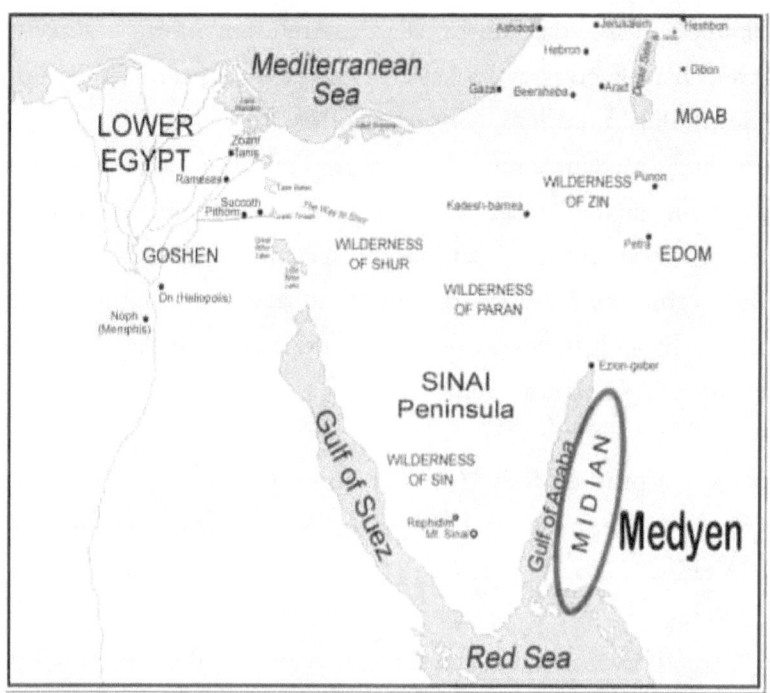

Semûd kavminden bahseden, bilinen en eski kaynak, Babil Kralı II. Sargon'un bu kavme karşı kazandığı zaferleri anlatan Babil devlet kayıtlarıdır (MÖ 8. yüzyıl). Sargon, Kuzey Arabistan'da yaptığı bir savaş sonunda onları yenmiştir. Yunanlılar da bu kavimden bahsetmekte ve Aristo, Batlamyus ve Pliny'nin yazılarında isimleri "Thamudaei", yani "Semûdlar" olarak anılmaktadır (**Phillip Hitti, A History of the Arabs, London: Macmillan, 1970, s. 37**). Peygamberimizden önce, yaklaşık MS 400-600 yılları arasında ise izleri tamamen silinmiştir.

Ana Britannica Ansiklopedisi "Semûdlar" başlığı altında bu kavimden şöyle bahseder: Semûd, Eski Arabistan'da önem taşıdığı anlaşılan kabile ya da kabileler topluluğudur. Güney Arabistan kökenli oldukları, ancak içlerinden büyük bir grubun çok eskiden kuzeye göç ederek Aslab Dağı yamaçlarına yerleştiği sanılmaktadır. Hicaz ve Şam arasında yaşayan Semûdlar, Ashâb-ı Hicr olarak bilinir. Son arkeolojik araştırmalarda, Arabistan'ın orta kesimlerinde Semûdlar'a ait çok sayıda kaya, resim ve yazı ortaya çıkartılmıştır (**"Semûdlar" maddesi, Ana Britannica, Cilt 19, s. 232**).

Semûd medeniyetinin kullandığı bir çeşit alfabenin (buna "Semûdik alfabe" ismi verilir) çok benzeri bir alfabeye hem Hicaz'da, hem Güney Arabistan'da rastlanmıştır. Bu alfabe, ilk defa Orta Yemen'deki bugünkü Semûd kasabası yakınlarında bulunmuştur. Bu bölgenin kuzeyinde Rub al-Khali, güneyinde Hadramût ve batısında da Sabwah kenti vardır.

Kur'ân-ı Kerim'de Sâlih (a.s.) ve Semûd Kavmi:

Kur'ân-ı Kerim'de "Sâlih" (a.s.)'ın ismi, toplam 9 yerde geçer (7/A'râf, 72, 75, 77; 11/Hûd, 61, 62, 66, 89; 26/Şuarâ, 142; 27/Neml, 45).

"Semûd" kelimesi ise toplam 26 yerde zikredilir. Semûd kavmi veya onların evleri, ya da şehirleri anlamındaki "Hıcr" kelimesi ise (bu anlamda) Kur'an'da sadece bir yerde geçer ve bu ismin geçtiği sûreye de bundan ötürü Hicr sûresi adı verilir (**15/Hicr, 80**).

"Semûd kavmine de kardeşleri Sâlih'i (peygamber olarak gönderdik). Dedi ki: 'Ey kavmim! Allah'a kulluk edin, sizin O'ndan başka ilâhınız/tanrınız yoktur. Size Rabbinizden açık bir delil gelmiştir. İşte o da, size bir mûcize olarak (gönderilmiş) Allah'ın şu devesidir. Onu (kendi haline) bırakın, Allah'ın arzında yesin (içsin). Sakın ona herhangi bir kötülükle dokunmayın; sonra sizi acıklı bir azap yakalar.

Düşünün ki, (Allah) Âd'dan (Âd kavminden) sonra (onların yurduna) sizi hükümdarlar kıldı. Ve yeryüzünde sizi yerleştirdi. Onun düzlüklerinde saraylar yapıyorsunuz, dağlarında evler yontuyorsunuz. Artık Allah'ın nimetlerini hatırlayın da yeryüzünde fesatçılar olarak karışıklık çıkarmayın.

Kavminin ileri gelenlerinden müstekbirler/büyüklük taslayanlar, içlerinden müstaz'aflara/zayıf görülen iman edenlere dediler ki: 'Siz Sâlih'in gerçekten Rabb'i tarafından gönderildiğini biliyor musunuz (Buna inanıyor musunuz)?' Onlar da: 'Şüphesiz biz onunla gönderilene iman eden mü'minleriz' dediler.

Müstekbirler/kibirlenip büyüklük taslayanlar da dediler ki: 'Biz de sizin iman ettiğinizi inkâr eden kâfirleriz'. Derken o dişi deveyi ayaklarını keserek öldürdüler ve Rab'leri-nin emrinden dışarı çıktılar da: 'Ey Sâlih! Eğer sen gerçekten peygamberlerdensen bizi tehdit ettiğin azâbı getir!' dediler.

Bunun üzerine onları o (şiddetli) sarsıntı yakaladı da yurtlarında diz üstü dona kaldılar. Sâlih de o zaman onlardan yüz çevirdi ve şöyle dedi: 'Ey kavmim! Andolsun ki ben size Rabbimin elçiliğini tebliğ ettim ve size öğüt verdim, fakat siz nasihat edenleri sevmiyorsunuz." **(7/A'râf, 73-79)**

"Onlara, kendilerinden öncekilerin; Nuh, Âd, Semûd kavminin, İbrahim kavminin, Medyen ahâlisinin ve yerle bir olan şehirlerin haberi gelmedi mi? Onlara resulleri apaçık deliller getirmişlerdi. Demek ki Allah, onlara zulmediyor değildi, ama onlar kendi nefislerine zulmediyorlardı." **(9/Tevbe, 70)**

"Semûd (halkına da) kardeşleri Sâlih'i (gönderdik). Dedi ki: 'Ey kavmim, Allah'a ibâdet edin, sizin O'ndan başka ilâhınız yoktur. O sizi yerden (topraktan) yarattı ve onda ömür geçirenler kıldı. Öyleyse O'ndan bağışlanma dileyin, sonra O'na tevbe edin. Şüphesiz benim Rabbim, yakın olandır, (duâları) kabul edendir.'

Dediler ki: 'Ey Sâlih, bundan önce sen içimizde kendisinden (iyilikler ve yararlılıklar) umulan biriydin. Atalarımızın taptığı şeylere tapmaktan sen bizi engelleyecek misin? Doğrusu biz, senin bizi dâvet ettiğin şeyden kuşku verici bir tereddüt içindeyiz.'

Dedi ki: 'Ey kavmim, görüşünüz nedir söyler misiniz? Eğer ben

Rabbimden apaçık bir belge üzerindeysem ve bana tarafından bir rahmet vermişse, bu durumda O'na isyan edecek olursam Allah'a karşı bana kim yardım edecektir? Şu halde kaybımı arttırmaktan başka bana (hiç bir yarar) sağlamayacaksınız.

Ey kavmim, size işte bir âyet (delil ve mûcize) olarak Allah'ın devesi; onu serbest bırakın, Allah'ın arzında yesin. Ona kötülük (vermek niyeti) ile dokunmayın. Yoksa sizi yakın bir azap sarıverir.'

Onu (deveyi) öldürdüler. (Sâlih) dedi ki: 'Yurdunuzda üç gün daha yararlanın. Bu, yalanlanmayacak bir vaaddir.'

Emrimiz geldiği zaman, tarafımızdan bir rahmetle Sâlih'i ve O'nunla birlikte iman edenleri o günün aşağılatıcı azâbından kurtardık. Doğrusu senin Rabbin, güçlü olandır, aziz olandır. O zulmedenleri dayanılmaz bir ses sarıverdi de kendi yurtlarında diz üstü çökmüş olarak sabahladılar. Sanki orada hiç refah içinde yaşamamışlar gibi. Haberiniz olsun; Semûd (halkı) gerçekten Rablerini inkâr etmişlerdi. Haberiniz olsun; Semûd (halkına Allah'ın rahmetinden) uzaklık (verildi.)" **(11/Hûd, 61-68)**

"(Şuayb dedi ki:) Ey kavmim, bana karşı gelişiniz, sakın Nuh kavminin ya da Hûd kavminin veya Sâlih kavminin başlarına gelenlerin bir benzerini size de isâbet ettirmesin. Üstelik Lût kavmi size pek uzak değil." **(11/Hûd, 89)**

"Sanki orada hiç refah içinde yaşamamışlar gibi. Haberiniz olsun; Semûd (halkına) nasıl bir uzaklık verildiyse Medyen (halkına da Allah'ın rahmetinden öyle) bir uzaklık (verildi)."

(11/Hûd, 95)

"Sizden öncekilerin, Nuh kavminin, Âd ve Semûd ile onlardan sonra gelenlerin haberi size gelmedi mi? Ki onları, Allah'tan başkası bilmez. Elçileri onlara apaçık delillerle gelmişlerdi de, ellerini ağızlarına götürüp (öfkelerinden ısırdılar) ve dediler ki: 'Tartışmasız, biz sizin kendisiyle gönderildiğiniz şeyleri inkâr ettik ve bizi kendisine çağırdığınız şeyden de gerçekten kuşku verici bir tereddüt içindeyiz." **(14/İbrâhim, 9)**

"Andolsun, Hicr halkı da peygamberlerini yalanlamıştı. Biz, onlara mûcizelerimizi vermiştik, fakat onlardan yüz çevirmişlerdi. Onlar da sabaha çıkarlarken, o korkunç ses yakaladı. Kazanmakta oldukları şeyler, onlardan hiçbir zararı sav(a)madı." **(15/Hicr, 80-84)**

"Bizi âyet (mûcize)ler göndermekten, öncekilerin onu yalanlamasından başka bir şey alıkoymadı. Semûd'a dişi deveyi görünür (bir mûcize) olarak gönderdik, fakat onlar bununla (onu boğazlamakla) zulmetmiş oldular. Oysa biz âyetleri (mûcizeleri) ancak korkutmak için göndeririz."**(17/İsrâ, 59)**

"Eğer seni yalanlıyorlarsa, onlardan önce Nuh, Âd, Semûd kavmi de yalanlamıştı." **(22/Hacc, 42)**

"Âd'ı, Semûd'u, Ress halkını ve bunlar arasında birçok nesilleri (yok ettik)." **(25/Furkan, 38)**

"Semûd (kavmi) de, gönderilen (elçi)leri yalanladı.

Hani onlara kardeşleri Sâlih: 'Sakınmaz mısınız?' demişti.

'Gerçek şu ki, ben size gönderilmiş güvenilir bir elçiyim.

Artık Allah'tan korkup sakının ve bana itaat edin.

Buna karşılık ben sizden bir ücret istemiyorum;

Siz burada güvenlik içinde mi bırakılacaksınız?

Bahçelerin, pınarların içinde,

Ekinler ve yumuşak tomurcuklu göz alıcı hurmalıklar arasında?

Dağlardan ustalıkla zevkli evler yontuyorsunuz.

Artık Allah'tan sakının ve bana itaat edin.

Ve ölçüsüzce davrananların emrine itaat etmeyin.

Ki onlar, yeryüzünde bozgunculuk çıkarıyor ve dirlik-düzenlik kurmuyorlar (ıslah etmiyorlar).'

Dediler ki: 'Sen ancak büyülenmişlerdensin.

Sen yalnızca bizim benzerimiz olan bir beşerden başkası değilsin; eğer doğru sözlü isen, bu durumda bir âyet (mûcize) getir görelim.'

Dedi ki: 'İşte, bu bir dişi devedir; su içme hakkı (bir gün) onun, belli bir günün su içme hakkı da sizindir.

Ona bir kötülükle dokunmayın, sonra büyük bir günün azâbı sizi yakalar.'

Sonunda onu (yine de) kestiler, ancak pişman oldular.

Böylece azap onları yakaladı. Gerçekten, bunda bir âyet vardır, ama onların çoğu iman etmiş değildirler ve şüphesiz, senin Rabbin, güçlü ve üstün olandır, merhamet sahibidir."

(26/Şuarâ, 141-159)

"Andolsun ki, Semûd kavmine, 'Allah'a kulluk edin!' (demesi için) kardeşleri Sâlih'i gönderdik. Hemen birbiriyle çekişen iki zümre oluverdiler.

(Sâlih) dedi ki: 'Ey kavmim, neden iyilik dururken kötülüğe koşuyorsunuz? Allah'tan bağışlanma dilemeniz gerekmez mi? Belki size merhamet edilirdi.'

Dediler ki: 'Senin ve seninle birlikte olanlar yüzünden uğursuzluğa uğradık.' Dedi ki: 'Sizin uğursuzluğunuz (başınıza gelenler) Allah katında (yazılı)dır. Hayır, siz denenmekte olan bir kavimsiniz.'

Şehirde dokuzlu bir çete vardı, yeryüzünde bozgun çıkarıyorlar ve dirlik-düzenlik bırakmıyorlardı.

Kendi aralarında Allah adına and içerek, dediler ki: 'Gece mutlaka ona ve ailesine bir baskın düzenleyelim, sonra velîsine: Ailesinin yok oluşuna biz şâhit olmadık ve gerçekten bizler doğruyu söyleyenleriz, diyelim.'

Onlar hileli bir düzen kurdu. Biz de (onların hilesine karşı) onların farkında olmadığı bir düzen kurduk.

Artık sen, onların kurdukları hileli düzenin uğradığı sona bir bak;

Biz, onları ve kavimlerini topluca yerle bir ettik.

İşte, zulmetmeleri dolayısıyla enkaza dönüşmüş ıpıssız evleri. Şüphesiz bilen bir kavim için bunda bir âyet vardır. İman edenleri ve sakınanları da kurtardık."

(27/Neml, 45-53)

"Âd'ı ve Semûd'u da (yıkıma uğrattık). Gerçek şu ki, kendi oturdukları yerlerden size (durumları) belli olmaktadır. Kendi yaptıklarını şeytan süsleyip çekici kıldı, böylece onları yoldan alıkoydu. Oysa onlar görebilen kimselerdi."

(29/Ankebût, 38)

Onlardan önce Nuh kavmi, Âd kavmi, sarsılmaz bir saltanatın sahibi Fir'avn, Semûd, Lût kavmi ve Eyke halkı da peygamberleri yalanladılar. İşte bunlar da peygamberlere karşı birleşen topluluklardır. Onların her biri gönderilen peygamberleri yalanladılar da bu yüzden (kendilerine) azâbım hak oldu."

(38/Sâd, 12-14)

"Semûd kavmi de uyarıcıları yalanladı.

Dediler ki: 'Bizden biri olan bir beşere mi uyacağız? Bu durumda gerçekten biz bir dalâlet/sapıklık ve çılgınlık içinde kalmış oluruz.

Zikr (vahy) içimizden ona mı verildi? Hayır, o çok yalan söyleyen, kendini beğenmiş bir şımarıktır.'

Onlar yarın, kimin çok yalan söyleyen, kendini beğenmiş bir şımarık olduğunu bilip öğreneceklerdir.

Gerçek şu ki Biz, bir fitne (imtihan ve deneme konusu) olarak o dişi deveyi kendilerine göndeririz. Şu halde sen onları gözleyip bekle ve sabret. Ve onlara, suyun aralarında kesin olarak pay edildiğini haber ver. Su alış sırası (kiminse, o) hazır bulunsun.

Derken arkadaşlarını çağırdılar, o da bıçağını kapıp 'hayvanı ayağından biçip yere devirdi.' (Bu azgınlara) Benim azâbım ve uyarmam nasıl oldu?

Biz onların üzerine korkunç bir çığlık gönderdik. Böylece onlar, ağıldaki çalı-çırpı olan kuru ot gibi oluverdiler. Andolsun Biz Kur'an'ı zikr (öğüt alıp düşünmek) için kolaylaştırdık. Fakat öğüt alıp düşünen var mı?"

(54/Kamer, 23-32)

Semûd ve Âd (kavimleri), başlarına çarpacak felâketi (kıyâmeti) yalan saymışlardı. Semûd'a gelince: Onlar, korkunç bir sesle helâk edildi."

(69/Hakka, 4-5)

"Orduların haberi geldi mi sana? Onlar Fir'avn ve Semûd orduları idi (Nasıl helâk oldular?!)"

(85/Bürûc, 17-18)

"Görmedin mi, Rabbin ne yaptı Âd kavmine; ülkelerde benzeri yaratılmamış olan İrem şehrine; yontulmuş kayaları vâdiye getiren Semûd kavmine; kazıkların (kazık gibi dikilmiş piramitlerin/anıtkabirlerin) sahibi Fir'avn'a. Zira onların hepsi ülkelerinde azgınlık ettiler. Bulundukları yerlerde kötülüğü çoğalttılar. O sebepten dolayı Rabbin onların üstüne azap kamçısı yağdırdı. Çünkü Rabbin her an gözetlemededir."

(89/Fecr, 6-14)

"Semûd kavmi azgınlığı yüzünden Allah'ın elçisini yalanladı. Çünkü onların en azgını deveyi kesmek için ayaklandı. Allah'ın Rasûlü onlara: 'Allah'ın devesine ve onun suyuna dikkat edin!' dedi. Derhal onu yalanladılar ve deveyi kestiler. Bunun üzerine Rableri günahları sebebiyle o beldeyi başlarına geçirdi ve her tarafı dümdüz etti. Allah bu şekilde azap etmenin âkıbetinden korkmaz."

(Şems, 11-15)

Semûd Kavmi ve Günümüz:

Kur'ân-ı Kerim'de kıssaların anlatımı içerisinde şu ifadeler dikkati çeker: "Ey insanlar! Sabah akşam, onların yerleri üzerinden geçersiniz. Akletmez misiniz?" **(37/Sâffât, 137-138)**; "Âd ve Semûd kavimlerini de yok ettik. Bunu oturdukları yerler göstermektedir." **(29/Ankebût, 38)**

Yüce Allah, Kur'an'ın indiği câhiliyye toplumuna, kıssaları vaz' eder. Kıssalarda anlatılanlar, câhiliyye Araplarınca tanınan ve meşhur olmuş kavimlerdir. Yapmış oldukları kervan yolculukları sırasında geçtikleri yollar özerinde o kavimlerin harâbelerini görürler, rivâyetlerini işitirlerdi. Kutsal kitap sahiplerinden ve atalarından, tevâtür yoluyla işittikleri rivâyetler, bu kavimlerin hakkındaki efsânevî hikâyelerdi.

Burada şöyle bir soru sorulabilir: Madem câhiliyye Arapları bu kıssalar hakkında bilgi sahibi idiler, o halde Kur'an bunları niçin anlatıyor?

İşte bu soruya cevap ararken, Kur'ân-ı Kerim ile Tevrat ve İncil'in aralarında ve câhiliyye Araplarının tevâtür yoluyla edindikleri efsânevî bilgilerle kutsal kitaplar arasında muazzam bir yaklaşım farklılığı görüyoruz. Tevrat, İncil ve câhiliyye Araplarının efsânevî bilgilerinde kıssalara; tarihsel, mekânsal ve biyografik bir yaklaşım tarzı sergilenir. Kur'an'da ise bunlar en son plandadır. Kur'an vaz' ettiği kıssalarda; küfûr-hidâyet olgusunu ön plana çıkarır. Tarih, kişiler ve zaman önemli değildir. Çünkü, geçmişte yaşamış ve kıyâmete kadar yaşayacak tüm toplumlarda, aynı iman-küfür olgusu yaşanacaktır. Bu bir sünnetullahtır, Allah'ın zamana göre değişmeyen, göreceli olmayan, sabit bir kanunudur. O halde, Kur'an noktayı nazarında; kişiler, zaman ve mekân önemli değildir. Kıssalarda anlatılan kişiler, tarihler ve yerler değişebilir, ancak iman ve inkâr mücâdelesi aynı şekilde gerçekleşecektir.

İşte bu yüzden Cenâb-ı Allah, câhiliyye Araplarına Sâlih (a.s.) kıssasının doğrusunu vahyeder. Ve bu kıssadan câhiliyye Arapları ve tüm kıyâmete kadar yaşayacak insanların ibret almalarını ister. "Semûd kavminin başına gelenlerde ibret vardır." **(51/Zâriyât, 43)**

Câhiliyye Araplarının geçtiği işlek bir ticaret yolu üzerinde olan Semûd kavminin Arabistan yarımadasının batısında Medine ile Sina yarımadası arasında olduğu rivâyet edilir. Kur'ân-ı Kerim'de Semûd kavminin oturduğu bir bölgenin İsmi "Hicr" olarak geçer. "Hicr" aynı zamanda Kur'an'da bir sûreye ad olarak verilmiştir. Semûd halkı, çöllerle kaplı olan Arabistan yarımadası gibi bir coğrafyada, Allah'ın verdiği yeşillikler içinde cennet gibi bir beldede yaşıyorlardı. Kur'an bu husûsu; Allah'ın Semûd kavmine verdiği nimetler açısından şöyle beyan eder: "Siz burada, bahçelerin, pınarların içinde; ekinlerin, salkımları sarkmış hurmalıkların arasında güven içinde bırakılacak mısınız?" **(26/Şuarâ, 146-148)**

Yine Kur'an'da Semûd kavminin özellikleri arasında, dağları oymak sûretiyle yaptıkları evlerden bahsedilir. "Onlar, dağlardan emniyet içinde kalacakları evler edinirlerdi/yaparlardı."

(15/Hicr, 82)

Allah'ın bunca zenginlik verdiği Semûd halkı zenginleştikçe giderek azgınlaşmış, zâlimleşmişti. Bu durum, aynı günümüzdeki bazı zenginlerin durumuna da atıf yapmaktadır. Aynı, kendilerinden önce yaşamış olan Âd kavmi gibi. Allah'ın bahşettiği nimetler şükürlerini artıracağı yerde sapıklıklarını artırmıştı. Allah bu kavme, onların içinden bir kişi olan Sâlih (a.s.)'ı rasul olarak gönderir. "Semûd kavmine kardeşleri Sâlih'i gönderdik. 'Ey kavmim! Allah'a kulluk edin; O'ndan başka ilâh yoktur." **(11/Hûd, 61)**

Sâlih peygamberin risâletle vazifelendirilip yollanmasıyla Semûd kavminde hak-bâtıl mücâdelesi başlamış oldu. Sâlih (a.s.), kavminden, bir Allah'a inanmalarını, O'nun emirleri doğrultusunda yaşamalarını ister. Taptıkları putların, yanlış inanç ve batıl görüşlerinin onlara ahirette bir faydasının olmayacağını belirtir.

Sâlih'in bu çağrıları karşısında kavminin aldığı tavır ise ona karşı çıkmak olur. Toplum Sâlih (a.s.)'e tabi olanlar ve karşı çıkanlar olarak ikiye bölünür. "Semûd kavmine kardeşleri Sâlih'i gönderdik. Hemen birbiriyle çekişen iki zümre oluverdiler." **(27/Neml, 45)**

Vahyi temsil eden Sâlih (a.s.), kavminden şunları ister: "Artık Allah'tan sakının, bana itaat edin. Yeryüzünü ıslah etmeyip, bozgunculuk yapan beyinsizlerin emrine itaat etmeyin." (26/Şuarâ, 144). Putların terkedilip, Allah'ın istediği biçimde yaşamaları, yeryüzünde bozgunculuk yapmamaları istenir Semûd kavminden...

Vahyin gelişiyle beraber çıkarları; putçuluğu teşvik eden bir yaşam tarzına dayalı olan, Kur'an'ın "ileri gelenler" diye nitelediği sermaye ve bunun emrindeki "yönetici kesim" ise işin ucunun kendilerine dokunacağını anlayınca, halkı Sâlih (a.s.)'a karşı örgütlerler.

Allah Kur'ân-ı Kerîm'de; Semûd kavminin "ileri gelenleri"nin dokuz kişi olduğunu açıklar. "O şehirde dokuz kişi vardı ki, bunlar yeryüzünde bozgunculuk yapıyorlar, iyilik tarafına yanaşmıyorlardı." **(27/Neml, 48)**

Evet! Bu dokuz kişilik yönetici grup toplumun ahlâkî, sosyal ve ekonomik yapısını ellerinde bulunduruyorlardı. Zenginlik ve halk adına söz söyleme ve onları diledikleri gibi yönetmek yalnızca onların hakkıydı!.. Tarihin her kesitinde ve günümüzde de öyle değil midir?

Böylece "ileri gelenler" yönetimindeki inkârcı grup Sâlih peygamberi kavminin gözünden düşürmek için başlarlar saldırı ve iftiralara: "Sen şüphesiz büyülenmiş birisin; bizim gibi bir insandan başka bir şey değilsin. Eğer doğru sözlülerden isen bir belge getir, dediler." **(26/Şuarâ, 153-154)**; "Aramızda bir beşere mi uyacağız?" **(54/Kamer, 24)**; 'Vahiy aramızda ona mı verildi? Hayır o, yalancı ve şımarığın biridir, dediler." **(54/Kamer, 25)**

Artık Sâlih (a.s.)'ı yıpratmak için ellerinden ne gelirse yapmaya onu tâciz etmeye çalışırlar. Oysa peygamberlik gelmeden evvel onu çok iyi tanıyorlardı. Emin bir insandı. Dürüsttü. Aynı, kendinden önceki geçmiş ve kendinden sonra gelmiş diğer rasuller gibi... Hatta; peygamber olduktan sonra bile, ona karşı çıkanlar bu hususu şöyle belirtiyorlardı: "Ey Sâlih! Sen bundan önce aramızda kendisinden iyilik beklenen biriydin." **(11/Hûd, 62)**

Hem onun bu faziletli durumunu teslim ediyorlar, hem de söylediklerine karşı geliyorlardı. Ne olmuştu da, aralarından biri ve hem de güvenilir biri olan Sâlih'e cephe alıp; onun beyinsiz, yalancı ve şımarık olduğunu söylemeye başlamışlardı?

Sebep basitti. Zulüm ve soygun düzeni olan putçuluğa karşı çıkmıştı. Dolayısıyla zenginler ve yöneticilerin rahatını kaçırmış, düzenlerini alt üst etmişti. Hal böyle olunca tabii ki Sâlih (a.s.) kötülenecek, tecrit edilecek ve tâciz edilecekti.

Sâlih (a.s.)'ın tebliğ mücâdelesi hiç kesintisiz olarak yıllarca devam etti. Bulduğu her fırsatta, her zaman ve her yerde Allah'ı anlattı ve O'nun emirlerini bildirdi. Yıllarca tebliğ etti durdu. Onun bu çabasına karşılık kavminin insanları ona pek meyletmiyorlardı. Zulüm ve soygun düzeni olan putçuluk içlerine öyle işlemişti ki söküp atmak çok zordu.

Semûd kavminde tebliğ mücâdelesi sürerken; Allah onlara verdiği nimetleri kısar. İşlerinin bozulması, kesat gitmesi karşısında buna bir sebep arayan inkârcılar faturayı Sâlih'e keserler. Böylece 'ileri gelenler' aynı zamanda Sâlih'i de halkın gözünden iyice soğutmuş, bir taşla iki kuş vurmuş oluyorlardı. Sâlih (a.s.)'ın uğursuz biri olduğunu iddia etmeye başladılar.

Gerçekten bir uğursuzluk, yani kısmetsizlik gelmişti üzerlerine. Artık eskisi gibi her şey yolunda gitmiyordu. Kazançları düşmüştü.

Bunun Sâlih (a.s.)'ın, putlarına karşı yaptığı hareketlerden olduğu kanısındaydılar. Oysa gerçek öyle değildi. Bu hususa Neml Sûresi'nde şöyle değinilir: "Şöyle dediler: 'Senin ve beraberindekiler yüzünden uğursuzluğa uğradık.' Sâlih: 'Size çöken uğursuzluk Allah katındandır. Hayır, siz imtihana çekilen bir kavimsiniz."

(27/Neml, 47)

Sâlih (a.s.)'ın bu sözleri Semûdluları daha da kızdırıyor, düşman ediyordu. Sâlih (a.s.) bu vesile ile onların imtihana çekildiklerini, belki iman ederler diye darlıkla denendiklerini anlatır. Fakat bu söylediklerinin yine de faydası olmaz.

Kavmi artık ondan olağanüstü şeyler, mûcizeler istemeye başlamıştı. Mûcizeler Allah'ın elinde olan şeylerdi. Peygamberlerin böyle bir yetkileri yoktu. "Doğru sözlülerden isen bir delil getir, dediler." **(26/Şuarâ, 154)**

O da; "bekleyin ben de sizin gibi bekleyenlerdenim" diyerek, onların bu isteğinin Allah'ın elinde olan bir şey olduğunu belirtti. Semûd kavminin inkârcılarının amaçları mûcize görmek değil, rasûlü âciz bırakmak, onun Allah ile ilgisinin olmadığını göstermek, tuzağa düşürmekti.

Nihâyetinde Allah onların bu tuzaklarına karşı peygamberini destekleyerek, müşriklerin istediği mûcizeyi verdi: "Sâlih: 'İşte âyet (mûcize, delil) bu devedir. Kuyudan su içme hakkı belirli bir gün onun, belirli bir gün de sizindir; Sakın ona bir kötülük yapmayın, yoksa sizi büyük bir günün azâbı yakalar' dedi." **(26/Şuarâ, 155-156)**

"Buna rağmen onu kesip devirdiler." **(11/Hûd, 65)**. Mûcize isteklerinin yerine getirilmesine karşılık Semûd kavminin inkârcılarına bu kâfi gelmemişti. Allah'ın zarar verilmemesi isteğine karşılık yine de deveyi kestiler. Zaten amaçları iman etmek değildi, Rasûlü aciz göstermekti. Fakat "ileri gelenler"in kurdukları bu tuzak geri tepince, deveyi keserek Sâlih peygamberin, kavim nazarındaki itibarını düşürmek, gündemi değiştirmek istediler.

Deveyi kesmeye kesmişlerdi, ama kesmekten pişman olmuşlardı. Artık işleri tamamen alt-üst olmuş, azap emâreleri kavmi kuşatmıştı. Allah bunu şöyle beyan eder: "Onlar ise deveyi kestiler; ama pişman da oldular." **(26/Şuarâ, 157)**

İş işten geçmişti bir kere, peygamber üç gün daha yaşayabileceklerini ondan sonra azâbın kendilerini yakalayacağını bildirmişti. Zaten bunun alâmetlerini yaşamaya başlamışlardı bile. Etraftaki şiddetli uğultular tüm ülkeyi kuşatmıştı. Son pişmanlık içerisindeki Semûd kavminin bu sersemlik halinden kurtulması için, Sâlih'in katledilmesi gerektiğine son kez karar veren; kentin azgın dokuz kişisi olan "ileri gelenler" ona tuzak kurarlar. Bu hususu Allah şöyle beyan eder: "O şehirde dokuz kişi vardı ki, bunlar yeryüzünde bozgunculuk yapıyorlar, iyilik tarafına hiç yanaşmıyorlardı. Allah'a and içerek birbirlerine şöyle dediler: Gece ona ve ailesine baskın yapalım, sonra da velîsine 'biz ailesinin yok edilişi sırasında orada değildik, inanın ki doğru söylüyoruz' diyelim. Onlar öyle bir tuzak kurdular. Biz de kendileri farkında olmadan, onların planlarını altüst etlik."

(27/Neml, 48-50)

İnkârcıların vardığı son nokta, rasûlü ortadan kaldırma fikri olmuştu. Aynı düşünce tüm inkârcı toplumlarda görülür. Peygamberimiz Hz. Muhammed (s.a.s.) için de Mekkeli müşriklerin aynı tuzağı kurdukları nazar-ı dikkate alınmalıdır. Kabilecilik anlayışının o dönemdeki bir yansıması olan öldürme planındaki ortak eylem ve sonucunda kimsenin eylemi üstüne almaması neticesi maktûlün velisinin karşısında birden fazla hasım çıkarılarak onun kısastan vazgeçirilmesi anlayışı görülmektedir. Müşriklerin kabilecilik anlayışının bir gereği olan bu zihniyet, Peygamberimiz zamanında da aynı eylemi gerçekleştirmeye kalkışmış ve Sâlih (a.s.)'da olduğu gibi tuzakları geri tepmişti.

Artık Sâlih (a.s.)'ın da yapacak bir şeyi kalmamıştı, mü'minlerle beraber Allah onları, azap gelmezden evvel kâfirlerin tuzağından kurtardı. "Buyruğumuz gelince, Sâlih'i ve beraberindeki iman edenleri o günün rezilliğinden kurtardık." **(11/Hûd, 66)** "Haksızlık yapanları bir çığlık tuttu, oldukları yerde diz üstü çöküverdiler." **(11/Hûd, 67)**

Böylece doğru yola gelmekte direnen Semûd kavminin inkârcıları da, diğer Nuh ve Âd kavimlerinin inkârcıları gibi azâbı tattılar. "İşte haksızlıkları yüzünden çökmüş evleri! Anlayan bir kavim için elbette bunda bir ibret vardır." **(27/Neml, 52)**

Semûd Kavmi ve Almamız Gereken Dersler, Mesajlar & Âyetlerden Tesbitler:

1. Mûcizeye Rağmen Red ve Taşkınlık, Helâki Getirir: "Dedi ki: 'Ey kavmim! Allah'a kulluk edin, sizin O'ndan başka tanrınız yoktur. Size Rabbinizden bir delil gelmiştir. İşte o da, size bir mûcize olarak Allah'ın şu devesidir. Onu bırakın, Allah'ın arzında yesin, sakın ona herhangi bir kötülükle dokunmayın, sonra sizi acıklı bir azap yakalar." **(7/A'râf, 73)**

Rasulleri inkâr eden kavimler azâbın hemen indirilmesi veya mûcize gösterilmesi tarzında taleplerde bulunmuşlardır. Bu talepleri sağlıklı bir psikolojiyle yapılmış ve imana götüren bir kalbin istekleri olmaktan çok uzaktır. Daha çok inkârı katmerleyen ve vahye karşı körlüğü arttıran bir yaklaşımla, bu isteklerini bildirmişlerdir. Muhâtabın vahiy karşısında kulluk ve hayranlıkla değil de istiğnâ, kibir ve ukalâ bir tarzda duruşu gayret-i İlâhiyeyi doğurmaktadır. Bu yüzden, kendi açılarından olumlu bir sonuç vermeyeceği bilinen bu talepleri ertelenebildiği kadar ertelenmiştir. Ne zaman ki, helâkleri hakkında İlâhî irâde netleşmiş, Rasuller "Artık kavmimizle bizim aramızda hükmünü ver" duâsıyla Yaratıcıya iltica etmişlerse, o zaman belki de helâkin başlama düğmesine basılması anlamında mûcize yaratılmaktaydı. Bu ise mûcizeyi, rasûlü küçük düşürmek ve alaylarına malzeme yapmak için talep eden kavmin ilk etapta şaşkınlığını arttırmaktaydı. Ancak kendilerine geldiklerinde küfürleri artmakta ve o taşkın ruh halleriyle mûcizeyi inkâr etmekteydiler. Bu örnekte olduğu gibi, taşkınlıkları bazen o mûcize ve rasûlün şahsını ortadan kaldırma teşebbüsüne kadar varabilmekteydi.

Ancak Allah'a iman eden kimse, haddini bilen bir gönüle ve görmek isteyen bir göze ulaşılabilir. Duyularını ısrarla çalışmaz hale getiren ve kibir dağları ötesindeki gerçekler için boyları kısa kalan bir yaklaşımla Allah'a ulaşma ihtimali yoktur.

"Beni niçin âmâ olarak yarattın? Halbuki ben dünyadayken görüyordum." (20/Tâhâ, 125). Bir kâfirin, âhirette karşılaştığı bir uygulamayla ilgili ağzından dökülenler... Hayır, ey kulluğunu unutan kul, aslında sen her zaman kör ve sağırdın, İlâhî gerçeklere karşı. (**Bkz. 20/Tâhâ, 126**).

2. Geleceğin Parlaktı, İçimizde İtibarlı birisi idin Neden birden değiştin?: "Dediler ki: Ey Sâlih! Sen bundan önce içimizde ümit beslenen birisiydin. Babalarımızın taptıklarına tapmaktan bizi engelliyor musun? Doğrusu biz, bizi kendisine çağırdığın şeyden ciddi bir şüphedeyiz." (**11/Hûd, 62**)

Sen aklı başında bir adamdın. Bu yeni iddiaların da neyin nesi?! Bu cümle birkaç anlamı içinde barındırmaktadır. Sen bu işten geri dön, senin hakkındaki eski kanaatimiz ve sana olan sevgimiz devam etsin. Ortak bir noktada buluşabilmemiz mümkündür. Bundan hem sen, hem de biz kârlı çıkabiliriz. Bu apaçık bir uzlaşma îmâsıdır.

Tercihlerini net yapamayan insanlar, bu tür çağrılarla zorluklar/belâlar arasında bir seçim yapmaları istendiğinde gerisin geriye câhiliyeye kayabilmektedirler. Bu yüzden arkaya ve terk edilene bakmamak, gemileri yakmış bir ruh haline ulaşabilmek, eski yaşantısına en ufak bir hasret ve özlem duymamak gerekmektedir. İslâmlaştığı halde gözü, hâlâ geçmiş yaşantısında kalanlar, asla imanın tadına varamazlar ve mü'min olarak can verme bahtiyarlığını da riske atmış olurlar.

3. Zulme Karşı Sessiz Kalmak: "Fakat, Semûd kavmi o deveyi, ayaklarını keserek öldürdüler. Sâlih dedi ki: 'Yurdunuzda üç gün yaşayın.'' O söz, yalanlanamayan bir tehdit idi." **(11/Hûd, 65)** "O şehirde dokuz kişi vardı ki, bunlar yeryüzünde bozgunculuk yapıyorlar, iyilik tarafına hiç yanaşmıyorlardı." **(27/Neml, 48)** "Bir arkadaşlarını çağırdılar, o da cür'et gösterip kılıcını çekerek deveyi kesti." **(54/Kamer, 29)**

Hz. Sâlih'in kavmi bu zulmü işledi. Aslında bu büyük zulme dokuz kişi katılmıştı. Ama topluluk onlara engel olmadı. Engel olmanın ötesinde, bu suskunlukları zulmün işlenmesinde, zâlimler için yeterli bir toplumsal zemini oluşturmaktaydı. Zulmün icrâsı tarih boyunca pek az insanın bizzat rol aldığı bir nitelik arzetmiştir. Ancak, sessiz kalan halk, bu fiilin cezâsına da ortak olmak durumundadır. Unutmamak lâzımdır ki, aslında zâlimler marjinaldir.

4. Vahiy, Toplumda Ne Tür Bir Sonuca Yol Açar?: "Andolsun ki, Semûd kavmine, Allah'a kulluk edin (demesi için) kardeşleri Salih'i gönderdik. Hemen birbiriyle çekişen iki zümre oluverdiler."

(27/Neml, 45)

Günümüzde din, milletler için bir dayanışma ve birlik ilâcı olarak algılanmaktadır. "Toplumların iç dayanışmalarında dinin reddedilemez bir yeri olduğu" tarzındaki cümleler, kulaklarımızın alışık olduğu cümlelerdir. Gerçekten de din, birleştirici bir sıfat mı taşımaktadır?

Peygamber kıssalarında anlatılanları göz önünde bulundurduğumuzda, pek çok peygamberin, câhiliye elitleri tarafından bölücülükle suçlandıklarını görmekteyiz. Yukarıdaki âyette bu duruma işaretler vardır. "Sen geldin geleli toplumda huzur kalktı. Baba ile çocuğu, kadın ile kocası arasını, getirdiğin sözlerle ayırdın. Toplumu birbirine düşman kısımlara böldün!..." Bu ve bunun gibi ifâdeler rasullere karşı hep söylenegelmiştir. O halde toplumun yapıştırıcı gücü olarak tanımlanan din, bu ilk muhâtaplarınca niye böyle tanımlanmıştır?

Sadece, genel adı "İslâm" olan "İlâhî" dinler değil, toplumun yürürlükte bulunan değerler sistemine alternatif bir değerler bütünü öneren her yaklaşımın sosyolojik bir gerçek olarak, toplumda parçalanmaya sebep olması kaçınılmazdır. Bu parçalanma, yeni önerilen değerlere inanan insanlar ve diğerleri olarak toplumu ikiye bölmektedir. Tarih bunun sayısız örnekleriyle doludur.

İnsanlar, inançları dışında da pek çok farklı şey sebebiyle çeşitli bölünmeler yaşarlar. Ve bunun sonucu olarak da ulaştıkları durumlarla kendilerini tanımlar; bu tanıma göre dost ve düşmanlarını belirlerler. Sonra da savaşmaya bile uzanabilecek mücâdelelere girişirler. Bazen bir coğrafyalı olmaktır belirleyici vasıf, bazen bir ırktan dünyaya gelmiş olmak. Özetleyecek olursak coğrafyaya, kan bağına, ticarî ilişkilere, ortak inançlara vb. sebeplere dayanan "biz" tanımları vardır. Din, bu tanımları sosyolojik bir gerçek olarak kabul etmiştir. Bunların münker olan bazı tanım ve hukuklarını ıslah ederek yeniden inşâ etmiştir. Ancak, bir üst tanım olarak ve diğer ilişkileri/hukukları belirleyen odak hukuk olarak, İslâm, inanca dayalı "biz" tanımını koymuştur. Birey, şu coğrafyadan, bu kabileden olabilir; ancak, o, her zaman inancın genel tanım ve çıkarlarına göre hareket edecektir. Kendi seçmediğimiz özelliklerimizin değil; bizzat irâdemizle oluşan "inanca" göre bir tanım yapılması, bizleri yüceltmektedir. Hiçbir katkıları olmadan taşıdıkları vasıflarla dostu ve düşmanı tanımlayıp belirleyen, mücâdele eden varlıklar nerede, tanımlarını kendi seçtiği ilkeler ve vahye göre yapan insan nerede!

Bir toplumun yeni değerlere geçiş esnâsında yaşadığı bu iç parçalanma, geçici bir olaydır. Bu parçalanmanın aile, komşu, akraba, ortak vb. birliklerde verdiği bedel de geçicidir. Yoksa din ebediyyen bu sosyal ilişkilerin reddi ve imhâsı gibi bir çağrıda bulunmaz. Ayrıca geçiş ânındaki bu parçalanmanın olabildiğince harâretinin az olması önemsenmiştir, özellikle parçalanmanın yaşandığı Mekkî yıllarda sıla-i rahim (akrabayla ilişki), birru'l-vâlideyn (ana-babaya iyilik) gibi hususlar üzerinde, akideyle ilişkilendirilerek durulması önemlidir. Ana-baba başta olmak üzere, iman etmeyen, ya da imanlarına şirk bulaştıran yakın akrabâlarla ilişki konusunda "Din"in tavsiyesini şöyle özetleyebiliriz: Onların şirke dayalı değerler sistemini kabul etme, şirk içeren tavsiyelerine uyma; ancak, üzerindeki haklarını yerine getir, onlara kaba davranma, ilişkini kesme!

Kendine inanan ve değerlerini paylaşan bir topluluk oluştuğunda ise din, artık bu aşamadan sonra en güçlü bir bütünleyici unsur halini alır. Öyle ki, yeryüzünün en uzak bölgesindeki bir kardeşine dokunan bir zarar, dünyanın öbür ucundaki mü'mine acı vermelidir. Yoksa duyarsızlık, ilgisizlik, vurdumduymazlık, ona yardım için gerekli gayret ve fedâkârlıktan uzak tavır, imanî bir zâfiyet anlamı taşıyacaktır. Özetle, "Din", vahiy değerlerini değiştireceği toplum için bölücü, parçalayıcı; hak değerler üzere olan bir toplum için ise bütünleyici sıfata sahiptir.

5. Senin Yüzünden İşlerimiz kesat gitmeye başladı?: "...Senin ve beraberindekiler yüzünden uğursuzluğa uğradık..."

(27/Neml, 47)

"Bu dış ambargolar sizin tavırlarınız yüzünden. Başımıza başka ülkelerin üşüşmesi sizin bu aptalca tavırlarınızdan. Uyuyan yılanı uyandırdınız da onun için..." Bu gibi sözler tarih boyunca rasullerin ve dâvâ adamalarının kulaklarının alışık olduğu sözler olagelmiştir. Gerek düşmanları, gerekse kalplerinde hastalık izleri bulunan tâkipçileri tarafından bu suçlamalara muhâtap olmuşlardır.

Hareketler, "Geçmişteki dâvâ adamı müslümanların başına gelen zorluklar bizim de başımıza gelmeden Cenneti kazanamayız!" (**2/Bakara, 214**) formülü ve ölçüsüyle fertlerini yetiştirmemişlerse, bu tür problem karşısında hemen büyük kayıplar vereceklerdir. Fertlerine önce felâhı (âhiret kurtuluşunu) değil de; refahı (dünya nimetlerini) vaad edenler en ufak zorlukta, taraftarlarınca yuhalanacaklardır.

Zorluklarla karşılaşan ashâba, münâfıklar: "Efendiniz size boş vaadlerde bulunuyor" dediklerinde, mü'minler: "Hayır! Bizim karşılaştıklarımız, bizim başımıza gelenler ancak, Allah'ın ve Rasûlünün bize anlattıklarıdır" diye karşılık vermişlerdi. Zira onlar, Akabe bey'atlerinde, yapacakları katkıların karşılığında neyin olduğunu Rasûlün ağzından şöyle duymuşlardı: "Cennet!"

Kitleler, bedel ödeme husûsunda önderlerin boyuna ulaşa-mazlar. Bu hususta âhirete çevrilen bir söylem ve bu söylemin pratiğinde ayaklarla; Allah'ın lütfuyla sâbit önderler sâyesinde bedel ise boylarla yükselir. Bunlara sahip olamadıklarında ise, mevcut boylarının, sindirme operasyonlarıyla daha da cüceleştiğine şâhit olunmaktadır.

6. Allah'ın Yardımı Olmasaydı?: "...Gece ona ve ailesine baskın yapalım (hepsini öldürelim); sonra da velisine 'Biz o ailenin yok edilişi sırasında orada değildik, inanın ki doğru söylüyoruz' diyelim." **(27/Neml, 49)**; "Onlar böyle bir tuzak kurdular. Biz de kendileri farkında olmadan, onların planlarını altüst ettik." **(27/Neml, 50)**

Mü'minlerle kâfirler arasındaki mücâdeleyi anlatan Kur'an âyetlerinde ilginç bir vurgu yine bizi beklemektedir. Mücâdelenin ana karakterlerinden biri de mü'minlerin bu zeminde sayı, araç-gereç ve şartlar açısından yaklaşık % 90 zayıf görünümde olmalarıdır. Mücâdele tarihi de bizim gayba (zâhiren görünenin aksine bir güç ve siyasal gayb anlamında) imanımızı arttırmaktadır. İmkânsızlıklar, tüm gayretlere rağmen doldurulamayan boşluklar, âdeta dâvânın gerçek Sahibi tarafından doldurulmakta ve taraftarlarının fizikî eksiklikleri giderilmektedir. Vahiy, mü'minlerden ısrarla bir yönlerini sağlam tutmalarını ister: "Allah'la olan iletişimlerini/diyaloglarını". Bu yön sağlam olduktan sonra, güçleri yettiğince hazırlık yapmaları istenir. Temel noktası sağlıklı olanların, çabalarının sonrasında kalan maddî eksiklikleri tamamlanacaktır.

7. Küfrün Temeli, İlâhî Taksime Rızâ Göstermemektir: "Vahiy, aramızda ona mı verildi. Hayır, o yalancı ve şımarığın biridir." **(54/Kamer, 25)**

Kendi içlerinden birine verilmesini bekledikleri nebîlik, Araplar içinden birine verildiğinde, oğullarından daha iyi tanıdıkları rasûlü inkâr eden Ehl-i Kitab'ın pratiği de buna bir örnektir. Yaratan'ın adâlet, rahmet, ilim ve pek çok sıfatına mebnî bulunan İlâhî taksime itiraz ve çekememe, küfrün temel taşlarındandır. Bu yüzden verilen nimete, başa gelen hâdiselere isyan, küfre çıkan bir yolun başlangıcı sayılmıştır. Şeytanın ilk günahında da İlâhî takdîre ve konumlandırmaya bir itiraz vardı. Ne demişti şair:

"Hoştur bana Senden gelen, Ya gonca gül, yahut diken;
Ya hil'at ü yahut kefen. Lütfun da hoş, kahrın da hoş."

Sâlih (a.s.) Kıssasının günümüze Mesajları:

Kıssanın bize vermek istediklerini de şöyle sıralamak mümkündür:

a) Sâlih (a.s.)'ın kavmi Allah'ın sonsuz nimetler verdiği bir kavimdir. Buna mukabil Semûdlular geçmiş kavimlerde olduğu gibi, bu nimetlerin kendi çalışmalarının ürünü olduğunu, bu ürünleri de diledikleri gibi harcayacaklarını öne sürerek Allah'ı ve Rasûlünü inkâr ederler. Halbuki Allah o nimetleri zenginlerin elinde gezen bir metâ olsun diye vermemişti. O servet ve nimetlerde yoksulların da hakkı vardı. Zulüm ile o servetleri yığanlar pek tabii ki onlardan istiğnâ etmeyip diledikleri biçimde, yani zevk ve eğlencelerde harcayacaklardı.

Günümüzde bunun en çarpıcı örnekleri görülmüyor mu? Tüyü bitmedik yetim hakkı olduğu herkesçe bilinen servetler, o yetimlere değil; bir gecelik harcamalara, kumarhanelere, batakhanelere, yatakhanelere gitmiyor mu?

b) Zulüm düzenleri sâyesinde edindikleri servetleri, dayanıklı olduğunu zannettikleri dağlara oydukları evlere yığıyorlardı. Sanki oralarda ebedî yaşayacaklarmış gibi... İnkârcı biri olan Nuh'un oğlu da dağın onu Allah'ın azâbından kurtaracağını zannetmişti. Yine aynı inkâr psikolojisi ile sığınılabilecek en sağlam yer gördükleri için olsa gerek, Semûdlular da dağları oyup evler yapıyorlardı.

Günümüzde ise bu inkârcı psikolojinin aynı tavrı değişik bir şekilde ortaya koyduğunu görüyoruz: Milimetrik mühendislik ve yüksek teknoloji ürünü olarak yaptıkları gökdelenler ve binaların; depremlere, doğal âfetlere karşı testlerini de yaparak doğaya hâkim olduklar imajını veriyorlar. Böylece zulümle kazandıkları paraları bu mekânlarda tüketerek sanki ebedî kalacaklarmış gibi yaşıyorlar.

c) Kıssa içerisinde belirtilen çok önemli bir husus daha vardır: "O şehirde dokuz kişi vardı ki, bunlar yeryüzünde bozgunculuk yapıyorlar, iyilik tarafına hiç yanaşmıyorlardı." Kıssa anlatımı içerisinde Allah'ın mele'-i ala veya "ileri gelenler" olarak nitelediği zenginler ve yöneticilerden oluşan ve kavmi, inkâra azmettiren, rasûle şiddetle karşı gelen, mûcize devenin kesilmesini gerçekleştiren ve öldürmek için Sâlih'e tuzak kuranlar sadece ve sadece "dokuz" kişidir.

Gerçi Kur'an'da, Semûd kavmi hakkında sayısal bir bilgi verilmiyor ama; binlerce kişilik kavmi yöneten, çekip çeviren ve gelirine el koyanların adedinin "dokuz" kişi olduğu ibretle belirtiliyor. Bunu günümüz toplumlarında çok daha iyi görmüyor muyuz? Milyonların oluşturduğu bir ülkeyi, bir elin parmakları kadar zengin ve onların direktifi altındaki çok az sayıdaki yöneticiler idare ediyor. Bu azınlık zümrenin çıkarları ile çatışanlar, hakkı da temsil etse, mahkûm edilerek ezilmiyorlar mı? Toplumlar bu azınlığın istediği şekilde yönlendirilmiyor mu?

d) Semûd'un inkârcılarının en son düşündükleri şey ise bükemedikleri -susturamadıkları- Sâlih (a.s.)'ı öldürmek. Bütün dâvâ adamlarının inkârcılar karşısında bu pozisyonu unutmamaları; bükülmediklerinde ellerinin öpülmeyeceği, aksine yok edilmek istenecekleri hatırlatılmaktadır.

Semud Kavmi neden helak edildi? Tarihe yeniden bir izdüşüm!

Yüce Allah, Âd kavmini helâk ettikten sonra onların yerine Semûd kavmini getiriyor ve onlara vermiş olduğu nimetlerden bahsediyor (7/A'râf, 73-74). Semûd kavmi, Yüce Allah'ın bunca nimetlerine şükran borcunu ödemeyip, şan ve şöhret peşinde koştular. Kendi güç ve kuvvetlerine güvendiler. Maddî refah, zenginlik, bolluk onları da çıldırtmıştı. Bir yandan kışlık evler, bir yandan da dağlarda ve mağaralarda yazlık evler oyup yontuyorlardı. (Bu günkü yazlık ve kışlık villalar hatırlansın...) Fakat ne yazık ki, teknikte bu kadar ilerlemelerine rağmen, dinde alçaldıkça alçalıyorlardı. Çünkü şirk, putperestlik, adâletsizlik zulüm ve baskı son raddeye varmıştı. Herifler iktidar koltuğunda oturup ahkâm kesiyorlardı. Yüksek rütbeliler, kabile ağaları, villa beyleri büyüklük ve üstünlük kompleksiyle böbürleniyorlardı. Bu sınıflar elçinin (Sâlih (a.s.) dâvetini kibirlerine yediremeyip kabullenmedikleri gibi, aşağı sınıf olarak kabul ettikleri kişileri de engellemek istiyorlardı. O kibir ve gurur sahibi herifleri Kur'an şöyle konuşturuyor: "Salih'in kavminden imana gelmeyip kibirlenenler, içlerinden iman eden zayıflar için alay yollu şöyle dediler: 'Siz Sâlih'in hakikaten Rabbi tarafından gönderilmiş bir peygamber olduğunu biliyor musunuz? Onlar da: 'Biz doğrusu onunla gönderilen her şeye iman edenlerdeniz' dediler. O kibirlenerek iman etmeyenler: 'Doğrusu biz, o sizin iman ettiğiniz şeyi inkâr eden kafirlerdeniz' dediler." (7/A'râf, 75-76)

Semûd sapıklarının Sâlih (a.s.)'ı reddetmelerinin temel amacı iktidar sevdâsıydı. Eğer bir tek Rabbe iman edip Sâlih (a.s.)'a uysalardı, saltanatları ellerinden çıkmış olacaktı. Evet, her şey saltanat ve hâkimiyetlerini düşündükleri, bugün dünya müstekbirlerinin düşündükleri... Hepsi saltanat, egemenlik ve hükümranlık ihtirâsı...

Geçen asırdaki bir Allâme olan Müfessir Mevdudi, Semûd kavminin İslâm'a yanaşmamalarının temelinde şu üç ana sebebi görüyor ve şöyle diyordu: "Semûd kavmi üç sebepten dolayı Sâlih (a.s.)'ın dâvetini reddediyorlardı. Birincisi, Sâlih (a.s.) bir beşerdi, insandı. Başka insanlardan üstünlüğü yoktu. Sâlih (a.s.)'ın Semûd kavminin bir ferdi olması ve herhangi bir özelliğe sahip olmaması ikinci sebepti. Üçüncü ise, Sâlih alelâde ve yalnız bir insandı. Kendisi tanınmış bir hâkim veya kabile reisi değildi. Çevresinde pervane gibi dolaşan insanlar yoktu. Bir ordusu yoktu, gösterişli tavırları yoktu. Semûdlu eşrâfa göre Sâlih (a.s.) insan üstü bir varlık olmalıydı. Onlar, onun beşeriyetini de kabul etmeye hazırdılar, ancak alelâde bir kişi olması ve bizzat kendi milletinden olmasını hazmedemiyorlardı. Böyle bir insan başka bir yerden ve milletten gelmeliydi. Hatta gökten indirilmeliydi. Bunların hiç biri olmazsa, en azından nüfuzlu bir kabile reisi ve zengin bir lider olmalıydı. Sâlih gibi sade ve saf bir insanın peygamber olmasını bir türlü kabul edemiyorlardı." *(Mevdûdî, Tarih Boyunca Tevhid Mücâdelesi, c. 1, s. 420-421)*

Doğrusu, tarihî süreç içerisinde tekzip edenlerin içindeki kin ve şüphe asla değişmemiştir. Tarihin seyrine baktığımızda inanmak ve teslim olmak istemeyenlerin söz ve davranışları hep aynı olmuştur. 'İçimizden bir insana mı uyacağız? Kitap aramızda ona mı verilmeliydi? Bir melek gelmeli değil miydi?...' Hep aynı davranış...

Hakikat şudur ki, insanı ilgilendirmesi gereken, haklı söz ve haklı dâvettir. Bir dâvetin ne kadar gerçek olduğuna bakmak gerekir. Yoksa tebliğ eden dâvetçinin içimizden herhangi biri olması hiç bir şey değiştirmemelidir. Asıl olan da dâvetçinin içimizden görevlendirilmiş olması ve bizim de gururlanmadan, kibirlenmeden ona tâbi olmamızdır. Sınavın sırrı da buradadır. Ama maalesef, insanların çoğu tâbi olacak kişiye, kendilerinden servet ve makamca üstün ve hürmete şâyan olmasından endişe ederek tâbi olmamaktadırlar.

Tarih sahnesinde böylesine inkârcılar çoğalıp kol gezmeye başlayınca ve içlerinde bulunan elçi de son noktasına kadar görevini tebliğ edip bir şey yapamaz hale gelince; işte o zaman mü'minleri kurtarmak, inkâr edenleri topyekün helâk etmek zamanı gelmiş demektir. Yüce Allah, Semûd kavmini büyüklenmelerinin ve kibirlenmelerinin ve bu yüzden inkâr edip küfürde inatlaşmalarının karşılığının helâk olduğunu beyan ediyor.

"Sâlih, ümmetini şöyle uyardı: 'Yurdunuzda üç gün daha yaşayın durun!" (11/Hûd, 65). Sâlih (a.s.)'ın bu uyarısını dahi alaya almışlardı. Hz. Sâlih, müslümanlarla birlikte onların arasından Sina'ya doğru ayrılıp gitti. Üçüncü gün, mühletin sona ereceği gece yarısı korkunç bir çığlık (patlama) ve bununla birlikte şiddetli bir deprem oldu ve bütün kâfirler helâk olup ahırda ezilen otlar gibi ezilip çerçöp haline geldiler. O muhteşem medeniyetleri; sarayları, yazlık ve kışlık villaları, kibir ve gururları ile birlikte, teknolojileri bu patlamanın önüne geçememişti. O azgınlara yaraşan bundan başka bir şey olamazdı.

Yüce Allah, böylece İslâm'ı yalanlayıp inkâr edip reddeden bir toplumu daha yok ediyor dünya sahnesinden. Kafile kafile insanlar gelip geçiyor o yüce imtihandan. Tâbir câizse bütün sorular hep bir merkezden ve değişmez bir şekilde hazırlanıyor. Hepsinin ortak bir amacı var, o da: 'Allah'a kulluk edin O'ndan başka ilahınız yoktur.' Bütün kâinatın, yerin ve göğün yaratılışındaki hikmet ancak budur. Bu kadar melekler, bu kadar peygamberler, bu kadar kitaplar, bu kadar vârisler, her asırda gelen müceddidler ve nihayet bu kadar yazılar ve bu kadar konuşmaların asıl amacı budur... Ne kadar sözü uzatırsanız uzatınız, son sözünüz yine bu olacaktır: 'Allah'a kulluk edin, O'ndan başka ilâhınız yoktur. ' Evet, bütün çabalar, bütün çalışmalar, bütün amaçlar budur, bu olmalıdır...

ALTINCI DERS
BEŞİNCİ KISSA

MUSA AS. İLE HIZIR AS'IN KISSASI
İbretlik Kıssalar! İbret Alabilenler İçin!..
Vesselam
Kur'an-ı Kerim'de Hz. Musa-Hızır AS Kıssası

وَإِذْ قَالَ مُوسَىٰ لِفَتَىٰهُ لَا أَبْرَحُ حَتَّىٰ أَبْلُغَ مَجْمَعَ ٱلْبَحْرَيْنِ أَوْ أَمْضِيَ حُقُبًا ۝ فَلَمَّا بَلَغَا مَجْمَعَ بَيْنِهِمَا نَسِيَا حُوتَهُمَا فَٱتَّخَذَ سَبِيلَهُ فِى ٱلْبَحْرِ سَرَبًا ۝ فَلَمَّا جَاوَزَا قَالَ لِفَتَىٰهُ ءَاتِنَا غَدَآءَنَا لَقَدْ لَقِينَا مِن سَفَرِنَا هَٰذَا نَصَبًا ۝ قَالَ أَرَءَيْتَ إِذْ أَوَيْنَآ إِلَى ٱلصَّخْرَةِ فَإِنِّى نَسِيتُ ٱلْحُوتَ وَمَآ أَنسَىٰنِيهُ إِلَّا ٱلشَّيْطَٰنُ أَنْ أَذْكُرَهُۥ وَٱتَّخَذَ سَبِيلَهُۥ فِى ٱلْبَحْرِ عَجَبًا ۝ قَالَ ذَٰلِكَ مَا كُنَّا نَبْغِ فَٱرْتَدَّا عَلَىٰٓ ءَاثَارِهِمَا قَصَصًا ۝ فَوَجَدَا عَبْدًا مِّنْ عِبَادِنَآ ءَاتَيْنَٰهُ رَحْمَةً مِّنْ عِندِنَا وَعَلَّمْنَٰهُ مِن لَّدُنَّا عِلْمًا ۝ قَالَ لَهُۥ مُوسَىٰ هَلْ أَتَّبِعُكَ عَلَىٰٓ أَن تُعَلِّمَنِ مِمَّا عُلِّمْتَ رُشْدًا ۝ قَالَ إِنَّكَ لَن تَسْتَطِيعَ مَعِىَ صَبْرًا ۝ وَكَيْفَ تَصْبِرُ عَلَىٰ مَا لَمْ تُحِطْ بِهِۦ خُبْرًا ۝ قَالَ سَتَجِدُنِىٓ إِن شَآءَ ٱللَّهُ صَابِرًا وَلَآ أَعْصِى لَكَ أَمْرًا ۝ قَالَ فَإِنِ ٱتَّبَعْتَنِى فَلَا تَسْـَٔلْنِى عَن شَىْءٍ حَتَّىٰٓ أُحْدِثَ لَكَ مِنْهُ ذِكْرًا ۝ فَٱنطَلَقَا حَتَّىٰٓ إِذَا رَكِبَا فِى ٱلسَّفِينَةِ خَرَقَهَا

Esâtir-ul Evvelin

قَالَ أَخَرَقْتَهَا لِتُغْرِقَ أَهْلَهَا لَقَدْ جِئْتَ شَيْئًا إِمْرًا ۝ قَالَ أَلَمْ أَقُلْ إِنَّكَ لَن تَسْتَطِيعَ مَعِيَ صَبْرًا ۝ قَالَ لَا تُؤَاخِذْنِي بِمَا نَسِيتُ وَلَا تُرْهِقْنِي مِنْ أَمْرِي عُسْرًا ۝ فَانطَلَقَا حَتَّىٰ إِذَا لَقِيَا غُلَامًا فَقَتَلَهُ قَالَ أَقَتَلْتَ نَفْسًا زَكِيَّةً بِغَيْرِ نَفْسٍ لَّقَدْ جِئْتَ شَيْئًا نُّكْرًا ۝ ۞ قَالَ أَلَمْ أَقُل لَّكَ إِنَّكَ لَن تَسْتَطِيعَ مَعِيَ صَبْرًا ۝ قَالَ إِن سَأَلْتُكَ عَن شَيْءٍ بَعْدَهَا فَلَا تُصَاحِبْنِي قَدْ بَلَغْتَ مِن لَّدُنِّي عُذْرًا ۝

فَانطَلَقَا حَتَّىٰ إِذَا أَتَيَا أَهْلَ قَرْيَةٍ اسْتَطْعَمَا أَهْلَهَا فَأَبَوْا أَن يُضَيِّفُوهُمَا فَوَجَدَا فِيهَا جِدَارًا يُرِيدُ أَن يَنقَضَّ فَأَقَامَهُ قَالَ لَوْ شِئْتَ لَتَّخَذْتَ عَلَيْهِ أَجْرًا ۝ قَالَ هَٰذَا فِرَاقُ بَيْنِي وَبَيْنِكَ سَأُنَبِّئُكَ بِتَأْوِيلِ مَا لَمْ تَسْتَطِع عَّلَيْهِ صَبْرًا ۝ أَمَّا السَّفِينَةُ فَكَانَتْ لِمَسَاكِينَ يَعْمَلُونَ فِي الْبَحْرِ فَأَرَدتُّ أَنْ أَعِيبَهَا وَكَانَ وَرَاءَهُم مَّلِكٌ يَأْخُذُ كُلَّ سَفِينَةٍ غَصْبًا ۝ وَأَمَّا الْغُلَامُ فَكَانَ أَبَوَاهُ مُؤْمِنَيْنِ فَخَشِينَا أَن يُرْهِقَهُمَا طُغْيَانًا وَكُفْرًا ۝

60- Hani Musa, genç arkadaşına "Hiçbir güç beni durduramaz, ya iki denizin birleştiği yere varırım, ya da yıllarca yol yürürüm" demişti. (Kehf, 18/60-82)

فَأَرَدْنَآ أَن يُبْدِلَهُمَا رَبُّهُمَا خَيْرًا مِّنْهُ زَكَوٰةً وَأَقْرَبَ رُحْمًا ۝ وَأَمَّا الْجِدَارُ فَكَانَ لِغُلَامَيْنِ يَتِيمَيْنِ فِي الْمَدِينَةِ وَكَانَ تَحْتَهُ كَنزٌ لَّهُمَا وَكَانَ أَبُوهُمَا صَالِحًا فَأَرَادَ رَبُّكَ أَن يَبْلُغَآ أَشُدَّهُمَا وَيَسْتَخْرِجَا كَنزَهُمَا رَحْمَةً مِّن رَّبِّكَ وَمَا فَعَلْتُهُ عَنْ أَمْرِي ذَٰلِكَ تَأْوِيلُ مَا لَمْ تَسْطِع عَّلَيْهِ صَبْرًا ۝ وَيَسْـَٔلُونَكَ عَن ذِي الْقَرْنَيْنِ قُلْ سَأَتْلُو عَلَيْكُم مِّنْهُ ذِكْرًا ۝ إِنَّا مَكَّنَّا لَهُ فِي الْأَرْضِ وَءَاتَيْنَاهُ مِن كُلِّ شَيْءٍ سَبَبًا ۝ فَأَتْبَعَ سَبَبًا ۝

En doğrusunu Allah bilir, ama genel kanıya göre burada sözü edilen iki denizin birleştiği yer "Akdeniz'le Kızıldeniz'in birleştiği yerdir, iki denizin birleştiği yer, acı göllerle timsah gölünün bulunduğu bölgedeki buluşma noktalarıdır. Ya da Kızıldeniz'deki Akabe Körfezi ile Süveyş Kanalı'nın birleştiği bölgedir. Çünkü bölge

Mısır'ı fethettikten sonra İsrailoğulları tarihinin yaşandığı sahnedir. Bununla neresi kastedilmiş olursa olsun Kur'an-ı Kerim bu noktayı kapalı bırakıyor. Biz de bu işaretle yetiniyoruz.

Hikâyenin daha sonraki akışından anlıyoruz ki, Hz. Musa'nın çıkmaya karar verdiği bu yolculuğun asıl hedefi, her şeyin ötesinde elde etmek istediği bir sonucun varlığıydı. Çünkü Hz. Musa ne kadar meşakkatli olursa olsun, oraya varması ne kadar sürerse sürsün iki denizin birleştiği yere varmakta kararlı olduğunu açıkça duyuruyor. Kur'an-ı Kerim'in anlattığı şekliyle Hz. Musa kararlılığını şöyle ifade ediyor. "Ya da yıllarca yol yürürüm" ayetinin orjinalinde geçen "el-Hukb" kelimesi bir görüşe göre "bir yıl", diğer bir görüşe göre de "seksen yıl" demektir. Fakat burada bu kelime bir zaman dilimini belirlemekten çok, kararlılığı ifade etmek için kullanılıyor.

61- İki denizin birleştiği yere vardıklarında yanlarındaki balığı bir kenarda unuttular, o da bir yeraltı deliğinden kayarak denize kaçtı.

62- İki denizin birleştiği yeri geçtiklerinde Musa, genç arkadaşına, "Azığımızı getir bakalım, gerçekten bu yolculuğumuzda çok yorgun düştük" dedi.

63- Genç arkadaşı Musa'ya "Bak sen! Kayalığa vardığımızda balığı unutmuştum, bana onu hatırlatmayı unutturan mutlaka şeytandır, balık şaşırtıcı bir şekilde canlanarak denize kaçtı" dedi.

Yine tercih edilen görüşe göre balık pişirilmişti ve bu balığın canlanarak bir delikten geçip denize kaçması yüce Allah'ın buluşma yerlerini bulmasını sağlamak amacı ile Hz. Musa'ya gösterdiği bir mucizedir. Musa'nın genç arkadaşının balığın denize kaçmasına şaşırmış olması, bunu gösteriyor. Eğer balık elinden düşüp denize dalsaydı, bunda şaşılacak bir şey olmazdı. Yolculuğun bütünüyle gaybı ilgilendiren sürpriz gelişmelerle dolu olması bu görüşü tercih etmemize neden oluyor. Nitekim bu gelişme de sözünü ettiğimiz sürprizlerden biridir.

Bunun üzerine Hz. Musa bilge ve saygın kul (Hızır AS) ile buluşması için Rabb'inin belirlediği noktayı geçtiğini ve bu noktanın da kayalıklı bölge olduğunu anlıyor. Bunun üzerine o ve genç arkadaşı geldikleri yolu izleyerek geri döndüklerinde o kulu orada buluyorlar.

64- *"Musa; `Bizim aradığımız da buydu zaten" dedi. Hemen geldikleri yoldan kendi izlerini sürerek geri döndüler.*

65- **Orada kendisine tarafımızdan rahmet sunduğumuz ve katımızdan dolaysız biçimde ilim öğrettiğimiz bir kulumuzu buldular.**

Öyle anlaşılıyor ki, bu buluşma Hz. Musa ile Rabbi arasında bir sırdı ve Musa buluşma gerçekleşene kadar genç arkadaşını bundan haberdar etmemişti. Bu yüzden hikâyenin az sonra sunulacak sahnelerinde Hz. Musa'nın, bilge kulla başbaşa kaldığını görüyoruz!

66- *Musa, ona "Sana öğretilen bilginin birazını bana öğreterek olgunlaşmamı sağlaman amacı ile peşinden gelebilir miyim?" dedi.*

Bir peygambere yakışan bir edep tavrı ile peşinden gelip gelmeyeceğini soruyor. Ve işi oldu bittiye getirmeye kalkışmıyor. Bir peygamber olarak bilge bir kuldan olgunlaştırıcı gerçek bilgiyi öğretmesini istiyor.

Fakat adamın sahip olduğu bilgi sebepleri belli, sonuçları bilinen beşeri bilgilere benzemiyor. Bu gayba ilişkin dolaysız bilginin bir türüdür (Ledünni Bilgi). Yüce Allah öngördüğü bir hikmetten dolayı ve dilediği oranda ona bu bilgiden öğretmiştir. Bu yüzden bir peygamber, bir rasul olmasına rağmen, Hz. Musa bu adama ve uygulamalarına karşı sabredemiyor. Çünkü bu uygulamalar dış görünüşleri itibariyle akıl ve mantıkla, eşyanın tabiatına ilişkin hükümlerle çelişiyorlar. Bu yüzden bu uygulamaların gerisindeki gizli hikmeti kavramak zorunludur. Aksi taktirde, şaşkınlık uyandıracak, hoşnutsuzluğa neden olacaklardır. Bunun için kendisine dolaysız bilgi öğretilen bu kul da Musa'nın, arkadaşlığına ve uygulamalarına karşı sabredemeyeceğinden, bunlara katlanamayacağından korkuyor:

67- *O kulumuz, Musa'ya dedi ki; "Sen benimle beraber olmaya katlanamazsın."*

68- *"Sebeplerini kavrayamayacağın olaylar karşısında nasıl sabredeceksin."*

Musa sabretmeye ve dediklerine uymaya söz veriyor. Bu hususta Allah'dan yardım diliyor ve onun iradesini dile getiriyor.

69- *Musa "İnşaallah, beni sabırlı bulacaksın, hiçbir konuda sana karşı gelmeyeceğim."*

Adam konuyu biraz daha açıyor, meseleyi biraz daha pekiştiriyor, yolculuğa çıkmadan önce beraberce çıkmalarının şartını belirtiyor. Bu şart, sabretmesi, hiçbir şey hakkında soru sormaması, kendisi sırrını açıklamadığı sürece herhangi bir uygulaması hakkında yorum yapmaya kalkışmamasıdır.

70- *O kulumuz, Musa'ya dedi ki; "Eğer benimle birlikte geleceksen yapacağım hiçbir iş hakkında bana soru sorma, benim sana o konuda açıklama yapmamı bekle."*

Musa kabul ediyor... Ve biz onların yaşadığı ilk sahnenin karşısında buluyoruz kendimizi.

71- *Böylece yola koyuldular. Bir süre sonra bir gemiye bindiler. O kulumuz bu gemide bir delik açtı. Musa ona, "İçindekileri boğmak için mi gemiyi deldin? Gerçekten çok çirkin bir iş yaptın"* dedi.

Bindikleri gemide, başka yolcular da var. Denizin ortasında yol alırlarken o kul geliyor gemide bir delik açıyor! Dış görünüşe bakılırsa bu davranış, gemiyi ve yolcularını batma tehlikesi ile karşı karşıya getiriyor, büyük bir kötülüğe neden oluyor. Şu halde bu adam niçin bu kötülüğe yelteniyor?

Hz. Musa -selâm üzerine olsun- mantıksal hiçbir gerekçesi bulunmayan bu tuhaf davranış karşısında hem verdiği sözü hem de arkadaşının ileri sürdüğü şartı unutuyor. İnsan bir ilkeyi soyut olarak etraflıca düşünebilir, ama bu anlamın pratik uygulaması, somut bir örneği ile karşı karşıya kaldığı zaman teorik düşünceden farklı bir realite karşısında bulunduğunu farkeder. Çünkü pratik deneyimin soyut düşünceden farklı bir tadı vardır. İşte Musa önceden, sebeplerini kavrayamadığı olaylara katlanamayacağı uyarısında bulunulmuş, ama o sabretmeye karar vermiş, yüce Allah'dan yardım dilemiş, sabredeceğine söz vermiş, ileri sürülen şartı kabul etmişti. Fakat o, bu adamın uygulamalarındaki pratik deneyimle karşı karşıya kalınca tepki gösteriyor, karşı çıkıyor.

Evet, Hz. Musa'nın tepkisel ve heyecanlı bir karaktere sahip olduğu doğrudur. Bu karakterin özelliklerini hayatın tüm devrelerindeki uygulamalarında gözlemlemek mümkündür. Örneğin, bir yahudi ile kavga ettiğini görünce bir Mısırlı'yı yumruklamış, bilinen o kızgınlığı ile adamı öldürmüştü. Daha sonra yaptığına pişman olmuş, özür dileyerek Rabbi'nden affedilmesini istemişti. Ama ikinci gün yahudinin bir başka Mısırlı ile kavga ettiğini görünce tekrar saldırmıştı.

Evet, Hz. Musa işte böyle bir karaktere sahiptir. Bu yüzden adamın davranışı karşısında sabredemiyor, işin tuhaflığı karşısında verdiği sözü yerine getiremiyor. Ne var ki, pratik deneyimden, teorik düşünceden farklı bir tat alma ve apayrı bir gerçekle karşılaşma bütün insanların ortak özellikleridir. İnsanlar fiilen tatmadıkça, pratik olarak denemedikçe meseleleri gereği gibi kavrayamazlar. İşte bu yüzden Hz. Musa kızıyor, adamın yaptığına karşı çıkıyor:

"Musa, ona "İçindekileri boğmak için mi gemiyi deldin? Gerçekten çok çirkin bir iş yaptın" dedi. O bilge kul büyük bir sabır ve yumuşaklıkla, yolculuğa çıkmadan önceki sözlerini hatırlatıyor:

72- *O kulumuz Musa'ya "Ben sana, benimle beraber olmaya katlanamazsın dememiş miydim?" dedi.*

Hz. Musa unutkanlığını ileri sürerek özür diliyor; adamdan özrünü kabul etmesini, hemen azarlayıp vazgeçmemesini, verdiği sözü hatırlatmamasını istiyor:

73- *Musa; "Unutkanlığım yüzünden beni azarlama ve bilginden yararlanma konusunda bana zorluk çıkarma" dedi.*

Adam Hz. Musa'nın özrünü kabul ediyor. Böylece kendimizi ikinci sahnenin karşısında buluyoruz:

74- *Yine yola koyuldular. Bir süre sonra bir genç ile karşılaştılar. O kulumuz, delikanlıyı öldürdü. Musa; "Bir cana karşılık olmaksızın masum bir cana mı kıydın? Gerçekten çok kötü bir iş yaptın" dedi.*

Birinci davranışı; gemide delik açması, dolayısıyla yolcuların boğulma ihtimali idi. Bu ise düpedüz adam öldürmektir. Hem de bilerek öldürmek, sadece bir ihtimal değil... Kuşkusuz bu, büyük bir cürümdür. Söz vermiş olduğu hatırlatılmasına rağmen Hz. Musa, bu olay karşısında da kendisini tutamıyor, sabredemiyor:

"Musa; "Bir cana karşılık olmaksızın masum bir cana mı kıydın? Gerçekten çok kötü bir iş yaptın" dedi." Bu sefer unutmuş ya da söz verdiğini bilmiyor değildir. Bilinçli davranıyor, meydana gelişine katlanamadığı ve hiçbir sebeple izah edemediği bu kötü işe karşı çıkıyor. Çünkü ona göre delikanlı suçsuzdur. Öldürülmesini gerektirecek bir suç işlemiş değildir. Kaldı ki henüz erginlik çağına erişmediği için yaptıklarından sorumlu da tutulamazdı. Bir kez daha o bilge kul, Hz. Musa'ya koştuğu şartı, verdiği sözü ve birincisinde söylediği; üstüste deneyimlerin doğruladığı sözü hatırlatıyor:

75- *O kulumuz Musa'ya; "Ben sana benimle beraber olmaya katlanamazsın dememiş miydim?' dedi.*

Bu sefer özellikle belirterek "Sana dememiş miydim" diyor. "Sana" yani açık-seçik ve kesin bir ifadeyle sana söyledim. Buna rağmen ikna olmadın, beraberliğimizi sürdürmemizi istedin, ileri sürdüğüm şartı kabul ettin.

Musa kendine geliyor ve iki kere sözünü tutmadığını, yapılan uyarılardan, etraflıca düşünüp ona göre davranmasına ilişkin hatırlatmalardan sonra vaadini unutmuş olduğunu hatırlıyor. Bu yüzden kendi kendine kızıyor, bağlayıcı bir karar olarak önündeki yolları kapatıyor ve bunu kendisi için son fırsat olarak değerlendiriyor:

76- *Musa; "Eğer sana bir daha bir şey sorarsam artık benimle arkadaşlık etme, o zaman seni mazur görürüm" dedi.*

Surenin akışı devam ediyor ve bu kez kendimizi hikâyenin üçüncü sahnesinin karşısında buluyoruz:

77- *Yine yola koyuldular. Bir süre sonra bir köye vardılar. Köylüden yemek istediler, fakat ağırlanma istekleri reddedildi. Az sonra yıkılmaya yüz tutmuş bir duvarla karşılaştılar. O kulumuz, eğri duvarı doğrulttu. Musa ona 'Eğer isteseydin bu yaptığın işe karşılık bir ücret alabilirdin' dedi.*

İkisi de acıkmış. Bu sırada açları doyurmayan, misafir kabul etmeyen cimri bir köyden geçiyorlardı. Bir süre sonra yıkılmak üzere olan eğik bir duvarla karşılaşırlar. Ayet, duvara canlılar gibi irade ve hayat özelliklerini yakıştırıyor ve "yıkılmak istiyor" anlamında "yıkılmaya yüz tutmuş" ifadesini kullanıyor. İşte bu tuhaf adam, hiçbir karşılık beklemeden yıkılmaya yüz tutmuş bu duvarı doğrultmakla uğraşıyor.

Hz. Musa, adamın tavrındaki çelişkiyi farkediyor. Aç oldukları halde kendilerine yiyecek vermeyen, kendilerini misafir etmekten kaçınan bir köyde, bu adamı yıkılmaya yüz tutmuş bir duvarı doğrultmaya iten etken ne olabilir? En azından buna karşılık yiyecek almalarını sağlayacak bir ücret istemesi gerekmez miydi?

"Musa ona; 'Eğer isteseydin bu yaptığın işe karşılık bir ücret alabilirdin' dedi."

Musa'nın bu sözü beraberliğin sonu oluyor. Artık Musa'nın ileri sürebilecek bir mazereti, dolayısıyla da adamla arkadaşlığını sürdürmesine imkân kalmıyor:

78- *O kulumuz, Musa'ya dedi ki; "Bu olay, birbirimizden ayrılmamızın sebebidir. Şimdi sana sabırla karşılayamadığın olayların nedenlerini açıklayacağım.*

Buraya kadar, Hz. Musa ve surenin akışı içinde hikâyeyi izleyen bizler, kendimizi izleyen ve sırrını bilmediğimiz sürpriz gelişmeler karşısında buluyoruz. Hikâyeyi izleyen bizlerin durumu tıpkı Hz. Musa'nın durumu gibidir. Üstelik biz bu tür garip davranışlarda bulunan adamın kim olduğunu bile bilmiyoruz. Bizi saran kapalı havayı tamamlamak için Kur'an-ı Kerim adamın ismini açıklamıyor. Hem ismin ne önemi var ki. Bu adamın yüce ilahi hikmeti temsil etmesi isteniyor. İlahi hikmette ise, yakın sonuçlara, bilinen önermelere yer yoktur. Tam tersine ortaya çıkan sonuçlar, görme kapasitesi sınırlı olan gözlerin göremediği uzak hedeflere göre değerlendirilir. Bu yüzden adamın adının anılmış olmaması, temsil ettiği manevi kişiliğe uygun düşmektedir.

Daha baştan itibaren görünmez, gaybi güçler hikâyede etkin rol oynuyorlar. Örneğin, Hz. Musa kendisi ile görüştürüleceği va'dedilen bu adamla buluşmak amacı ile yoluna devam ediyor. Ama genç arkadaşı azıklarını kayalıklı yerde unutuyor. Sanki geri dönmeleri için unutmuş gibi. Geri döndüklerinde sözü edilen adamla karşılaşıyorlar. Şayet yollarına devam etselerdi; eğer ilahi takdir tekrar geri dönmelerini öngörmeseydi adamla karşılaşamayacaklardı. Görüldüğü gibi, hikâyeye egemen olan hava bütünüyle kapalı ve bilinmezliklerle dolu bir havadır. Bu yüzden ayetlerin akışı içinde adamın adı da gizli ve kapalı kalıyor. Sonra yavaş yavaş sır ortaya çıkıyor...

Bu kusur sayesinde gemi zalim hükümdarın eline geçmekten kurtuldu. Gemiye verilen bu küçük zarar; sağlam kalması durumunda başına gelecek olan ve gaybın perdesi altında saklı bulunan büyük zarara karşı koruyuculuk işlevi görmüştür.

Esâtir-ul Evvelin

79- *O gemi var ya, yoksul deniz işçilerinin malı idi. Onda bir kusur meydana getirmek istedim. Çünkü bu denizcileri, rastladığı her sağlam gemiye zorla el koyan bir hükümdar kovalıyordu.*

80- *O delikanlıya gelince, onun ana-babası mü'min kimselerdi. Onları azgınlığa ve kâfirliğe sürüklemesinden çekindik.*

81- *İstedik ki, Rabb'leri onlara o delikanlıdan daha temiz ve daha iyiliksever bir evlat bağışlasın.*

Şu anda ve görüldüğü kadarıyla öldürülmeyi haketmeyen bu delikanlının gerçek karakteri üzerindeki gayb perdesi kalkıyor ve her yönüyle bu bilge kulun gözlerinin önüne seriliyor. Delikanlının özü itibariyle kâfir ve azgın bir karaktere sahip olduğu ortaya çıkıyor. Küfür ve azgınlığın tohumları içine ekilmiştir. Bu tohumlar gün geçtikçe kökleşiyor, davranışlarına yansıyor... Şayet yaşasaydı,

– 161 –

kâfirliği ve azgınlığı ile mü'min ana-babasını zor durumda bırakacaktı. Kendisine yönelik sevgilerinin etkisiyle onları, kendi yolunu izlemeye zorlayacaktı. İşte bu yüzden yüce Allah, kâfir ve azgın bir karaktere sahip olan bu delikanlının öldürülmesini, ayrıca onun yerine daha iyi ve anne-babasına karşı daha merhametli bir evladın bahşedilmesini diledi. Ve bu bilge kulunun da o delikanlıyı öldürmesini istedi.

Şayet mesele, dış görünüşe göre değerlendirme yapan insanın bilgisine bırakılmış olsaydı, sadece çocuğun o durumu onu ilgilendirecekti. Dolayısıyla yasal olarak öldürülmesini gerektirecek bir suç işlemediği için elinde çocuğun aleyhinde kullanabileceği bir gerekçe olmayacaktı. Yüce Allah'dan ve yüce Allah'ın kendi tekelinde olan gayba ilişkin bir kısım bilgi öğrettiği kimi kullarından başka hiçbir kimse, herhangi bir insanın gaybın bilinmezlikleri arasında yeralan bir özelliği hakkında karar veremez. Yine hiçbir kimse bu bilgiye dayanarak şeriatın verdiği hükümden farklı bir hüküm ortaya koyamaz. Şu kadarı var ki, yüce Allah'ın emri, sonsuz gayba ilişkin bilgisine dayanır.

82- *O duvar var ya, o şehirde yaşayan iki yetim çocuğun malı idi ve duvarın altında bu yetimlere miras kalmış bir hazine vardı. Babaları iyi bir insandı. Rabb'in istedi ki, o yetimler, erginlik çağına erdikten sonra Rabb'lerinin bir merhameti olan hazinelerini kendi elleri ile duvarın altından çıkarsınlar. Yoksa ben bu işleri kendi kafamdan yapmadım. İşte sabırla karşılayamadığın olaylara ilişkin açıklamam budur.*

Her ikisi de aç oldukları, üstelik köylüler tarafından misafir edilmedikleri halde, bu adamın köylülerden herhangi bir ücret istemeden doğrultmaya çalıştığı bu duvarın altında bir hazine gizliydi, duvarın dibinde şehirde bulunan yetim ve güçsüz iki delikanlıya ait bir servet saklıydı. Şayet duvar yıkılmaya terk edilseydi, altındaki hazine ortaya çıkacaktı. Bu durumda çocuklar kendilerine ait bu hazineyi koruyamayacaktı. Babaları iyi bir insan olduğu için yüce Allah bu iyilikten onları zayıflıklarında, küçüklüklerinde yararlandırmak istedi. Büyümelerini, erginlik çağına erişmelerini, mallarını koruyabilecekleri bir durumdayken hazineyi çıkarmalarını diledi.

Ardından adam bu meseleden elini çekiyor. Çünkü bu tür davranışlarda bulunmasını öngören, yüce Allah'ın rahmetidir. Gerek bu meseleye gerekse bundan önceki meselelere ilişkin gaybtan onu haberdar eden, sonra da bu bilgi doğrultusunda onu bu tür uygulamalara yönelten yüce Allah'dır: Bunları Rabb'inin rahmeti sonucu yapıyorum, yoksa ben bu işleri kendi kafamdan yapmadım."

Şu anda yüce Allah'ın hoşnut olduğu kullarından başka hiçbir kimseye bildirmediği gayb üzerindeki perde aralandığı gibi, bu adamın uygulamalarının hikmeti üzerindeki perde de kalkmış bulunuyor. Ortaya çıkan sırrın ve açılan perdenin dehşetinden o adam ayetlerin akışı içinde ilk kez göründüğü gibi gözlerden kayboluyor. Meçhulden geldiği gibi tekrar meçhule doğru yol alıyor. Hikâye evrende yeralan en büyük hikmeti temsil ediyor. Bu hikmet, ancak belli oranlarda ortaya çıkar. Gerisi yüce Allah'ın bilgisi kapsamında, perdelerin ötesinde bir gayb olarak varlığını sürdürür. Böylece surenin akışı içinde, Hz. Musa ve bilge bir kulun hikâyesi ile Eshab-ı Kehf hikâyesi; gayba ilişkin meselelerin yüce Allah'a özgü kılma noktasında birleşiyor. Kuşkusuz yüce Allah, olayları sonsuz bilgisi uyarınca bir hikmete göre planlar. İnsanlar ise bu plânı kavrayamazlar. Gaybın üzerine gerili perdelerin önünde dikilip dururlar. Perdelerin ötesindeki sırları da ancak belli oranlarda öğrenebilirler.

* * *

YEDİNCİ DERS

ALTINCI KISSA

ADEM AS.'IN İKİ OĞLUNUN KISSASI
İnsanlığın ilk cinayetinin hikayesi

﴿ وَٱتْلُ عَلَيْهِمْ نَبَأَ ٱبْنَيْ ءَادَمَ بِٱلْحَقِّ إِذْ قَرَّبَا قُرْبَانًا فَتُقُبِّلَ مِنْ أَحَدِهِمَا وَلَمْ يُتَقَبَّلْ مِنَ ٱلْآخَرِ قَالَ لَأَقْتُلَنَّكَ قَالَ إِنَّمَا يَتَقَبَّلُ ٱللَّهُ مِنَ ٱلْمُتَّقِينَ ۝ لَئِنۢ بَسَطتَ إِلَيَّ يَدَكَ لِتَقْتُلَنِى مَآ أَنَا۠ بِبَاسِطٍ يَدِىَ إِلَيْكَ لِأَقْتُلَكَ إِنِّىٓ أَخَافُ ٱللَّهَ رَبَّ ٱلْعَٰلَمِينَ ۝ إِنِّىٓ أُرِيدُ أَن تَبُوٓأَ بِإِثْمِى وَإِثْمِكَ فَتَكُونَ مِنْ أَصْحَٰبِ ٱلنَّارِ وَذَٰلِكَ جَزَٰٓؤُا۟ ٱلظَّٰلِمِينَ ۝ فَطَوَّعَتْ لَهُۥ نَفْسُهُۥ قَتْلَ أَخِيهِ فَقَتَلَهُۥ فَأَصْبَحَ مِنَ ٱلْخَٰسِرِينَ ۝

27- Ey Muhammed, onlara Adem'in iki oğlunun gerçeğe dayalı hikayesini anlat. Hani ikisi birer kurban sunmuşlardı da birinin kurbanı kabul edilmiş öbürününki kabul edilmemişti. Kurbanı kabul edilmeyen kardeşine "yemin ederim ki seni öldüreceğim" deyince öbür kardeş şöyle dedi; "Allah sadece takva sahiplerinin ibadetlerini kabul eder.

28- Eğer sen öldürmek amacı ile elini bana doğru uzatacak olursan ben öldürmek amacı ile elimi sana doğru uzatacak değilim. Çünkü ben alemlerin Rabbi olan Allah'tan korkarım.

29- İstiyorum ki, hem kendi günahını hem de benim günahımı yüklenerek cehennemliklerden olasın. Zalimlerin cezası budur.

30- Buna rağmen öbür kardeş ihtiraslarına boyun eğerek kardeşini öldürdü ve böylece hüsrana uğrayanlardan oldu.

31- *Bunun üzerine Allah, kardeşinin ölüsünü nasıl gözlerden saklayacağını göstermek üzere ona toprağı eşeleyen bir karga gönderdi. "Kardeş katili, eşinen kargayı görünce "Yazık bana, şu karga kadar olup kardeşimin cesedini gömemiyor muyum?" dedi ve arkasından yaptığına pişman olanlardan oldu. "*
(Mâide, 5/27-31)

Bu kıssa düşmanlık ve kötülüğün fıtratını ve yardım bekleyen düşmanın durumunu örnek olarak bize bildiriyor. Çünkü iyilik ve hoşgörü fıtratın ve gönülden dostluğun en güzel örneğidir. Şu bir gerçek ki; bunlar daima yüz yüzedir. İyi veya kötü kendi yapısına uygun davranışta bulunurlar. Suç tiksindiricidir, kötü insan tarafından ilgi uyandırır. Yardım isteyen insanın çığlıkları diğer insanların vicdanlarında büyük çapta etkili ve tesirli olur. Şuur, adil bir kısası emreden kanunun varlığına büyük ihtiyaç duyar. Bundan dolayı, kötü insan bu yaptırımdan dolayı suçu işlemeye korkar. Buna rağmen suçu işlerse, işlediği suç oranında cezaya çarptırılır. İyi insan daima masumdur ve yaşaması gerekir. Adil bir nizamın gölgesi altında huzur içinde korunması gerekir.

Hz. Adem'in (selâm üzerine olsun) oğullarının kıssası ne zamanla ne mekanla ne de o iki insanla sınırlıdır. Bu örnek hakkında birçok rivayetler vardır. Fakat biz ayet-i kerimenin bildirdiği sınırlar çerçevesinde kalmayı benimsiyoruz. Çünkü, ileri sürülen tüm rivayetler şüphelidir. Kıssa Tevrat'ta geçmektedir ve isimleri, zamanı, mekanı sabittir. Sahih hadislerde ise fazla bilgi verilmemiştir. İbn-i Mesut Resulullah'ın şöyle buyurduğunu rivayet eder: *"Zulme uğrayıp bir insan öldürülürse, onun kanında Adem'in.-ilk oğluna bir pay düşmemesi imkansızdır. Çünkü adam öldürmeyi ilk icad eden odur."*

Bu hususta söyleyebileceğimiz yegane söz şudur: Bu olay insanlığın ilk çağında meydana gelmiştir ve kasten adam öldürmenin ilk örneğidir. Katil cesetlerin nasıl gömüleceğini bile bilmiyordu. Kapsamlı öğütlere, yer verilmiş, fakat bu temel hedeflerde fazla bir şey ilan edilmemiştir... Bu yüzden, bu genel ayet karşısında duruyor ve onu ne özelleştiriyor ne de fazla izaha kalkışıyoruz..

"Ey Muhammed onlara Adem'in iki oğlunun gerçeğe dayalı hikayesini anlat. Hani ikisi birer kurban sunmuşlardı da birinin kurbanı kabul edilmiş, öbürünün ki kabul edilmemişti. Kurbanı kabul edilmeyen kardeşine, *"Yemin ederim ki, seni öldüreceğim"* deyince öbür kardeşi şöyle dedi: *"Allah sadece takva sahiplerinin ibadetini kabul eder."*

Yahudilerin Hz. Musa ile başlarından geçen kıssayı okuduktan sonra, insanlığa birer numune olan şu iki kişinin hikayesini anlat; Onlara gerçeği anlat. Bu hikayenin, rivayeti gerçek ve doğrudur. O insan fıtratını gerçek şekliyle bildirmekte ve caydırıcı adil şeriatın zorunluluğunu doğru bir şekilde ortaya koymaktadır. Adem'in bu iki oğlu, temiz bir ruhun saldırganlık hissine kapılmak için bahane bulamayacağı bir konumdalar. Çünkü onlar, Allah'ın huzurunda itaat etmek ve kendisiyle Allah'a yaklaşacakları kurban sunmak üzereler:

"Hani ikisi birer kurban sunmuştu.."
"Birinin kurbanı kabul edilmiş öbürününki kabul edilmemişti."

Ayetteki fiil, kabul edilme ve edilmeme işinin gizli bir kuvvete dayandığı ve gizli bir şekilde olduğuna işaret etmek için edilgen çatı kurmuştur. Bu sorgu ile bize iki durum hatırlatılıyor:

1- Bu kabul edişin nasıl olduğundan bahsetmememiz ve Tevrat'ın hikayelerinden alındığı görüşünde olduğumuz, rivayetlere tefsir kitaplarının daldığı gibi dalmamamız hatırlatılıyor.

2- Kurbanı kabul edilenin, kin duyulmasını gerektiren ve öldürülmesine gerekçe olacak bir suçu olmadığı hatırlatılıyor. Çünkü kurban kabulünde, onun bir rolü yok. Onu ancak meçhul bir kuvvet, bilinmeyen bir şekilde kabul etmiş ve olay her ikisinin de kavrayış alanı ve iradesi dışında gerçekleşmiştir. Burada bir kardeşin kardeşini öldürmesi ve kişinin ruhunda adam öldürecek derecede kin oluşması için hiçbir neden yoktur. Öldürme fikri bu noktada... İbadet ve Allah'a yakınlık noktasında, kardeşinin iradesinin hiçbir müdahalede bulunmadığı gizli-meçhul bir kudret karşısında böylesi bir sahada dosdoğru birinin düşünebileceği en uzak şeydir.

"... Yemin ederim seni öldüreceğim.." dedi.

Böylece -kararlılığını gösteren- bu sözler, nefreti körükleyen bir davranışı ortaya çıkarıyor. Çünkü bu sözler, yere söylenmiştir. Yalnız şu ne pis ve inkarcı duygu, kör bir kıskançlık duygusu. Onun hiçbir vicdanda yeri yoktur. Böylece sözün akışı henüz tamamlanmadığı halde, ayetin sayesinde, kendimizi daha ilk andan itibaren bir saldırganlığın karşısında buluyoruz. Fakat sözün akışı, ikinci bir örnek olan diğer kardeşin cevabını, duasını ve temiz kalbini tasvir ederek saldırganlığı daha bir iğrenç ve daha bir korkunç hale sokarak devam ediyor.

" ..Öbür kardeşi şöyle dedi: Allah sadece takva sahiplerinin ibadetini kabul eder."

Böylece, bu adağın kabulünün sebeplerini anlayabilecek bir iman ve bağışlanma ortamında ve saldırıya kalkışan kardeşini Allah'tan korkmaya ve ibadetlerini kalbe götüren yola girmeye teşvik eden direktifler arasında işin aslı ortaya konuluyor. Üstelik ayet bunları ince bir sanatla ve kulakları tırmalayan bir sesleniş ile ifade ediyor:

"Bunun üzerine Allah, kardeşinin ölüsünü nasıl gözlerden saklayacağını göstermek üzere ona toprağı eşeleyen bir karga gönderdi. Kardeş katili, eşinen kargayı görünce `Yazık bana, şu karga kadar olup kardeşimin cesedini gömemiyor muyum?" dedi ve arkasından yaptığına pişman olanlardan oldu."

Sonra imanlı, takva sahibi müslüman kardeş, kötü kardeşinin ruhundaki kini ve kötü niyetleri yumuşatıp gidermeye çalışıyor:

"..Eğer sen öldürmek amacı ile elini bana doğru uzatacak olursan, ben öldürmek amacı ile elimi sana doğru uzatacak değilim. Çünkü, ben alemlerin Rabbi olan Allah'tan korkarım."

İnsanın vicdanını etkileyen çok güç bir durumda bile saldırının karşısında saldırıya uğrayanın yiğitliği, saldırganın korkutması karşısında şaşılacak şekilde güven ve huzur içinde olması, kalbinin sadece alemlerin Rabbi Allah'tan korkup sakınması... İşte tüm bunlar, huzur, güven ve takva örneğinin vasıfları olarak tasvir ediliyor..

Bu pek yumuşak sözler, kinleri dağıtmakta, kıskançlığı

kaldırmakta, kötülüğe direnmekte, kabarmış sinirleri teskin etmekte, muhatabına kardeşlik bağını, iman neşesine ve takva duyarlılığına yöneltmektedir. Evet bu sözler yeterli idi. Fakat salih kardeş, yanı sıra korkutup, sakındırmayı da unutmuyor:

"İstiyorum ki!, hem kendi günahını hem de benim günahımı yüklenerek cehennemliklerden olasın. Zalimlerin cezası budur."

Sen öldürmek amacı ile elini bana uzattığın zaman, benim de senin yaptığın bu fiili işlemem ne durumuna ne de tabiatına uygundur. Bu fikir -öldürmek fikri- kesinlikle aklına gelmemiş, fikrimi hiçbir şekilde çelmemiştir. Çünkü ben alemlerin Rabbi olan Allah'tan korkarım. Yoksa bu cinayeti işleyemem. Ben seni, Allah'ın kurbanını kabul etmemesine sebep olan günahına ek olarak beni öldürme günahını da yüklenmiş halde bırakıyorum. Böylece günahın da azabın da kat kat artar.

"Zalimlerin cezası budur..."

Buna rağmen, müslüman kardeş kendine karşı aklına gelen bu fikirden utanç duyması ve yeltendiği şeyden vazgeçmesi için, cinayet suçunu işlemeye kalkışan kardeşine acıyor.

Nefret etmesi için bu günahını ona gösteriyor ve alemlerin Rabbi Allah korkusuyla katmerli günahtan kurtulmasını göstermeye çalışıyor. Böylece bir insanın kalbini kötülükten çevirip, engelleyebilmek için harcanacak bütün çabayı sarf ediyor. "Buna rağmen öbür kardeş ihtiraslarına boyun eğerek kardeşini öldürdü ve böylece hüsrana uğrayanlardan oldu."

Fakat kötü kardeş -onun nasıl bir tepki gösterdiğini öğrenme-mizi de sağlayacak şekilde- kötü örnekliğinin tablosunu şöyle tamamlıyor:

Tüm bunlardan sonra... Bu hatırlatma, nasihat, barışma teklifleri ve sakındırmalardan sonra... Tüm bunlardan sonra bile, bu kötü nefis saldırdı ve suçu işledi, işledi ve nefsi onu bütün neticeleri ile rezil etti. Bütün engelleri aşmasını teşvik etti.. Cinayeti kendisine

güzel gösterip onu özendirdi. Kimi öldürdü? Kardeşini öldürdü...
Ve cezayı hakketti..

"... Ve hüsrana uğrayanlardan oldu."

Hüsrana uğradı ve kendini perişanlık yollarına saldı. Kardeşini kaybetti ve bir yardımcı, bir dosttan oldu. Dünyası perişan oldu. Çünkü katillik hakkı yoktur. Ahireti de perişan oldu. Çünkü önceki günahı ve son günahını taşıyarak geçip gitti.

İşlediği suçun cesedi, onu somut bir biçimde hayattan ayrılmış, bozulmaya başlayan bir et ve kemik yığını haline gelmiş ve hiç kimsenin tahammül edemeyeceği şekilde kokmaya başlamış bir ceset olarak gösterildi. Allah'ın takdiri onun kardeşinin cesetini gözlerden saklamaktan acziyeti karşısında saldırgan bir katil olarak kala kalmasını diledi. Kuşların en değersiz sayılanı bir karga gibi olamamanın acziyeti içerisinde:

Bunun üzerine Allah, kardeşinin ölüsünü nasıl gözlerden saklayacağını göstermek üzere ona toprağı eşeleyen bir karga gönderdi. Kardeş katili, eşinen kargayı görünce "Yazık bana, şu karga kadar olup, kardeşimin cesedini gömemiyor muyum? dedi ve arkasından yaptığına pişman olanlardan oldu."

Kimi rivayetlerde: "Karga, başka bir kargayı öldürdü, veya bir karga ölüsü buldu ya da bir karga ölüsü getirdi. Yere bir çukur açtı. Sonra kargayı oraya gömdü. Bunun üzerine katil yukarıdaki sözü söyledi ve kargadan gördüklerinin aynısını yaptı" denilmektedir.

Açıktır ki, katil daha önce bir cesedin gömülüşünü görmemişti. Görseydi bunu yapabilirdi. Bu cesedin yeryüzünde Adem oğullarından ölen ilk kişi olması veya bu katilin daha önce bir ölünün gömülmesini hiç görmemesi şeklinde iki ihtimalin birinden kaynaklanmaktadır. Açıktır ki, katilin pişmanlığı tevbe pişmanlığı değildir. Öyle olsaydı Allah tevbesini kabul ederdi. Pişmanlığı ancak işlediği cinayetin gerekçesiz oluşundan ve karşılaşacağı eziyet, yorgunluk ve üzüntüden kaynaklanmaktaydı. Karganın kendi cinsi kargayı gömmesine gelince... Kimi, bunun kargalar arasında bir adet olduğunu; kimi de Allah'ın icra ettiği fevkalade bir olay olduğunu söylemiştir. Her iki şekilde de durum değişmez. Canlılara tabiatlarını veren Allah, onlara istediğini yaptırabilir. Bu O'nun gücü dahilindedir. Burada ayetlerin dizilişi, ruhlarda yaptığı derinlemesine etkileri bırakarak, bir haberin ardarda nakline geçiyor. Bizde, bu zincirleme içinde olayı nakletmenin ve vicdanlarda bıraktığı izleri birleştirerek duygusal bir gerekçe oluşturuyor. Bu sayede de, kendisini bekleyen kısasın acılarının suçu onu işlediğinden dolayı, suçlunun ruhunda bilinçte, suçun karşılığını bulması ve adilce bir kısasın yapılması için gerekli gördüğü hükümleri duygusal bir ağırlık noktası oluşturmayı amaçlıyor.

* * *

SEKİZİNCİ DERS

YEDİNCİ KISSA

ÖLÜ İKEN CANLANAN KUŞLARIN KISSASI

Ölümden sonra yeniden dirilişi gösteren hikaye

مَثَلُ الَّذِينَ يُنْفِقُونَ أَمْوَالَهُمْ فِى سَبِيلِ اللَّهِ كَمَثَلِ حَبَّةٍ أَنْبَتَتْ سَبْعَ سَنَابِلَ فِى كُلِّ سُنْبُلَةٍ مِائَةُ حَبَّةٍ وَاللَّهُ يُضَاعِفُ لِمَنْ يَشَاءُ وَاللَّهُ وَاسِعٌ عَلِيمٌ ۝ الَّذِينَ يُنْفِقُونَ أَمْوَالَهُمْ فِى سَبِيلِ اللَّهِ ثُمَّ لَا يُتْبِعُونَ مَا أَنْفَقُوا مَنًّا وَلَا أَذًى لَهُمْ أَجْرُهُمْ عِنْدَ رَبِّهِمْ وَلَا خَوْفٌ عَلَيْهِمْ وَلَا هُمْ يَحْزَنُونَ ۝ قَوْلٌ مَعْرُوفٌ وَمَغْفِرَةٌ خَيْرٌ مِنْ صَدَقَةٍ يَتْبَعُهَا أَذًى وَاللَّهُ غَنِىٌّ حَلِيمٌ ۝

260- *Hani İbrahim 'Rabbim, bana ölüleri nasıl dirilttiğini göster' dedi. Allah 'Yoksa buna inanmıyor musun?' deyince İbrahim Tabii inanıyorum. Fakat kalbim kesin kanaat getirsin diye bunu istiyorum' dedi."* (Bakara, 2/261)

Bunun üzerine Allah ona dedi ki; 'Dört kuş al, bunları önüne koyup yakından incele, sonra kesip parçalarını birer dağın üzerine at, arkasından onları çağır, koşa koşa sana geleceklerdir. İyi bil ki, Allah üstün güçlüdür ve hikmet sahibidir.'

Burada Allah'ın yaratma sanatının içyüzünü yakından görmeye yönelik bir arzu karşısındayız. Bu arzu içli, yumuşak huylu, mümin, hoşnut, Allah karşısında çekingen, ibadete düşkün, Allah'ın yakını ve dostu Hz. İbrahim'den geliyor. Hz. İbrahim'in dile getirdiği bu arzu, Allah'ın yaratma sanatının esrarını görme beklentisine ve özlemine ilişkin olarak Allah'ın önde gelen kullarının bile kalplerinde ne gibi çarpıntılar meydana geldiğini ortaya koyar!

Bu arzunun, imanın varlığı, sarsılmazlığı, eksiksizliği ve kararlılığı ile ilgisi yok. İman için delil ya da güçlendirici arayışı da değil sözkonusu olan. Bu arzu başka bir şey, değişik bir hazzı içeriyor. Bu arzu ilâhî sırrın mahiyetine, oluş ve gerçekleşme anında tanık olmaya ilişkin bir ruhi özlemdir. Bu fiilî deneyin insan ruhunda uyandırdığı haz, görmeden inanmanın meydana getirdiği hazdan farklıdır. Söz konusu olan kişi Allah'ın dostu, İbrahim bile olsa bu böyledir. O İbrahim ki Rabbine soru yöneltiyor ve Allah da kendisine cevap veriyor. Bundan öte bir iman ya da iman delili düşünülemez. Fakat Hz. İbrahim, kudret elini çalışma, işleme anında görmek istedi. Bu içli-dışlılığın vereceği hazzı tadarak doyumuna kavuşmak, havasını solumak, onunla içiçe yaşamak diledi. Bu O'nun daha ötesi olmayan imanından başka birşeydir.

Ayetin anlattığı deney ve o arada geçen karşılıklı konuşmalar, bu hazların merak ve beklentisi ile çarpan kalpte -Hz. İbrahim'in kalbinde-, bu imana ilişkin hazların çok sayıda olduklarını ortaya koyuyor. Tekrarlıyoruz:

"Hani İbrahim `Rabb'im, bana ölüleri nasıl dirilttiğini göster' dedi. Allah `Yoksa buna inanmıyor musun?' deyince `Tabii inanıyo-rum. Fakat kalbim kesin kanaat getirsin diye bunu istiyorum' dedi."

Yüce Allah'ın kudret elini işler durumda görmek isteyen ruhun doyumu, perde gerisi sırrın açığa çıkarken ve belirirken duyacağı hazzı duyumsama dürtüsü dile geliyor. Yüce Allah bu has kulunun ve dostunun inanmışlığını biliyordu. Buna göre O'ndan gelen soru açıklama, belirtme, fırsat sağlama, özlemini tanımlama ve ilân imkânı verme amaçlıdır. Bunların da ötesinde kerem sahibi, sevgili ve merhametli olan Allah ile duygulu, tatlı iyi huylu ve Rabbine bağlı Hz. İbrahim arasında bir cilveleşmedir!

Yüce Allah Hz. İbrahim'in kalbinden gelen bu özlemi ve beklentiyi olumlu karşılayarak kendisine bu konuda aracısız, kişisel bir deney yapma imkânını sundu:

"Bunun üzerine Allah ona dedi ki; 'Dört kuş al, bunları önüne koyup yakından incele, sonra kesip parçalarını birer dağın üzerine at, arkasından onları çağır, koşa koşa sana geleceklerdir. İyi bil ki, Allah üstün güçlüdür ve hikmet sahibidir."

Yüce Allah, Hz. İbrahim'e dört kuş seçmesini, bunları önüne koyup yakından incelemesini, daha sonra onları kolayca tanıyabilmesi için nişanlarını, işaretlerini ve özelliklerini iyice bellemesini, arkasından kesip vücutlarını parçalamasını ve parçaların herbirini çevredeki dağların biri üzerine atmasını, bir süre sonra da bu kuşları çağırmasını emrediyor. Bu çağrı üzerine kuşların parçalanıp dağıtılmış organları biraraya gelecek, tekrar vücutlarına can verilecek ve koşa koşa Hz. İbrahim'e geleceklerdi. Tabii ki böyle de oldu. Ayrıca, Kur'anda anlatılan Bu hikaye acaba daha sonra Mısır'a geçmiş olabilir mi? Çünkü, arada yaklaşık 1000-1500 yıl fark olmasına rağmen ve orada hikayesi anlatılan İSİS'in vücudunu parçalayarak 12 yere dağıtması ve sonrasında HORUS'un onları birleştirmek için geri çağırması öyküsüne ne kadar benziyor fark ettiniz mi? Dolayısıyla, Mısırdaki hikayenin Hz. İbrahim'in bu kıssasından alınmış olması büyük ihtimal gibi görünüyor, bu kıssanın örgüsünde de bu kıstası da rahatça görebiliyoruz..

Hz. İbrahim, bu ilâhi sırrın gözleri önünde meydana gelişini gördü. Bu sır aslında hayatın pek çok tabakasında, her an meydana gelen bir olgu. Yalnız insanlar, onun gerçekleştikten sonraki belirtilerini, sonuçlarını görebiliyorlar. Bu sır, can verme, hayat bağışlama sırrıdır, sanatıdır aslında. O hayat ki, ilk başta, hiç yokken meydana geldi ve her yeni canlı ile birlikte oluşumu sayısız defalar tekrarlanmaktadır.

Hz. İbrahim, işte sırrın gözleri önünde meydana gelişini böylece açıkça gördü. Canları çıkmış, parçalanmış organları birbirinden uzak yerlere atılmış kuşların vücutlarına yeniden hayat sunuluyor ve koşarak yanına geliyorlardı!

Peki nasıl? Bu, kavranması, insan kapasitesini aşan bir sırdır. İnsan idraki bunu Hz. İbrahim örneğinde olduğu gibi kimi zaman görür, ya da bütün müminlerin yaptığı gibi ona inanır. Fakat karakteristiğini kavrayamaz, yordamını bilemez. O, Allah'a özgü işlerden biri olup insanlar, Allah'ın bilgisinin sadece O'nun dilediği kadarını kavrayabilirler. Allah, bilgisinin bu kısmının insanlarca kavranmasını dilemedi. Çünkü O, onları aşan bir şey. İnsanların karakteristik yapıları ile bu sırrın karakteristiği çok farklı. Üstelik halifelik görevleri için bu bilgi gerekli de değil.

Bu sır, sırf Allah'ı ilgilendiren, sırf O'na özgü bir olgu. Yaratıklarının bilgisi buna erişmez. Eğer ona doğru boyunlarını uzatacak olurlarsa karşılarında saklı sırrın önüne gerilmiş perdeden başka birşey göremezler, harcanan emekler boşa gitmiş olur.

* * *

DOKUZUNCU DERS

SEKİZİNCİ KISSA

ISSIZ BİR KASABAYA UĞRAYAN ADAMIN KISSASI

قَالَ إِبْرَاهِيمُ فَإِنَّ ٱللَّهَ يَأْتِى بِٱلشَّمْسِ مِنَ ٱلْمَشْرِقِ فَأْتِ بِهَا مِنَ ٱلْمَغْرِبِ فَبُهِتَ ٱلَّذِى كَفَرَ وَٱللَّهُ لَا يَهْدِى ٱلْقَوْمَ ٱلظَّٰلِمِينَ ۝ أَوْ كَٱلَّذِى مَرَّ عَلَىٰ قَرْيَةٍ وَهِىَ خَاوِيَةٌ عَلَىٰ عُرُوشِهَا قَالَ أَنَّىٰ يُحْيِۦ هَٰذِهِ ٱللَّهُ بَعْدَ مَوْتِهَا فَأَمَاتَهُ ٱللَّهُ مِا۟ئَةَ عَامٍ ثُمَّ بَعَثَهُۥ قَالَ كَمْ لَبِثْتَ قَالَ لَبِثْتُ يَوْمًا أَوْ بَعْضَ يَوْمٍ قَالَ بَل لَّبِثْتَ مِا۟ئَةَ عَامٍ فَٱنظُرْ إِلَىٰ طَعَامِكَ وَشَرَابِكَ لَمْ يَتَسَنَّهْ وَٱنظُرْ إِلَىٰ حِمَارِكَ وَلِنَجْعَلَكَ ءَايَةً لِّلنَّاسِ وَٱنظُرْ إِلَى ٱلْعِظَامِ كَيْفَ نُنشِزُهَا ثُمَّ نَكْسُوهَا لَحْمًا فَلَمَّا تَبَيَّنَ لَهُۥ قَالَ أَعْلَمُ أَنَّ ٱللَّهَ عَلَىٰ كُلِّ شَىْءٍ قَدِيرٌ ۝ وَإِذْ قَالَ إِبْرَاهِيمُ رَبِّ أَرِنِى كَيْفَ تُحْىِ ٱلْمَوْتَىٰ قَالَ أَوَلَمْ تُؤْمِن قَالَ بَلَىٰ وَلَٰكِن لِّيَطْمَئِنَّ قَلْبِى قَالَ فَخُذْ أَرْبَعَةً مِّنَ ٱلطَّيْرِ فَصُرْهُنَّ إِلَيْكَ ثُمَّ ٱجْعَلْ عَلَىٰ كُلِّ جَبَلٍ مِّنْهُنَّ جُزْءًا ثُمَّ ٱدْعُهُنَّ يَأْتِينَكَ سَعْيًا وَٱعْلَمْ أَنَّ ٱللَّهَ عَزِيزٌ حَكِيمٌ ۝

259- Ya da bütün yapıları temelleri üzerine yığılmış ıssız bir kasabaya uğrayan kimseyi görmedin mi? Acaba Allah, burayı ölümünden sonra nasıl diriltecek?' dedi. Bunun üzerine Allah onu öldürdü ve yüz yıl sonra tekrar diriltti. 'Ne kadar süre ölü kaldın' dedi. Adam 'Bir gün,

ya da daha az bir süre ölü kaldım' dedi. Allah 'Hayır, yüz yıl süresince ölü kaldın, yiyeceğine ve suyuna bak, hiç bozulmamış. Eşeğine bak. İnsanlara ibret dersi olasın diye seni böyle yaptık. Şu kemiklere bak, onları nasıl birleştirip arkasından üzerlerine et giydiriyoruz."
(Bakara, 2/259)

Adam işin içyüzünü iyice anlayınca: Allah'ın herşeyi yapabileceğini kesinlikle biliyorum' dedi.

Acaba bu "ıssız kasabaya uğrayan adam" kim?

Sözkonusu kişinin uğradığı, bütün binaları temelleri üzerine yığılmış, alt-üst olmuş bu kasaba acaba neresi? Kur'an bu sorulara cevap vermiyor. Eğer Allah dileseydi, bu soruların cevaplarına da yer verirdi. Eğer ayetin hikmetinin gerçekleşmesi bu soruların cevaplarına bağlı olsaydı, Kur'an bunlardan mutlaka söz ederdi.

Biz şimdi -Bu kitapta şimdiye kadar hep yapageldiğimiz gibi- şu görüntüler önünde duralım. Etkileyici, belirgin ve duyurucu hatlarla gözlerimizin önünde canlanan bir tablo. Ölüm, çürümüşlük ve yıkıntı tablosu. Bu tablo ilk önce "Bütün yapıları temelleri üzerine çökmüş" tanıtımı aracılığı ile canlılık kazanıyor. Arkasından kasabaya uğrayan adamın, "Allah, burayı ölümünden sonra nasıl diriltecek?" şeklindeki sözlerinde dile gelen duyguları bu canlılığı perçinliyor.

Bu sözleri sarfeden kişi aslında Allah'ın varlığına inanan biri. Fakat önünde duran çürümüşlük, yıkıntı tablosu, bu tablonun zihninde bıraktığı iz, kendisini şaşkınlığa sürüklüyor, bu duygunun etkisi ile gördüğü şu çürümüş ve enkazdan ibaret kalmış kalıntıların nasıl yeniden diriltileceğini soruyor. Ancak bir tablo, bu kadar sarsıcı ve derin boyutlu bir imaj verebilir. İşte, Kur'an bu şekilde ifade ışınlarını ve imajlarını saçar ve bunlar aracılığı ile gözlerimizin önünde bir tablo canlandırır, bize anlattığı tarihi an, sanki gözlerimizin ve duygularımızın önüne dikilmiş gibi olur.

Tekrarlıyoruz:

"Acaba Allah, burayı, ölümünden sonra nasıl diriltecek?"

Bu ölü kalıntıların kalıbına hayat nasıl yüklenecek? Devam ediyoruz:

"Bunun üzerine Allah onu öldürdü ve yüzyıl sonra tekrar diriltti."

Allah, sözkonusu kişiye bu yeniden diriltme olgusunun nasıl olduğunu sözle anlatmıyor, bunun yerine uygulamalı olarak gösteriyor ona bu işin nasıl olduğunu. Çünkü insanın duyguları ve etkilenimleri kimi zaman o kadar sarsıcı, o kadar derin boyutlu olur ki, bunları ne aklî delil ne vicdanın dolaysız mantığı olan sağduyu ve ne de herkesin gördüğü genel realite tatmin edemez. Tatmin olmaları için mutlaka aracısız, kişisel tecrübe gereklidir. Ancak, bu şahsi tecrübenin sonuçları idrak alanını doldurabilir ve söze hacet bırakmaksızın kalbi tatmin edebilir:

"Ne kadar süre ölü kaldın?' dedi. Adam 'Bir gün, ya da daha az bir süre ölü kaldım' dedi."

Bu kişi ne kadar ölü kaldığını nereden bilsin. Çünkü zaman algısı, ancak hayatın ve bilincin varlığı halinde oluşabilir. Üstelik insan algısı bu konuda duyarlı bir kriter değildir. Çünkü aldanabilir, yanılabilir. Bunun sonucunda belirli şartların etkisi altında çok uzun bir zaman parçasını kısa olarak görürken yine bazı özel şartların sonucu olarak kısacık bir anı bir yüzyıl kadar uzun sanabilir, aynen rüyalarda olduğu gibi, zaman mefhumu da bir varlık olarak görecelidir:

"Hayır, yüzyıl süresince ölü kaldın."

Bu tecrübenin karakteristik niteliğine, yani somut ve pratiğe dönük bir tecrübe oluşuna bakarak burada "yüzyıl"ın izlerini gösteren somut belirtiler bulunduğunu düşünebiliriz. Bu somut belirtileri adamın yiyeceğinde ve suyunda aramamız yersiz olur.

Çünkü bunların çürümedikleri açıkça belirtiliyor:

"Yiyeceğine ve suyuna bak, hiç bozulmamış."

O halde bu somut belirtiler ya adamın kendisinde ya da eşeğinde beliriyordu:

"Eşeğine bak. İnsanlara ibret dersi olasın diye seni böyle yaptık. Şu kemiklere bak, onları nasıl birleştirip arkasından üzerlerine et giydiriyoruz."

Kimin kemikleri? Acaba adamın kendi kemikleri mi? Eğer bazı tefsir bilginlerinin dediği gibi etlerinden soyunan kemikler adamın kemikleri olsaydı, bu durum, canlanınca adamın dikkatini çeker, hatta irkilmesine yolaçardı. O zaman da ne kadar zaman ölü kaldığı sorusuna "Bir gün, ya da daha az bir süre ölü kaldım." diye cevap vermezdi.

Bundan dolayı biz, etleri dökülerek çürüyen kemiklerin, sözkonusu kişinin eşeğinin kemikleri olduğunu daha güçlü bir ihtimal kabul ediyoruz. Sonra bu kemiklerin biraraya getirilerek birbirlerine eklenmeleri, arkasından üzerlerine et giydirilerek canlandırılmaları ve bu olayların hiçbir organı çürümemiş, yiyeceği ve suyu bozulmamış olan adamın gözleri önünde meydana gelmesi, Allah'ın gücünün sınırsızlığını kanıtlayan bir mucizedir. Ayrıca sözkonusu varlıkların hepsi aynı yerde bulunduğu, aynı ortam ve hava şartlarının etkisine açık oldukları halde akıbetleri birbirinden farklı oldu. Bu da hiçbir işin zor duruma düşüremeyeceği, bütün kayıt ve şartlardan bağımsız olarak yapacağını yapabilen ilâhi gücün varlığını gösteren bir başka kanıttır. Bu kanıt aynı zamanda o insana, yüce Allah'ın bu kasabanın ölmüş canlılarını nasıl yeniden dirilteceğini kavrama fırsatı vermiştir.

Peki bu harika, bu olağanüstü olaylar zinciri nasıl meydana geldi? Nasıl olacak, bütün diğer olağanüstü olayların meydana gelişi gibi. İlk canlının ortaya çıkışının olağanüstülüğü gibi. Çoğunlukla bu olağanüstü olayın nasıl meydana geldiği bile aklımıza gelmez. Onun nasıl meydana geldiğini de çoğu kez hatırımızdan çıkarırız. İlk canlılığın oluşumunu da bilmiyoruz. Sadece biliyoruz ki, ilk oluşum Allah tarafından ve O'nun istediği biçimde gerçekleşmiştir.

İşte Darwin. En büyük biyoloji uzmanı. Canlılar ve canlılık olayına ilişkin teorisinde en karmaşık canlıdan başlayarak basamak basamak aşağıya iniyor, canlılık süreci boyunca ilkele doğru aşama aşama derinleşiyor. Sonunda canlılığı ilk hücreye indiriyor ve süreci orada durduruyor, bu ilk hücredeki canlılığın kaynağını belirleyemiyor. Fakat insan mantığının kabul etmek zorunda olduğu, fıtrat mantığının benimsemeye can attığı realiteyi de kabul etmiyor. Bu realite şudur. Mutlaka bu ilk hücreye canlılık veren bir güç kaynağı var. Darwin bu gerçeği birtakım sebepler yüzünden kabul etmiyor. Bu sebepler bilimsel değil, kilise ile arasında meydana gelen çatışmadan kaynaklanan tarihi sebeplerdir. İşte bu çatışmanın doğurduğu duygusallık sonucunda diyor ki: "Canlılık olgusunu bir yaratıcıya bağlayarak açıklamak, tamamen mekanik bir sisteme olağanüstü bir unsurun etkisini karıştırmak gibi birşeydir!"

Hangi mekanik sistem? Canlılık olgusu, mekanikliğe en uzak olan olgu. Üstelik sürekli gözler önünde cereyan eden bu olgu, sırları araştırılsın diye, insan mantığı üzerinde yoğun bir baskı uyguluyor.

Nitekim Darwin'in kendisi de insan idrakini ilk hücrenin ardında gizli duran etkeni kabul etmeye refleksif biçimde zorlayan bu fıtrat mantığının baskısından kurtulmak amacı ile herşeyi "ilk sebeb"e indirgiyor. Fakat sözünü ettiği ilk sebebin ne olduğunu söylemiyor. Peki -aslında üzerinde çok şey söylenebilecek olan teorisine göre- ilk başta canlılığı meydana getirebilen ve hücreyi, başka bir yol izleyerek değil de kendisinin izlediğini varsaydığı yol boyunca ilerletip geliştirebilen bu ilk sebep nedir ki? Bu gerçeklerden kaçmak spekülasyondan ve işi yokuşa sürmekten başka birşey değildir.

Tekrar ayetin anlattığı olağanüstü olaya dönüyor ve soruyoruz: Aynı yerde ve aynı dış şartların etkisi altında bulunan nesnelerden biri çürürken diğerinin çürümemesini ne ile açıklayabiliriz? Aynı şartların ortak etkisine maruz kalan nesnelerin akıbetleri arasındaki bu farklılığı, ne ilk can verme ve ne de tekrar canlandırma harikalarına bağlayarak açıklayamayız.

Bu olguyu açıklayabilecek olan gerçek, ilâhi iradenin kayıtsız-şartsız serbestliği gerçeğidir. İlâhi irade bizim tarafımızdan karşı çıkılmaz, istisna tanımaz, bağlayıcı, zorunlu ve genel olan, kabul edilen kanunlara bağımlı değildir. Eğer biz kendi varsayımlarımızı, kendi akli ve "bilimsel!" bulgularımızı yüce Allah'a empoze etmeye, Allah'ın bunlara -haşa!- bağımlı olduğunu düşünmeye kalkışırsak bu, ilâhi iradeye karşı içine düşebileceğimiz en büyük yanılgı, işleyebileceğimiz en büyük kabahat olur. Bu yanılgıdan daha birçok yanılgılar doğar ki, başlıcalarını şöyle sıralayabiliriz:

1- Nasıl olur da bizim tarafımızdan dile getirilmiş, sınırlı araçlarla gerçekleştirilen deney verilerimizin yine sınırlı olan aklımız tarafından yapılan yorumlardan elde edilmiş kanunlar ile mutlak kudret sahibi olan Allah'ı yargılayabilir, O'na ilişkin hükümler verebiliriz?

2- Diyelim ki, bu elde ettiğimiz sonuç, gerçekten evrenin tarafımızdan kavranabilmiş kanunlarından biridir. Peki, bunun nihaî, genel geçerli ve mutlak bir kanun olduğunu, onun arkasında o konuya ilişkin başka bir kanunun olmadığını biz nereden bilebiliriz.

3- Diyelim ki, elde ettiğimiz sonuç, nihaî ve mutlak bir evrensel kanundur. Olabilir, ama mutlak irade, kendisinin ortaya çıkardığı kanunlarla bağımlı değil ki, onlara uymak zorunda değildir ki. O, düşünülebilecek her durumda, her anlamda serbesttir, serbestlikten ibarettir.

Ayetin hikâye ettiği tecrübe işte böylece fonksiyonunu yerine getirerek ilerdeki İslâm davetçilerinin deneyim birikimine ve imana dayalı doğru düşünce birikimine eklenen bir halka oluyor. Bu tecrübe ölümün ve hayatın mahiyetine değinerek bu olguları Allah'a bağlayan, ana fonksiyonu yanında az önce değindiğimiz bir başka gerçeği, yani ilâhi iradenin serbestliği gerçeğini de vurguluyor. Kur'an-ı Kerim, bu gerçeğin insanların vicdanlarına iyice yerleşmesine son derece büyük önem veriyor. Çünkü ancak bu kalpler, görünür sebepleri ve dillerde gezen mantık önermelerinin sınırlarını aşarak doğrudan doğruya Allah'a bağlanırlar. Çünkü Allah neyi isterse onu mutlaka yapar. Nitekim ayetin anlattığı bu tecrübeyi yaşayan o insan da bunu söylüyor:

"Adam işin içyüzünü iyice anlayınca `Allah'ın herşeyi yapabileceğini kesinlikle biliyorum' dedi."

* * *

ONUNCU DERS
DOKUZUNCU KISSA

BAHÇE SAHİPLERİ KISSASI
{Bu eserde ele aldığımız en önemli derslerden birisidir}

Bahçe Sahipleri Kuran'da şöyle anlatılmaktadır:

هَمَّازٍ مَشَّاءٍ بِنَمِيمٍ ۝ مَنَّاعٍ لِلْخَيْرِ مُعْتَدٍ أَثِيمٍ ۝
عُتُلٍّ بَعْدَ ذَٰلِكَ زَنِيمٍ ۝ أَنْ كَانَ ذَا مَالٍ وَبَنِينَ ۝ إِذَا تُتْلَىٰ عَلَيْهِ
آيَاتُنَا قَالَ أَسَاطِيرُ الْأَوَّلِينَ ۝ سَنَسِمُهُ عَلَى الْخُرْطُومِ ۝
إِنَّا بَلَوْنَاهُمْ كَمَا بَلَوْنَا أَصْحَابَ الْجَنَّةِ إِذْ أَقْسَمُوا لَيَصْرِمُنَّهَا
مُصْبِحِينَ ۝ وَلَا يَسْتَثْنُونَ ۝ فَطَافَ عَلَيْهَا طَائِفٌ مِنْ رَبِّكَ
وَهُمْ نَائِمُونَ ۝ فَأَصْبَحَتْ كَالصَّرِيمِ ۝ فَتَنَادَوْا مُصْبِحِينَ ۝
أَنِ اغْدُوا عَلَىٰ حَرْثِكُمْ إِنْ كُنْتُمْ صَارِمِينَ ۝ فَانْطَلَقُوا وَهُمْ
يَتَخَافَتُونَ ۝ أَنْ لَا يَدْخُلَنَّهَا الْيَوْمَ عَلَيْكُمْ مِسْكِينٌ ۝ وَغَدَوْا عَلَىٰ
حَرْدٍ قَادِرِينَ ۝ فَلَمَّا رَأَوْهَا قَالُوا إِنَّا لَضَالُّونَ ۝ بَلْ نَحْنُ
مَحْرُومُونَ ۝ قَالَ أَوْسَطُهُمْ أَلَمْ أَقُلْ لَكُمْ لَوْلَا تُسَبِّحُونَ ۝ قَالُوا
سُبْحَانَ رَبِّنَا إِنَّا كُنَّا ظَالِمِينَ ۝ فَأَقْبَلَ بَعْضُهُمْ عَلَىٰ بَعْضٍ يَتَلَاوَمُونَ
۝ قَالُوا يَا وَيْلَنَا إِنَّا كُنَّا طَاغِينَ ۝ عَسَىٰ رَبُّنَا أَنْ يُبْدِلَنَا خَيْرًا مِنْهَا

إِنَّا إِلَىٰ رَبِّنَا رَٰغِبُونَ ۝ كَذَٰلِكَ ٱلْعَذَابُ ۖ وَلَعَذَابُ ٱلْءَاخِرَةِ أَكْبَرُ ۚ لَوْ كَانُوا۟ يَعْلَمُونَ ۝ إِنَّ لِلْمُتَّقِينَ عِندَ رَبِّهِمْ جَنَّٰتِ ٱلنَّعِيمِ ۝ أَفَنَجْعَلُ ٱلْمُسْلِمِينَ كَٱلْمُجْرِمِينَ ۝ مَا لَكُمْ كَيْفَ تَحْكُمُونَ ۝ أَمْ لَكُمْ كِتَٰبٌ فِيهِ تَدْرُسُونَ ۝ إِنَّ لَكُمْ فِيهِ لَمَا تَخَيَّرُونَ ۝ أَمْ لَكُمْ أَيْمَٰنٌ عَلَيْنَا بَٰلِغَةٌ إِلَىٰ يَوْمِ ٱلْقِيَٰمَةِ ۙ إِنَّ لَكُمْ لَمَا تَحْكُمُونَ ۝ سَلْهُمْ أَيُّهُم بِذَٰلِكَ زَعِيمٌ ۝ أَمْ لَهُمْ شُرَكَآءُ

17. Biz, vaktiyle "bahçe sahipleri"ne belâ verdiğimiz gibi, onlara da belâ verdik. Hani onlar (bahçe sahipleri), sabah olurken (kimse görmeden) onu (mahsullerini) devşireceklerine yemin etmişlerdi.

18. Onlar istisna da etmiyorlardı.

19. Fakat onlar daha uykudayken Rabbinin katından (gönderilen) kuşatıcı bir âfet (ateş) bahçeyi sarıverdi de,

20. Bahçe kapkara kesildi.

21. Sabah olurken birbirlerine seslendiler.

22. "Madem devşireceksiniz, hadi erkenden mahsülü-nüzün başına gidin!" diye.

23. Derken yürüyorlardı; fısıldaşıyorlardı.

24. "Sakın bugün hiçbir yoksul bahçeye girip yanınıza sokulmasın"diye.

25. (Evet yoksullara yardıma) güçleri yettiği halde, onları yardımdan mahrum etmek niyet ve azmi ile erkenden yola düştüler.

26. Fakat bahçeyi gördüklerinde: Mutlaka yolumuzu şaşırmış olmalıyız! dediler.

27. Yok yok, doğrusu biz mahrum bırakılmışız!

28. İçlerinden en makul olanı şöyle dedi: Ben size "Rabbinizi tesbih etsenize" dememiş miydim?

29. Rabbimizi tesbih ederiz; doğrusu biz (kendi kendimize) yazık etmişiz, dediler.

30. Ardından, kabahati birbirlerine yüklemeye başladılar.

31. (Nihayet) şöyle dediler: Yazıklar olsun bize! Gerçekten biz azgın kişilermişiz.

32. Belki Rabbimiz bize bunun yerine daha iyisini verir. Çünkü biz (artık) Rabbimizi(O'nun hoşnutluğunu) arzuluyoruz.

33. İşte azap böyledir. Ahiret azabı ise elbette daha büyüktür. Keşke bilselerdi!"

(Kalem, 68/17-33)

"Rivayete göre bu bahçe, Yemen diyarındaki San'a'dan iki fersahlık bir mesafede bulunmuştu. İlk sahibi salih bir zat idi, bu bahçenin mahsulatından fakirlere bir çok şey bırakırdı. Vaktaki kendisi vefat etti, oğulları babalarına muhalif bir harekette bulundular. **"Eğer babamız gibi biz de mahsulattan fakirlere bir şeyler bırakırsak bir ihtiyaç içinde kalırız, binaenaleyh biz mahsulatımızı erkenden toplayalım ki: Yoksullar bundan haberdar olup gelmesinler"** demişler ve bu kararlarını yemin ile te'kit etmişlerdir.

Bu bahçe sahipleri, mahsulatı toplayacaklarına dair yemin ediyorlardı, fakat bir istisnada bulunmuyorlardı, yani; İnşallah demiyorlardı.

İşte o bahçe sahipleri, böyle bir ihtiyatsızlıkta bulunmuşlardı. Derken onlar uykuda oldukları halde, o bahçenin üzerine Allah tarafından bir bela, bir yıldırım dolaşıverdi, yani: helak edici ve kuşatıcı bir azap, bir ateş, o bahçeyi sarıverdi, sahipleri ise, uykuya dalmış, gaflet içinde bulunmuşlardı."

Bu kıssa, dilden dile dolaşan, herkesçe bilinen bir kıssa olsa gerek. Fakat surenin akışı kıssada geçen olayların perde arkasındaki Allah'ın faaliyetini ve gücünü ön plana çıkarıyor. Onun bazı kullarını sınayıp bu sınavın sonucuna göre karşılık vermesini gündeme getiriyor. İşte, bu kıssa ile ilgili olarak bundan önce bilinmeyen, ancak şimdi gözler önüne serilen yeni unsur budur.

Kıssanın kahramanlarının ifadelerinden, sergilenen davranışlardan bir grup basit düşünen ilkel insanlarla karşı karşıya olduğumuzu anlıyoruz. Bunlar düşünme biçimleriyle, üzerinde kafa yordukları meseleleri ile, tutum ve davranışları ile basit, ilkel köylü insanlara benziyorlar. Belki de insanlar arasından seçilen bu düzeyde bir örnek kıssaya muhatap olan insanlara oldukça yakın bir durumu somutlaştırıyordu. Bunlar da hak içerikli mesaja karşı direniyor, inat ediyorlardı. Fakat ruhsal yapıları fazla kompleks değildi. Tersine biraz fazla basit ve ilkel düşünüyorlardı.

Kıssa ifade tarzı bakımından, Kuran'ın kıssaları sunmada başvurduğu sunuş yöntemlerinden birinin somut örneğidir. Kıssada gerçekleşmesi şiddetle beklenen sürprizler son derece belirgindir. Ayrıca yüce Allah'ın planı ve sağlam tuzağı karşısında çaresiz zavallı insanların tuzakları ile de alay ediliyor. Öte yandan kıssa çok canlı bir ifade tarzı ile sunuluyor. Öyle ki, dinleyici, -veya okuyucu sanki olaylar gözlerinin önünde akıp gidiyormuş gibi canlı olarak seyrediyor. Şu halde kıssayı surenin akışı içindeki durumuyla görmeye çalışalım.

Şu anda biz bahçe sahipleri ile karşı karşıyayız -Ayetin orijinalinde geçen "cennet" dünyadaki bahçedir, ahiretteki cennetle ilgisi yoktur-. Ve işte bahçe sahipleri bahçeleri hakkında geceden bir şeyler tasarlıyorlar. Rivayetlere göre önceki iyi niyetli salih sahibi döneminde yoksullar bahçenin meyvelerinden pay alıyorlardı. Fakat bu iyi niyetli salih insandan sonra bahçeye varis olanlar şimdi bahçenin tüm ürünlerine el koymak, yoksulları paylarından yoksun bırakmak istiyorlar. Şu halde olaylar nasıl gelişiyor seyredelim.

"Biz, vakti ile `bahçe sahiplerini' sınadığımız gibi bunları da (Mekke müşrikleri veya bunlara benzer şekilde tüm İnkarcı zihniyetler kasdediliyor) sınadık. Hani onlar sabah olurken kimse görmeden onun mahsullerini toplayacaklarına yemin etmişlerdi. Onlar istisna etmiyorlardı: 'Bahçenin meyvelerini sabah erkenden devşirme ve yoksullara da bir şey bırakmama önerisi etrafında görüş birliğine varmışlardı. Bunun üzerine yemin etmiş, niyetlerini açıkça ortaya koymuşlardı. Kararlaştırdıkları bu kötülüğü nasıl gerçekleştireceklerini geceden tasarlamışlardı. Şu halde onları gafletleri ile veya gece boyunca tasarladıkları tuzakları ile baş başa bırakalım da, onların görmediği gecenin koyu karanlığında neler olup bittiğini seyredelim. Çünkü yüce Allah her zaman uyanıktır, onlar gibi uyumaz. Allah, onların tasarladıklarından farklı şeyler tasarlıyor. Hiç kuşkusuz bu, onların nimetten dolayı şımarmak, iyiliğe engel olmak yoksulun belirlenmiş payına el koymak gibi geceden tasarladıklarını planın karşılığıdır... Öte tarafta ise, gizliden gizliye onlara bir sürpriz hazırlanıyor. İnsanlar derin uykudayken gece karanlığında hayaletlerinkine benzer latif, görünmez hareketler cereyan ediyor:

"Ancak onlar uyurken Rabbinin katından gönderilen bir salgın o bahçeyi sarıvermişti de, bahçe simsiyah olmuştu":

Şimdi bir süre için bahçeyi ve bahçeye musallat olan salgını bir kenara bırakalım da gece boyunca bahçeleri ile ilgili planlar tasarlayanların ne yaptığını görelim. Evet, onlar gece kararlaştırdıkları gibi sabah erkenden uyanmışlar. Verdikleri kararı uygulamak için birbirlerine sesleniyorlar:

"Sabahleyin birbirlerine seslendiler. Haydi ürünleri toplayacaksınız erkenden ekininize gidin' diye."

Geceden verdikleri kararı birbirlerine hatırlatıyor, birbirlerine tavsiyede bulunuyor, bu kararı uygulamaya birbirlerini teşvik ediyorlar.

Sonra surenin akışı onları alaya alma hususunda bir adım daha atıyor ve onları yürürken gizli gizli konuşurken, planlarını iyice sağlamlaştırırken, bütün ürünlere el koymaya, yoksullara paylarından yoksun bırakmaya ilişkin kararlarını iyice pekiştirirken tasvir ediyor.

"Derken yürüdüler ve şöyle fısıldaşıyorlardı: Sakın bu gün hiçbir yoksul bahçeye girip yanınıza sokulmasın."

Sanki şu anda Kuran'ı dinleyen veya okuyan bizler, bahçe sahiplerinin bilmediği, bahçenin başına gelen felaketi biliyor gibiyiz. Evet, gecenin koyu karanlığında bahçeye uzanan, tüm meyvelerini yok eden gizli ve latif ele şahit olmuştuk. Bahçenin bu gizli ve korkutucu salgınından sonra tüm meyvelerin devşirilmiş gibi simsiyah kesildiğini görmüştük. Öyleyse nefeslerimizi tutalım da gece boyunca planlar kuran bu adamlar ne yapacaklar onu görelim.

Surenin akışı hala geceleyin gizli planlar kuran bu adamlarla alay etmeyi sürdürüyor:

"Ürünleri toplayacaklarından emin olarak erkenden gittiler."

Evet onlar, yoksulların payını engelleyebilirler, onları yoksun bırakabilirler. En azından kendilerini yoksun bırakabilirler.

İşte şimdi bir sürprizle karşılaşıyorlar. Şu halde bu alaycı ifadelerin akışını seyredelim. Burada onların şaşkına döndüklerini, afallayıp kaldıklarını görüyoruz:

"Fakat bahçeyi görünce 'Herhalde biz yolu şaşırdık' dediler."

Burası bizim meyve yüklü bahçemiz olamaz. Mutlaka yolumuzu şaşırmışız. Fakat dönüşü iyice kontrol ediyorlar ve; **"Hayır, doğrusu biz mahrum bırakıldık."** diyorlar. İşin aslına ilişkin doğru haber de bundan ibarettir.

Şimdi de başkalarına tuzak kurmanın, gizli planlar tasarlamanın, eldeki nimetlerden dolayı şımarıp yoksulların payına el koymanın elem verici akıbetini tadıyorlarken, aralarında en ılımlı, en akıllı ve en iyi olanı öne atılıyor. Öyle anlaşılıyor ki, bu adam ötekilerden farklı bir görüşe sahipmiş. Fakat, diğerleri karşı çıkıp kendisi yalnız kalınca onlara uymuş ve gördüğü gerçeği ısrarla savunamamıştı. Bu yüzden o da diğerleri gibi nimetlerden yoksun bırakılmak suretiyle cezalandırılmıştı. Fakat bu adam, burada daha önce kendilerine yönelttiği öğütleri, direktifleri hatırlatıyor:

"Ortancaları 'Ben size demedim mi? Allah'ı noksan sıfatlardan tenzih etmemiz gerekmez miydi?' dedi." Şimdi, iş işten geçtikten sonra öğüt vereni dinliyorlar:

Rabbimizi noksan sıfatlardan tenzih ederiz, doğrusu biz kendi kendimize zulmetmişiz, dediler."

Tıpkı kötü sonuç karşısında sorumluluktan koşan, diğerlerini suçlamaya kalkışan her ortak gibi, onlar da suçu birbirlerine yüklüyorlar:

"Ardından kabahati birbirlerine yüklemeye başladılar."

Sonra, hep birlikte bu kötü akıbet karşısında birbirlerini kınamayı bırakıyor ve belki yüce Allah kendilerini bağışlar ve şımarmanın, yoksulun hakkını gasbetmenin, bu amaçla hile yapıp gizli planlar tasarlamanın kurbanı olan bahçelerini geri verir diye topluca suçlarını itiraf ediyorlar:

"Nihayet şöyle dediler: 'Yazıklar olsun bize! Gerçekten biz azgın kimselermişiz. Belki Rabbimiz bize bundan daha iyisini verir: doğrusu artık, Rabbimizden dilemeliyiz."

Surenin akışı sahnenin perdesini indirmeden önce şu değerlendirmeyi işitiyoruz:

"İşte azap böyledir. Ahiret azabı ise elbette daha büyüktür. Keşke bilselerdi." İşte nimetle sınanmak böyledir. Şu halde Mekke müşrikleri "Vakti ile `bahçe sahiplerini' sınadığımız gibi onları da sınadığımızı" bilsinler. Sınavın perde arkasındaki hedefi görsünler. Ayrıca dünyadaki sınavdan ve azaptan daha büyük ve daha korkunç olanından sakınsınlar.

Böylece Kureyşlilere içinde yaşadıkları ortamdan alınma pratik bir deneyim, aralarında yaygın olarak anlatılan bir kıssa örnek olarak sunuluyor. Böylece yüce Allah'ın geçmiş müşriklere ilişkin yasası ile şimdiki toplumlara ilişkin yasası birbirine bağlanıyor ve pratik hayatlarına en yakın olan bir üslupla kalplerine dokunduruluyor. Aynı zamanda müminlere, müşriklerin -Kureyş kabilesinin ileri gelenlerinin- sahip bulundukları geniş imkanların, servetin ve nimetin Allah tarafından kendilerine bir sınav aracı olarak verildiği hatırlatılıyor. Bu sınavın sonuçlarının, akıbetlerinin olduğu anlatılıyor. Yine insanların yoklukla sınandığı gibi nimetle sınanmalarının da bir yasa olduğu belirtiliyor. Ellerindeki nimetlerden dolayı şımaran, iyiliğe engel olan sahip bulundukları mal-mülkle övünenlere gelince işte bu kıssa da onların akıbetleri anlatılıyor: "Ahiret azabı ise elbette daha büyüktür. Keşke bilselerdi." Allah'tan korkan, onun azabından sakınanlara gelince, onlar için Rabbleri katında nimet cennetleri vardır."

O halde mühim olan kişilerin isimleri, kimlikleri değil, onların Kur'an'da anlatılan, İslam açısından müspet veya menfi davranışlarıdır. Bu davranışları gösteren; zamanın her hangi kesitindeki kişilerden, emsal olması açısından yeterli görülerek "bahçe sahipleri" kıssalarındaki kişilikler anlatılmıştır, bu kıssa ile günümüze kadar uzanan "bahçe & mal-mülk sahipleri"ne ders verilmiştir.

Kur'an'ın hedefi kişilerin bireysel olarak ululaştırılması veya alçaltılarak yokluk hükmüne alınması değil; anlatılan şahıslar nezdinde davranışlarının olumlu ve olumsuz yanlarının sergilenerek; ideal olan veya olmayan davranışların örnek gösterilerek bu davranışlardan olumlu sonuçlar çıkarılarak ibret alınmasıdır.

* * *

8⊃ ❀ ⊂8

ON BİRİNCİ DERS
ONUNCU KISSA

ZÜLKARNEYN AS.'IN KISSASI:

Zülkarneyn as. Kimdir? Tarihte yaşamış mıdır?

Tarihteki Büyük İskender (İskender-i Kebir) aynı kişi midir?

Zülkarneyn kelimesi **"iki asır sâhibi"** mânâsına gelmektedir. Dünyânın şark ve garbını dolaşması, Allâh'ın kendisine nûr ve zulmeti musahhar kılması (emrine vermesi) gibi sebeplerle O'na Zülkarneyn lâkabı verildiği nakledilmektedir. Son zamanlarda, birtakım uydurma ve tahrifatlarla zülkarneyn aleyhisselâmın yaşamış olup olmadığı veya farklı bir kişi gösterilerek ilgili kur'an ayetleri veya hadisler çarpıtılmaya çalışıldığı için burada zülkarneyn aleyhisselâmın hayat hikayesine kısaca değinelim.

Hazret-i Zülkarneyn'in peygamber mi yoksa velî mi olduğu husûsunda ihtilâf vardır. Kur'ân-ı Kerîm'de doğuya ve batıya yaptığı seferleri zikredilmiştir. Hazret-i Nûh'un oğlu Yâfes'in soyundandır. Asıl ismi İskender'dir. Ancak Hazret-i Zülkarneyn, Makedonyalı İskender ile karıştırılmamalıdır. Târihteki Büyük İskender, M.Ö. III. asırda Makedonya'da dünyâya gelmiş, Hindistan'a kadar sefer etmiştir. Aristo'nun talebesidir. İskender-i Zülkarneyn -aleyhisselâm- ise, Hazret-i İbrâhîm -aleyhisselâm- zamanında yaşamıştır. Hattâ O'nunla haccetmiş, duâsını almıştır.

Makedonyalı İskender'in seferleri, Hazret-i Zülkarneyn'in seferleri gibi, doğu ve batıdaki fetihler olarak değerlendirilemez. Yine Makedonyalı İskender, tarihî bilgilere göre herhangi bir set inşâ etmemiştir. Şunu da söyleyebiliriz ki, Makedonyalı İskender Allâh'a îmân eden bir kimse değildi. Mağlup ettiği milletlere karşı da şefkat ve adâletle davranmamıştı. Bütün hayâtı kayda geçirilen bu İskender ile Zülkarneyn -aleyhisselâm-'ın hâlleri arasında en ufak bir benzerlik mevcud değildir. Buna ilâveten Makedonyalı İskender'in hayatı çok kısa sürmüş olup (yaklaşık 28 yıl) "Zülkarneyn" –iki asır sahibi- vasfını hâiz olabilecek bir husûsiyeti de yoktur.

Rivâyete göre Zülkarneyn -aleyhisselâm-, teyzesinin oğlu Hızır -aleyhisselâm-'a ordusunda kumandanlık vazifesi verdi. Kâfirlerle savaştı. Ye'cûc ve Me'cûc kavmine karşı bakır ve demir karışımı bir set yaptı. Allâh'ın dînini, tevhîd akîdesini yaydı; insanlara hakkı ve hakîkati tebliğ etti. Medîne-i Münevvere ile Şam arasında "Dûmetü'l-Cendel" denilen yerde vefât etti. Mekke civârında "Tihâme" dağlarına defnedildi.

Kurtubî'nin tefsîrinde rivâyet edildiğine göre yeryüzünün tamamına sâdece dört kişi hâkim olabilmiştir. Bunların ikisi mü'min, ikisi kâfirdir. Mü'min olanlar, Zülkarneyn ile Süleyman -aleyhimesselâm-; kâfir olanlar ise, Nemrûd ve Buhtunnasr'dır. Bütün dünyâya hâkimiyet sağlayacak beşinci bir şahıs da bu ümmetten olacaktır. O da; Kıyâmetten belli bir süre önce (yaklaşık 100 yıl kadar önce) **"Allâh, İslâm'ı bütün dinlere üstün kılacaktır."** (et-Tevbe, 33) âyeti mûcibince Mehdî -aleyhisselâm-'dır. (Kurtubî, *Tefsîr*, XI, 47-48)

Hazret-i Ali -radıyallâhu anh-, Zülkarneyn -aleyhisselâm-'ın yeryüzünün doğularına ve batılarına ulaşmaya nasıl güç yetirebildiği sorulunca, şu cevâbı vermiştir:

"Bulutlar boyun eğdirilir, lâzım olan her şey emrine verilir, nûrlar ona açılır da gece ile gündüz kendisi için müsâvî olurdu." (İbn-i İshâk, *Sîret*, s. 185)

Hazret-i Peygamber -sallâllâhu aleyhi ve sellem- Efendimiz, Mekke'de yaşamış olan eski kavimlerin başından geçen ibretli hâdiseleri anlatırken Yahûdîler ve İranlılar, geçmiş ümmetlerin hikâyelerini kendilerine göre anlatmaya başladılar. Medîne'de, Âhirzaman Peygamberi'nin kendi içlerinden çıkacağına inanan Yahûdîler vardı. Bunlar, Mekkeli müşriklere:

"Orada bir peygamber çıkmış, eğer o hakîkî bir peygamberse kendisine Ashâb-ı Kehf, Zülkarneyn ve rûhun mâhiyeti hakkında mâlumat sorun! Şâyet Ashâb-ı Kehf ile Zülkarneyn için tam, rûhun mâhiyeti hakkında da kısmen cevap verirse, hakîkaten peygamberdir; kendisine tâbî olun! Fakat o, bu üç şeyden haber veremezse, yalancıdır!" dediler.

Mekkeli müşrikler de Hazret-i Peygamber -sallâllâhu aleyhi ve sellem- Efendimiz'e gelerek:

"Ashâb-ı Kehf ve doğu ile batıya sefer yapan Zülkarneyn kimdir? Rûhun mâhiyeti nedir?" diye sordular.

Bunun üzerine Kehf Sûresi nâzil oldu. Bu sûrede Zülkarneyn -aleyhisselâm-'dan bahisle şöyle buyruldu:

"Bir de Sana Zülkarneyn'den suâl ediyorlar. De ki: «Size O'nun haberlerinden bir kısmını nakledeceğim.»

Gerçekten Biz, O'nu yeryüzünde iktidar sâhibi kıldık ve O'na, ulaşmak istediği her şeyi elde etmenin bir yolunu verdik." (el-Kehf, 83-84) (Âlûsî, *Tefsîr*, XVI, 24; Vâhidî, s. 306)

فَأَرَدْنَآ أَن يُبْدِلَهُمَا رَبُّهُمَا خَيْرًا مِّنْهُ زَكَوٰةً وَأَقْرَبَ رُحْمًا ۝ وَأَمَّا ٱلْجِدَارُ فَكَانَ لِغُلَٰمَيْنِ يَتِيمَيْنِ فِى ٱلْمَدِينَةِ وَكَانَ تَحْتَهُۥ كَنزٌ لَّهُمَا وَكَانَ أَبُوهُمَا صَٰلِحًا فَأَرَادَ رَبُّكَ أَن يَبْلُغَآ أَشُدَّهُمَا وَيَسْتَخْرِجَا كَنزَهُمَا رَحْمَةً مِّن رَّبِّكَ وَمَا فَعَلْتُهُۥ عَنْ أَمْرِى ذَٰلِكَ تَأْوِيلُ مَا لَمْ تَسْطِع عَّلَيْهِ صَبْرًا ۝ وَيَسْـَٔلُونَكَ عَن ذِى ٱلْقَرْنَيْنِ قُلْ سَأَتْلُوا۟ عَلَيْكُم مِّنْهُ ذِكْرًا ۝ إِنَّا مَكَّنَّا لَهُۥ فِى ٱلْأَرْضِ وَءَاتَيْنَٰهُ مِن كُلِّ شَىْءٍ سَبَبًا ۝ فَأَتْبَعَ سَبَبًا ۝

حَتَّىٰٓ إِذَا بَلَغَ مَغْرِبَ ٱلشَّمْسِ وَجَدَهَا تَغْرُبُ فِى عَيْنٍ حَمِئَةٍ وَوَجَدَ عِندَهَا قَوْمًا ۗ قُلْنَا يَٰذَا ٱلْقَرْنَيْنِ إِمَّآ أَن تُعَذِّبَ وَإِمَّآ أَن تَتَّخِذَ فِيهِمْ حُسْنًا ۝ قَالَ أَمَّا مَن ظَلَمَ فَسَوْفَ نُعَذِّبُهُۥ ثُمَّ يُرَدُّ إِلَىٰ رَبِّهِۦ فَيُعَذِّبُهُۥ عَذَابًا نُّكْرًا ۝ وَأَمَّا مَنْ ءَامَنَ وَعَمِلَ صَٰلِحًا فَلَهُۥ جَزَآءً ٱلْحُسْنَىٰ ۖ وَسَنَقُولُ لَهُۥ مِنْ أَمْرِنَا يُسْرًا ۝ ثُمَّ أَتْبَعَ سَبَبًا ۝ حَتَّىٰٓ إِذَا بَلَغَ مَطْلِعَ ٱلشَّمْسِ وَجَدَهَا تَطْلُعُ عَلَىٰ قَوْمٍ لَّمْ نَجْعَل لَّهُم مِّن دُونِهَا سِتْرًا ۝

Eskilerin Masalları

كَذَٰلِكَ وَقَدْ أَحَطْنَا بِمَا لَدَيْهِ خُبْرًا ۝ ثُمَّ أَتْبَعَ سَبَبًا ۝ حَتَّىٰ إِذَا بَلَغَ بَيْنَ ٱلسَّدَّيْنِ وَجَدَ مِن دُونِهِمَا قَوْمًا لَّا يَكَادُونَ يَفْقَهُونَ قَوْلًا ۝ قَالُوا يَـٰذَا ٱلْقَرْنَيْنِ إِنَّ يَأْجُوجَ وَمَأْجُوجَ مُفْسِدُونَ فِي ٱلْأَرْضِ فَهَلْ نَجْعَلُ لَكَ خَرْجًا عَلَىٰ أَن تَجْعَلَ بَيْنَنَا وَبَيْنَهُمْ سَدًّا ۝ قَالَ مَا مَكَّنِّي فِيهِ رَبِّي خَيْرٌ فَأَعِينُونِي بِقُوَّةٍ أَجْعَلْ بَيْنَكُمْ وَبَيْنَهُمْ رَدْمًا ۝ ءَاتُونِي زُبَرَ ٱلْحَدِيدِ حَتَّىٰ إِذَا سَاوَىٰ بَيْنَ ٱلصَّدَفَيْنِ قَالَ ٱنفُخُوا حَتَّىٰ إِذَا جَعَلَهُ نَارًا قَالَ ءَاتُونِي أُفْرِغْ عَلَيْهِ قِطْرًا ۝ فَمَا ٱسْطَـٰعُوا أَن يَظْهَرُوهُ وَمَا ٱسْتَطَـٰعُوا لَهُ نَقْبًا ۝ قَالَ هَـٰذَا رَحْمَةٌ مِّن رَّبِّي فَإِذَا جَاءَ وَعْدُ رَبِّي جَعَلَهُ دَكَّاءَ وَكَانَ وَعْدُ رَبِّي حَقًّا ۝ ۞ وَتَرَكْنَا بَعْضَهُمْ يَوْمَئِذٍ يَمُوجُ فِي بَعْضٍ وَنُفِخَ فِي ٱلصُّورِ فَجَمَعْنَـٰهُمْ جَمْعًا ۝ وَعَرَضْنَا جَهَنَّمَ يَوْمَئِذٍ لِّلْكَـٰفِرِينَ عَرْضًا ۝ ٱلَّذِينَ كَانَتْ أَعْيُنُهُمْ فِي غِطَاءٍ عَن ذِكْرِي وَكَانُوا لَا يَسْتَطِيعُونَ سَمْعًا ۝

Dolayısıyla, görüldüğü gibi adı Kur'ân'da geçer. Allah ondan övgü ile bahsetmiştir. Fakat, Peygamber mi, yoksa veli mi olduğu ihtilâf konusu olmuştur. Zülkarneyn kelimesi Arapçadır. "*Zü*" ve "*Karneyn*" kelimelerinin birleşmesinden meydana gelmiştir. Yine, bir rivayete göre tarih öncesinde yaşayan bazı insan nev'i iki boynuzlu idi, iki onun ismi de oradan gelmiş olabilir ve o da o kavimden olması ihtimali vardır ki yine Sümer efsanelerinde çok eski devirlerdeki bazı insan ırklarının iki boynuzlu olduklarını okuyoruz. Yine Zü, aynı zamanda sahip ve malik demektir. Karn ise, boynuz, perçem, tepe, zaman, güneş anlamlarına gelir. Karneyn, karn'ın tesniyesi yani iki tanesi demektir. Buna göre Zülkarneyn kelimesi iki boynuz sahibi şeklinde tercüme edilir (el-Firuzabadî, el-Kamusu'l-Muhît, Kahire 1332, IV, 257 vd).

Zülkarneyn'in hikayesine tekrar dönecek olursak, kim olduğu ve neden kendisine bu lakabın takıldığı konusu, eskiden beri tartışmalı bir husus olarak devam etmiştir. Kendisine Zülkarneyn denilmesi, alimler tarafından, başının iki yanında iki boynuza benzer çıkıntıların bulunması, dünyanın şark ve garbını dolaşması, başının iki yanının bakırdan olması, örülmüş iki deste saçı olması, Allah'ın kendisine nur ve zulmeti musahhar kılması (emrine vermesi), yürürken nurun önünden, zulmetin ise arkasından gelmesi, şecaatı dolayısıyla bu lakabı almış bulunması, rüyasında gökyüzüne çıktığını ve güneşin iki tarafına asıldığını görmesi anlamlarında da yorumlanmıştır.

Zülkarneyn'in kim olduğu hususu da, çok farklı şekillerde yorumlanmıştır. Bilindiği gibi Zülkarneyn kelimesi onun esas adı değil, lakabıdır. Onun esas adı hakkında değişik görüşler ileri sürülmüştür. Birçok kişi, onun Büyük İskender (M.Ö 356-323) olduğunu iddia etmiştir. Fakat Kur'ân'da söz konusu olan Zülkarneyn ile Büyük İskender'in vasıfları birbirini tutmamaktadır. Zülkarneyn, Allah'a inanan, dürüst bir hayat süren ve peygamber olduğu bilinen ve ileri sürülen bir kişiliktir. Büyük İskender ise, tek tanrı inancından uzak, girdiği şehirleri yerle bir edecek kadar zalim ve barbar bir insandı.

Bilhassa son devrin alimlerinin ekseriyeti ise, Zülkarneyn'in İran kralı Kisra (Hüsrev) olduğunu kabul etmişlerdir. M.Ö altıncı asırda imparatorluk kuran Kisra'nın vasıfları da, Kur'ân'da adı geçen Zülkarneyn'in vasıflarına daha uygun düşmektedir. Nitekim Araplar

Kisra'ya, Nûşirevan-ı Âdil demektedirler. Yine de Zülkarneyn'in gerçek adını Allah bilir. Onun peygamber olup olmadığını ihtilaflıdır. (er-Razî, Mefâtihu'l-Gayb, Mısır 1937, XXI,163, vd.; İbn Kuteybe, el-Maarif, Beyrut 1970, 25).

Zülkarneyn'in adı Kur'ân'da üç âyette geçmektedir:

"(Ey Muhammed), sana Zülkarneyn'den soruyorlar. De ki: Size ondan bir hatıra okuyacağım. Biz yer yüzünde onun için sağlam bir mekan ve orada istediği gibi hareket edeceği yönetim hürriyeti hazırladık ve kendisine (muhtaç olduğu) her şeyden bir sebep verdik (ulaşmak istediği herşeye ulaşmanın yolunu, aracını verdik). O da (kendisini batı ülkelerine ulaştıracak) bir yol tuttu. Nihayet güneşin battığı yere ulaşınca, onu, kara balçıklı bir gözede batar buldu. Onun yanında bir kavim buldu. Dedik ki: Ey Zülkarneyn, (onlara) ya azab edersin veya kendilerine güzel davranırsın (onları güzellikle yola getirirsin. Nasıl istersen öyle yaparsın). Dedi: Kim haksızlık ederse, ona azap edeceğiz) sonra o, Rabb'ine döndürülecektir. O da ona görülmemiş bir azab edecektir. Fakat inanıp iyi iş yapan kimseye de en güzel mükâfat vardır. Ona buyruğumuzdan kolay olanı söyleriz (kolay işler yapmasını emrederiz, zor işlere koşmayız onu). Sonra yine bir yol tuttu. Nihayet güneşin doğduğu yere ulaşınca, onu, öyle bir kavim üzerine doğar buldu ki, onlara güneşin önünden (korunacak) bir siper yapmamıştık. İşte (Zülkarneyn) böyle (yüksek bir mevkiye ve hükümranlığa sahip) idi.

Onun yanında (daha) nice (hükümranlık) bilgisi (tecrübesi ve vasıtası) bulunduğunu biz biliyorduk. Sonra yine bir yol tuttu. Nihâyet iki sed arasına ulaşınca, onların önünde hemen hiç söz anlamayan bir kavim buldu. Dediler ki: Ey Zülkarneyn, Ye'cuc ve Me'cuc bu yerde bozgunculuk yapıyorlar. Bizimle onların arasında bir sed yapman için sana bir vergi verelim mi? Dedi ki: Rabb'imin beni içinde bulundurduğu (mal ve mülk, sizin vereceğinizden) daha hayırlıdır. Siz bana insan gücüyle yardım edin de, sizinle onlar arasına sağlam bir engel yapayım. Bana demir kütleleri getirin. (Zülkarneyn) iki dağın arasını (demir kütleleriyle doldurup dağlarla) aynı seviyeye getirince, üfleyin dedi. Nihâyet o demir kütlelerini bir ateş haline koyduğu zaman; getirin bana, üzerine erimiş bakır dökeyim, dedi. Artık (Ye'cuc ve Me'cuc) onu ne aşabildiler ne de delebildiler. (Zülkarneyn) dedi: Bu, Rabb'imden (kullarına) bir rahmettir. Rabb'imin va'di ge(lip Ye'cuc ve Me'cuc'un çıkması, yahut kıyametin kopması gerek)diği zaman, onu yerle bir eder. Şüphesiz, Rabb'imin va'di gerçektir"

{**Kehf, 18/83-98**}

Bazı alimlerin rivayetine göre, Yahudilerden birkaç kişi, Hz. Muhammed (s.a.s)'e gelerek Zülkarneyn'in kim olduğunu sormuşlar. Bunun üzerine bu âyetler nazil olmuştur (en-Nisâburî, Esbâbu'n-Nuzûl, Mısır 1968, 75).

Diğer bir rivayette ise, Mekkeliler kitap ehli olan Yahudilere adam gönderip Hz. Muhammed (s.a.s)'i çetin bir sınavdan geçirmek için, birkaç soru hazırlayıp göndermelerini istemişlerdi. Onlarda şu üç şeyden sormalarını tavsiye etmişler: Ruh, Ashab-ı Kehf ve Zülkarneyn Bunun üzerine ilgili âyetler inmiştir (et-Taberî, Camiu'l-Beyân, Mısır 1373, XVI, 7).

Yukarıda meâli sunulan âyetlere göre, Zülkarneyn'in bazı özelliklerini şöyle sıralamak mümkündür. Zülkarneyn, üstün yeteneklere, geniş kudret ve imkanlara sahipti. Bilgili, kültürlü, dünya coğrafyasının önemli bir kısmını bilen ve ilâhî yardıma mazhar olan bir kişiydi. Zalimlere hadlerini bildiren, onları cezalandıran, ahiret gününe kesin bir şekilde imân eden, ona göre hareket eden ve iyi ahlaklı dindar toplumları himâye eden bir zattı ki, ilerleyen kısımlarda çok eski tarihlerde zülkarneyn as. tarafından seddin arka tarafında kalan ve o tarihlerden beri yeraltına çekilen ve şu anda dahi yeryüzüne çıkmaları beklenen Kıyamet alametlerinin büyüklerinden birisi olan "*Ye'cüc*" ve "*Me'cüc*" kavimleri ile onların tabi oldukları "*Agarta*" ve "*Şambala*" medeniyetlerini ayrıntılı olarak inceleyeceğiz ve gerçekten yaşamış olduklarını tarihsel bilgilerden de yararlanarak bu eserimiz boyunca ilan ve isbat edeceğiz..

ZÜLKARNEYN AS. & AGARTHA ARASINDAKİ İLİŞKİ [YE'CÜC VE ME'CÜC YERALTI MEDENİYETİ]

"[83]Rasûlüm! Sana Zülkarneyn hakkında soru sorarlar. De ki: Size ondan bir hatıra okuyacağım. [84]Gerçekten biz onu yeryüzünde iktidar ve kudret sahibi kıldık, ona (muhtaç olduğu) herşey için bir sebep (bir vasıta ve yol) verdik. [85]O da bir yol tutup gitti. [86]Nihayet güneşin battığı yere varınca, onu kara bir balçıkta batar buldu. Onun yanında (orada) bir kavme rastladı. Bunun üzerine biz: Ey Zülkarneyn! Onlara ya azap edecek veya haklarında iyilik etme yolunu seçeceksin, dedik. [87]O, söyle dedi: "Haksızlık edeni cezalandıracağız; sonra o, Rabbine gönderilecek; sonra Allah da ona korkunç bir azap uygulayacak." [88]"İman edip de iyi davranan kimseye gelince, onun için de en güzel bir karşılık vardır. Ve buyruğumuzdan, ona kolay olanını söyleyeceğiz." [89]Sonra yine bir yol tuttu. [90]Nihayet güneşin doğduğu yere ulaşınca, onu öyle bir kavim üzerine doğar buldu ki, onlar için güneşe karşı bir örtü yapmamıştık. [91]İşte böylece onunla ilgili her şeyden haberdardık.

[92]Sonra yine bir yol tuttu. [93]Nihayet iki dağ arasına ulaştığında onların önünde, hemen hiçbir sözü anlamayan bir kavim buldu. [94]Dediler ki: Ey Zülkarneyn! Bu memlekette Ye'cûc ve Me'cûc bozgunculuk yapmaktadırlar. Bizimle onlar arasında bir sed yapman için sana bir vergi verelim mi? [95]Dedi ki: "Rabbimin beni içinde

bulundurduğu nimet ve kudret daha hayırlıdır. Siz bana kuvvetinizle destek olun da, sizinle onlar arasına aşılmaz bir engel yapayım." [96]"Bana, demir kütleleri getirin." Nihayet dağın iki yanı arasını aynı seviyeye getirince (vadiyi doldurunca): "Üfleyin (körükleyin)!" dedi. Artık onu kor haline sokunca: "Getirin bana, üzerine bir miktar erimiş bakır dökeyim" dedi. [97]Bu sebeple onu ne aşmaya muktedir oldular ne de onu (Seddi) delebildiler. [98]Zülkarneyn: Bu, Rabbimden bir rahmettir. Fakat Rabbimin vâdi gelince (kıyamet yaklaştığında) O, bunu yerle bir eder. Rabbimin vâdi haktır, dedi. [99]O gün (kıyamet gününde) bakarsın ki biz onları, birbirine çarparak çalkalanır bir halde bırakmışızdır (Ye'cüc ve Me'cüc'ün salıverilmesi); Sûr'a da üfürülmüş, böylece onları bütünüyle bir araya getirmişizdir."

{Kehf, 83-99}

"[96]Nihayet Ye'cüc ve Me'cüc'ün Seddi yıkıldığı zaman, her dere ve tepeden akın edip çıkarlar."

{Enbiyâ, 96}

Gibi ayat-ı beyyinat ile birlikte,

"Ye'cüc ve Me'cüc her gün Seddi kazarlar. Gedikten güneş ışığını gördüklerinde amirleri: "Haydi artık dönün, yarın kazarsınız" der. Ertesi gün oraya geldiklerinde seddin eskisinden daha sağlam olduğunu görürler. Nihayet vadeleri dolup da, Allah onları insanların üzerine göndermek istediğinde yine kazarlar. Gedikten güneş ışığını gördüklerinde amirleri der ki: "Haydi artık dönün, inşâallah yarın kazarsınız." Bu defa İnşâallah kelimesini kullanır. Ertesi gün oraya geldiklerinde kazdıkları yeri, bıraktıkları gibi bulurlar, kazmaya başlarlar ve insanların üzerine saldırırlar."

"Ye'cüc bir ümmet, Me'cüc bir ümmettir. Her ümmet dört yüzbin kişidir ve bunlardan herhangi biri, kendi evladından bin silahlı adam görmedikçe ölmez."

"Cinler ve insanlar on kısımdır. Dokuz kısmını Ye'cüc ve Me'cüc; kalan kısmını ise, insanlar teşkil eder."

"Ye'cüc ve Me'cüc'den her biri, bin evladını bırakmadıkça ölmez."

"Dediler ki; "Yâ Rasûlallah! Her bin kişiden dokuz yüz doksan dokuzu ateşe mi girecek? O geriye kalan bir kişi kimdir?" Buyurdu ki; "Müjde size! Bin kişiden biri sizden, diğerleri Ye'cüc ve Me'cüc'den olacaktır."

"Müslümanlar, Ye'cüc ve Me'cüc'ün oklarını, harp aletlerini yedi sene yakacak olarak kullanacaklardır."

"Allah kıyamet günü şöye buyurur: "Ey Âdem kalk ve zürriyetinden Cehennem'e gidecek olanları gönder." Âdem der ki: "Yâ Rab! Cehennem'e gidecek olanlar ne kadardır?" Allah buyurur ki: "Her bin kişiden dokuz yüz doksan dokuzudur. Binde biri Cennet'liktir." Rasûlallah buyurdu ki: "İşte o gün, genç ihtiyarlaşır, her hamile kadın çocuğunu düşürür, insanları sarhoş olmadıkları halde sarhoş görürsün. Fakat bu sadece Allah'ın azabının şiddetli oluşundandır." Dediler ki: "Yâ Rasûlallah! Her bin kişiden dokuz yüz doksan dokuzu ateşe mi girecek? O kalan bir kişi kimdir?" Buyurdu ki: "Müjde Size! Bin kişiden biri sizden, diğerleri Ye'cüc ve Me'cüc'den olacaktır. Nefsim elinde olan Allah'a yemin olsun ki; şüphesiz ben sizlerin Cennet ehlinin dörtte birini teşkil edeceğinizi umuyorum." Bunun üzerine biz tekbir getirdik. Buyurdu ki: "Ümid ederim ki, sizler Cennet ehlinin yarısını teşkil edersiniz". Biz yine tekbir getirdik. Bunun üzerine buyurdu ki: "İnsanlar içinde sizler, beyaz öküzün üzerindeki siyah kıl veya siyah öküzün üzerindeki beyaz kıl gibisiniz."

"Bunun üzerine Allah'ın Peygamberi İsa AS. Ve Ashabı Allah'a dua ederler de, Allah Ye'cüc ve Me'cüc üzerine "Negaf" denilen kurtçukları boyunlarına musallat eder. Hepsi tek bir kişi ölmüş gibi ölürler (buradan şunu anlıyoruz ki;

ALLAH (C.C.) İLAHÎ HİKMETİ GEREĞİ BAZEN BİR NEVÎ, YANİ O TÜRE AİT CANLILARI TEK BİR KİŞİ GİBİ KOLAYCA YARATABİLİR VEYA BENZER ŞEKİLDE TEK BİR KİŞİ GİBİ ÖLDÜREBİLMEKTEDİR. İŞTE, KÂİNATIN BİRÇOK YERİNDE GÖRÜLEBİLEN BU NEVÎ OLAYLARIN BİR BENZERİ VE EN İBRETLİLERİNDEN BİRİSİ DE, ÂHİR ZAMAN İÇİN TAKDİR EDİLMİŞ OLAN BU YE'CÜC VE ME'CÜC TAİFESİNİN TÜREMESİ VE TEK BİR KİŞİ GİBİ ÖLÜMÜ DE, BU DURUMA İYİ BİR ÖRNEK TEŞKİL EDER VE ALLAH'IN ÇOK BİR ŞEYİ BİR TEK ŞEY GİBİ YARATABİLDİĞİNE VEYA BİR TEK ŞEYİ BİRÇOK ŞEY GİBİ YARATABİLDİĞİNE VE ÖLDÜREBİLDİĞİNE MİSAL VERİR.

Müslümanlar; "Şu düşmanın ne yaptığına gidip bakmak için kendini bizim için feda edecek yok mu?" derler. Adamın biri sevabını Allah'tan bekleyerek, ölümü göze alıp ortaya çıkar, Ye'cüc ve Me'cüc'ün bulunduğu yere iner ve hepsinin birbiri üzerine yığılmış bir vaziyette öldüklerini görür ve der ki; "Ey Müslümanlar! Size Müjdeler olsun! Allah düşmanların hakkından geldi. Sonra İsa AS. ve ashabı onların bulunduğu yere inerler ve yeryüzünde onların cesetlerinin kokusunun ulaşmadığı bir karışlık bir yer bile bulamazlar. Şehirlerden ve kalelerinden dışarı çıkarlar. Koyunlarını meraya salarlar. Koyunlarının yedikleri şey, sadece Ye'cüc ve Me'cüc'ün etleri olacaktır. Böylece davarları merada yedikleri ottan daha fazla semizleyecektir. İsa as. ve Ashabı tekrar Allah'a dua ederler. Bunun üzerine Allah, Ye'cüc ve Me'cüc'ün ölüleri üzerine develerin boyunları kadar olan kuşları salar. Bu kuşlar onları alıp Allah'ın dilediği yere atarlar. Allah yağmur indirir ve onların cesetlerini bu yağmur ile sürükleyip denize atar. İşte bu zaman olunca, Kıyametin kopması, insanların hamile kadının doğum sancısının ne zaman tutacağının bilinmediği gibi, gece mi, gündüz mü olacağının bilinmeyeceği gibi yakın olduğunu Rabbim bana bildirdi.."

{Hadis-i Şerif}

Şeklindeki bazı ehadisi tefsir edenler, modern arkeolojik kazılar ve yeni bilimsel gelişmelerden önceki asırlarda bu gibi ayet ve hadisleri tefsir ederlerken tabirlerinde amiyane gidiyorlardı ve nihayetinde bazı alimler bu gibi meselelerde ehadisi bazen akla uzak veya muhal olarak gördüklerinden iptaline kadar götürmüşler. Oysa ki, birazdan detaylıca burada inceleyeceğimiz gibi, göreceğiz ki, bu hakikatlerin hz. Peygamber tarafından bildirilmesi birtakım o zamanki şartlara göre değerlendirilmelidir ve birtakım pozitif bilimler o zamanda şimdiki gibi hazır elimizde olmadığından meseleye bu dürbünle tarihin derin derelerinden kayda alınan kısa mücmel ifadelerin değerlendirilmesinde elimizde teleskop varmış gibi tasavvur edemeyiz. Oysa ki, tarih-i kadimin derin katmanlarına inildikçe gün yüzüne kalıntıları çıkarıldıkça, birazdan göreceğiz ki, bu meselerin isbatı da gayet mümkündür ve hadisler ve ayetler kıyamete bakan mühim bir meselenin hakikatini yüzyıllar öncesinden mu'cizane bir şekilde i'cazlı olarak bildirmektedir.

Burada ele aldığımız bu mesele, Kıyametin büyük alametlerinden mühim birisine bakmakta olup, bu sebeple iman-ı tahkikinin daha önceki zamanlarda açığa çıkmamış mühim bir kutbuna bakmaktadır. İşte bu mesele Kur'an-ı Hakim'de geçen mühim bir mevzu olan "YE'CÜC VE ME'CÜC" bahsiyle yakından ilgili olduğu için, burada "DÖRT MESELE" halinde şimdilik kısaca izah edilecektir. Ardından gelecek olan açıklayıcı bilgi (TETİMME) ve belgeler ve

sonuçlar (HATİME) ise, isbat niteliğindeki kuvvetli DETAYLI AÇIKLAMALAR ve BÜRHANLAR gözüyle bakılmalıdır..
Vesselam.

TETİMME:
TAMAMI DÖRT MESELEDİR
BİRİNCİ MESELE: Sözlerime ben de uzun zamandır yanlış bildiğim bir yerküresel hipotezi "*Dünyanın iç yapısıyla ilgili*" yıllardır bize verilen yanlış eğitim ve NASA ile ilgili bazı kuruluşların bilinçli olarak yanlış bilgilendirmesi sonucu, dünya halklarının gerçeği öğrenmemesi ve gerçek dünya tarihini saklamak amaçlı bir dünya hipotezi fikrini çürütmek ve "YENİ BİR DÜNYA TEORİSİ (OYUK VEYA KUR'AN-I HAKİM'İN LİSANIYLA -KEHF DÜNYALAR-)" hipotezini tarihte ilk kez açıkça ortaya koyarak başlamak istiyorum.

İşte şimdi, ilerleyen satırlarımda dünyamızın gerçek yapısının teorisini ortaya koyacağımız bu makalemizle birlikte ahir zamana bakan bazım mühim hadisler de hakikatte gün ışığına çıkacaktır..

YENİ –OYUK- DÜNYA HİPOTEZİ

[Önemli Not: Bu gerçek tarihte ilk kez açıklanmakta ve bir hikmete binaen kamuoyuna sunulmaktadır..]

MÜELLİFİN KENDİSİ TARAFINDAN, YAKIN BİR ZAMANDA ARALIK 2012 TARİHİNDE DEŞİFRE EDİLMİŞTİR (DÜNYA TARİHİNİ İLGİLENDİRMEKTEDİR)..

Dünyamız aslında sanıldığı gibi derine indikçe yanan ateş içeren bir çekirdeğe sahip değil, HEP BİZE BU ŞEKİLDE ÖĞRETİLDİ VE SANA DA ÖYLE TABİ. Ama, Nasa'nın fotoğraflarındaki bir detay benim tarafımdan deşifre edildi, kuzey ve güney kutuplarında

1,400 km karelik devasa iki dairesel çukur var ve çukurun içinden boş uzay görünüyor. Peki bu ne demek allah aşkına, google earth programından da net bir şekilde koordinat girildiğinde görülebilen bu olayda, yoksa sanıldığı gibi dünyanın içerisinde büyük bir boşluk mu var der gibisiniz? Evet, doğru şimdi anladınız.. Peki sonra nereye çıkılıyor? Maksimum 600 km derinlikten sonra ise, yerin altı uzay boşluğuna veya iç atmosfere açılan içi boş küresel kabuktan ibarettir..

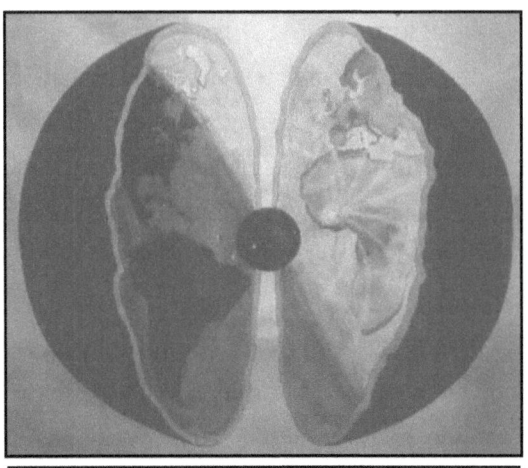

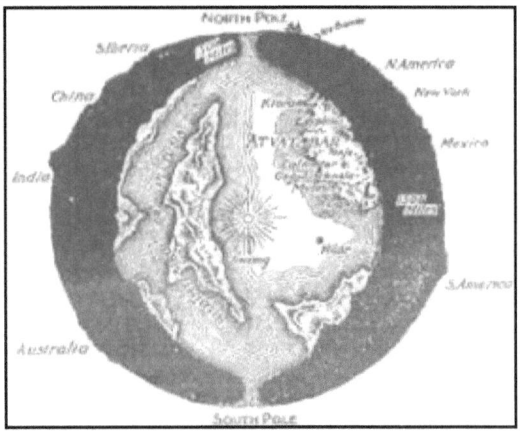

Dünyamızın gerçek geometrik şekli: Dünyamız aslında tüm diğer katı gezegenler gibi içi boş olan ve Kuzey-Güney

noktalarında birer deliklerin olduğu içi boş bir küreden ibarettir. Merkezinde ise, bir iç manyetik güneş çekirdeği görevi yapan yoğunlaşmış bir küresel kütle vardır.

Dünyamızın İçi Boş mu?

Himalayalar'ın bazı bölgelerinde, Hermes'in 22 Arkan'ı ile bazı kutsal alfabelerin 22 harfini temsil eden 22 tapınak arasında Agarta, Gizemli Sıfır'ı bulunamazı oluşturur ki bu yer altı sistemi eski uygarlıklara uzanan, yeraltına uzanan, Yerküre'nin hemen tüm bölgelerini kapsayan kocaman bir satranç tahtası gibidir.

(Saint-Yvesd'Alveydre, Mission de l'Inde en Europe, Paris, Camlan Lévy, 1864, s.54 ve 65)

Dünyanın altında 7 tabaka olduğuna ilişkin her yerleşik dinde inanışlar vardır. Budizm ve kısmen Hinduizm, Agarta-Şamballa gibi çift yer altı uygarlıklarına ilişkin sarsılmaz inanç beslerler. İslam verilerindeki Yecüc ve Mecüc, Tevrat ve İncil'de Gog ve Magog, insansı yer altı ırkları olup, özellikle Himalaya dağları altındaki geniş çok büyük mağara-galerilerde yaşadığına inanılır. Bu yaratıkların zaman zaman bir karışıklıktan dolayı, yer altı ülkelerinden dışarı çıkabildikleri ileri sürülür. İslamiyet'te de "**Kehf=Büyük yer altı mağaralar şebekesi**" inancı vardır. Özellikle, Kehf suresinin indiriliş amaçlarından birisi de, büyük bir muamma olan bu tarihöncesi uygarlığa ait kanıtları ve izleri tekrar bizlere vahiy aracılığıyla doğru bir şekilde aktarabilmektir. Aynı inanç Yahudilik ile Hristiyanlıkta da olması "7 Yer altı Dünyası" inancını desteklemektedir. Aynı görüşü İslami gizli bilimciler (Sofistler veya Sufiler) de benimsemekte ve desteklemektedir.

"İç Dünya Teorisi"ne göre, yaşadığımız dış dünya kabuğunda bulunan mağaralar sistemi ve geçitler vasıtası ile iç dünyaya ulaşılabilir. Ayrıca yerküremizin her iki kutbunda da büyük açıklıklar bulunmaktadır. İç dünyada –aynı dış dünyada olduğu gibi- denizler, ırmaklar, kıtalar ve yaşam vardır. İç dünya, dünya küresinin ortasında bulunan merkezi bir güneş tarafından aydınlatılmaktadır.

Ünlü "Time" dergisi, 1993 yılında yayınlanan sayılarının birinde, İzlanda'nın altında "Yer altı Kıtası" bulunduğunu iddia etmişti. 6 ay sonra, "Scientific American" dergisinde de benzer bir makale yayınlandı. İnternette yayınlanan kutuplara ait bir uydu fotoğrafında, kutup bölgelerinde siyah açıklıklar görülmektedir. Bu fotoğrafların biri 1963 yılı "Time" dergisinin kapağını süslemiş ve "Holes in the Poles" (Kutuplardaki Delikler) başlığı altında okuyucuya sunulmuştu.

İç dünyaya girmek mümkün mü? İddialara göre, İzlanda'daki Snaefell-jökull kraterinde böyle bir giriş vardır. Ayrıca dünyamızdaki (7 enerjetik noktalardan birinin merkezi de deniliyor) de burada bulunmaktaydı.

İç dünyaya diğer girişler, Pirenelerde, Mısır'daki Gize Piramidi'nin altında ve Lhassa'da (Tibet) bulunmaktadır. "İç Dünya" üzerinde yazdığı kitapta Bernard, bu tüneller şebekesinin bir yandan Agarti'ye, diğer yandan da dünya kabuğundaki girişlere bağlı olduğunu ileri sürer. Yazara göre, "İç Dünya"ya egemen olan imparatorluk "Agarti" ve başkenti "Şamballah" (Allah'ın aydınlattığı şehir) idi.

İKİNCİ MESELE: Aslında dünya bu şekilde bir kabuktu ve biz yıllarca içli ateş dolu bir kürede yaşıyoruz diye kandırıldık, oysa hitler ve tibetli bilgeler ile yine bazı islam alimleri ile çağdaş yazarlardan bazıları (örneğin zig-zag grubu mensubu be yöneticisi ve yazarı sayın HANS AİBERG gibi) birazdan da daha detaylı değineceğimiz gibi eski tradisyonlar bunu biliyorlardı, peki biz niye bilemedik çünkü yanlış eğitildik de ondan, benim gibi bir adam bile anca yakın bir zamanda büyük araştırmalarla ancak bu olayı çözebildiyse diğerleri nasıl bilecek, yıllarca okumadı ki araştırmadı ki insanlar. Peki konumuz açısından VE KIYAMET ALAMETLERİ babından, bunun önemi ne diyeceksin? Çok önemi var, zira konu direkt olarak kur'anda da YE'CÜC VE MECÜC KAVİMLERİ olarak adlandırılan, binlerce yıl yeraltında yaşamakta olan insanlık-dışı bir medeniyetle alakalı da ondan. Şimdi sıkı durun! Birazdan Agartha yeraltı medeniyeti'nin ne olduğunu ve nerede yaşadığını çözümlemeye çalıştığımızda konunun önemini ve gerçeklerin neden gizlendiğini daha iyi kavrayacağız..

NASA'NIN BİZİ YAKLAŞIK 30 YILDIR DÜNYANIN İÇİNDE BAŞKA CANLILAR YAŞAMIYOR DİYEREK EĞİTİMLE VE BİLİMLE KANDIRDIĞININ FARKINDA MISINIZ? PEKİ KUZEY VE GÜNEY KUTUPLARINDA

YAKLAŞIK 1,400 KM ÇAPINDA DEVASA İKİ DELİK BULUNDUĞUNU VE BURALARA YAKLAŞILDIKÇA MANYETİK ALANIN ŞİDDETLENDİĞİNİ VE YERYÜZÜNÜN KAVİSLENDİĞİNİ BİLİYOR MUYDUNUZ?

ONLARIN BUNU BİZE EMPOZE ETMELERİNİN TEK AMACI VARDI ASLINDA, UÇAN DAİRE TEKNOLOJİSİNİ VE BURAYA GİREN ARAÇLARIN VARLIĞINI SAKLAMAK VE DÜNYANIN İÇERİSİNDE BİZDEN ÇOK DAHA YÜKSEK BİR TEKNOLOJİYE SAHİP OLAN BİR MEDENİYETİ (AGARTHA DENİLİYOR) BİNYILLARDIR İNSANLIKTAN SAKLAMAK.? PEKİ NİÇİN? DÜNYADA KENDİ İSTEDİKLERİ GİBİ BİR DÜZEN KURMAK İÇİN VE ANTİK ÇAĞ ÖNCESİ İNSANLIK TARİHİNİN ORTAYA ÇIKMASINI ENGELLEMEK İÇİN..

TABİ BU DA ŞU ANLAMA GELİYOR: DÜNYA İÇİ BOŞ OLAN VE KABUĞU YAKLAŞIK 600 KM OLAN BİR KÜRESEL YÜZEYDEN BAŞKA BİR ŞEY DEĞİL? İNANMAK ZOR MU GELİYOR, ŞİMDİ BU FİLMİN SENARYOSUNU TERSTEN BURADA TEKRAR OLUŞTURACAĞIZ Kİ, DAHA DÜNE KADAR ONCA ARAŞTIRMACI BİR İNSAN OLMAMA RAĞMEN, BEN DE İÇİNDE ATEŞ KÜRESİ FİLAN VAR ZANNEDİYORDUM, OYSAKİ 600 DERİNLİĞİ GEÇİLİNCE, DÜNYANIN İÇİNDE BOŞ UZAYDAN BAŞKA BİR ŞEY YOK, İŞTE NASA'NIN 1979'DA FOTOĞRAFLADIĞI BİR İPUCU BİLİM DÜNYASININ VE BİZE ÖĞRETTİKLERİ EĞİTİMİN TÜM SAVLARINI ÇÜRÜTMEKTEDİR.. İÇİ BOŞ BİR BİR DÜNYADA YAŞIYORUZ NİTEKİM DÜNYA HAYATININ BOŞ BİR EĞLENCE OLDUĞUNU ZATEN ZAT-I ZÜLCELAL KELAMINDA SÖYLEMİŞTİ BİZLERE, VE ALT KABUKLARDA BAŞKA CANLILARIN YAŞADIĞI

VE BİR MERKEZİ İÇ GÜNEŞLE (KARA GÜNEŞ DENİYOR) AYDINLATILDIKLARI DOĞRULANDI Kİ, ONLAR DÜNYANIN İÇ KABUĞUNDA YAŞIYOR BİZ İSE KABUĞUN DİĞER TARAFINDA..

ÖYLEYSE, DİYEBİLİRİZ Kİ: BİNYILLARDIR İNSANÜSTÜ BİR MEDENİYETLE İÇİÇE YAŞIYORUZ Kİ, BUNLAR KUR'ANDA YERALTINDA OLDUĞU BİLDİRİLEN VE KIYAMETE YAKIN YERYÜZÜNE ÇIKACAKLARI BİLDİRİLEN YE'CÜC VE ME'CÜC KAVİMLERİDİR..İŞTE BU MUAZZAM HAKİKATİ DE, KIYAMETİN YAKLAŞTIĞININ BİR İŞARETİ OLARAK KIYAMET GERÇEKLİĞİ BURADA İLAN VE İSBAT ETME OLUP, ZAMANI GELDİĞİNİ VE AÇIKLANMASI GEREKTİĞİ BİLİNEN AHİR ZAMAN GELMİŞ DEMEKTİR.

PEKİ ORADA BAŞKA NELER VAR: ONLARINDA KENDİLERİNİ KORUYAN HARİCİ BİR ATMOSFERLERİ VAR AMA BİZİMKİ GİBİ DEĞİL VE AYRICA BİR ISI VE IŞIK SAĞLAYAN GÜNEŞLERİ VAR AMA BU KARA BİR GÜNEŞ, BİR IŞINIM YAPMAYAN KARA DELİK GİBİ DÜŞÜNÜN. AYRICA BİTKİLER ORADA KEMOSENTEZ YANİ DEMİR OKSİT VE SÜLFÜRLE BESİN ÜRETEBİLİYOR VE HAYVANLARI DAHİ FARKLI, ÖYLE Kİ TEK GÖZÜ OLAN VE 16 BACAĞI OLAN KAPLUMBAĞALARDAN TUTUN, YEŞİL DERİLİ DEV İNSANLARA, ETLE BESLENEN VE DİŞLERİ OLAN UÇABİLEN DİNAZORUMSU UÇAN KUŞLARDAN, SUDA YÜZEBİLEN DEV YILAN BALIKLARINA KADAR FARKLI FARKLI CANLILARI İLE APAYRI BİR DÜNYA VE BİZDEN HABERLERİ YOK, FAKAT ZAMAN ZAMAN UÇAN DAİRELERİ İLE YERYÜZÜNE KISA SEYAHATLER

YAPABİLMEKTELER..

İŞTE, ŞİMDİ EY BENİMLE BİRLİKTE BU TARİH-İ KADİM YOLCULUĞUNA ÇIKAN MERAKLI ARKADAŞ!, BU YAZIYI DİKKATLE OKU VE BU YENİ DÜNYA TEORİSİNİ (DAHA DOĞRUSU BİNYILLARDIR BİLİNÇLİ OLARAK SAKLANAN -Kİ BAZI BİLGELER BUNU ÇÖZDÜLER ÖRNEĞİN PLATON VE TYANALI APOLLONIUS GİBİ- AMA AÇIKLAYAMADILAR, veyahutta HZ. İSA GİBİ İNCİL'DE KAPALI OLARAK AÇIKLAYANLAR OLDUĞU GİBİ, VE BENİM TARAFIMDAN ÇOK ESKİ ANTİK DOKÜMANLAR, NAZİ ARŞİVLERİ İLE AGARTHA MEDENİYETİ ARAŞTIRILARAK ELDE EDİLEREK ÇÖZÜMLENEN VE BİLİM DÜNYASI İLE KAMUOYUNU ÖNÜNE SUNDUĞUM) BU TEORİ İLK DEFA AÇIKLAN- MAKTADIR Kİ, **"YENİ –Oyuk/Kehf- DÜNYA TEORİSİ-** "NİN İSBAT EDİLMESİ, MESELESİ DE DİREKT OLARAK, YE'CÜC & ME'CÜC BAHSİNE BAKTIĞINDAN VE ÖNEMİNE BİNAEN İMAN-I TAHKİKİ'NİN BATINİ KUTBUNA BAKTIĞINDAN, KIYAMET GERÇEKLİGİ'NİN İRŞAD DAİRESİNE DAHİL EDİLMESİ LÜZUMU GÖRÜLDÜ, Kİ ÇOĞU SAHİH HADİSİN TE'VİLİNİ MUĞLAK GÖREN EHL-İ İLMİ DE BU SAYEDE MESELEYİ TASDİK ETTİRMEKLE DAİRE-İ HALKASINA DAHİL ETMEKTEDİR..

ÜÇÜNCÜ MESELE: İşte yeni dünyanın şekli bu (daha doğrusu bizden yıllardır saklanan) ve tabi buna göre Antarktika ve Kuzey Kutbunda yer alan buz dağları ve kütleler devasa bir krater şeklindeki uzay boşluğuna açılmaktadır..

ŞİMDİ, ŞU HİPOTEZİN ŞURADA HATIRA GELEN DAHA MÜHİM BİR İHBAR-I GAYBİSİ İSE, BİR SIRRA BİNAEN İFŞA ETMEK VE AÇILMAK LÜZUMU GÖRÜLDÜ Kİ;

Şöyle ki: KEHF SURESİNİN BİR SIRRININ ÇÖZÜLMESİYLE OYUK DÜNYALAR HİPOTEZİ M. UHRAY TARAFINDAN 2012 DE ÇÖZÜLMESİ, MÜHİM BİR OLAYIN (YECÜC VE MECÜC'ÜN) BU DÜNYADAN PARALEL DÜNYAMIZA GEÇİŞ YAPMASINI VE AÇILAN GEDİKTEN GEÇİŞİNİ 40 YIL ERTEMİŞTİR, DOLAYISIYLA GELMESİ BEKLENEN BU KAVİM 2052 YILINDA SALIVERİLECEKTİR Kİ, BURADA DA,

"Nihayet Yecüc ve Mecüc (sedleri) açıldığı ve onlar her tepeden akın ettiği zaman", (Enbiya Suresi; 96-97) AYETİYLE ZAHİR OLMAKTA VE AHİR ZAMANDAKİ MÜHİM BİR HADİSENİN VUKUUNU 40 YIL EVVELİNDEN BİLDİRMEKTEDİR..

Vesselam..

AGARTA (YE'CÜC & ME'CÜC UYGARLIĞINA) İLİŞKİN DİĞER KANITLAR & TARİHİ DELİLLER:
Amiral Byrd'ün 1947 Yılındaki Kutup Gezisi:

Kutuplar üzerinde uçan askeri ve sivil uçaklar, kutup açıklıklarını keşfedemedikleri için, bugün kutuplar, coğrafi noktalar olarak kabul edilmektedir. Fakat Amiral Byrd kutup açıklıklarını keşfetmişti. Byrd, 1947 yılındaki gezisinde, iç dünya oyuğunun 1700 mil kadar içine girmeye muvaffak olmuş, bunun yanında da kuzey açıklığından giriş yerini bulmuştu. Byrd'ün keşifleri arasında dünyada bulunmayan hayvan ve bitki çeşitleri, denizler ve kara parçaları bulunuyordu. Byrd'ün keşiflerinin sırrını ilk defa Dr. Raymond Bernard, "**Oyuk Dünya**" adlı kitabında açıklamıştı.

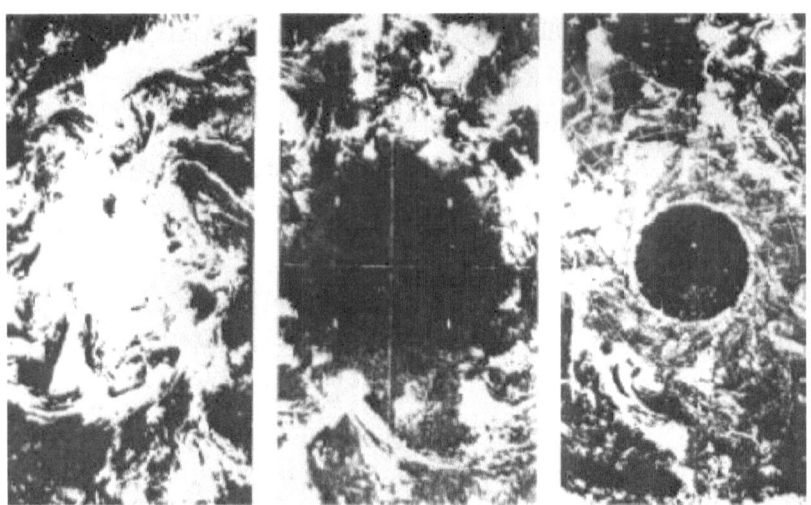

Uzaydan çekilmiş, Kuzey ve Güney kutup dairelerindeki açıklıkları, yani boşlukları gösteren fotoğraflar. Antarktika'nın haritasına uzaydan bakıldığında, büyük bir çukurluk (açıklık) olduğunu görebiliyorsunuz.

Byrd, kutupta bir şeyi veya birini aramıştı ama neyi? Müttefikler Hitler'in öldüğüne hiçbir zaman inanmamışlardı. Onlar, Hitler'in yaşadığını biliyorlardı. "Operation High Jump" Güney Kutbuna yapılan sözde bilimsel misyonun kod adı idi. Bu harekata 4000 askeri personel, 6 helikopter, 6 Martin PBM uçağı, 2 deniz uçağı, 13 Amerikan lojistik destek gemisi ve 1 uçak gemisi ve dikkati çekecek miktarda paletli ve tırtıllı makine ve teçhizat katılmıştı. Bu misyona Amiral Byrd başkanlık ediyordu. Misyon Washington tarafından finanse edilmişti ve ABD Deniz Kuvvetleri tarafından yürütülüyordu. Medyaya bu keşif seferinin maksadı ile ilgili hiçbir bilgi verilmemişti. Sadece keşif gezisinin tamamen bilimsel amaçlarla yapılacağı açıklanmıştı. 1946 Mayısında "Operation Hing Jump" yürürlüğe girdi ve birçok gemi Güney Kutbu'na doğru hareket etti.

İlginçtir ki; Nazi Almanyası da 1938 yılında Güney ve Kuzey

Kutbuna Kaptan Alfred Ritter yönetiminde keşif gezileri düzenlemişti. Daha önce Norveçe ait olduğu iddia edilen kutup bölgelerine, küçük bir deniz uçağı ile yüzlerce gamalı haçlı bayraklar dikilmişti. Richter bu bölgeye "Neuschwabenland" adını vermişti. Amerika ve SSCB, Avrupa'da "Soğuk Savaş" hazırlıkları yaparken, bu iki güç kutuplarda tam bir birlik ve beraberlik içindeydi. Byrd, "Kıtanın kuşatılması planlanıyor" başlıklı raporunda bunları açıkça ilan ve isbat etmişti.

Almanya o dönemde, "Kıta'ya (yani kutuba) 3 cepheden saldırılmasını teklif etmişti. Sayfa 434'de ise şöyle bir tavsiyede bulunuyordu Byrd, *"Gelecek defa kombine kara ve deniz kuvvetleri keşfi planlanmalıdır"*. Gazete muhabirleri **"High Jump"** harekatının **"Neuschwabenland"** bölgesinde Kaptan Richter'in orijinal yerinden sadece birkaç mil ötede yürütüldüğünü öğrenmişlerdi. Amerikan görev güçleri burada 3 kısma ayrılıp, kıtanın içine doğru ilerlemeye başlamışlardı. Byrd arkadaşlarına projenin yaklaşık 6-8 ay süreceğini söylemişti. Fakat Şili basını misyonun başının dertte olduğunu ve birçok kazanın olduğunu yazmıştı. Kutuba ayak basıştan birkaç hafta donanmanın bir kısmı eve döndü. Avrupa'da bazı söylentiler dolaşmaya başlamıştı. Amiral Byrd bir Amerikalı gazeteciye şöyle demişti: "Amerikanın, kutup bölgesinden gelebilecek hava saldırılarına karşı savunma tedbirleri alması gereklidir. Yeni bir savaş olursa, Amerika, bir kutuptan diğer kutuba inanılmaz hızla uçabilen uçakların saldırısına uğrayabilir." O zamanki Alman tabloid gazetelerinin iddialarına göre, Byrd bu açıklamalardan sonra derhal Washington'a çağrılmış ve güvenlik servislerince sorgulanmıştı. "High Jump" harekatına katılan insanlardan ölenler olmuştu. Ayrıca birçok gemi ve uçak da kaybolmuştu. ABD donanması pilotlarından David Bunger'in tuttuğu notlara göre; Şubat 1947'de Wilkesland'ın

Queen Mary sahilleri üzerinde uçarken, 300 mil karelik bir buzsuz alan keşfetmişti. Bunger'in iddialarına göre ayrıca, bu alandaki göller sıcak su ihtiva ediyordu.

6 Ekim 1977 tarihli Times, Bunger'in raporunu şu sözlerle tasdik ediyordu: "Antarktik buzlarının altında 17 göl bulundu." Amerikan Projesi hayli bilimsel görünüyordu fakat bütün bu görüntüye rağmen, Amerikalılar'ın projesinin Nazi avı için düzenlendiğini gösterir belirtiler vardır. Ayrıca Amerikan bilim adamlarının kutupla ilgili raporlarında, kutup üzerinde kimliği meçhul cisimler ve ışıklar görüldüğünü bildirilmiştir. "High Jump" operasyonu ile ilgili birçok sır, Amiralin ölümünden sonra kaybol-muştur.

Dr. William Bernard tarafından yayınlanan Byrd'ün anılarında, onun uçağında kutuptaki bilinmeyen kristal bir kente, uzun boylu sarışın insanlarca, uzaktan komuta edilerek indirildiği anlatılır. Bu insanlar ona, iç dünyanın Arianni bölgesinde yaşadıklarını ve "Flugelrad" (Uçan Disk)'lere sahip olduklarını göstermişlerdi. İlginçtir ki, bu sarışın, uzun boylu insanlar, Almanca konuşuyorlardı ve kültürlerinin binlerce yıllık olduğunu söylüyorlardı. Bu insanlar, dış yüzeydeki insanları gözlüyor ve kontrol ediyorlardı.

Müttefikler 1947 yılında Neuschwabenland'a saldırmakla, Büyükamiral Dönitz'in imzaladığı silah bırakışması anlaşmasına açıkça ihlal etmişlerdi. Müttefikler bu saldırıyı 1957 yılında bir defa daha tekrarlardılar ve Antarktika üzerinde birkaç atom bombası patlatarak, buradaki Alman üssünü yok etmek istediler. Müttefikler bu saldırıyı "Uluslar arası Jeofizikçiler yılı" olarak adlandırarak olaya bir kutup araştırması süsü vermek istediler. Aslında günümüzde çokça söz konusu edilen kutup üzerindeki ozon tabakasındaki delik, işte bu nükleer saldırıdan sonra açılmıştı.

Esâtir-ul Evvelin

Kutuptaki Reich-Almanları ve Arianniler arasındaki ittifak:

"Kara Güneş" örgütünün elindeki belgelerden anlaşıldığına göre, Reich-Almanyası Arianniler'le gizli bir anlaşma imzalamıştı. (Bu anlaşmada A. Hitlerin de imzası vardı) Bu anlaşmaya göre, Reich Almanları "iç dünya"da her türlü saldırıya karşı korunacak, ayrıca ileri teknoloji ve ileri spiritüel bilgilerle donatılacaklardı. Fakat bu teknoloji yalnız barış ve savunma amacı ile kullanılabilecekti. Reich Almanları'nın Alderbaranlı'larla olan işbirliğini, ünlü yazar Robert Charroux'un "Andların Esrarı" adlı kitabında da görebili-yoruz. Charroux'un anlattığına göre, Güney Amerika And dağların-da devasa tünel sistemleri vardı. Charroux daha sonra şunları yazmaktadır; "Adolf Hitler ve Mussolini'nin savaş hazineleri yardımı ile Güney Amerika'da bir yer altı şehri kuruldu. Bu yer altı şehrindeki (muhtemelen Peru veya Amazon ormanlarında) teknik cihazlar ve donanımlar benzeri yerüstündeki laboratuarlardan çok üstün bir durumdaydı. Ünlü İtalyan kaşifi Guliemo Marconi'nin öğrencisi olan, İtalyan fizikçisi N. Genovese'nin açıklamalarına göre, bu araştırma merkezlerinde dünya dışı varlıkların yardımı ile hayret verici bilimsel gelişmeler olmuştu. Bu merkezde 1946'dan beri doğrudan güneşten gelen kozmik enerjiyi depolayabilen bir sistem mevcuttu."

Antarktika'daki Alman Reich'ı:

Daha önce de belirttiğim gibi, Alman Reich'ı tamamen yok olmamıştı. Güney Kutbun'daki üssün genişliği 600.000 km^2, Arjantin'deki Almanlar'ın yaşadığı San Carlos de Bariloche'daki toprakların genişliği ise, 10.000 km^2 idi. (İsviçre'nin yarısından büyük) Ayrıca Şili'de "Colonia Digniad" denilen bir Alman kolonisi vardı. Federal Almanya'nın kanunları bu kolonide geçmiyordu tabii!

Yazar J. V. Helsing'e açıklama yapan bir "Kara Güneş" örgütü mensubu Alman'ın anlattıklarına göre, müttefikler, kutuptaki Reich Almanlarının uçan daireleri ile geri dönmeleri durumunda, bugünkü Federal Almanya'ya atomik bir saldırıda bulunabilecekleri tehdidinde bulunmuşlardı. 1994 yılında, Büyük Amiral Dönitz'in yakın dost çevresinden yaşlı bir Alman hanımın yazarı itiraf ettiğine göre, Amiral Dönitz, Alman Uçandaireleri, Aydaki Alman UFO üsleri ve "Oyuk Dünya" (İç Dünya) ile ilgili oldukça bilgi sahibiydi. Yazarın iddiasına göre, Dönitz'in yakın çevresinden olan bir pilot da Bohemya Moravya bölgesinde Vril gücü ve anti-gravitasyon ile havalanan bir Vril-avcı uçan dairesi kullanmıştı.

J. V. Helsing'in diğer bir iddiasına göre, ünlü Stauffenberg ailesinden, II. Dünya Savaşı sırasında savaş pilotluğu yapan bir şahıs, 1943 yılında bir Arado Junker jet uçağı ile havaalanına indiği zaman, gözlerine inanamamıştı. Çünkü gözlerinin önünde dev bir Haunebu II uçan dairesi duruyordu. Pilota açıklandığına göre, bu araç, dünyada iken 5000-7000 km/s, atmosfer dışında ise 100.000

km/s'in üzerinde hız yapabiliyordu.

Müttefikler, Nazi Ufo'larla nasıl başa çıkabilecekleri bilemedikleri için YE'CÜC & ME'CÜC bahsini dünyadan örtbas etmişlerdi..

DÖRDÜNCÜ MESELE İSE: Bilindiği gibi, eskiden çıkan bazı Evliya-i azime ile bazı büyük zatlar veya günümüzdeki yorumlayıcıları şu gibi hadisleri akla uzak ve muhal gördükleri için, ta nihayetinde hadisin bildirdiği meslenin inkarına kadar götürerek, ya bu hadis sahih değil demişler veyahutta hadisin mücmel bırakıp işaret etmiş olduğu ahir zamandaki gelişmeleri göremedikleri için, yeniden izah edilmeye muhtaç kalmıştır ki, hadis ilmi açısında şimdi gelecek olan bahis mühim bir mesele olup, iman-ı tahkikinin rasulullahın tasdik edilmesine yönelik mühim birkaç ihbar-ı gaybisini izah ve isbat etmek üzere yazılmaya şimdi lüzum görüldü.

Şöyle ki; işte, bazı ehl-i tahkik aşağıda verildiği gibi bu neviden hadislerin inkarına götüren ta o eski zamanlardaki bazı bilgiler günümüzde, zooloji (canlı bilimi) ve jeoloji (yerküresi) ile coğrafya (jeofizik) veya tarih (arkeoloji) gibi derinlikli ilimlerdeki son zamanlarda yapılan yeni bulgular ve araştırmalar çerçevesinde şu mühim hadislerin bu bahsettiğimiz yer altındaki bizce bilinmeyen ve bildiğimizin çok ötesinde bir dünya ile karşılaşmamıza neden olacak bir olayın vukuundan sonra, gayet makul bir şekilde gerçek olduklarını isbat ve ilan etmektedir. işte, bundan sonraki ele alacağımız derinlikli araştırma tarzındaki açıklayıcı yazılar ve belgeler şu mühim ehadisin isbatına yönelik olacaktır ki, bir MUKADDİME ile başlayıp açıklandıktan sonra bir HATİME ile ONALTI ADET DİPNOT biten tek parça bir makaleden ibarettir..

MESELENİN TARİHİ KAYNAKLARI:
MUKADDİME -GİRİŞ-

Agarta ve Şambala, teozofik ve ezoterik kaynaklara göre şimdiki insanlıktan önceki "devre"nin sonlarına doğru Mu ve Atlantis'ten göç eden bilim-rahipleri tarafından kurulmuş yeraltı organizasyonlarıdır. Önceleri beşeriyetle açık temas halinde olan bu organizasyon, bu "devre"nin koşullarından ötürü gizlenme gereği görmüş ve ikamet yeri olarak birbirinden tünellerle bağlanan, dağlar içindeki yeraltı kentelerini tercih etmiştir. Agarta, dünya insanlığının tekâmülünde sorumluluk sahibidir. İlahi Hiyerarşi' ye hizmet eder. Dünyanın Efendisi ve "Kutup" (veya İslami literatürde Gavs) olarak ifade edilen ve "Brahatma" veya "Brahitma" adıyla belirtilen Agarta'nın lideri, Dünya' ya sevk ve idare eden İlahi Hiyerarşi'nin fizik âlemdeki temsilcisidir.

1912'de Müslüman olduktan sonra Abdülvâhid Yahya adını alan; ezoterik, okült ve mistik konularda çok sayıda yapıtı bulunan ve Agarta konusunda gelmiş geçmiş en iyi uzmanlardan birisi olan Fransız asıllı Mısırlı düşünür ve yazar **Rene Guenon**'a göre, tradisyonlarda "Kutsal Dağ", "Dünyanın Merkezi" olarak ifade edilen yer, dünyanın tüm geçmiş, yitik kıtalara indirilmiş dinler ve kozmik öğretileri, bu Agarta arşivinde kayıtlıdır ve birçok peygamber (İbrahim, Musa, İsa), dinlerini kurmadan önce, bu arşivleri incelemişlerdir ki, bazıları burada "inisiyasyon"dan da geçmiştir. Hatta islam'da da yer alan bu geçmiş literatür ile son peygamber Hz. Muhammed AS da tanışmış olup, bazı hadislerde yecüc ve mecüc olarak adlandırılan ve Kur'anda da bahsedilen bu kavime tebliğini ilettiğini ve onların ise, islamı kabul etmediklerini bazı sahih hadislerde yine rastlamaktayız.

Rene Guenon'a göre bu durum, en çok, Türklerin yaşadığı Orta Asya'da görülmektedir. Kimi yazarlara göre, Göktürk, Uygur ve Hun masallarındaki, *"ataların kutsal mağaraları"* ve bir mağaradan geçilerek ulaşılan *"gizli ülke"* inanışında Agarta'nın sembolizmi bulunmaktadır. Tibet tradisyonlarına göre, Agartalılar şimdiki devrenin sonunda dışarı çıkacak ve Agarta'nın lideri yeryüzündeki menfiliği yenecektir.

Agarta'nın ne olduğuna ilişkin en yaygın, internet ve ansiklopedik kaynaklarda kullanılan tanım, 'Tibet ve Orta-Asya tradisyonlarında sözü edilen, Asya'daki sıradağların içinde bulunduğu ileri sürülen efsanevi bir yer altı Organizasyonu'dur. Ancak bu tanım, ivedilikle not düşülmeli ki, Agarta'yı anlamak ve çözmek için tamamıyla yetersizdir. Ne bu kadar basit ne de bu denli sığ. Ancak bir açılış tanımı olarak kullanılabilir.

Günümüze değin *"Agarta"*nın ne olduğunu inceleyen birçok yayın ve yazar bulunuyor. Bunlar içinde en ünlüleri ve kaynak olarak en itibar edilenleri üç tane. Bunları meraklıları için öncelikli olarak-konunun daha başında-yazalım: **Saint-Yves d'Alveydre, Ferdinand Ossendowsky ve René Guénon**.

Agartha kelimesi; *"Agharta"* ve *"Agarthi"* olarak da kullanılabiliyor. Agarta veya Agarti sözcükleri, Sanskritçe'de *"ele geçirilemeyen, ulaşılamayan, her şeyden korunmuş, şiddetin yakalayamayacağı, anarşinin erişemeyeceği"* anlamlarına gelmektedir. Bir de *"Şamballa"* (Shamballah) kelimesi var. Bunu da söylemek gerekiyor ki, meraklıları için şaşırtıcı olmasın. Kimi kaynak ve kişilere göre Şamballa, Agarta'ya karşıt olarak kurulmuş, gizli bir menfi merkez. Ancak genel ve yaygın kanı, Şamballa'nın Agarta'nın bir diğer adı olduğu.

"Agarta" ismi, ilk kez *"Saint-Yves d'Alveydre"* tarafından kullanmış olup, bu terim buraya İslam-Arap dünyasından geçmiş olan İslami kökenli bir terimdir. D'Alveydre, bir simyacı. Metalleri altın ve gümüşe dönüştürme formülleri düzenlemiş. Martinist tarikatının (Tours piskoposu Aziz Martin (MS.. 316-397) tarafından kurulmuş tarikat) mürşitlerinden. Topluluğun bir diğer adının, *"yeşil adamlar topluğu"* olduğu da kayıtlar da mevcut.

Agarta'nın kullandığı semboller:

Agarta'nın hakimi, *"dünyanın kralı"* rütbesini taşıyor. Yardım-cıları durumundaki iki rahip kral bulunuyor. Sembollerinden biri bugün günümüzde hala Hint ve Tibet tapınaklarını süsleyen gamalı haçtır.

Peki bu sembol buraya nereden geliyor? Bu sembol, Mu'dan kaynaklanıyor. Güneşi ifade eden kadim bir sembol. Dünyanın en eski sembollerinden biri sayılıyor. Bu haç, yaradılışın dört kuvvetini ve dört büyük enerjiyi sembolize eder. Zamanla bu ilk anlamını ve tanımını *"yönü çevrilerek"* II. Dünya savaşında Nazilerin kullandıkları kötü bir sembol haline gelecektir.

Agartalıların bizden çok daha üstün bir teknolojisi olduğunu iddia ediliyor ve uçan dairelerin de aslında onların yapımı olduğunu söylenmektedir.

Mu ve Atlantis Bağlantısı:

Bu teknik; ama açıklayıcı tanımlamalardan sonra Agarta'yı biraz daha açmaya başlayalım. Bir başka tanım, Agarta'nın 'Mu ve Atlantis'ten göç eden bilim rahiplerince ya da inisiyelerce kurulmuş, sonradan gizlenme gereği görüp dağ ve mağara içlerine çekilmiş' bir grup olduğunu ileri sürüyor. Bu açıklama da Agarta ile ilgili yaygın bilgiler arasında. Neredeyse tevatür derecesinde kadim tarih boyunca *"mutabakatla kabul edilmiş"* bir yaklaşım. Buradan Agarta ile ilgili ilk ve en bilinen *"tartışma"* konusuna gelebiliriz. Agarta'nın *"bir yeraltı ülkesi"*ni mi temsil ettiği veya *"gizli bir dernek (oluşum)"*mu olduğuna ilişkin bir tartışma bulunuyor.

Agarta üzerindeki hemen tüm çalışmalarda bu ayrışmaya rastlanıyor. Ancak ortak nokta, bir *"gizlilik"* olduğu yönünde. Ancak şu kadarını söyleyebiliriz ki, Yani ister *"yer altı"* olsun ister *"örgüt, dernek, oluşum"*; bir gizlilik ve okültizm var. Belki de bu, kur'anda da bahsedilen bu kavimlerin (Ye'cüc ve Me'cüc olarak geçer), ahir zamanda bir kapının yıkılarak açılmasıyla yeryüzüne çıkmalarına dek, kaderde saklı tutulması istendiği için, ilahi bir programa göre de dünyaca bilinemeyen ve bu yüzden henüz çözümlenemeyen bir mesele olarak kalmıştır yüzyıllar boyunca -onca araştırmacı ve yazarın çabasına rağmen halen ulaşılamaması bunun bir kanıtı olsa gerek- . Tabi, burada bir uzlaşma noktası da zamanla ortaya çıkmış. Her ikisinde de doğruluk payı olduğu varsayılıyor.

Agarta'nın halkı/adamları kimlerden oluşur, misyonu nedir?

Peki Agarta ne yapar? Amacı nedir? Kimlerden oluşur? Burada kesin yargılarla ayrışan bir farklı okuma yok. Değişik 'görev' tanımları varsa da genel olarak amaç ve araçlar belli. Agarta, 'sahip bulunduğu binlerce yıllık sırları uygulamak suretiyle insanlığı büyük bir spiritüel ilhama (illumination/aydınlanma/ışık) kavuşturmayı amaçlayan bilge ve filozoflardan oluşuyor'.

Saint-Yves d'Alveydre'den sonra Agarta isminin ilgi çeken biçimde sunuluşu, Fransız konsolosu olan Jacoliot'un "Hint'teki Tevrat' adlı eserinde ve teozofinin kurucusu H. P. Blavatsky'nin "Gizli Doktrin ve Gün Işığına Çıkarılmış İsis" adlı eserinde oluyor.

Bundan sonra en bilinen ve en sık gönderme yapılan 'Rene Guenon' oluyor ve "Dünyanın Kralı" adlı çalışmasıyla -kitabın türkçeye tercümesi yapılmış olup Türkiyede de yayınlanmıştır- Agarta hakkında en geniş bilgileri kamuoyuna veriyordu.

Agartha'nın merkezine doğru!

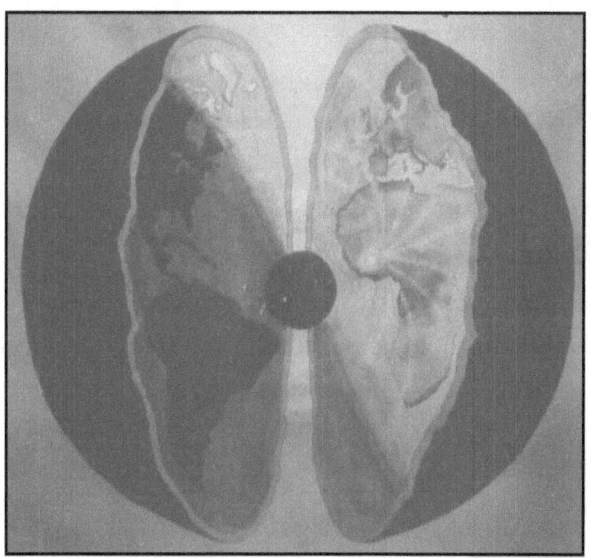

Agarta, Tibet ve Orta-Asya tradisyonlarında sözü edilen, Asya'daki sıradağların içinde bulunduğu ileri sürülen efsanevi bir yer altı organizasyonuna verilen addır. Dünyadaki tüm kıta adları ilginçtir ki, "A" harfi ile başlamakla benzer bir özelliği olan ve Asya, Avrupa, Afrika, Amerika, Avustralya ve Antarktika'dan sonraki 7. bir kıta olan bu 7 adet yeryüzüne açılan kapısı bulunan yeraltı dünyasına ait bilgilerimiz ise bugün bilinenin aksine çok azdır.

Agarta konusunu kitaplarında en ayrıntılı işleyen üç yazar Saint-Yves d'Alveydre (1842 -1909), Ferdinand Ossendowsky (1876 - 1945) ve René Guénon'dur (1886 – 1951). Agarta, teozoflarına göre,

Mu ve Atlantis'ten göç eden bilim rahiplerince ya da inisiyelerce kurulmuş, sonradan gizlenme gereği görüp, dağ ve mağara içlerine çekilmiştir. Agartha, Agharta ve Agarthi olarak da yazılır. Kimileri Şambala adında Agarta'ya karşıt olarak kurulmuş, gizli bir menfi merkezin varlığını ileri sürüyorsa da, Agarta'nın Tibet tradisyonlarındaki bir diğer adı Şambala'dır (Shamballah).

"Yeraltındaki insanlar en yüksek bilgiye ermişlerdir... Bizim çılgın insanlığımız onlara karşı bir savaş başlatacak olursa, gezegenimizin yüzeyini havaya uçurabiliriler."

(Ferdinand Ossendowski, Beats, Men and Gods, 1924, V)

Dünyanın iç yapısı gerçekte nasıldı?
Yer altı Dünyalarına Giriş:

İç Dünya teorisine göre, mağara ve tünel sistemleri, dış ve iç dünya arasındaki bağlantıları sağlamaktadır. Bu sistemlerin bazıları doğal yapılardır, bazıları ise insan elinden çıkmadır. 1902 yılında Malta adasında Casa Paula köyü yakınlarında bir tünel sistemi keşfedildi. Bir okulun sınıfından 30 öğrenci hiçbir iz bırakmadan bu tünelde kaybolunca, giriş tamamen kapatıldı. Yine Toronto (Kanada)'daki Parliement caddesinde bir yer altı şehrine giden küçük bir giriş vardır. Ayrıca bu şehirde "Elektromanyetik alan" üreten tesisler vardır. Bu elektromanyetik alanlar Toronto'nun bazı semtlerinde çok nadir görülen manyetik etkilere neden olmaktadır. Bu yer altı şehri, çevrede yaşayan yerli efsanelerinin de bir parçasıdır. Yine, Brezilya'da nerelere kadar uzandığı bilinmeyen tünel sistemleri mevcuttur. Ponte Grosso ve Rincan yakınlarında (her ikisi de Parana şehrindedir) bu tünellere giriş bulunmaktadır.

Anadolu'da yeraltı ülkesi:

1960'lı yıllarda Nevşehir'in Kaymaklı ve Derinkuyu kasabaların altında yer altı kentleri ortaya çıkarıldı. Nevşehir'in 27 km. güneyindeki Derinkuyu'da 20 yıldan fazla süren kazılar sonunda, toplam 6 kat ortaya çıkarıldı. Odalar tünellerle birbirine bağlanmıştı. Derinlerde henüz ulaşılamamış birçok katın da bulunduğu anlaşıldı. Bölgede kazılar sürdü. Nevşehir'in 18 km güneyindeki Kaymaklı kasabasını altında da bir başka yer altı kenti bulundu. Burada katların sayısı 8'di. her birinde 15 oda vardı. Hem Derinkuyu'da hem de Kaymaklı'da ortaya çıkarılan yer altı kentleri incelendiğinde, ortaya bir mühendislik mucizesi olduğu anlaşıldı.

Mükemmel bir havalandırma sistemi ile ısı daima sabit kalıyordu. Kayaların yapısı yumuşaktı. Fakat makine kullanmadan bunları oymak imkansız gibi görünüyordu. Basamaklar ve dehlizler yoluyla bütün odaların birbirleri ile bağlantısı vardı. Yapılan araştırmalar sonunda, bu yeraltı kentlerinde, Romalılardan kaçan Hıristiyanların saklandığını tespit edildi. Hristiyanlar buralarda yaşamış olabilirler, ama kentleri yapmış olamazlardı. Çünkü o dönemin bilinen mühendislik tekniği bu kentleri inşa edecek düzeyde değildi. **"Tanrıların Arabaları"** adlı kitabıyla bütün dünyada tanınan İsviçreli Araştırmacı **Erich von Daniken** 1982 yılında Türkiye'ye geldi. Kaymaklı ve Derinkuyu'da incelemeler yaptı. Daniken'e göre, bu yer altı kentleri havadan gelen saldırılardan korunmak için inşa edildi. Peki ama insanlara saldıranlar kimlerdi?

Daniken "Bunlar, bir zamanlar dünyayı idare etmiş uzaylılardı" diyor. İddia gerçekten çok ilginçtir. Çünkü Kaymaklı ve Derinkuyu yer altı kentlerinin bugünkü halini inceleyen mühendisler, buraların mükemmel sığınaklar olabileceğini ileri sürdüler. Hem de toplam 50.000 kişinin barınabileceği dev bir sığınak!...

Kaymaklı ve Derinkuyu köylüleri arasında yaygın bir amaç var. Onlar ne Daniken'i tanıyorlar, ne de onun tarihi ve bilimi altüst eden ünlü tezlerini...

Anadolu'daki Kaymaklı ve Derinkuyu yer altı kentlerinde bugünkü teknolojinin çok üstünde bir mimari yapı vardır.

Köylüler, dedelerinden duydukları, dedelerinin de dedelerinden duymuş oldukları öyküleri anlatıyorlar (**Sükut lazım..!**).

İşte tüm bu kanıtlar ise, Kur'an-ı hakimde 1400 önce bildirilen ve Zülkarneyn A.S. atarfından yeraltına hapsedilen Ye'cüc ve Me'cüc kavimlerinin gerçekten var olduğunu kanıtlayan mu'cizevi coğrafi ve tarihi belgeler, kanıtlar ve işaretler hükmündedir.

İşte, şimdi bu elde edilen bulgu ve kanıtlardan bazılarını burada sırasıyla maddeler halinde vereceğiz:

* Arkeologlar, Nevşehir bölgesinde henüz ortaya çıkarılamamış birçok başka yer altı olduğunu tespit ettiler. Bu iddiaya göre, -eğer bu doğruysa- Anadolu'nun altında bir yer altı ülkesi var demektir!... Norveç'teki Dolsten mağaralarının yeraltından ve denizaltından İskoçya'ya kadar uzandığı iddia edildiği düşünülürse bu mantıklıdır.

Esâtir-ul Evvelin

Ernst Betha'a göre, Güney Harz dağlarındaki bir giriş İran'a kadar uzanmaktadır. Yine, Mısır'da yayınlanan "Bilinmeyen Dünyaya Giden Esrarlı Yol" adlı kitapta, Gize Piramidi'nin altındaki sonsuz bir tünelden söz edilir. Bu tünel dünyanın içine kadar uzanmaktaydı. Bilim adamları, Batı Afrika'da Atlantik Okyanusunun altından geçen bir tünel girişi keşfetmişlerdi.

* Moskova şehrinin altında Stalin tarafından yaptırılmış bir yer altı sistemi vardır. Burası yüzbinlerce insanı barındırma kapasitesine sahip, askeri komuta merkezleri, tamirhaneleri, hastaneleri, mühimmat depoları ve demiryolları ile tam bir yer altı kenti manzarası arz etmektedir. Arjantin'in başkenti Buenos Aires'in caddelerinin 15 m. altında, bütün girişleri birbirine bağlı olan bir mağara şebekesi mevcuttur. Bu tip mağaralara Cordoba ve Parana gibi Arjantin şehirlerinin altında da rastlanmaktadır.

* Newyork'ta yeraltında bulunan metronun yanında üçgen şeklindeki bir tünel sistemi mevcuttur. Diğer bir tünel sistemi ise, Manhattan'ın altındadır.

* Japon yazar Shun Akiba, "Teito Tokyo Kakusareta Chikamono Himitsu" (İmparatorluk Şehri Tokyo: Gizli Yer altı Şebekelerinin Sırrı) adlı kitabında (2002) Tokyo şehrinin altında bir yer altı şebekesi olduğunu iddia etmektedir. (Kaynak: The Japan Times, 1 Mart 2003)

* Macaristan'daki Eger şehri yakınlarında oldukça eski ve 60 km. uzunluğunda, yüksek bir teknoloji kullanılarak açıldığı sanılan tünelin kimler tarafından yapıldığı bilinmiyor.

* Afganistan'ın kuzeyinde, Atlantis'ten kaçabilen insanlar tarafından yapıldığı iddia edilen, tünel ve bunker harabeleri bugün bile görülmektedir. Efsanelerde buralara da "Agarti" denmektedir.

* ABD'li araştırmacı Dr. Ron Anjard "Pursuit Magazine"de yerlilerin efsanelerini değerlendirdiği bir makalesinde (1978) ABD'de 44 adet yer altı şehri olduğunu iddia etmişti. Bu kabilelerden "Anjard" kabilesi, yer altı şehirleri ve onlarla ilgili medeniyetler hakkındaki bilgilerini halen gizli tutmaktadır. 1895 yılında Kaliforniya'da bulunan Yosemit Vadisinde araştırma yapan bir grup bilim adamı, 2.50 m. boyunda bir kadın mumyası bulmuştu.

* Nevada'da bir insana ait dev bir uyluk kemiği bulunmuştu. Bu kemiğin büyüklüğünden, o insanın 3 m. boyunda olduğu ortaya çıktı. J. C. Brown, 1904'de Cascade dağlarında (Wilson/Arizona yakınlarında) bulunan bir mağarada dev insan kemikleri buldu.

* ABD'de Dr. R. F. Bruce, 1964 yılında, Colarado çölündeki Panamit Dağı'nın güneyinde 80.000 yıl öncesine kadar uzanan eski bir medeniyete ait mağaralar sistemi buldu. Dr. Bruce'un buluntuları değerlendirmesine göre, buralarda yaşayanlar 2.70-3.10 m. boyunda dev insanlardı...! Dr. Bruce bu insanların yok olan Mu imparatorluğunda yaşamış olduklarını iddia etmişti. İddialara göre, 10 Nisan 1963'de Amerikan "Trasher" nükleer denizatlısı, deniz altındaki geçitleri ve mağaraları incelerken iz bırakmadan kaybolmuştu.

* Kaliforniya'daki ünlü "Ölüler Vadisi"nin altında da yer altı olduğu iddia edilmektedir. Buna benzer iddialar, Güneybatı Nevada, Grand Canyon ve Pennsylvania için de ileri sürülmüştür. Washington'daki ünlü "Beyaz Saray"ın altında da eski bir tünel sistemi olduğu iddia edilmektedir. Peru'daki Cuzco şehri yakınlarındaki devasa tünel sistemine giriş, bir grup bilim adamının

1923'de burada kaybolmasının arından polisçe kapatılmıştı.

* Tibet'te ve Keşmir'in kuzeydoğusundaki Karakurum'da yer altı şehirleri vardır. Bunlar "Taklamakan Altın şehirleri" diye anılırlar.

* "The East Caves of Syracuse" adıyla anılan Syracuse, New york'ta bir tünel sistemi mevcuttur. Bu tünel sisteminin girişi deniz tabanının altındadır ve Amerika'nın doğu kıyısı ile İngiltere'yi birleştirmektedir.

* Güney Almanya ve Avusturya'da rastlanılan esrarengiz mağaralar ve mağara sistemlerini burada belirtmeden geçemeyiz. Bunların yapay olması da başka bir gariplik arzetmektedir. Çünkü bu mağaralar normal bir insan için oldukça basık ve dardır. Ayrıca Avusturya/Steirmarkt'da 1912 yılında bu mağaralarda yapılan bir araştırmada, küçük yapılı insanlara ait olduğu sanılan iskeletler bulunmuştu.

* ABD'deki Salt Lake City'in altında çok eski zamanlardan kalma tüneller ve katakomb'lar ağı vardır. (U.S Public Law 100-691) ABD yasaları yer altı tesisleri ve mağaralarla ilgili her türlü bilginin kamuoyundan gizli tutulmasını emretmektedir. Bu yasayla "İç Dünya" ile ilgili her türlü bilgi kamuoyundan gizlenmektedir.

Ve hakeza daha bunun gibi ahir zamana açılan büyük bir kapı olan Ye'cüc ve Me'cüc bahsi ile Dabbet-ül Arz'ın mevcut ve var olduğunu ilan ve isbat eden daha binlerce numune vardır..

Şimdilik bunlarla yetinilerek burada kısa kesildi..

AGARTHA – Yer altı Uygarlığı (1. Kitap)
Atlantis & Agartha Bağlantısı:

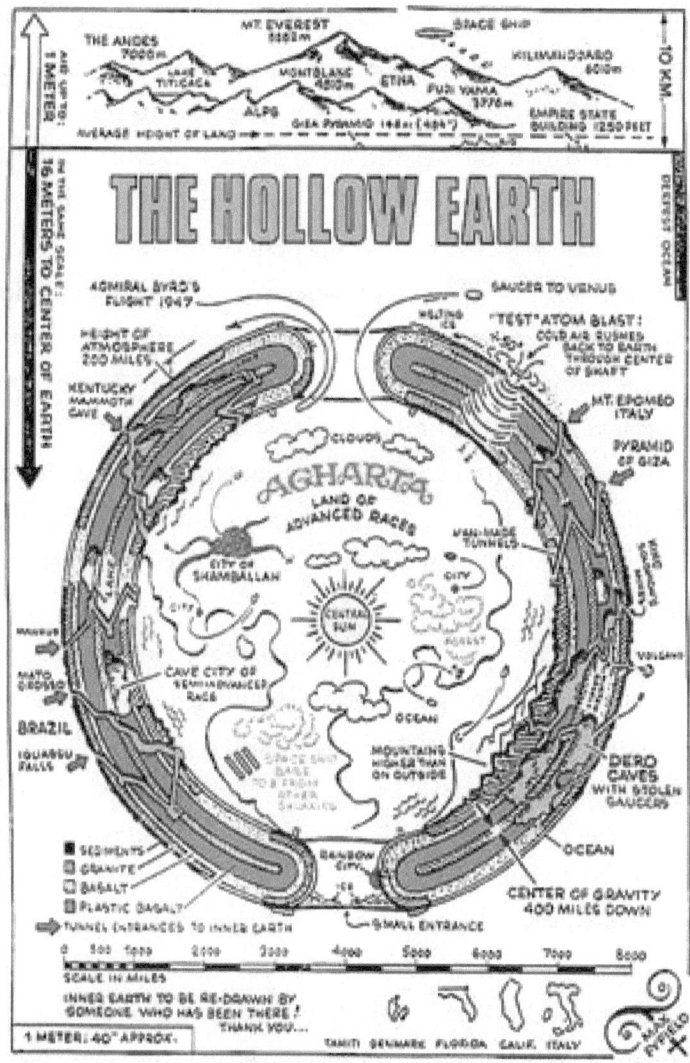

Agarta ismine ilişkin ilk detaylı tanımlama ve çizimler Ukraynalı sofist olan Teosofi derneğinin kurucusu olan Helena P. Blavatsky tarafından yapılmıştır.

Hz. Nuh zamanından çok daha önceki bir tufan sırasında (M.Ö. 10500 yılları), Okyanus Atlantis kıtasını yuttuğu zaman sağ kurtulan bilginlerden bir grubun doğuya göç ederek önce Himalaya Dağları'ndaki mağaralara sığındıkları, daha sonra da yer altında büyük kentler ve tünel şebekeleri kurdukları söylenir. Hatta kimi araştırmacılara göre bu yer altı uygarlığı eski Atlantis'i gölgede bırakacak kadar parlak bir uygarlıktır. İnsanlığın Büyük Kardeşleri, karlı tepelerin ardındaki gizli vadilerde ya da dağlardaki tünellerde saklanmış bir halde yaşarlar. Kur'an-ı Hakim'de de Ye'cüc & Me'cüc olarak geçmekte olan bu kolonilerin gerçekliği hakkında birçok kanıt ortaya konmuş ve dünyanın dört bir yanında gözlemler yapılmıştır.

Fransız Akademisi'nden Ferdinand Ossendowsky, Moğol Prensi Chultun Beyli ve laması tarafından Moğolistan'da kendisine anlatılan tuhaf bir hikayeden bahsetmiştir. Prensin anlattığına göre, Atlantik ve Pasifik Okyanusunda bulunan iki kıta denizin dibine battığında, o kıtalarda yaşayan bazı insanlar Himalayalar'daki yer altı sığınaklarına saklandılar.

Sığınaklar, insanlara hayat veren ve bitkilerin büyümesini sağlayan tuhaf bir ışıkla aydınlatılıyordu. Yer altı sakinleri bilimin en yüksek düzeyine ulaşmış, özellikle teknolojide çok ileri gitmişlerdi. Devasa tünel şebekeleri içinde yüksek hızla yol alan olağanüstü araçlara sahiptiler. Diğer gezegenlerdeki yaşam üzerine çalışmalar yapıyorlardı. Ama en büyük başarıyı zihin gücünü geliştirme konusunda sağlamışlardı.

Ünlü kaşif ve ressam Nicholas Roeriche'e, Çin Türkistan'ı ve Sinkiang'daki gezileri sırasında uzun yer altı koridorları gösterilmişti. Yerliler kaşife, kasabalarda alış veriş yapmak için tünellerden dışarı çıkan tuhaf insanlardan bahsettiler. Aldıkları malın karşılığını kimsenin görmediği paralarla ödüyorlardı. Bu yabancılar arada bir at sırtında geliyor ve insanları fazla meraklandırmamak için tüccar, sığırtmaç ve asker gibi giyiniyorlardı. Dağların içindeki gizli geçitlerden ortaya çıkan uzun boylu beyaz tenli erkek ve kadınlar meşalelerin ışığı altında görülmüşlerdi. Bu gizemli dağ insanları yabancı gezginlere de yardım ediyorlardı. Tibetli bir rahip Roerich'e şöyle demişti: "Şambala halkı zaman zaman dünyaya çıkar ve yeryüzünde yaşayan çocuklarıyla buluşur. İnsanlığın iyiliği için dışarı kıymetli hediyeler, harikulade emanetler gönderirler." Csomo dö Körös, (1784-1842) Tibet'teki Budizm geleneklerini inceledikten sonra Şambala ülkesini Siri Derya Nehrinin ötesine, 45-50 derece kuzey paralelleri arasına yerleştirmiştir. Belçika Antwerp'te yayımlanan bir 17. yüzyıl haritasının Şambala ülkesini göstermesi ise çok dikkat çekicidir!

1932'de Los Angeles Times Gazetesi'nde yayımlanan bir makalede, Kaliforniya'daki Shasta Dağı içinde yaşayan beyaz tenli, uzun boylu, beyaz uzun giysili, alınları bantlı ve asil görünüşlü bir topluluktan bahsediliyordu. Tüccarların söylediğine göre ara sıra kasabaya gelen bu insanlar aldıkları malların bedelini altın külçeleriyle ödüyorlardı. Ormanda veya başka yerde görüldüklerinde kaçıyor ya da ortadan kayboluyorlar, kimseyle ilişki kurmak istemiyorlardı. Dağın eteklerinde Shastalılara ait olduğu anlaşılan ve Amerika'daki bilinen hayvanların hiçbirine benzemeyen sığırlar görülmüştü. Ara sıra da dağın üzerinde rokete benzer hava gemileri gözleniyor, bazen dağın içinden çıkan uçan daireler okyanusa dalıyorlardı.

Eric von Daniken 'Tanrıların Altını' adlı eserinde, Ekvator ve Peru'nun altında uzanan binlerce mil uzunluğundaki devasa tüneller sisteminden söz eder. Birbiriyle bağlantılı mağaralarla tünellerin oluşturduğu bu sistem, 1965 yılında Juan Moricz tarafından keşfedilmiştir. Eric von Daniken'in anlattığına göre tünellerden biri, içinde som altından yapılma hayvan heykellerinin yanı sıra taş ve metal nesnelerin de bulunduğu muazzam bir hole açılıyordu. Dahası, üzerinde bilinmeyen bir dille yazılmış yazılar bulunan metal plakalardan (yapraklar) meydana gelmiş bir kütüphane de vardı. Moricz, bu yazıların insanlığın tarihi ve kayıp eski bir uygarlık hakkında ayrıntılı bilgiler içerebileceğini söylüyordu. Daniken, çok eski zamanlarda bize benzeyen insanlar arasında bir kozmik savaş olduğunu iddia etmektedir. Ona göre savaşı kaybedenler bir uzay gemisiyle kaçmışlar, kalanlarsa düşmanlarının gelecekteki saldırılarından korunmak için bu tünel sistemini inşa etmişler!

Yazar Harold T. Wilkins, tünel sistemi hakkında şöyle diyor: "Büyük tünellere bağlanan yollardan biri de eski Cuzco'nun yakınında bulunuyor, hala da orada. Ancak keşfedilemeyecek kadar iyi kamufle edilmiş. Bu gizli bağlantı, 380 millik bir mesafe boyunca Cuzco'dan Lima'ya kadar uzanan muazzam bir yer altı dünyasına ulaşır! Bu büyük tünel daha sonra güneye döner ve 900 millik bir mesafeyi aşarak Bolivya topraklarının içine kadar uzanır."

Peter Kolosimo Avrupa'yı işaret ederek şöyle diyor: "İspanya ile Fas arasında 30 millik bölümü incelenmiş muazzam bir tünel uzanmaktadır. Birçok kişi, Avrupa'da bu bölge dışında bulunmayan Berberistan maymunlarının Cebel-i Tarık'ı bu yoldan geçmiş olabileceklerine inanmaktadır. Bu devasa galerilerin, gezegenimizin en uzak bölgelerini birbirine bağlayan bir şebeke oluşturduğunu öne sürenler bile var!" Peter Kolosimo bir eserinde de Azerbaycan'daki dipsiz bir kuyudan söz eder. Kuyunun duvarından mavimsi bir ışık sızmakta ve içerden tuhaf sesler gelmektedir. Yapılan inceleme ve keşifler sonunda bilim adamları, Kafkasya ve Gürcistan'daki diğer tünellerle birleşen tünel sistemleri bulmuşlardır. Kolosimo, Tibetlilerin tüneller konusundaki inançlarını şöyle dile getiriyor: "Tibetliler, tünellerin aslında kentler olduğuna inanırlar. Söz konusu kentler büyük bir afetten sağ kalanlara hala sığınak görevi yapmaktadır. Bu gizemli insanların, bitkilerin büyümesini ve insan yaşamının uzamasını sağlayan bir yer altı enerji kaynağını kullandıklarını söylerler. Söz konusu kaynağın yeşil bir ışık yaydığı sanılmaktadır. Bu düşünceye Amerikan efsanelerinde de rastlanması oldukça ilginçtir).

Dünyanın her yanındaki Mistik Kardeşlikler, yerin kilomet-relerce altındaki psişik bir uygarlıkla Tibet'teki üstatlar arasında bir bağlantı olduğunu ileri sürerler. "İçi boş dünya" kuramının taraftarları, uçan dairelerin aslında yeryüzünü gözetlemek için dünyanın içinden geldiklerini ve kutuplardaki delikleri giriş ve çıkış kapıları olarak kullandıklarını söylerler. Ezoterik öğretiler de, Agarta'nın hakimine "Dünya'nın Kralı" payesini verir, yardımcıları olan iki rahip-kralla insanlığın geleceğini planladığına inanırlar. Dünya Kralının sembolü, Hitler tarafından çarpıtılarak kullanılmış olan gamalı haçtır.

K.B.L. ya da Şambala'daki tahtında oturan Üç Dünyanın Efendisi'nin adı Lusifer ya da Odin'dir. Prensipleri Vedalarda ve Tibet'in Ölüler Kitabında belirlenen K.B.L. güçleri, sayıları en fazla olan sarı ırkı, en yetenekli sarışın kuzey ırklarıyla kaynaştırarak kötülük güçlerine karşı sinarşik yapıda birleşik bir mücadele yürütecektir. K.B.L. güçleri majik karakterdedir ve dünyanın dört ana tradisyonundan ortaya çıkmıştır. Bunlar Tibet, Hint, Mısır ve Cermen tradisyonlarıdır ki, hepsi de Şambala ya da yer altı Masonluğu (Free Masonary) olan beşinci tradisyon üzerinde kutuplandırılmışlardır. Dünya üzerindeki temsilci ise Vril'in Büyük Locası'dır.

Robert Charroux, bu mezhebin inisiyatik iddialarıyla, hele politikasıyla hiçbir şekilde mutabık değildir. Vril'in Büyük Locası gerçekliği şüpheli dokümanlara güvenmekte ve Charroux'un düşüncelerine temelde aykırı düşen fikirler öne sürmektedir. Adının baş harfleri K.R.T.K.M. olan Üç Dünyanın Efendisi, Şambala'da Tohun-Yung kozmik sinarşisini ya da Direkt Orta Yolu oluşturan bir yeşil adamlar maj topluluğuna hükmetmektedir. Venüslü ataların neslinden gelen bu maj topluluğu Zerdüştle Hz. Muhammed'in halefi olduklarını iddia ederler. Görevleri 'Kara Taşın Ayini'ni yeniden canlandırmaktır. Locaya göre: "Gelecek Buda batıdan ve kuzeyden çıkacak, parmağında Cengiz Han'ın metal yüzüğünü taşıyan bu kişi Hinduların Kalki-Avatar'ı ya da Kundalini Avatar'ı olacaktır. Gelişi, Altın Çağın geri dönüşünü belirleyecektir ki, bu İslam inancındaki Hz. Mehdi'nin ta kendisidir. Mu veya Tao ülkesinin yeniden canlanışı ve Aydınlık Irkın ortaya çıkışından önce gelecektir. Bu olay, hem Demir Çağı'nın sonu, hem de jotün ile iblislerin dünyanın hükümet merkezlerinden dışarı atılması ve Atlantis'in karanlığından miras kalan yüz bin yıllık kötü karmanın temizlenmesi demektir."

Vril'in Büyük Locası, adına Vrilya denen kozmik bir gücün peşindedir. Bu gücü eline geçiren deprem ve yanardağ patlamaları yaratabilecek, hatta sönmüş yanardağları bile etkin hale getirebilecektir ki, Ahir zamanda bu gücü eline geçirecek olan kişi ise bir diğer kıyametin büyük alameti olan ve Hz. Mehdi'nin karşısında yer alacak olan Şeytan'ın yardımcısı rolündeki Deccal'ın ta kendisidir. İnsanlar her zaman dünyanın efendisi olmayı ve tüm uluslara hükmetmeyi istemişlerdir. Dünyayı yok etme gücünü ele geçirmeyi düşünmek tuhaf bir şey! Bu tür düşünceleri beyaz majiden sayabilir miyiz? Elbette hayır. İnsanın bu düşünceler ve görüşler labirentinde yolunu bulması zor olduğu gibi, sarı adamlar kitlesince oynanacak rolün ne olduğunu kestirmesi de kolay değil! Ossendowsky'nin Agarta'sıyla, Vril'in Büyük Locasının Şambalası aynı şey midir, yoksa birbirinin karşıtı olan farklı mabetler midir? Büyük bir olasılıkla ikinci şık daha doğru görünüyor!

İnisiyasyon tek bir üstadın ayrıcalığı değildir. Rozkruva (Gül - Haç) Derneğince yayımlanan bilgiye göre tüm üstatlar, üstatların üstadı Maha tarafından yönetilen merkezi Yüksek İnisiyeler Örgütünce denetlenir. Maha'nın, Paris, Kahire, Bombay, Pondicherry ve Meru Dağı ile Asgard gizli mabetlerinde çalışan tüm inisiyelerin en büyüğü olduğuna inanılmaktadır. Fransa'da en ünlüleri Rozkruva olmak üzere muhtelif inisiyasyon merkezleri kurulmuştur. 15. yüzyıldan beri (aslında insanlığın var oluşundan beri) Büyük Atalarımızın sırlarını nakleden Rozkruva üyeleri Bilinmeyen Üstatların en yüksek meclisini oluştururlar. Fransız Rozkruva'sının başı Raymond Bernard, Avrupa'da en yüksek elçi ve Fransızca konuşulan tüm ülkelerde Büyük Üstat'tır. Onun üstünde Rozkruva'nın Başkanı Dr. Ralp Lewis vardır. Hatta başkanın da üstünde başlarındaki Maha ile birlikte Bilinmeyen Varlıklar yer alır.

Dipnot: "Ve gökte ve yer üzerinde ve YER ALTINDA kimse kitabı açamıyor ve ona bakamıyordu" Kitab-ı Mukaddes, Yuhanna'nın Vahyi Bap 5/3. Acaba İncil'deki bu yer altındakiler kelimesi Agartalıları mı ima ediyor? (Müellif)

AGARTA - (2.Kitap) {Ye'cüc Me'cüc ırkları ile Türklerin ataları ve Orta Asya yer altı tünel sisteminin sırrını bildiren bir Hakikattir}

Kayıp ülke: AGARTA

Agarta İmparatorluğu'nun birbirine tünellerle bağlı yeraltı şehirlerinden oluştuğu ve bu tünellerde, uzay araçlarına benzeyen taşıtlarla dünyanın her köşesine gidilebildiği öne sürülür. Agarta Ülkesi, şimdiye kadar yeryüzünden gelip geçmiş uygarlıkların tüm evrim aşamalarının en ince ayrıntısına kadar kaydolup saklandığı milyonlarca kitaptan oluşan kozmik kütüphanesiyle aslında kozmik bir üniversitedir. Söz konusu kitapların birçoğu hologram tekniğiyle renkli olarak basılmıştır.

Kayıp TÜNELLER AĞI

1920'lerde, Gürcistanlı medyum R.C. Andersen ihtiyar bir keşişle çıktığı gezi sırasında, Agarta ülkesi üzerine Budist inancını soruşturur. Bir Tibet Manastırı'nda hayvan derisi ile kaplı eski bir kitaba rastlar. Bu kitapta, yüksek bir dağın üzerinde uçan, yumurta biçiminde bir aracın, bir Agarta taşıtının resmini görür. Ayrıca, Tibet'in Spiritüel Lideri Dalai Lama'nın Dünya'nın Kralı ile temasta olduğu söylentisini işitir. Efsanelere göre, Agarta halkının iki dili vardır. Agartalılar muazzam güçlere sahiptir: Okyanusları kurutabilir, ağaçları hızla büyütebilir, ölüleri diriltebilirler. Söylendiğine göre, yüksek dağlarda fiziksel kanıtlar bırakmıştır: Karda acaip ayak izleri, Agarta dilinde tabletler ile yazılar ve içinde Agartalılar'ın gezdikleri taşıtların tekerlek izleri.

İşte, Bu yeraltı üniversitesinin Agarta Yüksek Hiyerarşisi dışındaki asıl öğrencileri, dünya dışından gelen ve insanlığa bilinen ya da bilinmeyen kimliklerle rehberlik eden Öğretmenlerdir. Bu kozmik bilim merkezi, Yüksek İlahi Hiyerarşinin varlıkları Hz. Muhammed ve Hz. İsa gibi insanlık Öğretmenleri tarafından da şereflendirilmiştir. Onlar ilahi görevleri için gerekli etütleri burada yapmışlardır.

Dünya Yönetici Rab Mekanizma'sına dünya üzerindeki bir görev merkezi olarak hizmet eden Agarta Işık Ülkesi, bir ışık ve rahmet odağı olarak Rabbin dünyadaki ilahi Eli'dir. Bu ilahi El'in kudret alanı içinde dünyanın tüm ülkeleri ve insanlığın tümü bulunmaktadır. Bin yıllar boyunca insanlık ve onun yöneticileri, bu ilahi merkezin rahmet ya da gazabını üzerlerine çekmişlerdir. Özellikle, ülkemizin halk düşmanı politikacıları bilsinler ki, Agarta'nın kudretli Eli karanlığın uşaklarının saltanatını yıkacak amansız yıldırımlarını savurmak üzeredir! Ve zaman yaklaşıyor (Yani kıyamet yaklaştıkça Ye'cüc ve Me'cüc'ün Agartadaki Seddi yıkıp yeryüzüne çıkma zamanı yaklaşmaktadır (Müellif)!

BİR DAĞ İÇİNDE

Adım adım izleri
Bu alemden içeri
On sekiz bin alemi
Gördüm bir dağ içinde

Bir döşek döşemişler
Nur ile bezemişler
Dedim bu kimin ola
Sordum bir dağ içinde

Yetmiş bin hicap geçtim
Gizli perdeler açtım
Ben dost ile birleştim
Buldum bir dağ içinde

Deprenmedim yerimden
Ayrılmadım pirimden
Aşktan bir kadeh aldım
İçtim bir dağ içinde

Gökler gibi gürledim
Yerler gibi inledim
Çaylar gibi çağladım
Aktım bir dağ içinde

Yunus eydür gezerim
Dost iledir bazarım
Ol Allah'ın didarın
Gördüm bir dağ içinde

YUNUS EMRE

Dipnot: Yunus'un sözünü ettiği bu dağ sakın Himalayalar olmasın? Dağ içindeki dost da kim? Yunus'un yüzünü gördüğü Allah Dostu bir Agarta'lı olmasın yoksa o dağın içinde mi gizleniyor? (Müellif)

Bir Afgan Prensinin Yüksek Okült Yönetimin emriyle Paris'e gelerek Saint-Yves d'Alveydre ile görüştüğü söylenir. Asya'nın inisiyatik sırlarını bu prensten öğrenen d'Alveydre, "Hint Misyonu" adlı kitabını yazarak Agarta'ya ilişkin kimsenin bilmediği sırları açığa vurur. Ancak bir gaf yaptığını anlayan yazar, baskıdan çıkar çıkmaz kitabını imha etmeye karar verir. Fakat birkaç nüsha imhadan kurtulup elden ele dolaşmaya başlar. Yazarın ölümünden sonra yeniden yayımlanan "Hint Misyonu" okültistleri derinden etkilemiş ve birçok insan Agarta'nın yerini tespit etmek için kitapta sözü edilen yerlere gitmiş, bazıları da oradaki yüksek varlıklarla görüştüklerini söylemişlerdir.

İddialara göre, Hz. Nuh gerçekte bir Atlantisli idi ve **Atlantis** sulara gömülmeden önce kurtarılmaya değer bir grup insanı bu felaketten kurtarmıştı.

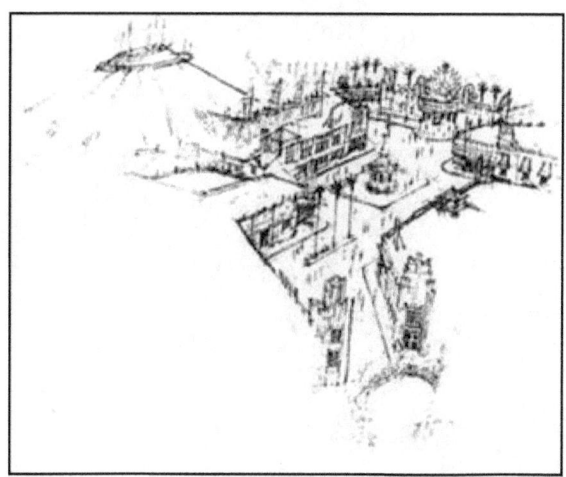

Amerika kıtasında ortaya çıkan Agartalıların en önemlilerinden birisi de Maya, Aztek ve genel olarak Kuzey ve Güney Amerika'daki yerlilerin en büyük efsanevi önderi Quetzalcoatl'dır.

Mısır inançlarındaki Osiris başka **bir yeraltı tanrısıdır**. Bazı araştırmacılar da, Yunan mitolojisinde geçen tanrıların Atlantisli yöneticiler olduğunu ileri sürer..

AGARTA (3. Kitap) {Kehf –Oyuk Dünyalar– ile UFO'ların sırrı'nı bildiren bir Hakikattir}

Kızılderililer ve Yeraltı Mağaraları & Tünel sistemleri:

Efsanelerden anlaşıldığına göre Kızılderililer, Doğu Amerika deniz yatağını -kıta şelf sahası haritaları burada muazzam bir batık gösterirler – parçalayan kozmik bombardımandan kaçarak yerin derinliklerindeki mağaralara sığınıp kurtulanların neslinden geliyor olabilirler.

William de Newburgh, 12'nci yüzyılda "Historia Anglicana" adlı yapıtında, İngiltere' nin Bury St. Edmunds yöresi yakınındaki Wolfpittes'de yerin içinden yeşil bedenli, olağandışı renk ve malzemeden oluşmuş elbiseler giyinmiş bir oğlan ile bir kızın çıktığından bahseder. Çocuklar, St. Martin' in Ülkesi'nden geldiklerini söylüyorlardı. Anlaşıldığına göre, Güneş'in hiç aydınlatmadığı, alacakaranlık bir yeraltı dünyasından gelmişlerdi. Burası Agarta mıydı? 1965 gibi yakın bir tarihte çevrelerince iyi tanınan iki kişi. Finlandiya'nın Luumaki yöresindeki bir ormanda küçük, yeşil renkte bir adam gördüler. "İnsana benzer varlıklar"ın ("humanoids"), Yunanlılar ve Romalılar'ca Satirler (Satyrs) diye bilinen gizli bir yeşil ırka mensup olup olmadıkları düşüncesi gerçekten ilginçtir.

Rene Guenon, "Dünya'nın Kralı" adlı eserinde şöyle yazar: "Doğal bir afetten kurtulan spiritüel üstatlar Himalayaların altındaki mağara sistemlerini sığınak edindiler, bir süre sonra da ikiye ayrıldılar. Dünya'ya karışmayıp seyirci kalma yolunu seçenler Agarta'ya yerleşip "Sağ El Yolu"nu oluşturdular. Şiddet ve zoru seçenlerse Şambala'ya yerleşip "Sol El Yolu"nu oluşturdular ki bu iki sembol binlerce yıldır ezoterik bilgilerde "Ying-Yang" sembolüyle sembolize edilmektedir ve kıyametin en büyük alametlerinden birisi olan "Ye'cüc" sağ el misyonu olan Agartayı temsil ederken; "Me'cüc" ise sol el misyonu olan Şambala'yı temsil etmektedir. İkinci Dünya Savaşı ertesinde, Kut Humi Lai Sing- Kwang Hsih adında yüksek dereceden bir inisiye Agarta hakkında şöyle diyordu: "Agarta'ya katılmak, üye olmak mümkün değildir. Oraya atanılmaz veya görev için seçilinmez. Tüm yetki sadece Agartalı'ya aittir. O mevkiye ilahi atamayla gelinir, uygulama süreci ise ezoterik inisiyasyondur. Agarta, kalabalık yerleşimlerden ve tedirgin edici densizliklerden uzak yerlerde 'Kurultay' ya da 'Durultay' halinde zaman zaman toplanır. Kararlar her zaman oybirliğiyle alınır ve bu topluluğun majik kudreti, yüksek bilgeliği sayesinde direkt uygulanır."

1972 yılında Fransız Radyo -Televizyonu kameralarının önünde bir açıklama yapan ve kendisinin tarihteki efsanevi Saint-Germain Kontu olduğunu söyleyen Richard Chanfrey, Pascal Seuran'a Agarta konusunda şunları söylüyordu: "Agarta, Hermes'in 22 arkanı (gizem) ve kutsal alfabenin 22 harfi arasında mistik sıfırı temsil eder. Mistik sıfır bulunamaz olandır, o her şey ya da hiçbir şeydir, armonik bir ünite onsuz olamaz. Agarta'nın ilk sahanlığı yerin 2.400 metre altındadır. Sahanlığın giriş açıklığı, insanlar ve hayvanlar dışında dünyadaki çeşitli üslerden gelecek taşıtların da geçebileceği büyüklüktedir. Volkanik yapıdaki doğal kanallar yerin kalbine inmektedir. Agarta'nın ilk salonu 800 m. uzunluğunda, 420 m. genişliğinde ve 110 m. yüksekliğindedir, bu içi oyuk bir piramittir. Salondan çıkan kanallar yer altı alemine doğru uzayıp giderler. Agarta sakinlerinin çoğunluğu oralara asla gitmezler, çünkü atmosfer uygun değildir, bölgede müthiş bir sıcaklık hüküm sürer. Orada görev yapan inisiyeler özel olarak yapılmış uçan daireler kullanırlar."

Genel olarak bilindiği kadarıyla Agarta; *"Şamballa"* (Shambhala), *"Dünyanın Kalbi"*, *"Yüce Ülke"*, *"Bilgeler Ülkesi"* gibi çeşitli adlarla belirtilen Agarta, teozofik ve ezoterik kaynaklara göre, önceki devrenin sonlarına doğru Mu ve Atlantis'ten göç eden bilim-rahipleri tarafından kurulmuş bir organizasyondur.

Fransız Rozkruvalarının lideri Raymond Bernard, kendini yüce meclisin lideri olarak tanıtan Maha adlı bir varlığın yaptığı açıklamaları şöyle aktarıyor: "Maha'ya göre Agarta'daki yüce meclis ölümsüz, ama üyeleri ölümlüdür. Yüce meclis, dünyanın evrimde ulaşacağı en son noktayı bilmektedir. Olayları hızlandırmak ya da geciktirmek onların gücü dahilindedir.

Halkların sindirme kapasitesine göre uygarlığın dinsel, bilimsel, sanatsal ve felsefi evrimine hizmet edecek şeyleri analiz eder, ölçüp biçer, dozunu ayarlar ve süzerler. Sayılarının 12 olması, insan evriminin geçirdiği 12 devreyi ve zodyak'ın 12 burcunu sembolize eder. Bu devreler yaklaşık olarak 24 bin yılı kapsarlar. 12 devrelik periyodun bitiminden sonra kolektif bir bireysel yargı süreci başlar ve ardından yine 12 devreden oluşan yeni bir periyot gelir. Yüce meclisin üstünde ise Görünmeyen Muktedirler yer almaktadır."

Kapadokya'da doğan Tyanalı Apollonius Tibet'e giderek Agarta Kralıyla görüşmüş ve orada birkaç ay kalmıştır. Apollonius'un hayatını kaleme alan Philostratus bu seyahat hakkında şunları yazıyor: "Apollonius ve Suriyeli arkadaşı Damis, Agarta'da kendilerini şaşkına çeviren şeyler gördüler. Agarta halkı güneş enerjisini faydalı hale getirebiliyordu. Pantarbe denen taşlar öylesine ışık yayıyorlardı ki, gece gündüze dönüyordu. Bilgeler kendilerini bir metre yüksekte asılı halde tutabiliyor, hatta uçuyorlardı. Apollonius, bir seremoni esnasında ellerindeki değnekleri yere vuran bilgelerin havada uçtuklarını görmüştü. Bu insanlar dünyanın tüm zenginliklerine sahip olacak güçteydiler, ama hiçbir şeye sahip değildiler. Veda zamanı geldiğinde çok etkilenen Apollonius şöyle demişti: 'Buraya kara yolu ile geldim, ama siz bana bilgeliğinizle göğün yolunu da gösterdiniz. Öğrendiklerimin hepsini Greklere götüreceğim ve sanki buradaymışım gibi sizlerle haberleşmeye devam edeceğim.' Apollonius bu vedadan sonra Damis'le birlikte Agarta'yı terk etti."

Apollonius Agarta'nın spiritüel üstatlarından iki misyon aldı. Belirli bazı yerlere mıknatıs veya tılsımlar gömecek ve Roma despotizmini sarsarak kölelik rejimini yumuşatacaktı. İtalya'ya vardığında Neron'u eleştirdiği için mahkemeye verildi. Savcı hazırladığı iddianame tomarını açtığında yazıların silinip yok olduğunu ve tomarın tamamen boşaldığını gördü, mahkeme bilgeyi serbest bırakmak zorunda kaldı. İmparator Domitian'ın despotizmine karşı çıktığı için tekrar mahkemeye verildi. Suçunu kabul etmesi şartıyla davadan vazgeçileceği kendisine söylendiğinde, bilge imparatorun karşısında durup pelerinini bedenine sararak şöyle dedi: "Bedenimi hapsedebilirsiniz ama ruhumu asla, hatta bedenime bile dokunamayacaksınız." Daha sonra binlerce Romalının gözleri önünde bir ışık tufanı içinde gözden kayboldu. İsa'nın çağdaşı olan Apollonius, MS. 96'da Efes'te söylev verirken toprağa bakıp üç adım attı ve "Vurun despota, vurun" diye bağırdı, ardından şöyle dedi "Athene adına, işte tam şimdi despot katledildi." Birkaç gün sonra Roma'dan gelen haberciler İmparatorun bir suikast sonucu öldürüldüğünü bildirdiler.

Peter Kolosimo'ya göre, Azerbaycan'daki dipsiz kuyuya inen bilginler Gürcistan ve Kafkaslar boyunca uzanan bir yer altı tünel şebekesi keşfettiler. Koridorlar yuvarlak alanlara ve salonlara bağlanıyordu. Bu tünel sistemi orta Amerika'daki tünel sistemlerinin tıpatıp benzeriydi. Amerika'daki tünel sistemlerini kullanan İnkalar tünellerin kimler tarafından yapıldığını bilmiyorlardı. Bu tür tüneller sadece Amerika ve Asya'yla sınırlı kalmıyor, dünyanın dört bir yanında bulunuyordu. Kaliforniya, Virginia, Havai Adaları, İsveç, Çekoslovakya, Balear Adaları ve Malta'da da tünel şebekelerine rastlanmaktadır. Hatta İberik yarımadasını Fas'a bağlayan bir tünelden bile söz edilmektedir.

Yazar Andrew Thomas 'Şambala' adlı eserinde, değerli taşlarla aydınlatılmış görkemli mağaralarda Yılanlar Irkından Nagaların yaşadığını yazmaktadır. Göklerde uçma yeteneğine sahip bu varlıklar bilgelikleriyle ün yapmışlardır. Nagalar ve Naginiler çoğunlukla krallar, kraliçeler ve ermişler olmak üzere insan ırkından kişilerle evlenmişlerdir, ama spiritüel yönden gelişmemiş insanlarla ilişki kurmayı istemezler. Başkentleri Bhogawati'dir. Birçok Hindu ve Tibetli, Nagaların yüzlerce kilometre boyunca uzanan yer altı kentlerine girme ayrıcalığına sahip olmuştur.

LEVİTASYON -Yer Çekimini Yenen İnsanlar

 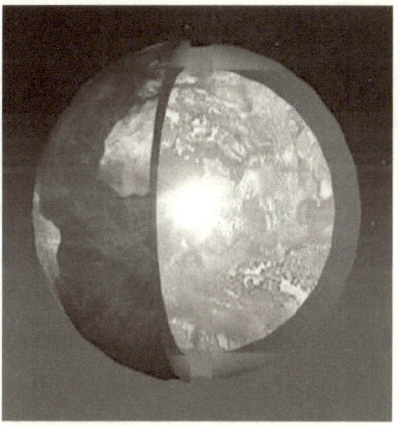

Kasım 1968' de çektiği fotoğraflar, içi boş olduğu sanılan dünyamızın derinliklerindeki muhteşem Agarta başkentine uzandığı söylenen ve Kuzey Kutbu'nda yer alan bir deliğin varlığını açıkça göstermektedirler sanki. Sikloplar'ın yeraltında şehirler tesis ettiklerine inanılır. Medyumların dediklerine göre Atlantisliler, Piramitler'den, Tibet ve And Dağları'ndan yerin aşağılarındaki kutsal merkezlere uzanan uzun tüneller inşa ettiler. 12,000 yıl önce Atlantis yok olduğunda, İnisiyeler buralara kaçmışlardı. Gezegenimizin içinden gelen Uzay Gemileri, Kutuplar'daki deliklerden çıkarak dünyamızı gözlerler ve bazen de "Yeraltı Varlıkları" (Subterraneas), aramızda yaşamak üzere yeryüzüne çıkarlar. İnsanların, kadim kitaplarda sözü geçen o nükleer bombalardan sakınmak için kilometrelerce yeraltına kaçtıklarını düşünelim. Bu yüzyılın sonunda önce Doğu ile Batı arasında bir savaş çıkarsa, biz de onlara katılmak üzere aşağılara doğru kayıyor olacağız.

Arap tarihçisinin bu açıklamalarını okuyan büyük bilgin Einstein şunları söylemişti: "Bizim bilmediğimiz bazı sırları eskilerin bildiklerini kabul etmek zorundayız. 600 tonluk taş blokların üst yüzeylerinin konkavlaşmış olmaları dikkat çekici. Bu ancak muazzam bir çekim gücü veya emme kuvvetiyle yapılabilir."

Hindistan'ın batısındaki Şivapur Köyü'nde, Müslüman sufi Ali Derviş'e ithaf edilmiş bir cami vardır. Bu caminin önündeki 55 kg. ağırlığındaki granit kaya 11 kişi parmağını dokunarak 'Ali Derviş' diye bağırdığında yerden 2 metre havaya yükselmekte, havada bir saniye kaldıktan sonra yere düşmektedir. 11 kişiden fazla veya az kişi dokunduğunda kaya yerinden kımıldamamaktadır. Ancak 41 kg gelen bir başka kayayı havalandırmak için 9 kişinin taşa temas etmesi yeterli olmaktadır. Ali Derviş'in adı açık seçik söylenmediği zaman kaya yine hareket etmemektedir!

Habeşistan'daki bir manastırda 2 metre boyundaki altın bir çubuk havada asılı durur. Çeşitli zamanlarda manastırı ziyaret eden kişiler bu olaya tanıklık etmişlerdir. 1700 yılında bir Fransız doktor baş rahipten izin alarak elini çubuğun dört bir yanından geçirmiş ve çubuğun hiçbir yerden destek almadığını görmüştü. Sonradan yazdığı mektuplardan birinde "Şaşkınlıktan küçük dilimi yuttum. Böylesine akıllara durgunluk veren bir olayı neye yoracağımı bilemiyorum" demiştir.

Tibet'in başkenti Lassa'dan üç kilometre uzaklıkta yer alan Khaldan Manastırı inanılmaz bir mucizeye tanıklık etmektedir. Burası Tibet Lamaları ve Budistlerin kutsal saydıkları bir yerdir, her yıl binlerce kişi bu manastıra hacı olmak için gelir. Manastırın özelliği, 14. yüzyılda ölmüş Tsong Koba adlı bir Budist rahibin mumyalanmış cesedini muhafaza etmesidir. Ancak rahibin cesedi yerden 1,5 metre yüksekte havada asılı durmaktadır. Hiçbir dayanak noktası bulunmayan ceset, kelimenin tam anlamıyla bir mucize sergilemektedir!

Ünlü Fransız kaşifi Madam David-Neel, kuzey Tibet'te lastik top gibi havaya sıçrayan lamalar gördüğünü yazar. Söylediğine göre bu lamaların ayakları yere değer değmez havalanmaları bir oluyormuş. Tibetliler Madama bu tür lamaların karşısına aniden çıkmamasını, aksi takdirde meydana gelecek şok sonucunda ölümlerine sebep olabileceğini söylemişler. Madam başından geçen bir olayı şöyle anlatıyor: "Lastik top gibi sıçrayan lama inanılmaz bir hızla yol aldığından keşif heyetiyle onu at sırtında izlemeye karar verdik, yine de lamaya yetişemedik. Bu uyur gezer lamalar kendilerinden geçmiş olmakla birlikte tıpkı uyur gezerler gibi yürüdükleri yerlerin tamamen farkındadırlar. Ancak ani olarak uyan-dırıldıklarında şoka girip dengelerini yitirebilirler. Kimi lamalar uzun yıllar uçmaya alıştıklarından yürüme yeteneklerini yitirirler. Bazıları uçup gitmemek için ayaklarına ağırlıklar bağlayarak yapay bir yer çekimi oluşturur."

Medyum Home'un, birçok değişik kişi önünde gerçekleştirdiği yüzden fazla yerden yükselme olayı vardı. Çarpıcı bir olay da Lord Lindsay'in ve yanındaki iki kişinin tanık olduğu bir toplantıda gerçekleşmişti. Lord Lindsay, 1871 yılında yazdığı bir mektupta bu olayı şöyle anlatmıştı: "Odada Bay Home, Lord Adair ve kuzeniyle beraberdik. Seans sırasında Bay Home transa girip havalanarak pencereden dışarı uçtu, pencere dışında yüzdüğünü gördük. Bu uçuş birkaç dakika sürdü, sonra Bay Home ayakları önde olmak üzere uçarak pencereden içeri girdi ve yerine oturdu." Lord Lindsay'in sözünü ettiği pencere yerden 23 metre yükseklikteydi.

Peki tüm anlatılan olayların ilmi bir açıklaması var mıdır? Gerçeği nedir? Şimdi ona değinelim biraz da. Yaptığımız her şey beyin ve sinir dalgalarıyla idare edilmektedir. Hayatımızın her anında bu enerji ya da dalgalar beyinden organlara iletilir. Bugün gerek modern tıp ve fizik ilmi ile elektromanyetizma kuramları bu enerji dalgalarını hatta Kuantum kuramı atomik boyuttaki bu dalgalan-maları ilmen isbat etmektedir. Milyonlarca sinir dalgasını, büyük bir kentin kalabalığını boşaltan büyük caddelere benzetebiliriz. Bu elektrik ve çekim dalgaları olmaksızın sinir sistemi fonksiyonunu icra edemez, hayat ve düşünce durur. İşte bu yüzden, insanoğlu başlı başına bir elektrik ve gravitasyon alanıdır. Yalnız beyin kısmı 20 Watt'lık enerji üretmektedir. Levitasyon (yerçekimini yenebilen itici enerji kuvveti veya alanı), daima beyin ve sinir sisteminin olağanüstü duruma girdiği esrime halinde meydana gelir. Esrimenin ne olduğu bilimsel olarak bilinmemektedir. Dindar olmadığı halde esriyenler de vardır, onların da bazıları havalanabilir, fakat esriyen herkes havalanamaz. Hatta, Azizlerden birçoğu hayatlarında hiç havalanmamışlardır.

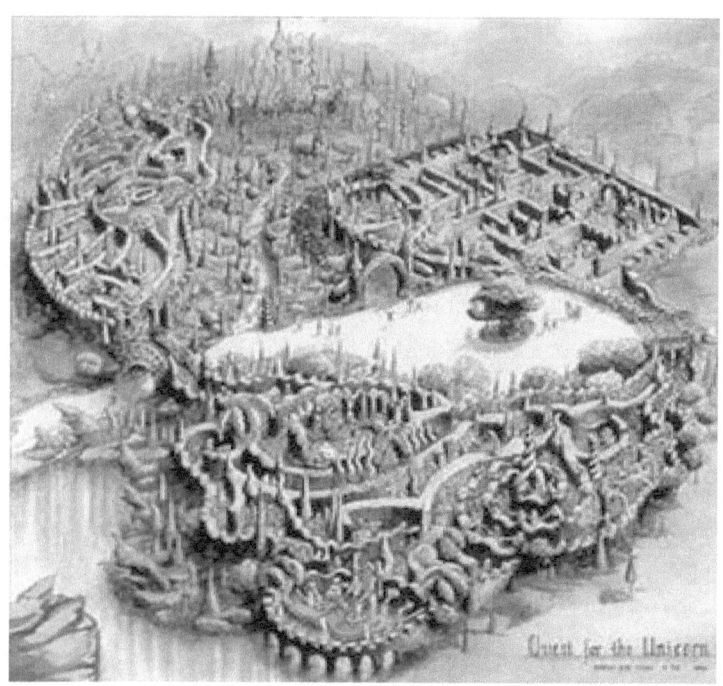

İNSANLIĞI KURTARAN VARLIKLAR:
MU'CİZELERE GİDEN YOL: EVLİYALIK

Tarihin birçok döneminde Agartalı üstün varlıklar yeryüzüne çıkarak, insan ırkına rehberlik etmişler ve onları savaşlardan, felaketlerden ve yok oluşlardan kurtarmışlardı.

Rahibe Teresa, bir ayin sırasında kutsal ekmeği alırken bir feryat kopararak havalandı. Ara sıra meydana gelen bu havalanma olayları alçakgönüllü rahibeyi çok rahatsız ediyordu. Bir keresinde havalanacağını hisseden rahibe demir bir kafese sarıldı ve havalanmamak için mücadele etmeye başladı. Bir yandan da "Rabbim, benim gibi önemsiz bir varlığı bu rahmetinizden yoksun bırakınız, benim gibi değersiz bir yaratığın kutsal bir kadın sanılmasına izin vermeyiniz" diye yalvarıyordu. Rahibe bir başka seferinde havalanmamak için bir hasıra yapışmış, ama hasırla birlikte havalanmıştı. Rahibelerden biri, Azize Teresa'nın yerden 50 cm yükseklikte yarım saat süreyle havada asılı kaldığına tanıklık etmişti.

İtalyan rahibi Copertinolu Ermiş Joseph 'Uçan Rahip' ünvanıyla anılırdı. Bir keresinde 10 işçinin 11 metre boyundaki bir haçı kaldıramadığını görmüş, 60 metre uçarak haçı kucaklayıp yerine dikmişti. Bir keresinde de kilisede İspanyol elçisinin gözleri önünde havalanmış, halkın üzerinden süzülerek mihraptaki bir heykelin yanına konmuştu. Bir başka sefer Papa VII Urban'ın gözü önünde havalanmış, bir amiralin karısı rahibi havada görünce bayılmıştı. Manastırdaki arkadaşları onun yemek servisi yapmasına izin vermiyor, çanak çömlekle havalanmasından çekiniyorlardı. Bu yüzden 'Uçan Rahip' dünyevi görevlerden muaf tutulmuştu, çünkü kutsal bir heykel görmesi havalanmasına yetiyordu.

UFO- USO-OINT – Bağlantıları Denizaltı Uygarlığı

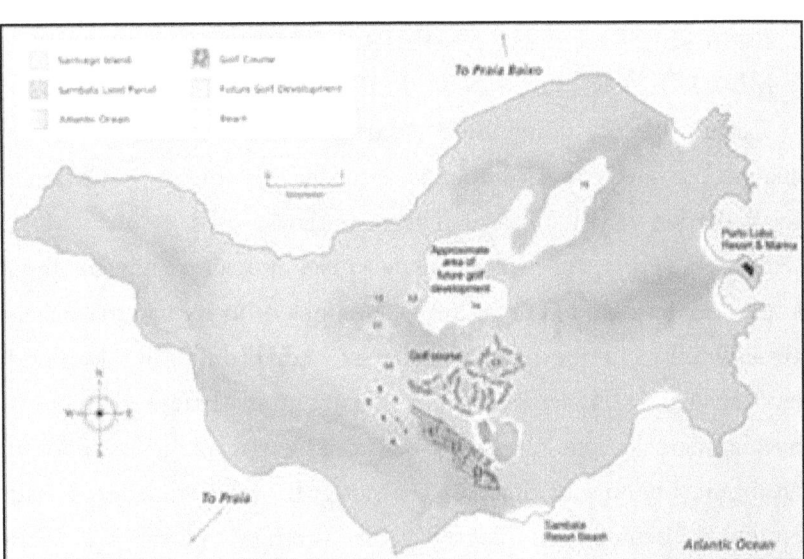

Hint destanlarından "Ramayana"da, Rama'nın Agarta'dan uçan bir araçla geldiği anlatılır.

Aynı şekilde İnka İmparatorluğu'nun kurucusu Manco Copac da uçan bir araçla geldiği söylenir.

1963'de Amerikan donanmasının yaptığı bir manevra sırasında 13 adet deniz aracı, denizin altında bir geminin akıl almaz bir hızla seyrettiğini rapor etti. Söylendiğine göre meçhul araç bu hızı 9 bin metre derinlikte bile sürdürebiliyordu. Olay Puerto Rico'nun güneydoğusunda meydana gelmişti. Bu yer Bermuda Şeytan Üçgeni'nin güney ucuna rastlamaktadır. Donanmaya ait gemiler dört gün süreyle bu esrarengiz gemiyi izlediler ama kesin bir sonuç alamadılar. Olay donanma kayıtlarına da geçti.

BATIK KITA ATLANTİS UYGARLIĞI:

Aralarında ünlü medyum Uri Geller'in de bulunduğu Ambrogio Fogar başkanlığındaki 18 kişilik ekip, Bermuda Üçgeni'nin sırrını çözmek için bir araştırma gezisine çıkmıştı. Denizin derinliklerinde batık bir kent olduğu görüşündeydiler. Ambrogio Fogar gezi hakkında şunları anlatıyordu: "Denizin dibinde Atlantis'e ait bir duvar olduğu birçok kişi tarafından ileri sürülmüştü. Bimini

Duvarı'nın üstünde dakikalarca araştırma yaptık. Bir ara Uri Geller bir takım insan sesleri duyduğunu söyledi. Uri bu seslerin esrarengiz bir enerjinin etkisiyle batık kentten geldiğini sanıyordu. Anlatması çok güç, ancak su altında bir uygarlığın gömülü olduğunu gösteren birçok işaret var. Yüzlerce metre derinlikte mavi delikler gördük. Ayrıca Kaptan Cousteau'nun da daha önce belirttiği gibi, içinde sarkıt ve dikitlerin bulunduğu mağaralar var. Bimini Duvarı pek çoklarına göre sırrı çözülemeyen esrarengiz bir olay, ama kesinlikle doğa tarafından oluşturulan bir şey değil. Duvar orada kumlara gömülü duruyor, 6-7 metre derinlikte olduğunu tahmin ediyoruz. Araştırmalarımıza katılan profesör, duvarın üstünden geçerken manyetometreden çok farklı sinyaller aldığını söyledi. Uçakla yaptığımız araştırmada, Miami sahilleri yakınında kare biçiminde bir şekil gördük, onun Bimini Duvarına benzeyen başka bir duvar olduğunu sanıyoruz. Duvarların doğanın bir şakası olduğunu iddia etmek çok gülünç, bence bütün sır bu duvarların ardında."

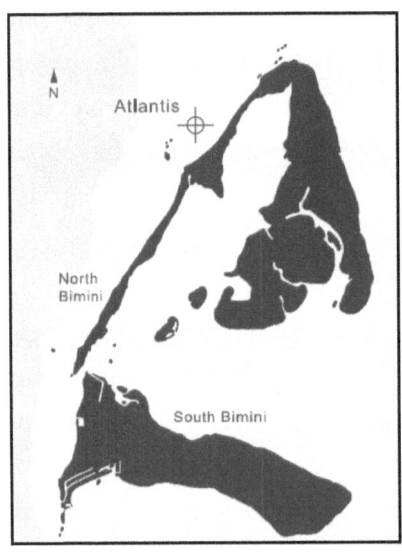
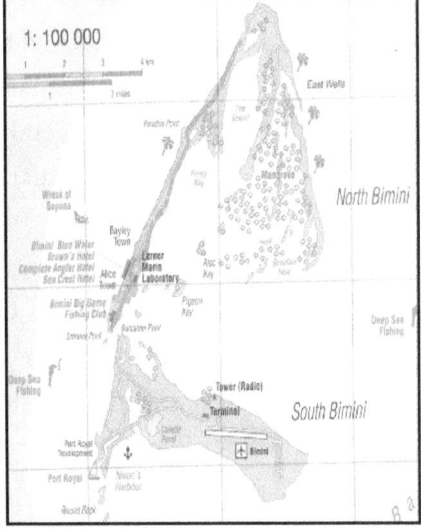

Esâtir-ul Evvelin

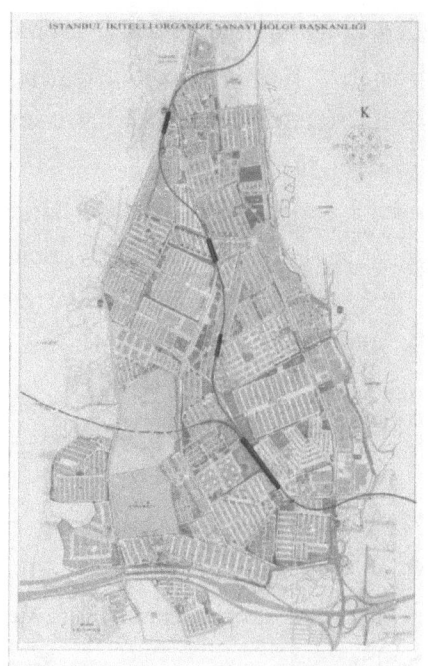

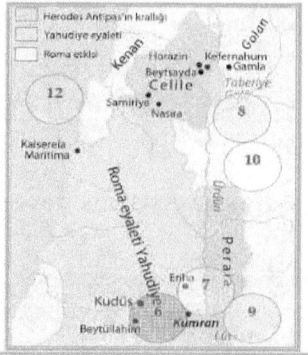

Hz. İsa'nın İlk Gelişinde Önemli Rol Oynayan, CELİLE, KUDÜS, NASIRA, BEYTLEHEM ve YAHUDİYE'yi İçeren Önemli Coğrafi Noktaları Gösteren Bir Harita.

Müellifin yaşadığı bölge sınırları ile Hz. İsa'nın 2000 yıl önceki yaşamış olduğu bölgeler.. Bermuda şeytan üçgeni sahası içinde yer alan BİMİNİ YOLU'nun günümüzdeki haritasını ve ATLANTİS kent yerleşimini gösteren haritalar.

Not: Haritanın kent yerleşiminin uzaydan haritasına bakıldığında hemen hemen aynı enlemlerde yer alan Hz. İsa'nın yaşadığı 2000 yıl önceki CELİLE kent yerleşimi haritası ile aynı yapıda olması diğer ilginç bir detaydır. İlgili harita, "İSEVİLİK İŞARETLERİ" isimli eserimizde verilmektedir (Tam olarak YENGEÇ DÖNENCESİ bu enlemin üzerinden geçmektedir). Dolayısıyla, MÜELLİF'in yaşadığı istanbuldaki yukarıdaki haritada gösterilen bölge ile Hz. İSA MESİH'in 2000 yıl önce yaşadığı bölge ile yukarıda haritada işaretlenen 12000 yıl önceki ATLANTİS'in merkezi olan bölgenin haritaları tamamen aynı olması muazzam bir Ahir zaman mu'cizesi ve ilahi hikmetidir..

ESKİ MEDENİYETLERİN İZİNDE:
ATLANTİS'LE İLGİLİ DİĞER DELİLLER

Google Earth'te kayıp kıta Atlantis heyecanı

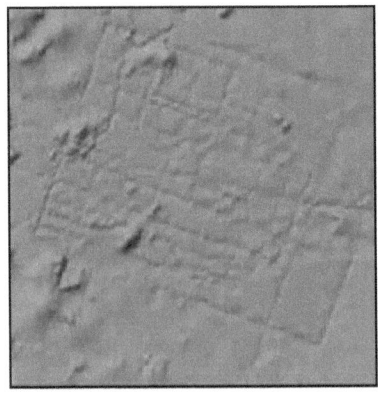
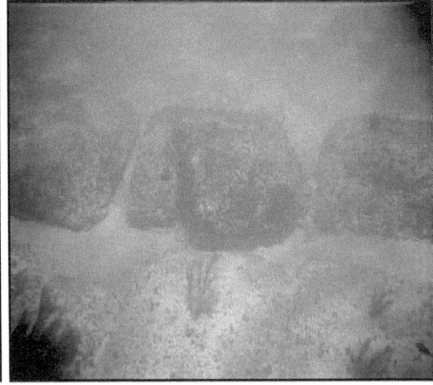

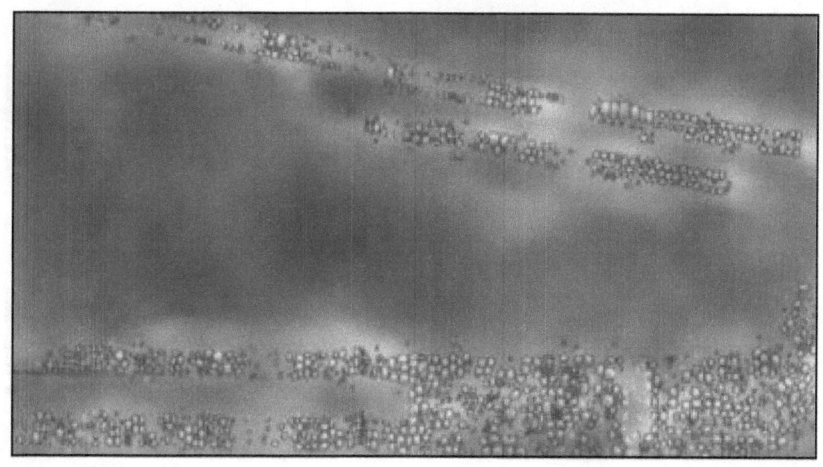

Google uydu fotoğraflarından da görüldüğü gibi, denizin altındaki bu dizilmiş taşlar doğal bir yapıdan ziyade, yapay olarak oluşturulmuş binlerce yıl öncesine ait bir ATLANTİS LİMANI olarak göze çarpmaktadır.

İngiliz The Daily Telegraph gazetesinin haberine göre **Kanarya Adaları** yakınlarında, Google Earth'ün yeni hizmeti Ocean ile yapılan araştırma sonucunda ilginç bulgulara ulaşıldı. Okyanusun tabanında beliren izler, araştırmacıları heyecanlandırdı. Çünkü bu izler, doğal olmaktan çok uzak ve insan yapımına benziyor. Üstelik izler, tam da kayıp kıta **Atlantis** olduğu ileri sürülen yerde...

Okyanus tabanı araştırıldığında, Google Ocean'da tespit edilen kusursuz bir dikdörtgene benzeyen "gizemli" şekillerin Atlantis olabileceği tahmin ediliyor. Şekiller 4 kilometre derinlikte ve **dikdörtgen harita** şeklinde. İyice bakıldığında ise birbiriyle kesişen geniş caddeleri andıran çizgiler rahatlıkla görülebiliyor. Keşfin yapılmasıyla birlikte okyanus bilimciler ve jeofizikçiler araştırma için hazırlıklara başladı.

Atlantis, Platon'un Timaeus ve Critias kitaplarında bahsettiği efsanevi **batık bir kıta** ve uygarlık olarak biliniyor. Platon'a göre Atlantis, "Herkül Sütunları'nın ötesinde" yer alan, Batı Avrupa ve Afrika'nın birçok kısmını fetheden ve Solon'un zamanından 9 bin yıl önce (yaklaşık M.Ö. 9500) Atina'yı fethetmeye çalışan, ancak başarılı olamayıp **bir gecede okyanusa batan** bir uygarlık."

New York Üniversitesi'nden uzman **Charles Orser** ise, keşfi büyüleyici olarak niteledi. Orser, "Şekiller Platon'un tarif ettiği bölgede bulunuyor. Kesinlikle daha yakından bakılmayı ve araştırılmayı hak ediyor" dedi. Platon'un diyaloglarında gömülü bir hikâye halinde olan Atlantis, genellikle filozof tarafından kendi politik teorilerini anlatmak için oluşturulmuş bir efsane olarak görülüyordu.

Tüm bu kanıtlarla birlikte, 29.3.1973 akşamı Carayaka yakınındaki La Salina'da yaşayan karı koca Silva'lar parlak bir cismin denize daldığını gördüler. Bayan Silva olayı yerel bir gazeteye şöyle anlatıyordu: "Fazla büyük olmayan ve kapsülü andıran mavi renkte iki uçan cisim gördüm. Parlak mavi renkteydiler ve çok yakınımdaydılar. Kıyıya yaklaştıklarında tıpkı güneş gibi parlıyorlardı. Bir tanesi aniden denize daldı ve sonra çıktı, diğeri de denize daldı, bir süre sonra o da çıkıp diğerinin yanına gitti."

AGARTHA YERALTI UYUGARLIĞI'NIN YERYÜZÜ & TÜRKİYE İLE OLAN BAĞLANTILARI:

Agarta'nın merkezi ve Agartalıların evi olarak yoğun söylencelerle dile getirilen coğrafi mekanların başında "Kuzey Kutbu" geliyor. Esasen Agarta'nın bir yer altı ve tünel uygarlığı olduğu en bilinen nokta. Bu yüzden Agarta ismi duyulduğu günden bu yana, bu gizemli "uygarlığın" yeryüzüne açılan, kimine göre 7 kimine göre 4 kapısı hep aranıyor. Bu "adresler" konusunda çeşitli tevatürler olmakla beraber, şu ana kadar herhangi bir Agarta kapısı çalınmış değil.

MU KITASI & ATLANTİS & AGARTA BAĞLANTILARI: DÜNYEVİ HAYAT BAŞLANGICININ İLK KIBLESİ

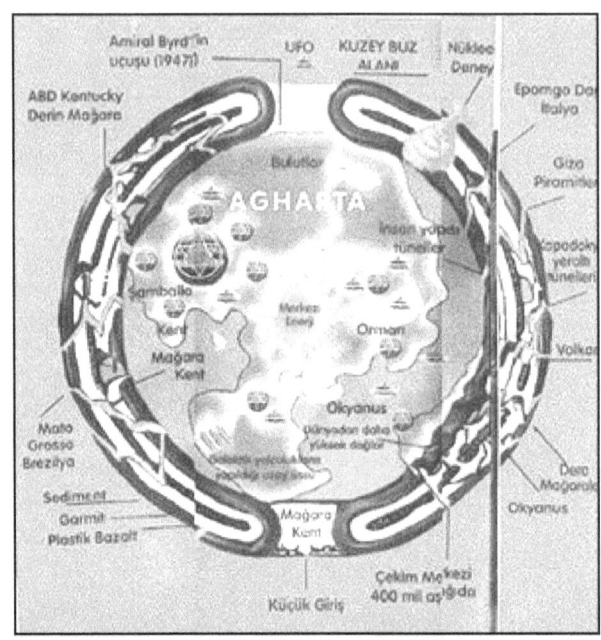

Esâtir-ul Evvelin

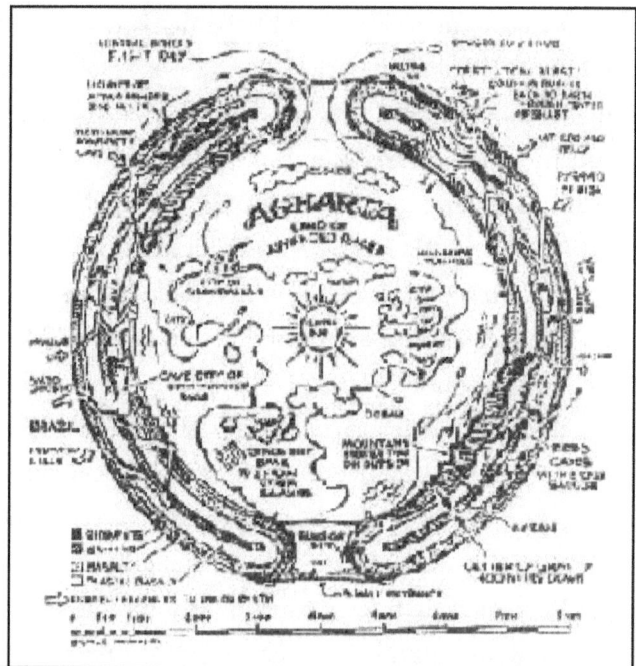

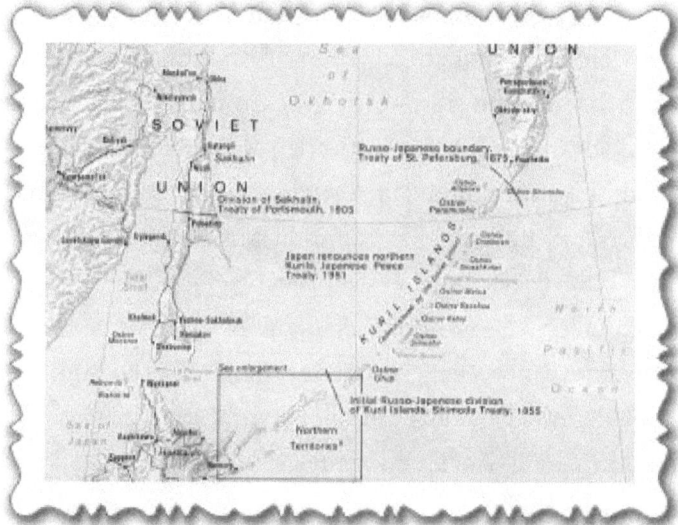

Günümüzden yaklaşık 7 ila 12 bin yıl önce şiddetli yer sarsıntıları sonunda battığı öne sürülen Mu, eski çağlardan günümüze ulaşan tabletlere göre ilk insanın da anavatanıydı. James Churchward"ın yaptığı araştırmalar bundan 70.000 yıl belki de daha eskiye dayanan, bugünkü dünyasal konumu itibariyle Pasifik Okyanusu"nu kaplayan bir kıtadan söz edilir. Bu ana kıtaya Mu adı verilmişti. Mu bir rahip kral tarafından yönetilmekte, kendisine "Ra Mu" denilmekteydi. Atlantis de bu kara parçasında bulunan bir kentti.. Anlatılana göre, bir dönemde büyük sayıda bilge kişi, gördükleri gereklilik uyarınca, "kayıp kıta Mu"yu terkederek bu günkü Nepal dolaylarına gelmişler. Mu"dan ayrılma gerekçeleri tam olarak bilinemiyor. Geldikleri bu dağlık bölgede yeryüzünde yaşamayı sakıncalı bulduklarından, dağlar içinde, yer altında birbiriyle bağlantılı büyük mağaralarda yaşamaya başlamışlar. Önceleri, beşeriyetle açık temas halinde olan bu organizasyon, bu devrenin koşullarından ötürü gizlenme gereği görmüş, yerleşim yeri olarak birbirlerine tünellerle bağlanan, dağlar içindeki yeraltı kentlerini tercih etmiştir. Bu topluluğa Agarta (*) deniyor. Agarta, dünya insanlığının gelişiminde sorumluluk sahibidir. İlahi Hiyerarşi'ye hizmet eder. Dünyanın Efendisi ya da "Kutup" olarak söylenilen, "Brahatma" ya da "Brahitma" adıyla belirtilen Agarta"nın lideri, Dünya"yı sevk ile idare eden İlahi Hiyerarşi"nin fizik alemdeki temsilcisidir. 1912'de Müslüman olduktan sonra Abdül Vahid Yahya adını alan; ezoterik, okült ile mistik konularda çok sayıda yapıtı bulunan Fransız asıllı Mısırlı düşünür/yazar Rene Guenon'a göre tradisyonlarda "Kutsal Dağ", "Dünyanın Merkezi" olarak söz edilen yer, O'nun mekânıdır. Kimilerine göre, dünyanın tüm geçmişi, yitik kıtalara indirilmiş dinler ile kozmik öğretiler, Agarta arşivlerinde kayıtlıdır. Birçok peygamber (Hz. Musa, Hz. İsa), dinlerini kurmadan önce, bu arşivleri incelemişlerdir ki, bazıları burada "inisiyasyon"dan da geçmiştir. Agarta"nın yeryüzüne açılan 7 (kimi kaynaklara göre 4) ana çıkış noktası bulunmakla birlikte, mağaralarda inzivaya çekilen bilgeler ile mağaralarda etkinliklerini sürdüren bazı inisiyatik toplulukların Agartalılar ile ilişki içinde oldukları ileri sürülür. Rene Guenon'a göre bu durum, en çok, Türklerin yaşadığı Orta Asya'da görülmektedir. Kimi yazarlara göre, Göktürk, Uygur ve Hun masallarındaki, "ataların kutsal mağaraları" ve bir mağaradan geçilerek ulaşılan "gizli ülke" inanışında Agarta'nın sembolizmi bulunmaktadır.

MU haritası ile bizlere MU'nun nerede battığı değil, nerede bulunduğu anlatılmakta olsa gerek. Bu yer bulunduğunda 70.000 yıl önce MU'da matematik ile geometrinin çoktan keşfedilmiş, dünyanın enlem ve boylamlarının hesaplanarak Kutsal dağın yamaçlarına kaybolmayacak bir şekilde kaydedilmiş olduğu görülecek, böylece İlahi Plan'ın bir halkası daha yerine oturtulmuş olacağından yeni bir dönem başlayacaktır. Bu dönem bazılarına göre "Kıyamet" bazılarına göre ise "Altın Çağın" başlangıç dönemi olacak, yani bu yeni dönemde insanlar tüm sırlara vakıf olacak, doğru ve yanlışlar ortaya çıkacaktır.

Kayıp kıta "MU"nun Marmara ile olan ilişkisini yaptıkları astral seyahatlerden bilen kahinler, dinlerin MU denilen yerde doğduğunu, yaratılışın bu kıtada başladığını, matematik geometri ve sembolizmin bu kıta da keşfedildiğini "İlk Kıble"nin ve daha birçok kayıp yerin yine bu kıtada olduğunu defalarca anlatmışlar ve hatta Marmara'yı ziyaret ederek "Dünyanın Merkezi" olarak adlandırılan yerdeki kutsal emanetleri aramışlar; bu gizemli yeri bulamayınca da, gelecekte Papalığın kalkacağını ya da yedi tepeli kente taşınacağını kehanetlerinde dile getirmişlerdir. Yedi tepeli kent, hem eski Roma'nın, hem İstanbul'un [Costantinepolis] sembolik dünyadaki adlarıdır. Bu yüzden bütün yollar (bilgiler) Roma'ya çıkar denilmiştir ve gerçekten de öyledir (Çünkü burada sözünü ettiğim Roma, İtalya'daki Roma Değil, İskenderiye Kütüphanesi gibi yakılarak yok edildiği ileri sürülen Roma kentidir).

Çünkü gerçeği araştıranlar hangi konuyla yola çıkarlarsa çıksınlar (din, mitoloji, efsane, destan, tarih vs. gibi), o yol onları sembolik dünyanın merkezindeki noktaya, yani İlk Kıble'ye götürmektedir. İlk Kıblenin sembolü, "ortasında nokta bulunan bir dairedir". Daire dünya küresini, ortasındaki nokta ise dünyanın merkezini simgelemektedir. Bu amblem aynı zamanda sembolik dünyanın "Kuzey Kutbu"nu da simgelediğinden şöyle yorumlan-maktadır:

"Ortasında bir nokta olan daire, MU uygarlığında tanrının gökten bakan gözü olarak kabul edilir. Zaman içinde bu nokta tek tanrı inancının simgesi olmuştur"

(Necmettin Ersoy "Görünenden Görünmeyene sf. 75)

"Geçmişte Ejderha takımyıldızının gökküresinin kutup noktasında yer aldığını biliyoruz. Yıldız mabetlerinde, Ejderha en üst seviyedeki veya yönetici takımyıldız olsa gerekti."

(Bilim Araştırma Merkezi. Piramitler. Sf. 48,49)

Ejderhanın yedi anlamı vardır... Teslis'in ikinci şahsı, yani Oğul'dur; Sembolü de Ejderha takım yıldızıdır. Gökkubbede, değişmez olan Baba (yani Kutup, sabit bir nokta) ile değişken olan madde arasında yerleşik olan Ejderha, Kutuptan aldığı tesirleri maddeye aktarır. Ejderha'nın Yedi Yıldızı, İncil'in Vahiy bölümünde <Alfa ile Omega> nın elinde yer alan yedi yıldızıdır. 'Ejder' deyimi, en dünyevi anlamıyla, Bilgelere atfen kullanılırdı. Poseidon bir Ejder'dir; İyi ve Mükemmel bir yılandır."

(Bilim Araştırma Merkezi. Piramitler. Sf. 48,49)

Yukarıda, Kuzey Kutbunun (İlk Kıble'nin) aynı zamanda Gök Kubbe olduğu, Baba'nın Yedi Yızdız'la (yedi kollu şamdan) birlikte değişmez bir biçimde Gök Kubbe'de yer aldığı, anlatılmaktadır. Çünkü, Kutsal dağdaki gök kürenin kutup noktasında hem Ejderha takımyıldızı, hem de Baba'nın kendisi yer almaktadır (serapis olarak). Aşağıdaki ayeti dikkatle okuyanlar anlatılanların sembolik dünyaya ait olduğunu kolaylıkla anlayabilirler:

"Ve Allah dedi: Gündüzü geceden ayırmak için gök kubbesinde ışıklar

Esâtir-ul Evvelin

olsun; ve alametler için, ve vakitler için, ve günler ve seneler için olsunlar; ve yer üzerine ışık vermek için gök kubbesinde ışıklar olarak bulunsunlar; ve böyle oldu. Ve Allah, daha büyük olan ışık gündüze hükmetmek için, ve küçüğünü geceye hükmetmek için, iki büyük ışık yaptı; yıldızları da yaptı. Ve yer üzerine ışık vermek, ve gündüze ve geceye hükmetmek, ve ışığı karanlıktan ayırmak için, Allah onları göklerin kubbesine koydu." (Tekvin. Bap 1/14,-18.)

"O, kara ve denizin karanlıklarında kendileri ile yol bulasınız diye sizin için yıldızları yaratandır. Gerçekten biz, bilen bir toplum için ayetleri, geniş, geniş açıkladık." (Kur'an)

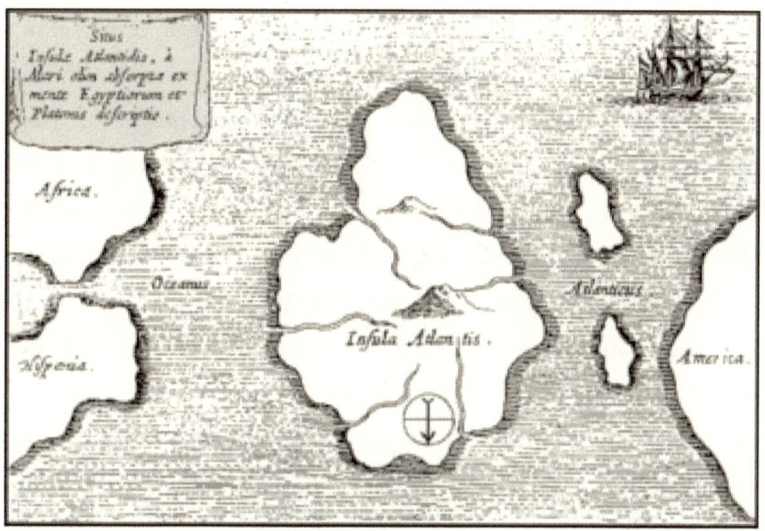

Ayetlerde, sembolik dünyadaki siyah ve beyaz renklere, Alametlere, yol gösterici yıldızlara, yani ilk örneklere (Kutsal Emanetler'e) dikkat çekilmekte, anlayan kimseler için bu ayetlerin çok açık olduğu anlatılmaktadır. Üstteki fotografta *"Gök Kubbe,"* Gök Kubbe'ye konan Işık ile siyah beyaz renklerin ne ifade ettiği açık olarak görülmekte, böylece ayetlerde anlatılanların doğru olduğu kanıtlanmaktadır. Çünkü fotografta görülen yer hem Gök Kubbe, hem de İlahi Plan şemasında Kuzey Kutbu olarak belirtilen yerdir. İşte bu yüzden *"Ortasında bir nokta olan daire, MU uygarlığında tanrının gökten bakan gözü"* olarak kabul edilmiştir. Dolayısıyla, Sembolizm'i okuyamayanlar bu gerçeklere asla ulaşamazlar, yaptıkları tefsir ve yorumlar da yanlış olur.

Çünkü **Sembolizm**, herkese açık olmayan bir düşüncenin veya sufist yolun kapalı öğretisinin, uzun yıllar tetkik ve tahkiki sonucu hasıl olan kuvvetli bir işaret ve bilgi kanalıyla gelen bir olayın resim, şekil veya sayılarla aktarılma şeklidir. Mutlu Payaslıoğlu'nun da belirttiği gibi;

"Sembolizm, sırların evrensel dilidir. Gizleyerek açıklar, açıklayarak gizler. Özellikle gizli tutulması gereken, birçok ezoterik bilgi sembollerle anlatılmış, yani doğrudan doğruya bir düşünce, bir bilgi izah edilmemiş, üstü adeta örtülerek bohçalandıktan sonra aktarılmıştır." (Mutlu Payaslıoğlu, 1998)

Arkeologlar, Kapadokya'daki tüm yer altı kentlerinin, kilometrelerce uzanan dehliz ve tünellerle bağlantılı devasa bir yer altı şebekesinin düğüm noktaları olduğunu söylüyorlar. Acaba bu kentleri yerin altına kimler oymuştur? Bazılarına göre Hititler, bazılarına göreyse ilk Hıristiyanlar. Derinkuyu ve Kaymaklı'da görüldüğü gibi komple bir sistemin yaratılması son derece yüksek bir teknoloji gerektirir. Fakat, görünen o ki, günümüz teknolojisiyle bile altından zor kalkılabilecek bir işi ne Hititlerin ne de Hristiyanların başarması mümkündü. Kapadokya'ya yerleşen Hristiyanlar bu kentleri kullanmış olabilirler, ama bu kentlerin orijinal mimarları oldukları anlamına gelmez. Melih Cevdet Anday yörede yaptığı bir röportajında şöyle diyor: *"Konu gerçekten çok düşündürücüdür. Kasabada yer altı kentini yıldızlardan gelen bir takım yaratıkların yaptıkları söylentisi çok yaygın duruma gelmiştir. Acaba arada bir yine gökten inip bize görünmeden Kaymaklı yer altı kentine giriyor mu bu yaratıklar? Fakat neden orayı seçtiler?"*

Eğer yer altı kentleri ve tünelleri konusunda kapsamlı bir araştırma yapmayı göze alırsak bu soruların yanıtları da bulunabilir. Böyle bir araştırma, dünyanın her yanında yer altı geçitleriyle kentlerinden oluşan bir şebekenin varlığını ortaya koyacaktır. Birçok kadim ezoterik tradisyonun, özellikle de doğuya ait olanların ve günümüz güvenilir okültistlerinin belirttiklerine göre, bu yer altı kentlerinde insan ırkının Ağabeyleri yaşamaktadır. Bütün bu yer altı koridorlarının, Himalayalar civarında yerleşen ve evrim yolunda insanlığa hizmet eden Ağabeylerimizin faaliyet gösterdikleri bir ana şebekeyle bağlantılı olduğu söylenmektedir. Merkezi Yönetici Hiyerarşi'nin fizik plandaki bu yer altı ışık devletine Agarta adı verilmiştir. Kısaca Agarta, Himalayaların altında Büyük İnisiyatörlerle Dünyanın Efendilerinin içinde yaşadıkları gizemli bir yer altı krallığıdır. Agarta'nın bir inisiyasyon merkezi olarak piramitlerinkine benzer bir işlev gördüğü anlaşılıyor. Himalayalar dışsal abideyi oluştururken, yer altı mekanını da dünyasal ve kozmik kirlenmeden uzak kalan krallık oluşturuyor. Agarta ülkesi hem Yüce İnisiyasyonlar ve Vazifeler Merkezidir, hem de milyonlarca kitabın korunduğu binlerce kilometre uzunluğundaki kozmik bir kütüphane ve eğitim kuruluşlarını da kapsayan bir Kozmik Üniversitedir! Bu kitaplar, görüldüğü gibi çok ileri seviyeden bir holografi, yani üç boyutlu fotoğrafçılık tekniğiyle basılmıştır.

Okültizmin önemli temsilcilerinden biri olan Madam Blavatsky, "Gizli Doktrin" adlı eserinde bu yer altı kütüphane ve kentleri konusunda şunları yazıyor: "Tüm büyük ve varlıklı Lamaserilerde, dağlarda kayalara oyulmuş yer altı odaları ve mağara kütüphaneleri vardır. Batı Tsaydam'ın ötesinde, Kuen-Len'in ıssız geçitlerinde bu türden bir takım gizlenme yerleri bulunur. Topraklarına şimdiye kadar hiçbir Avrupalının ayak basmadığı Altın Dağ üzerinde derin bir çukurun içinde kaybolmuş bir köy vardır. Burası ufak evler kümesidir, içindeki fakir görünüşlü mabedi gözetlemek için ihtiyar bir lama o civarda yaşar. Hacıların söylediğine göre, bu mabedin altındaki yer altı galeri ve hollerinde bulunan kitapların sayısı, British Museum'dakilerden daha fazladır. Aynı tradisyona göre, Türkistan'ın ortasında adeta bir sahra olan kurak Tamin topraklarının artık terkedilmiş bölgeleri eskiden görkemli kentlerle kaplıydı, şimdiyse yörenin ürkütücü ıssızlığını giderecek birkaç yeşil vahadan başka bir şey yok. Vaha çölün kumları altındaki büyük kentin mezarını halı gibi örtmekte ve sık sık Moğollarla Budistler tarafından ziyaret edilmektedir. Ayrıca tradisyonlar tabletlerin bulunduğu devasa yer altı barınaklarından da söz eder. Dünyanın içine gömülmüş bu yer altı depoları emniyettedir. Girişleri vahalarla gizlendiğinden herhangi birinin buraları keşfetmesinden korkulmaz. Söylediklerimizi özetleyelim: Gizli Doktrin, kadim ve tarih öncesi dünyanın her tarafa yayılmış diniydi. Bu dine ilişkin kanıtlar ve tarihe ilişkin gerçek kayıtlar komple bir dokümanlar dizisi olarak gizli yer altı kütüphanelerinde günümüze kadar mevcut olagelmiştir. O dokümanlar ki, tüm büyük ermişlerin öğretisi ve Okült Kardeşliğin gizli bilgisiydi."

Hint-Tibet tradisyonları, yerin çok derinlerinde faaliyet gösteren, tüm kıtalarda gizli girişleri olan ve tüneller ağıyla ulaşılabilen Agarta Uygarlığından söz ederler. Bu yer altı uygarlığının tarihi bilindiği kadarıyla dünyamızın ilk günlerine dek uzanmaktadır. Burası, Uranüs'ün oğullarıyla Satürn arasında çıktığı sanılan uzay savaşından sonra Elohim ya da Siklopslara sığınaklık etmiş olabileceği gibi, bir zamanlar gezegenimizi tehdit etmiş kozmik afetten kurtulmak için kullanılmış da olabilir. Mu ve Atlantis'ten kaçan göçmenlerin yer altına sığındıkları söylenir. Dünyanın her yanındaki Mistik Kardeşlikler, yerin kilometrelerce altında bulunan psişik bir uygarlıkla Tibet'deki üstatlar arasında bir bağlantı olduğunu ileri sürerler. İçi boş dünya teorisi'nin taraftarları, uçan dairelerin aslında yeryüzündeki ülkeleri gözlemek için kutuplardaki deliklerden, yani dünyanın içinden çıktıklarını söylerler. Ezoterik öğretiler Agarta'nın hakimini "Dünyanın Kralı" unvanıyla anarlar. Dünyanın Kralının, Agarta'da yardımcıları olan iki Rahip-Kral ile insanlığın geleceğini planladığı söylenir. Sembolü, Hitler tarafından çarpıtılarak kullanılmış Gamalı Haç'tır."

Tarihçi Heredot'un, Trakya'da yaşayan Getaeler'i inisiye eden ve Pisagor'un spiritüel üstadı olduğu söylenen Zalmoxis hakkında yazdıkları, yer altı dünyasına Trakya'dan da ulaşılabileceğini göstermesi bakımından ilginçtir. Herodot şöyle diyor: "Zalmoxis Trakya'da geniş bir hol yaptırdı, buraya topladığı kişilere hem kendilerinin hem de gelecek kuşakların ölmeyecekleri bir yere gidip bolluk ve bereket içinde yaşayacaklarını söyledi. Yer altında inşa edilmiş bir evi vardı, oraya girip gözden kayboldu ve üç yıl süreyle orda kaldı. Herkes öldüğüne inanarak ağladı, ama dört yıl sonra tekrar ortaya çıktı, bu kerameti sayesinde herkesin kendine inanmasını sağladı." Okült kaynaklara göre Zalmoxis'in indiği yer altındaki ev ışık uygarlığı Agarta'ydı.

Anadolu'nun sözlü geleneklerinin ve klasik tradisyonların belirttiğine göre Orta Doğuda Agarta yer altı dünyasına açılan üç giriş vardır: **1-Gize: Mısır 2-Elbruz Dağı: Kafkaslar ve 3-Troya: Batı Anadolu.**

Yine ilginçtir ki, bir dünya haritası üzerinde bu üç yeri birleştirecek bir üçgen çizildiğinde, kuzey kenarı tam Baba Burnu'nun üzerinden geçen bu üçgenin içerisinde kalan kara kütlesinin Anadolu olduğunu görürüz. Bu üç girişin açıldığı tünel şebekesinin, bir yer altı geçit sistemiyle birbirine bağlanmış olması da büyük bir olasılıktır. Eğer öyleyse, Anadolunun altında devasa bir dehliz şebekesi var demektir. Dahası, Agarta tünel sistemlerinin en önemli kavşak noktalarından biri olarak işlev yapıyor olmalıdır, şebekenin Kapadokya altında yoğunlaşması bu görüşü destekliyor. Öte yandan Anadolu'daki dehliz sisteminin geriye kalan kısmına ilişkin bazı belirtiler de var. Örneğin, Hititlerin başkenti olan ve Kapadokya'nın kuzeyinde yer alan Hattuşaş'ın altı tünellerle kaplıdır.

Anadolu'nun altında yer alan şebekeye ilişkin en önemli kanıt aşina olduğumuz bir yerden, kadim Commagene yöresinden gelmektedir. 1954 yılında Commagene bölgesinde kazı yapan arkeologlar, Nemrut Dağı'nın yakınında yer alan Eski Kahta Köyünün altında uzanan bir tünel keşfettiler. Tünelin girişi yazılı bir kayanın altında yer alıyor, kayanın üzerinde buranın Antiochos'un babasının son uykuya yatacağı kutsal yer olarak seçildiği belirtiliyordu. Şimdi, Nemrut Dağı'nın neden Commagene'nin kutsal dağı olduğunu ve Yüce Güçler tarafından neden amaçlarına hizmet etsin diye seçildiğini daha iyi anlayabiliriz. Commagene'nin altında bir tünel sisteminin varlığına bakarak Nemrut Dağı mabedinin kutsal yer ve yapıların prototipini, yani Agarta mabedini örnek aldığını söyleyebiliriz. Himalayalar ve Agarta, Nemrut Dağı ve altındaki keşfedilmemiş giz! Kutsal yer ve yapıların iç bölümlerinin çoğu kez bir kule ya da tepe noktasıyla belirlendiği söylenir. Bu özellik Nemrut Dağı'nın doruğundaki höyüğün varlığını bir başka açıdan açıklamış oluyor. Höyük bir iç odaya işaret eden bir uç noktası oluşturmaktadır, höyüğün sırrının bu iç mekanda bulunması çok olasıdır. Nemrut Dağı'nın yer altı odasına Commagene'nin tünelleri vasıtasıyla ulaşmak mümkün olsa gerek, ama sırrını gizleyen höyükte olduğu gibi dehlizlere de layık olmayan kişilerin girmesi imkansızdır!

Nemrut Dağı'nda esas alınan mabet prototipi Büyük Piramit için de geçerlidir. Acaba Troya kenti de bu tür kutsal yerlerin bir örneğini mi oluşturuyor? Hisarlık Tepe'de kurulmuş olan Troya birbiri üstüne inşa edilmiş dokuz ayrı kent tabakasından oluşuyordu.

Böylece, çok katlı Troya kenti Hisarlık Tepe'nin üzerine kurulmuş bir piramit şeklinde tezahür etmektedir. Grek mitolojisinde Tanrıça Athene'nin yaptığı ve adına Palladium denilen sihirli bir heykelden söz edilir. Söylentiye göre Zeus bu heykeli göklerden aşağıya indirmiş ve kentin korunması amacıyla Troya'nın kraliyet soyunun geldiği Kral Dardanus'a hediye etmişti. Palladium Ate Tepesine, yani Hisarlık Tepesine yerleştirilmişti. Bu sihirli heykelin, Tanrıların himayesini kente iletebilme gibi bir özelliği vardı. Rene Guenon'un da dediği gibi, Palladium aslında spiritüel tesirleri zapteden bir anten olarak kullanılıyordu. Hisarlık Tepesinin üzerinde bir piramit gibi yükselen Troya ve onun uç noktasını oluşturan Palladiumla bir mabet kentin dış formu tamamlanmaktadır. Peki iç mabet, yani iç çekirdek hakkında bir bilgimiz yok mu acaba? Palladium efsanesinin geri kalan kısmına göre, Troya kralları Ate Tepesinde bu heykel için bir mabet inşa ettirmişlerdi. Kenti himayesiz bırakmak için bu heykeli çalan Grekler Troya savaşındaki galibiyeti garantiye aldılar. Bir rivayete göre, Dardanus daima heykelin bir kopyasını teşhir ediyor ve orijinal Palladium'u mabedin iç mekanında saklıyordu. Dolayısıyla, Hisarlık Tepenin altında bu objenin saklandığı bir iç oda olması gerekir. Belki de bu iç oda yer altı geçitlerine açılmaktadır. Orijinal Palladium Troya'nın düşüşünden sonra Aeneas tarafından İtalya'ya götürülmüştü. Heykel Aeneas'a, yeni merkezi Roma'da kurma görevinde Yüce Güçlerin himayesini bahşetmişti. Unutmamalıyız ki, aynı Aeneas yer altı dünyasına inmiş ve gizemli yer altı cenneti Elysium'u ziyaret etmişti. Acaba Elysium Agarta'nın bir yansıması mıydı?

Bir Efes efsanesi olan Yedi Uyurlar, Anadolu'nun mağara tradisyonlarıyla doğrudan ilişkilidir. İslam tradisyonunda Ashab-ül Kehf adıyla bilinen Yedi Uyurlar öyküsü, M.S. 250 yılı civarında imparator Decianus'un zulmünden kaçarak Kıtmir adlı köpekleriyle bir mağaraya sığınan yedi müminden bahseder. Yedi Uyurlar bu mağarada 309 yıl uyuduktan sonra Theodosius'un hükümdarlığı sırasında sapasağlam ortaya çıkmışlardır. Bu kişilerin 309 yıl süresince sağ kalışlarına ilişkin gizem, ancak ve ancak onların Agarta'nın yer altı dünyasına inmiş olduklarını varsaydığımız takdirde çözülebilir. Çünkü, yüzyıllara varan bir ömür Agarta'daki hayatın doğal bir parçasıydı. İşte, mesele bu yönüyle ele alındığında, Kehf suresi yine Agarta ile ve oradaki zaman kavramıyla ilgili çok önemli bir ipucu daha verdiği görülebilir.

Zaman zaman ya Agarta'nın bazı üstatları ışık bedenleri vasıtasıyla dünyada ortaya çıkıp insanların arasına karışarak misyonlarını yürütür; ya da Agarta inisiyeleri enkarnasyonlarının bir veya birkaçı sırasında insan evrimini hızlandırıcı çalışmalarda bulunurlar veya insanlığın evrim yolunda ilerlemiş bazı üyelerine belirli bir sebepten ötürü Agarta'yla temas etme izni verilir. Bu tür olayların tespit edilebilmiş olanları incelendiğinde, Türkiye'deki bazı yerlerden sürekli bahsedildiğini görürüz. Örneğin, Üstat Rakoczi'nin aynı adla tanındığı son dünya enkarnasyonunda Türkiye'de uzun yıllar kaldığını biliyoruz. Erdel Prensi Rakoczi 1703-1711 yılları arasında Macaristan'ın bağımsızlığı için savaşmıştı. Önce Polonya'ya giden Rakoczi daha sonra Türkiye'ye sığınmış ve politik mücadelesini ülkemizden sürdürmüştü. 1717 yılına kadar İstanbul'da kalan Prens, daha sonra 1720'deki ölümüne kadar Tekirdağ'da kendisine tahsis edilen bir evde kalmıştı. Ne ilginçtir ki, aynı kişi bir sonraki zaman diliminde, karşımıza Saint Germain Kontu olarak ortaya çıktığında yine İstanbul'u uğrak yeri yapmıştır. Fransa'daki ezoterik Rozkruva grubunun üyelerinden Graffer, kaleme aldığı anılarında, Saint Germain'den bahsederek onun 1790 yılında Viyana'da kendisine aynen şunları söylediğini yazar: "Senden ayrılıyorum, İstanbul'da beni bekliyorlar. Oradan da İngiltere'ye gideceğim. Orada yüzyıl sonra kullanacağınız iki icat üzerinde çalışacağım. Bunlar tren ve buharlı gemidir. Bir süre için Himalayalara çekilip dinleneceğim, 85 yıl sonra tekrar ortaya çıkacağım." St. Germain Kontu'nun sözleri, İstanbul'da Agarta'dan gelen birileriyle buluşacağını ima etmektedir.

Doğu ile batı arasında köprü oluşturan İstanbul belki de Agarta temsilcilerinin buluşma yeridir. Nitekim Andre Bouguenec, Robert Charroux'un 'Gizemli Bilinmeyen' adlı kitabına yazdığı önsözde bu savı güçlendirecek bir açıklama yapıyor: "Villeneuve Üstadı 24 Aralık 1966'da İstanbul'da bilinmeyen üstlerle buluştu. Kendisi bu buluşmayı sınırlı bir yayında anlatmıştır. Daha doğrusu, açıklaması için bilinmeyen üstlerce kendisine izin verilenleri yayımlamıştır. Kitabın adı "Tasavvur Olunmazla Karşılaşma"dır. Bu kitap, yüzyıllar boyu insanların bahsettiği "Görünmeyen"in, şarlatanlarla hayalperestlerin icadı olmadığını kesinlikle ispat ettiği için çok önemli bir çalışmadır. Villeneuve Üstadının söylediğine göre, kendisi Saint Yves d'Aldeydre gibi belirli açıklamalar yapmaya izinlidir. D'Aldeydre'nin sözünü ettiği Agarta adı değiştirilmiştir. Yüksek Meclisin içinde bazı ufak tefek değişiklikler yapılarak tarihin ve zamanın hızıyla uyumlu hale getirilmesi sağlanacaktır. Agarta'nın yeni adı sadece belirli birkaç kişiye bildirilebilir. Yüksek Meclis, evrimde dünyanın ulaşacağı en yüksek noktayı bilen 12 büyük üstattan oluşmaktadır. Bu kişiler günümüzün politikasını etkileyecek durumda olmalarına rağmen, bizler yine de özgür irade sahibiyiz. 12 kişinin üzerinde, daha yüksek düzeydeki bir hiyerarşi içinde "Görünmeyen Varlıklar" yer alır."

1932 yılında yapılan Agarta toplantısının da İstanbul'da gerçekleştirildiği bilinmektedir. Her yıl dünyanın bir ülkesinde yapılan bu önemli okült toplantılara 10'u çeşitli ülkelerdeki bilinmeyen inisiyelerden, 2'si de Agarta'dan gelen elçilerden oluşan 12 kişilik bir kadro katılır. Örneğin, 1978 yılında Güney Afrika'da yapılan toplantıya Habeşistan'dan, Kudüs'den, Japonya'dan, Polonya'dan, İskoçya'dan, A.B.D'den ve İspanya'dan birer kişi ile Güney Amerika'dan üç kişi ve Agarta'dan iki temsilci katılmıştı.

Uludağ'ın eteklerinde yer alan tarihi Bursa kenti de, Himalayalar'ın altındaki Işık Ülkesinden gelen elçilerin ara sıra ortaya çıktıkları bir diğer yerleşme merkezi olarak bilinmektedir. Andrew Tomas "Shambhala: Oasis of Light" adlı eserinde şu garip öyküyü anlatmaktadır: "14. yüzyılda sahte bir ölüm ve gömülme olayı düzenlenerek ortadan kaybolan bir diğer tarihi kişilik de Nicolas Flamel'di. Başrahip Vilain, 18. yüzyılda Flamel'in Türkiye'deki Fransız elçisi Desalleurs'u ziyaret ettiğini yazmıştı, yani Flamel'in sözde ölümünden yaklaşık 400 yıl sonra!"

"XIV. Louis, Paul Lucas'ı Ortadoğu, Mısır ve Yunanistan'dan antik eserler toplamakla görevlendirmişti. Lucas 1714 yılında "Kralın Emriyle Bay Paul Lucas'ın Gezisi" adında bir kitap yayımladı. Yazar bu eserde Bursa'da dört dervişle karşılaştığından ve bunlardan birinin Fransızca da dahil çok sayıda dil bildiğinden bahseder. Söz konusu derviş, ermişlerin yurdu olan uzaktaki bir yerden geldiğini söylemiştir. Görünüşte 30 yaşlarında olmasına rağmen anlattığı uzun yolculuklar en azından 100 yıllık bir süreyi kapsıyordu. Flamel'in adı geçtiğinde derviş şöyle der: "Flamel'in öldüğüne gerçekten inanıyor musun? Hayır, hayır dostum kendini aldatma, Flamel hala yaşıyor. Ne o, ne de eşi henüz ölümle tanışmış değiller. Her ikisini de Hint Adalarında bırakmamdan bu yana üç yıl bile geçmedi. O benim en yakın arkadaşlarımdan biridir." Bu derviş Asya'daki Olimpos'un, yani Agarta'nın belirli bir işle görevlendirdiği bir elçisi olsa gerekti."

Aralarında Evliya Çelebi'nin seyahatnamesi ve Hezarfen Hüseyin Çelebi'nin 1670 yılında yazdığı 'Bizans Tarihi' gibi Osmanlı eserleriyle, Bizans tarihçisi Heskios İllustrios'un 6. yüzyılda yazdığı

'Patria Constantinoupolus' adlı kitabın da bulunduğu çeşitli kaynaklarda, Hz. İsa'nın gerildiği haçın parçalarının Konstantin'in annesi St. Helena tarafından Kudüs'den İstanbul'a getirilişinden bahsedilmekte ve önce Çemberlitaş'daki sütunun üzerindeki heykelin içine yerleştirildiği, daha sonra da iç odaya nakledildiği anlatılmaktadır. Kutsal haçın yanı sıra Hz. İsa çarmıha gerilirken kullanılan çivilerden bazıları, Hz. İsa'nın meshedildiği yağ kabı, kanının bulaştığı toprak parçaları ve peygamberin kutsadığı 7 ekmek gibi birçok emanetin de Çemberlitaş'ın altındaki iç odada muhafaza edildiğine inanılmaktadır. Fakat bu objelerin niteliği ve sayısı ne olursa olsun hepsi de Hristiyanlık kurumuyla ilgiliydi. Asıl önemli olan İmparator Konstantin'in yaptığı şeydi. İmparator önceleri Troya'ya, daha sonra Roma'ya İlahi Güçler'in himayesini sağlayan, nereye giderse orayı yeni bir uygarlığın merkezi haline getirdiği söylenen Palladium'u Roma'dan getirtmiş ve Çemberlitaş'ın altındaki iç odaya bu ünlü anten heykeli de yerleştirmişti. İstanbul'un Konstantin'den sonra 11 yüzyıl boyunca Bizans'ın, 5 yüzyıl boyunca da Osmanlı İmparatorluğu'nun başkenti olarak kalmasına hiç şaşmamak gerek!

Öte yandan, mabet prototipine uygun her kutsal yapı gibi Çemberlitaş'ın da Agarta yer altı sistemiyle ilişkili olması söz konusudur. Nitekim 1930'larda yapılan bir arkeolojik kazı sırasında Çemberlitaş civarında bir takım labirentvari delhizlere rastlanmıştır. Üstelik diğer bazı bulgulardan anlaşıldığına göre Sultanahmet'le Aksaray arasındaki düz hat boyunca bu tür yer altı mekanları uzanmaktadır. Bunları göz önüne aldığımızda Çemberlitaş'ın, İstanbul'un altında yer alan galeriler ağıyla bağlantılı olduğu, belki de girişi belirleyen bir odak gibi işlev gördüğü anlaşılmaktadır. Bu konuya açıklık getirebilecek çok ilginç bir kayda "İstanbul'un 7 Harikası" adlı 70 küsur yıllık bir kitapta rastlamaktayız. Bu kitapta anlatıldığına göre, Çemberlitaş'ın yakınında yer alan Yerebatan Sarayı ile Kınalıada arasında uzun bir tünel bulunmaktadır. "Köpek Öldüren Kanalı" da denilen bu delhizin Yerebatan'daki gizli bir girişten başlayarak kuzeydoğu yönünde ilerlediği ve Boğazın Marmara'ya açıldığı yerde deniz altından geçtiği, Üsküdar'dan itibaren de güneydoğuya doğru bir açı yaparak düz bir hat halinde önce Üsküdar-Kadıköy sahillerini izlediği, daha sonra yine Marmara'nın altından uzanıp Kınalıada'ya ulaştığı ve buradaki Manastır'da son bulduğu belirtilmektedir. Dehlizin söz konusu güzergah üzerinde sırasıyla Salacak, Karacaahmet ve Moda'da yüzeyle bağlantısını sağlayan giriş-çıkış noktaları bulunduğu söylenmektedir.

YERALTINDAKİ DİĞER İLMİ KANITLAR:
Agharta-Şamballah ve Tarih-i Kadimde yaşamış olan diğer uygarlıklar

Konunun Kapadokya ile ilgili kısmına tekrar dönmeden önce dünyanın her yanında hemen hemen nehirler kadar çok rastlanan bu tünel sistemlerinin kimler tarafından yapıldığına dair iddaları da görmemiz yerinde olur. Bazı ciddi araştırmacılar ve Okültistler binlerce yıl önce dünyada yaşamış olan ve günümüzün masal ve efsanelerinde bahsedilen bir devler ırkından bahsederler. Tünellerin kaynağı Daniken gibi araştırmacılar uzay uygarlıkları olarak gösterirken, bazıları devler ırkı, bir kısmı da çok çok eski çağlarda mevcut olan Atlantis ve Mu kıtalarının batışlarından sonra kurtulan kimseler olarak gösterirler. Söz konusu kıtalar batıp, yeryüzü şekil değiştirdiği zaman kurtulan kimselerin uzay çağı teknolojisine ve insanüstü psişik güçlere sahip olduklarına inanılır, o zamanlardaki en yüksek kara parçalarına sığınırlar ve bu bölge, bugünkü Himalaya dağları ve çevresidir. İki kıtadan gelenler iki ayrı yeraltı şehri kurarlar. Bunlardan biri Agartha diğeri Şamballah ismiyle bilinirler. Bazı iddalara göre de söz konusu yeraltı şehirlerinin biri sağ-el yolunu izleyen majisyenler ait, diğeri karanlık yolu izleyicilerine aittir.

Agatha ve Şamballah sakinleri daha sonraki dönemlerde insanlarla çok az iletişim kurarak günümüze kadar yaşarlar. Bazı inançlara göre, bu şehirler dünyanın aydınlık ve karanlık pisişik merkezleridirler. Yeraltı uygarlıklarının sakinleri hem pisişik yeteneklerini hem de nükleer enerjiyi kullanarak dünyanın her yanına açılan tüneller yaparlar. Gerçek veya fantezi, dünyanın birçok bölgesinde yeraltında yaşayan üstün varlıklara ait efsaneler vardır. Bunlar üç aşağı, beş yukarı birbirine benzemektedirler. Bazı kimseler Himalayalar'ın atlındaki yeraltı şehirlerini Atlantis ve Mu uygarlıklarına bağlarken; bazı kaynaklar onların çok eski dönemlerde dünyamızı ziyaret eden uzaylılardan kalma ikmal merkezleri olduğunu söylerler. Kapadokya, Derinkuyu ve Kaymaklı gibi yeraltı şehirleri ile bu efsanelerin ilişkili olup, olmadıklarını incelemeden önce özellikle Hitler Almanya'sı dönemindeki okült inanışları, gizli majikal örgütleri ve bazı kimseleri tanımamızda, fikirlerini bilmemizde fayda vardır. Bazı iddialara göre de Adolf Hitler, Şamballah rahipleri tarafından yönlendirilmiş olan bir medyumdu. Bu yüzden eski uygarlıklar, Okült ekoller ve yeraltı şehirleri ile ilgili olarak yapılan araştırma ve yorumlara Hitler Almanyası ile başlamak daha çarpıcı olabilir.

ANADOLU'DAKİ KANITLAR & YER ALTI TÜNEL SİSTEMLERİ:

Nemrut Dağı

Anadolu'nun altında yer alan tünel ağlarına ilişkin en ilginç kanıt, herkesin bildiği bir yerden, kadim Commagene yöresinden çıkmaktadır. 1954 yılında Commagene bölgesinde kazı yapan arkeologlar, Nemrut Dağı'nın yakınında yer alan eski Kâhta köyünün altında uzanan bir tünel keşfettiler. Bu tünelin girişi, tek ve bütün olan yazılı kayanın altında yer alıyordu. Kayanın üzerinde, buranın Antiochos'un babası tarafından, son uykusuna yatacağı kutsal yer olarak seçilmiş olduğu belirten bir yazıt bulunuyordu.

Söz konusu tünel, aşağıya doğru eğim yapıyor ve belirli bir mesafeye kadar her iki yanında basamaklar bulunuyordu. Tünelin başlangıcından yaklaşık 100 metre ileride bir balçık tabakasına rastlanmıştı. O noktadan itibaren tünelin temizlenmesi çalışmalarını durdurmak zorunda kalan arkeologlar, gerekli teçhizatı tedarik ederek, 2 yıl sonra, temizleme işlemine kaldığı yerden devam etmek üzere Eski Kâhta'ya döndüler. Prof. Karl Döerner, 1956 yılında gerçekleştirilen bu kazının öyküsü, Türk Arkeoloji Dergisi' nde (1957 VII-2) şu şekilde anlatmaktadır:

"... Buradan sonra tünelin şimdiye kadar açılmış olan kısımlarına dekovil rayları döşedik, küçük bir çekme makinesi kurduk ve tünelin dibine çalışan işçilere lüzumlu taze havayı temin ve tazyikli hava ile çalışan burgularla çalışma kuvveti sevkeden bir kompresör inşa ettik."

"Tünelin başlangıcından tahminen 120 metre uzaklıkta, zayıf olmakla beraber tekrar merdiven basamaklarına rastlanıyordu. Bu noktada tünel hayret edilecek derecede dik bir meyille aşağıya iniyordu (Meyil düşüş açısı 51 derece). Bu sebeple ray döşememize imkan kalmamıştı; zira bizim bir motorla çalışan çekme makinemizin çekiş kuvveti bu meyile mukavemet etmeye kafi değildi... Tünelin bu dikliğinde çalışmalarımızı, Almanya'da bu maksatla hazırlanan, doldurma sepetleri sayesinde en iyi bir şekilde devam ettirmemiz mümkün olabildi."

"Bu şekildeki sabırlı çalışmalarımız sayesinde tünelin 150. metresine erişebilmiştik... 142-143. metrelerse tünel sol duvarında maden kuyusunu andıran yuvarlak bir boşluğa tesadüf ettik, 150. metrede buna benzer bir ikinci boşluk daha vardı; her iki boşluk da kayadan oyulmuştu, her ikisi de tünelde bulunan cinsinden balçık ile doluydu... Bu yuvarlak boşluklar 50 cm. derinliğinde idiler; önlerdeki platform şeklinde genişleyen basamaklarda kül bakiyeleri mevcuttu. Bu boşluklardan hemen sonra, 156. metrede, basamaklardan eser kalmamıştı. Tünelin tavanı gittikçe alçalıyordu; 158. metrede tünelin tavan ve tabanının kemervarî bir şekilde birleştiğini gördük."

"Tünelde herhangi bir şey bulamadık. Bu sebeple, bu muhteşem tesisatın ne gibi bir maksada hizmet etmiş olduğunu kendi kendimize sormamız icabetmektedir. Bütün mesai arkadaşlarım için, Eski Çağda, suni oksijen imal eden herhangi bir alete sahip olmaksızın bu muazzam tünelin nasıl inşa edildiği ve her şeyden evvel tünelin aydınlatılması meselesinin nasıl halledildiği, bir bilmecedir... Mesela, 120 m. derinlikte bir kibrit yakmak bile imkansızdır ve bu derinlikte hiçbir ateş yakma vasıtası ateş almaz. 1956 yılındaki çalışmalarımız sırasında, kompresöz bize daimi olarak taze hava gönderdi ve bu tünelin aydınlatılması işini elektrikle temin ettiğimiz için oksijene ihtiyacımız olmadı.

"...Burada [yazılı kaya civarlarında] 9 m. yüksekliğinde bir başlangıç dehlizi vardır, bunun arkasında kayadan oyulmuş büyük bir mağara bulunmaktadır; her ikisi de merdiven şeklinde bir tünel ile bağlantılıdır..."

Kapadokya

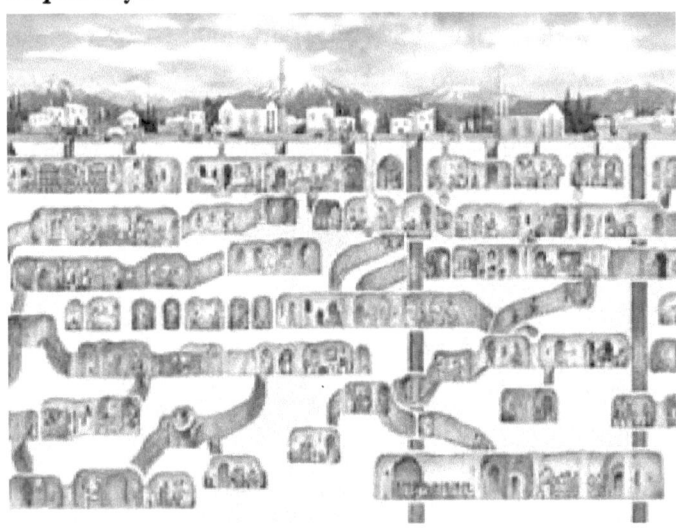

Görüldüğü gibi Anadolu, baştan sona, bir yer altı tünelleri, galeriler ve yer altı kentler sistemi ile doludur. Bunlar, geçmişteki uygarlıklar için çeşitli amaçlarla kullanılmış oldukları gibi, özellikle de Agarta'ya da hizmet etmiş ve etmekte olan özellikler taşıdıkları görülür.

1960'ların ortalarında bir gün, Nevşehir'in 30 km. kadar güneyinde yer alan Derinkuyu'da, sahibinden kaçan bir tavuğun yerdeki bir deliğe girerek kaybolduğu görülmüştür. Görünüşte hiçte önemli olmayan bu olay, bir dizi gelişmeye yol açtı ve en sonunda, orada muazzam bir yer altı kentinin açığa çıkarılmasıyla sonuçlandı. Ankara'dan gelen arkeologlar bu sansasyonel bulguda cesaret alarak araştırmalarının kapsamını genişlettiler ve kısa bir süre sonra, Derinkuyu'nun 10 km.ye kadar kuzeyindeki Kaymaklının altında birincisine benzeyen bir diğer yer altı yerleşim merkezi keşfettiler. Derinkuyu ile Kaymaklıdaki kazıların, ekonomik güçlükler ve diğer bazı sorunlardan ötürü yavaş ilerlemiş, olmalarına rağmen, Kapadokya'nın bu yer altı kentleriyle ilgili olarak bugüne kadar çok şey gün ışığına çıkmıştır..

Derinkuyu yer altı kenti, 7 ana kat ve 6 ara kat olmak üzere, toplam 13 kattan oluşmaktadır. Tabi burada belirtilen hususların şimdiye kadar ortaya konulan donelere dayandığını ve yeni kazılar yapıldıkça verilen rakamlar ile boyutların şimdiki değerlerini aşabileceklerini göz önünde bulundurmak gerekir. Derinkuyu yer altı odalarının farklı seviyeleri birbirleriyle dik basamaklar ve dar delhizler vasıtasıyla bağlanmışlardır. Girişlerde değirmen taşı büyüklüğünde, masif değirmen taşları bulunmuştur: Sürme kapılar şeklinde çalışan bu yuvarlak taşlar, içerden kolaylıkla yerlerine sürülebilecek ve sürgülenebilecek, fakat dışarıdan gelebilecek herhangi bir sızma hareketine de geçit vermeyecek şekilde yapılmışlardır.

Nevşehir'in 21 km. batısındaki Kaymaklı yeraltı şehri ile ondan 9 km. sonraki Derinkuyu yeraltı şehrini gezmek için girişten itibaren var olan yön levhalarını izliyorsunuz. Şehrin giriş katında hayvanların bağlandığı yerler bulunuyor. Sonra da yiyeceklerin depolandığı bir başka bölüme geçiliyor.

Kapadokya'da yumuşak tüf kayalara oyularak yapılmış çok sayıda yeraltı şehri bulunuyor. Bunların başlıcaları Kaymaklı, Derinkuyu, Özkonak, Mucur, Örentepe, Gümüşkent, Tatlarin, Ovaören ve Gökçetoprak'ta yer alıyor. Kaymaklı ve Derinkuyu yeraltı şehirleri en büyükleri.

Yeraltı şehrinin her bir bölümü diğerine dar tünellerle bağlanıyor. Ve her giriş değirmentaşı biçimindeki hareketli kaya kapılarla kapatılabiliyor, bu şekilde düşman saldırılarından korunuluyor. Yeraltı şehrinin şarap yapımında kullanılan odaları da var. Şehir toplam 40 metre derinlikte 8 kattan oluşuyor. Şehrin mükemmel bir doğal havalandırma sistemi var. Ortak mutfağı ikinci katta. Gerek Kaymaklı'daki, gerekse Derinkuyu'daki yeraltı şehirlerinin tüm katları henüz ziyarete açık değil. Kaymaklı'nın 20 metre derinlikteki

4. katına, Derinkuyu'da ise 55 metre derinlikteki 8. katına inilebiliyor. Derinkuyu'nun toplam alanı 4.5 kilometrekare. Yaklaşık 20.000 kişinin yaşadığı tahmin ediliyor. Kaymaklı ise Derinkuyu'nun aşağı yukarı yarısı kadardır.

Yeraltı şehirlerinin yapımına hangi dönemde başlandığı kesin olarak bilinmiyor. Şehirlerin Hitit döneminde var olduğuna, Hristiyanlık döneminde de genişletildiği ve özellikle Arap akınlarına karşı korunmak amacıyla kullanıldığına ilişkin bilgiler var. Şehirlerin yiyecek depolamak amacıyla da kullanıldığı anlaşılıyor.

Ayrıca akılalmaz doğal havalandırma sisteminden dolayı YİNE BU UYGARLIKLARIN YE'CÜC & MECÜC, yani AGARTA tarafından binlerce yıl önce yapılmış olabileceğini isbat etmektedir..

Peki Kur'an'da bahsedilen Bu çok Eski Medeniyet: Ye'cüc ve Me'cüc kavimleri gerçekte kimlerdir? Şimdi bu konuyu açalım;

- Ye'cüc ve Me'cüc, yeraltında yaşayan (dünyanın oyuk olan içi kısmında) AGARTHA ve SHAMBALLA medeni-yetleridir Moğol ve Mançur ırkından gelmekte olan yarı insan yarı hayvan görünüşlü yaratıklardır,

- Daha önce Avrupa ve Asya'yı ele geçirip, doğudan batıya kadar her yeri harap ettikleri gibi (Zülkarneyn aleyhisselam zamanında) âhir zamanda da dünyayı alt üst edecek ırk onların bulunduğu bölgeden çıkacak olup (Himalaya sıradağları içerisindeki yeryüzüne açılan bir kapısından), onlarla aynı ırktandır,

- Yecüc ve Mecüc, Himalaya Dağlarının arkasında kalan ve şu anda yerin altında doğal koşullar sonucu olarak toprağın altında kalmış olan ve Zülkarneyn AS. tarafından inşa edilen yapay bir seddin arkasında bulunmakta olup, bu sed dünyanın oyuk olan diğer iç kısmına kadar yeryüzünün değişik yerlerinde girişleri bulunan, fakat iç dünya ile şu an için irtibatı kesik olan belirli tünel sistemleriyle bağlantılı olarak uzanır. Kıyamet iyice yaklaştığında, bu devasa yeraltı mağarasının ucundan açacakları bir kapıdan yeryüzüne akın edeceklerdir. Ye'cüc ve Me'cüc'ün yaşadığı bu yer altı uygarlığına literatürde "Agartha" veya "Şambhala" isimleri de verilmektedir,

- Ye'cüc ve Me'cüc önüne çıkan her şeyi yok edip talan eden yağmacı bir topluluktur,

- Ye'cüc ve Me'cüc yeryüzüne çıkamamaktadır ve onları engelleyen yegâne engel, Zülkarneyn AS. Tarafından, mazlum halkları korumak için iki dağ arasında oluşturulmuş yapay ve çok sağlam bir seddir ki, günümüzde bu seddin dış yüzeyi kapalıdır. Bu sed bir mağara girişini kapatan bir engel olabileceği gibi, şu an için yer altında kalmış olan yapay bir sed de olabilir. Fakat zamanı geldiğinde, Allah'ın izin vermesiyle, Ye'cüc ve Me'cüc bu set üzerine kazarak yaklaştıklarında, dışarıya çıkabilecekleri bir delik açacaklardır (cifri hesaplamalara göre yaklaşık M.S. 2052 tarihlerinde) .

- Ye'cüc ve Me'cüc üç sınıftır. Büyüklükleri farklıdır. Bir karıştan, büyük bir hurma ağacına kadar farklı büyüklükleri vardır. Çok obur ve pis boğazlıdırlar. Yani buldukları her şeyi yerler. Hatta kendilerinin ölen cesetlerini bile yerler,

- Ye'cüc ve Me'cüc'ün bir sınıfı yaklaşık bir karış boyundadır. Pençeleri bulunur ve aslan gibi dişleri vardır. Güvercin sürüsü gibi toplanırlar, hayvanlar gibi çiftleşirler ve kurt gibi ulurlar. Kalın tüyleri, onları soğuktan ve sıcaktan korur. Kulaklarından biri büyük olup, onun içinde kışı geçirirler. Diğer kulakları ise, sırf deri olup, onun içinde de yazı geçirirler,

- Ye'cüc ve Me'cüc'ün diğer bir sınıfının boyu, orta boylu bir insanın yarısı kadardır. Bizim elimizdeki tırnaklar yerine onlarda pençe bulunur. Azı dişleri aslanın azı dişlerine benzer. Deve çenesi gibi çeneleri vardır ve kuvvetlidir. Onların yemek yeme esnasındaki hareketlerini, geviş getiren bir deve veya kuvvetli bir atın, her şeyi kıtır kıtır yemesi gibi işitirsiniz. Vücutları çok tüylü olup, önü arkası bilinmez. Sıcaktan ve soğuktan onunla korunurlar. Her birinin iki büyük kulağı vardır ki, birinin içi ve dışı tüysüz; diğerinin ise, içi ve dışı tüylüdür. Birisiyle yazı, diğeriyle kışı geçirirler,

- Ye'cüc ve Me'cüc özellikleri hakkındaki sonuç olarak şunu söyleyebiliriz ki, bu rivâyetler bahsedilen vasıflar her ne kadar garip ve insana ait olmayan özellikler gibi görünse de, onların uzun bir süredir ayrı bir uygarlıkta yaşamaları ve oranın doğal koşullarına adapte olacak şekilde yaratılmaları, hadislerde bildirilen insan soyundan geldiklerine dair rivâyetlere bir zarar vermez. Nitekim, sıradan bir insan bile, uzun bir süre mağaralarda ve medeniyetten uzak bir şekilde yaşasa, bize göre garip olan, fakat halbuki o şartlara uygun olarak Allah tarafından değiştirilen birtakım vücut özelliklerine sahip olur ki, bu durum o kişinin insan olma özelliğine bir zarar vermez. Dolayısıyla, bu konuda rivâyet edilen hadisleri inkâr etmemek ve te'villi yorumlarının bu duruma uygun düşeceğini göz önünde bulundurmak gerekir..

Esâtir-ul Evvelin

Önemli not: Aslı, 1680 sayfalık olan bu 4 ciltlik çalışmadan yaptığımız bu derleme, 20 bin sayfa tutan 66 kitabın özetidir. Aralıksız 4 yıl süren yorucu bir çalışmanın ürünüdür. Dünyadışı kozmik uygarlıkların, insanlığın geleceği hakkında medyumlar kanalıyla aktardığı bilgileri kapsamaktadır. Özetler bölümler halinde ileride Kıyamet Gerçekliği Külliyatı'nda zamanla yayımlanacaktır..

DİPNOTLAR:

Agarta ile ilgili çeşitli bulgular/ek bilgiler:
{René Guenon'un yorumuna göre}

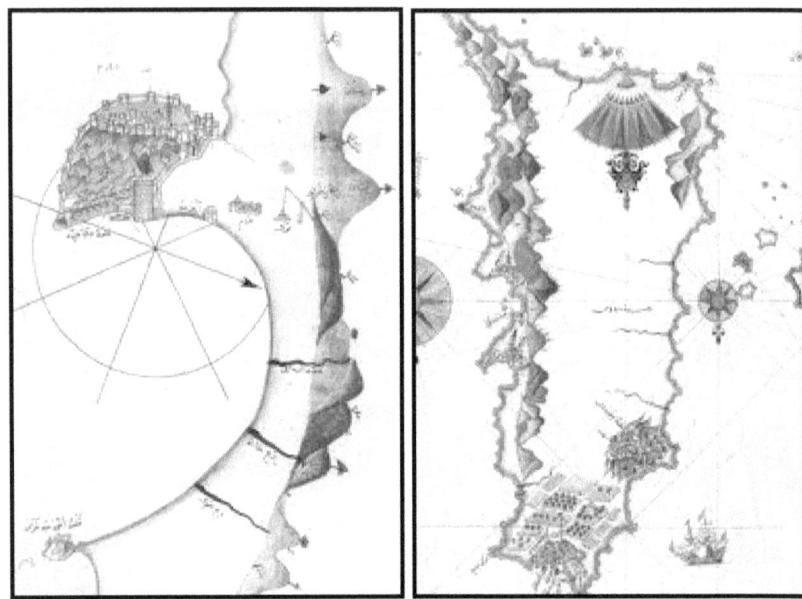

Piri Reis'in haritasının temel alındığı kayıp eski haritalar denizcilikle uğraşmış bir uygarlığın eseri olmalıdırlar. Harita Afrika'yı, Güney Amerika'yı ve bugün buzlarla kaplı olan Antarktika'yı göstermektedir. Harita yarım dereceye kadar hassasiyetle çizilmiştir ki, bu 1735'e kadar imkansız görünüyordu.

* Dünyamız uluslarının büyük bir bölümünde *"Yer altı dünyası"*na ilişkin çeşitli tradisyonlara dini veya dini olmayan herhangi bir ezoterik okul vasıtasıyla çeşitli kültürlerin hemen hepsinde rastlanır. Bununla beraber, genel bir bakış neticesinde bu *"Mağara kültü"*nün daima az ya da çok "içteki yer", **"iç dünya"** ya da "merkezi yer" fikrine bağlı olduğu ve buna göre de mağara ve kalp (yürek) sembollerinin birbirine çok yakın olduklarını bu kültürler boyunca gözlemlemek yine mümkün olabilmektedir. Diğer taraftan, tıpkı Amerika'da ve belki başka yerlerde olduğu gibi, Orta Asya'da da içlerinde asırlardan beridir (yaklaşık **6.000** ila **10.000 yıl** eskiye uzanan) bazı inisiyatik merkezlerin varlıklarını sürdürdükleri mağaralar ve yer altı geçit sistemlerinin gerçekten çeşitli arkeolojik kazılarla var olduklarının gerçeklenmesi, özellikle bu Agarta medeniyetinin yer üzerinden gizli kalmış bir yapısı olduğunu ve günümüze kadar da gizli kalmış olduğunu kanıtlar nitelikte olduğunu düşündürmektedir. Ancak, konunun bu olgusunun dışında bu konuyla alakalı her şeyde saptanması hiç de zor olmayan ağır bir sembolizm kısmının da var olduğu gerçeğini gözden kaçırmamak gereklidir ve bu inisiyatik merkezlerin kurulması için yeraltındaki bölgelerin tercih edilmesinin basit birer tedbir neticesi olmayıp, kesin olarak bu bahsi geçen sembolik gizli düzenden kaynaklanan nedenlere dayandığını düşünmekteyiz.

* Bundan başka, Agarta'nın hep yer altında bulunmayacağı ve bu bahsedilen çağın sonunda *–ki cifri hesaplamalarımıza göre yaklaşık 2052 yıllarına işaret etmektedir (ç.k.n.)-* ortaya çıkacakları ve öyle bir zaman gelecektir ki, Ossendowsky'nin ifadesiyle: "**Agarta milletleri mağaralarından çıkacaklar ve yeryüzünde görüneceklerdir**" ki onun bu son ifadesi şu ayetin bir gerçekliğine vurgu yapmaktadır:

"[96]**Nihayet Ye'cüc ve Me'cüc'ün Seddi yıkıldığı zaman, her dere ve tepeden akın edip çıkarlar.**" {Enbiyâ, 96} (ç.k.n.) Ossendowsky, onun yer altı geçişinin "altı bin yıldan" bile daha eskiye dayandığını belirtir ve bu tarihin de tahminen, ***Manvantara***'nın dört devresinin sonuncusu olan ve eski batılıların "**Demir çağı**" dedikleri "**Kali-yuga**", yani "**kara çağ**"ın başlangıcı olduğuna karar verir. Demek ki, buradan anlıyoruz ki, onun yeniden günyüzüne ortaya çıkışı da yine bu çağın bitim tarihlerine denk gelmelidir.

* Ayrıca, Saint Yves doğumundan sonra hz. İsa'yı ziyarete gelen **"Majik (ezoterik bilgi sahibi) kralların"** Agarta'dan gelmiş olduklarını söyler *–ki incelememiz boyunca hemen tüm peygamberlerin bu medeniyetle irtibata geçmiş oldukları konusuna değinmiştik daha önce-* ancak bu konuda başka belirgin bir açıklama yapmaktan kaçınmıştır. Yine bu kişilerin incilde geçen isimlerini biraz çözümlediğimizde, hiç şüphesiz ki rasgele seçilmemiş olduğunun farkına varılır. Şöyle ki: sadece örneğin onlardan birisi olan **"Melki-Or"** ismi dikkati çekmektedir. Bu isim İbranicede **"Işığın kralı"** anlamına gelir. Öte yandan değindiğimiz bu ağır sembolizmi incilin diğer kısımlarında da görmekteyiz. Örneğin, Katolik öğretiye geçmiş olan tören ve dualarda İsa Mesih için **"Sol Justitae"** terimini kullandığı zaman bu Grekçe terimin gerçek anlamının kelam anlamında **"Ruhsal Güneş"** veya **"Aydınlanmış Ruh"** anlamlarında doğrudan bir bağlantı oluşturmaktadır ve mesih'i davutun soyundan gelen aslan olarak tanıtırken; diğer yandan da **"Dünyanın Ruhsal Merkezi"** olarak tanıtmaktadır ki, bu görüş açısı Agarta'da yer alan iç güneşle bağlantılı olan bir kavramdır. Örneğin, yine güneşsel bir hayvan olan ve aslan burcuyla temsil edilen bu antik ve orta çağ dönemi hem mesihi temsil etmekle birlikte o zamanlarda agartanın temelini oluşturan adaletin ve kudretin bir sembolü olarak da kullanılırdı. Nitekim, zodyaktaki aslan burcu, güneşin kendi has evi olarak gösterilmektedir. Dolayısıyla oniki ışık huzmesiyle gösterilen güneş sembolü agarta'da yine, güneş olarak aydınlanmış ruh olan ve tradisyonun zirvesinde yer alan Mesih İsa'ya ve on iki havarisine işaret etmektedir.

* Yine, Eski Mısır'da önemli bir tradisyonel Rahip-Kral olan Seth'in Agarta'ya gitmiş olduğu ve burada 40 yıl yaşadığı rivayet edilir, ardından 40 yıl gibi kısa bir sürede piramitlerin inşa edilmesiyle hieroglifler vasıtasıyla bu sembolik ezoterik bilginin duvarlara kodlanması dönemine denk gelir ki, Mısır kültürünün ani bir ivme ile bu kadar kısa bir sürede Firavunlar döneminde inşası ve hızlı gelişiminin bu ruhsal bağlantıyla bir ilgisinin ilişkisi olduğunu düşündürmektedir. Nitekim, bu 40 sayısı aynı zamanda bu demir çağının sonuna işaret eden 2012'ye (demir çağın sonu yani ALTINÇAĞ'ın başlangıcı) eklendiğinde yine agarta ile bağlantılı olan bir tarihe ulaşılır ki, 2012+40=2052 tarihini vererek, yine tüm bu benzerliklerin tesadüf olamayacaklarını düşündürmektedir (ç.k.n., çevirenin kendi notu).

Yine bu 40 sayısının onlarda "uzlaşmak" ve "prensibe geri dönüş" anlamına da geldiği görülmektedir. Örneğin, yine bu sayı ile oluşturulan tarihin önemli dönemeçlerinde ve devirlerinde Yahudi-Hristiyan tradisyonlarının ezoterik uzantılarında da çok sık rastlanması bunun bir kanıtıdır. Örneğin, 40 yıl süren tufan, israiloğullarının çölde 40 yıl dolaşmaları, kudüsteki Süleyman tapınağının inşasının yaklaşık 40 yıl sürmesi, Musa'nın sina dağında geçirdiği 40 gün, Hz. Muhammed'e peygamberlik verilmesinin 40 yıl içinde gerçekleşmesi, Hz. İsanın 40 gün süren çöldeki orucunu anımsayalım. Hiç şüphesiz daha bunlar gibi örneklere de değişik tarih içerisindeki olaylarda rastlamak mümkün görünmektedir.

Agarta'nın nerede olduğu meselesi ile ilgili çeşitli bulgular/ek bilgiler:
{Ferdinand Ossandowsky'nin yorumuna göre}

* Agarta ve onun yeryüzündeki fonksiyonu ile alakalı tüm bu ifşaatlarda ve belgelerde görüldüğü üzeredir ki, merkez bölge Orta Asya'da bulunan **Moğolistan-Çin-Tibet sınırlarının** kesiştikleri bir bölge olan ve çok önceden **Gobi çölü** merkezinde agartanın başşehri olan bir dağın bulunduğu bir adada yer alan, etrafı karalarla çevrili eskiden çok büyük bir deniz olan yerin tam ortası olarak gösterilir ki, burası daha sonra kuraklaşarak yeraltına inmiş ve gobi çölü de sonradan üzerine kapanarak agartanın bu görülebilen sahanlığını görüş mesafesinden yer altına indirmiştir. Dolayısıyla, Ari ırkın yayılma merkezinin de, Hitler'in de boş bir çalışma eseri bu bölgede arama yapmasının tesadüf olamayacak bir dizi çalışmanın da desteklediği bilgilere göre, ezoterik kaynaklarda da bilindiği gibi, bir zamanlar deniz olan Gobi çölü bölgesi olduğunu kanıtlamaktadır.

* Yine kendisini Saint Germen Kontu olarak tanıtan ve 1972 yılında (Fransız Radyo Televizyon Kurumu) kameraları önünde titiz bir denetim altında kurşun bir teli altına dönüştürerek agartadaki ilim ve gizli sırlar hakkında bazı ipuçları açıklayan Richard Chanfrey de -yine en büyük agarta araştırmacılarından birisi olan Fransız araştırmacı-yazar **Saint Yves d'Alveydre**'nin daha önceden yapmış olduğu gibi- Agarta'nın konumunu yerin derinlikleri olarak işaret etmektedir:

"Agarta, diyor Saint germen devamında sözüne, yer altı dünyasıdır. Çünkü, dünyanın içi dolu değil aksine oyuktur. Büyük üstadlara göre, agarta Hermes'in yirmi iki arkanı ve kutsal alfabenin yirmi iki harfi içinde Mistik sıfırı temsil eder. **Mistik sıfır**, ezoterik olarak "**Bulunamaz**"dır.

Öyle ki, Agarta'nın girişine ulaşmak güçtür, çünkü birinci sahanlığı yerin 2400 metre altında bulunur. Girişi ise, insanların ve hayvanların ve yeryüzünün çeşitli bölgelerine serpiştirilmiş olan üslerden gelen aygıtların geçebilecekleri, yeterli bir büyüklükledir. Volkanik kökenli doğal kanallar bu bölgenin kalbine kadar inerler. Agarta'nın ilk salonunun uzunluğu 800 metre, genişliği 420 metre ve yüksekliği de 110 metredir. Bu giriş, içi oyuk bir piramittir. Bu salondan yer altı dünyasına doğru kanallar çıkarsa da, agarta sakinlerinin çoğu oralarda yaşayamazlar, çünkü oranın atmosferi onlara uygun değildir. Orada korkunç bir sıcaklık hükmeder. Fakat bununla birlikte, dünyanın merkezine doğru inildikçe oradaki oyuk dünya içinde yaşayan varlıklar da vardır ki, bunlar agarta dışında olan bir medeniyettir ve doğrudan Atlantislilerin inisiyeleri olan çok daha eski bir medeniyettir ki –bunların Kur'anda ki bir isimlendirmesinin **"Dabbet-ül Arz, yer altı yaratıkları"** olarak geçtiklerine dair işaretler vardır (ç.k.n.)."

* Öte yandan, bunların pek çoğu buradan yeryüzüne hiç çıkamazken, bu kudrete sahip olan az bir azınlık ise, zaman zaman bu işi özel şartlara göre yapılmış ve ona göre ayarlanmış bir teknoloji içeren ve yolculukları sayesinde atmosferin şartlarına dayanabilen, **"Uçan Daireler (UFO olarak da bilinen)"** vasıtasıyla gerçekleştirirler. Bir kere üsse ulaştılar mı, bundan sonra dünyanın dış yüzeyine uyum sağlarlar, hatta görünüşte tüm diğer insanlar gibi insanların arasına katılarak normal bir yaşam bile sürdürebilirler.

* Agarta'nın yeryüzüne açılan çeşitli giriş kapıları mevcuttur ve oraya götüren başlıca BEŞ GİRİŞ bulunduğu ifade edilir: **Himalaya dağları arasındaki, Gobi çölünde, Agartanın başkenti Şambala'ya** çıkan bir giriş, **Sainy Michel tepesinde** bir giriş ile **Britanya'daki Broceliyand (Brocéliande) ormanında** yer alan eski kent Néant Petruis'te ve **Gize'deki Büyük Sfenks'in ayakları**

arasında bulunan bir giriş agarta'ya gitmektedir.

Agarta'nın organizasyonu ve öğretisi meselesi ile ilgili çeşitli bulgular/ek bilgiler:
{Saint Yves d'Alveydre'nin yorumuna göre}

Agarta'nın Organizasyonu

* Saint Yves tarafından yeniden keşfedilmiş olan, dünya üzerindeki en eski tradisyon ile en eski zihinsel ve sosyal yapıyı güvencesini altında bulunduran otorite, yeryüzünün en eski üniversitesi olan Paradeşa'da bulunmaktadır. Bunları kaleme aldığı dönemde (1886) dünyanın öğretim birliğinin yaşları şöyleydi:

>   Hz. Muhammed'in ... 1264 yıl.
>   Hz. İsa Mesih'in ...... 1886 yıl.
>   Hz. Musa'nın .... 5647 yıl.
>   Hz. Manu'nun ..... 55647 yıl.

Paradeşa'nın yüksek rahiplerinin üniversitelerini halk kitlelerinden gizlemelerinin sebebi nedir? Gizlemişlerdir, çünkü onların harika bilimleri, tıpkı bizim bilimimiz gibi kötülüğü, Tanrı karşıtını, Mesih karşıtını ve anarşinin genel yönetimini tüm insanlığa karşı silahlandırmakta kullanılırdı, çünkü Sırlar ancak ve ancak Musa ve İsa Mesih'in verdikleri sözlerin Hristiyanlar tarafından tutulmasından, yani yeryüzündeki Anarşi'nin yerini Sinarşi'ye bırakmasından sonra yürürlükten kaldırılacaktır.

Bununla birlikte, kendiliğinden inisiye olan Saint Yves, öğretebilecek olduklarını söylemeyeceğine ilişkin hiç kimseye herhangi bir söz vermemiştir, bunlar insanlığın çıkarlarına ters düşse bile. Demek ki, Ram Devresi'nin başkent tapınağında, ismi "Şiddetin yakalayamayacağı, anarşinin erişemeyeceği" anlamına gelen Agarta'da kendisini izlememize izin verilmiştir. Bu mistik ad ona M.Ö. 3000 yıllarında, İrşu'nun bölücü hareketinden sonra verilmiştir.

Peki, Agarta tam olarak nerededir? Bu hususta şu aydınlatıcı bilgiler şimdilik yeterlidir: Ram'dan (Rama) önce merkezi güneş kenti Ayodhya'da idi. Ram'dan 3000 yıl sonra (M.Ö. 3700) ilk yer değişimini yaşadı. İrşu'dan 1400 yıl sonra (M.Ö. 1800) ikinci bir değişim yaşadı; bunu milyonlarca Asyalı bilirdi. Ancak, bunlar arasında Himalayalar bölgesindeki yeni konumu hakkında bilgi vererek sadakate ihanet edecek tek birini bile bulmak mümkün değildir.

* Agarta'nın kutsal ülkesi bağımsızdır, sinarşik olarak organize edilmiştir ve halkının nüfusu 20 milyon kadardır, Orada bizim acı verici mahkemelerimize ve cezaevlerimize rastlanmaz. Ölüm cezası asla uygulanmaz. Güvenlik kadrosu aile babalarından oluşur. Suçlular inisiyelerin ve hizmet punditlerinin ellerine terk edilir; ancak iki taraf da daima barış istediğinden her verilmiş olan zararın ardından bunun giderilmesi için isteyerek, gönüllü şekilde onarıma ve tazmin etmeye girişilir. Orada bizlerin sinarşik olmayan uygarlıklarımızın büyük acılarının, yani geniş yığınların sefaleti, fahişelik, ayyaşlık, yöneticilerin acımasız bireyciliği. yönetilenlerin bozguncu zihniyeti, her türden ihmal ve yetersizlik gibi niteliklerin hiç birine rastlanamayacağını söylemeye gerek yok. Bu ülkenin bölgelerinin başına yerleştirilmiş olan Rajalar (ya da Raca) yüksek seviyeden inisiyelerdir. Onların hakimliklerinde etkili ve buyurgan bir karakter vardır ve bu husus Yahudiler Misyonu'nda incelenmiştir.

* Agarta'da kast sistemi yoktur. Hindu paryalarının en sonuncusunun bile çocuğu kutsal üniversiteye kabul edilebilir ve oradan çıkmasına ya da orada liyakatlerine göre tüm hiyerarşi

derecelerine ulaşarak kalmasına da izin verilir. Takdim, çocuğunu adayan anne tarafından doğumdan hemen sonra yapılır. Bu, Kuzu Devresi'nin tüm tapınaklarının Nazareatı'dır. Şimdi de en aşağıdan başlayarak zirveye doğru Agarta'nın merkezi organizasyonuna bakalım. Milyonlarca Dvija ("iki kere doğmuş" demektir) ve Yogi(Tanrı ile birleşmiş anlamına gelir) Agarta'nın simetrik biçimde bölünmüş olan dış mahallelerinde yaşarlar ve başlıca yeraltı yapılarına dağılmış durumdadırlar.

* Onların üstünde beş bin Pundit ("Bilgin" anlamındadır) öğretimi sağlar ve iç güvenlik görevini yerine getirirler. Onların sayısı Veda dininin hermetik (gizli, örtülü) köklerinin sayısına karşılık gelir. Bunların ardından, giderek nüfusu daha azalan yarım daireler şeklinde, 365 Bagvanda'dan ("kardinal" demektir) oluşan güneşsel bölgeler gelir. Bundan sonra gelen çember, Agarta'nın merkezine en yakın olandır. Yüksek İnisiyasyon'u temsil eden 12 üyeden oluşur. Bunların sayısı, diğerlerinin yanısıra Zodyak'ın 12 burcuna da karşılık gelir. 55.700 senedir tüm sanatların ve bilimlerin gerçek sentezini içeren kütüphaneler, ilahiliğe saygısı olmayanlara kapalıdır. Bunlar yerin derinliklerinde bulunurlar. Ram Devresi'ne ait olan bölümleri, Koç İmparatorluğunun ve kolonilerinin bulunduğu bölgelerin yeraltlarında yerleştirilmiştir. Daha önceki devrelerin kütüphaneleri ise denizlerin ve tufan öncesi Amerika'nın yeraltı yapılarına dek uzanmaktadır. Paradeşa'nın gerçek üniversite arşivleri binlerce kilometre uzunluğundadır. Avrupa, genel anarşik yönetimini bırakıp üçlü Sinarşik yönetime geçtiği gün, Binbir Gece Masalları'ndakileri andıran bu harikalar ve daha birçokları onun ilk Anfiksiyon vari Öğretim Birliği'ne kapılarını açacaklardır..

Agartha ve Öğretim Fonksiyonu

* Her öğrenci, sonuncu basamağa kadar yükselmek için, birinci basamaktan başlamalıdır. Hz. Musa, Pisagor, Salon, Zerdüşt, Krişna, Daniel, vb. böyle yaptılar. Paradeşa'ya giren Newton aynı şeyi yapmak zorunda kalacaktı, ya ABC'ye yeniden başlamak gerekiyordu ya da uzaklaşmak ... Saint - Yves'in «Yahudiler Misyonu» eserinde sözü edilmiş olan bir Evrensel Dil vardır: Vattan. Aziz Jean'in bahsettiği de budur. Bu dil, sadedir; prensiplerinde ve bazı sınırsız uygulamalarında, bilgecedir. Kalabalık Dwija'lar kitlesi, bu dilin etüdüne devam eder ve onu doğaüstü keşifler için kullanır. Kutsal diller etüdü, İlahi Zihin'in aslı yapısına ilham ettiği zaman, kontrol edilmeler dönemi başlar. Dwija, sınavları yüz akıyla geçirdikten sonra, kendini Yogi olmaya götüren etütleri izlemeye baslar. Batı'da tüm bildiklerimiz ve tüm diğer bilmediklerimiz, orada Öğretim misyonerleri olarak eşsiz üstadlar tarafından öğretilmiştir. Küremizin ateşten derinliklerinden, yeraltı gaz ve tatlı ya da tuzlu su akıntılarına denizlerin dipsiz derinliklerine, küremizin enlemesine ve boylamasına manyetik akımlarına, havanın görünmez yapısına, elektriğe, mevsimleri oluşturan Evrensel Ahenge kadar, hepsi {tüm bilgiler} burada derinleştirilmiştir. Fizik ve Kimya ve Matematik/Geometri öyle bir dereceye yükseltilmiştir ki, biz beşeriyet, bunları ortaya koysaydık dahi yine de kabullenemezdik. Bu, ne bir böceğin ve bir bitkinin sayımı yapılmasıyla elde edilmiştir ve ne de inanılmaz (sayıdaki} bir deney ve gözlemler birikiminin bir sonucudur. Bizzat ölümün sırlarına[haşiye1] dahi nüfuz edilmiştir (Agartha'da bilinen bu sır ise, İslam literatüründeki, Kuran-ı hakimdeki hikayesi anlatılan Lokman hekim isimli evliya veyahutta peygamberin de bu medeniyette bu sırrı alıp ifşa etmek üzere, yeryüzüne döndüğü bir sırada bir nehre not defterini düşürmesiyle kaybettiği anlatıla gelmektedir).

* Agartha'nın muhafaza etmekte olduğu şaşkınlık verici deneyler birikimi arasında, (Beşeri Ayıklanma'ya (Selection humaine) ilişkin olanları Olağan üstü bir dereceye yükselir. Ram Devri'nin bilginleri, insan fizyolojisinin alt ve üst sınırları [konusu] gibi, türlerin esrarı [hakkındaki bilgilerini] derinleştirme cesaretini gösterdiler. Görünmez krallıklar ile bağlar, Uykunun yasaları, Spiritüel gelişime elverişli olan besin rejimleri, psişik güç, rüyalar, uyutulmuş bedeni bırakarak uyanma tarzı, bütün bunların hepsi etüt edildi, uygulandı, tanındı, Agartada. Fakat, zekası, duygusu ve sezgisi hiç bir ödün vermeyen bir dürüstlükte olmadan ve ilahi Bilim'in kontrolü olmaksızın Sonsuzluğun Kapıları'nı zorlayarak açmaya kalkışanların vay haline! İşte bu sebeple, Irshou, sapması gibi, İlahiliğe, korkunç saygısızlıklar, yapıldıkları her yerde kendilerine korkunç cezaları cezbederler. Böylece (geçmiş bir devirde verilmis olan bazı) cezalar halen son bulmadılar.

* Agartha'dan kovulan yerleşik kabileler arasından biri sayısız insan kurban etmelerle Hindistanı kana bulayan ve Kelt rahipleri (Druides, Druidler) zamanlarının en iğrenç karanlık, yollarını yineleyen Sivaistler (Swahili halkı) kabilesidir. Agartha tarafından tedricen önlenmişse de, etkinlikleri halen devam etmektedir. Agartha'dan dışarı atılan göçebe kabileler arasında, Çingeneler (Bohemien) de yer alır. Onlar, inisiyeler ile eski temaslarının yüzeysel, bilgileri ve belli belirsiz anılarıyla dolu olarak, bir sürü batıl itikat içinde yitip giden şaşırtıcı uygulama ve yöntemlerini Avrupa'da dolaştırmaktadırlar. Bu zavallı insanlar ilk vatanlarına yani Agartha'ya, dünyaya Sinarşi yeniden getirilmiş olduğu zaman, geri döneceklerdir. Agartha'dan dışarı, atılanlardan söz ederken Hint Fakirleri'ni anmamak elde değil. Bunlar, çoğunlukla da, Agartha'daki etütleri yüksek aşamalardan önce durdurulmuş olan ve kendilerini, Orta çağ'ın dilenci keşişlerininkine benzer bir dinsel yaşama adayan,

Agartha'nın eski öğrencilerindendir. Onlar, ezoterik öğrenimin İlahi Kürsüsü'nden birkaç kırıntıyı, en ücra Hint köylerinin içlerine kadar götürmüş ve böylece Agarta'nın varlığının tüm Hint'te daima devam ettiğini ispatlamışlardır.

* Hiç kimse çalışma defterlerinin orijinal metinlerini Agartha'dan dışarıya beraberinde götüremez. Bilgilerin sadece hafızada muhafaza edilmesi gerekmektedir. Tıpkı İ.Ö. VI. yüzyılda olduğu gibi: Bir gezintiden sonra hücresine (odasına) dönen **"Sakya Muni (Buddha**[haşiye2]**)"**, sessizce hazırlığını yaptığı devrim hareketini gerçekleştirmek için üzerinde hesaplar yaptığı (tasarılarını kaydettiği) not defterlerinin artık yerinde durmadığını farkedince korkunç bir çığlık attı. Brahatmah'ın kaldığı merkezi tapınağa koşması boşuna oldu. Kapılar acımasızca kapalı kaldılar. Uzun bir süre boyunca tüm majiyi, güçlerini seferber etmesi yine boşuna oldu. Ulu Hiyerarşi, hepsini tahmin etmişti ve hepsini önceden biliyordu. Budizm'in kurucusunun hiç vakit kaybetmeden uzaklaşması ve hafızasında zapt edebildiklerini hızla ilk müritlerine dikte ettirmesi gerekiyordu. Fakat, dikkat edilirse, burada açıklanan kutsal Agartha, kötüyü değil ilk zamanlarda iyiyi temsil etmekteydi ki, bilhassa bağnazlığın karşısındadır. Agartha, uyguladığı tüm sanat ve bilimler ile tüm Gizemler'in sentezini, kendilerine tedricen vermek için beyaz ırkın kendisinden sadece, bir sinarşik hareket beklemektedir ve zamanı geldiğinde de yine o Sinerji gerçekleşecektir (KIYAMET YAKLAŞTIĞI'nda bir işaret olarak)..

[Haşiye1]: **Lokman** veya **Lokman Hekim** (ل قمان د ک يم), Kur'an'da ve halk efsanelerinde bahsi geçen, hikmet sahibi olduğuna inanılan kişi. Lokman Hekim'in İslam'a göre peygamber olduğuna dair iddialar bulunmakla beraber, İslam alimlerinin genel görüşü peygamber olmadığı yönündedir. Kur'an'da Lokman Hekim'den Lokman Suresi'nde bahsedilir. Allah tarafından Lokman'a hikmet verildiği belirtilir. Oğluna verdiği öğütler anlatılır. Efanevi bir kişilik olan Lokman'ın kimliği ile ilgili tefsir kitaplarında çok farklı anlatımlar tefsir yazarlarının değişik kaynaklardan duyumsadıkları görüşlerini yansıtır ve birbirlerinden farklı kimlik ve soy bilgileri bu kaynaklarda yer alır. O'nun gerçek kişiliğini ise en doğru şekilde muhtemelen Müfessir Muhammed Esed verir; O'na göre Lokman As tıpkı Hızır As gibi fiktif bir kişiliktir ve prototip bir derlemedir. Lokman'ın ölümsüzlük iksirini bulduğu ancak formülünü kaybettiğine dair efsaneler mevcuttur. Formülü nasıl kaybettiği ise değişik kaynaklarda değişik şekillerde anlatılır. Bir efsaneye göre içinde ölümsüzlük iksiri bulunan şişeyi köprüden geçerken düşürüp kaybetmiş, bir başka efsaneye göre ise, eline yazdığı ölümsüzlük formülü yağmurda silinmiştir. Bir rivayete göre de iksir, Allah'ın emriyle Cebrail tarafından yok edilmiştir.

Bir rivayete göre de, Davud As, Lokman'a bir koyun kesmesini ve kendisine en iyi yerinden iki parça et getirmesini söyler. Lokman koyunun yüreğini ve dilini getirir. Başka bir gün Davud kendisine koyunun en kötü yerinden iki parça et getirmesini söyler. Lokman yine yüreğini ve dilini getirir. Davud neden böyle yaptığını sorunca Lokman şöyle cevap verir: *"İyilik için kullanıldığında yürekten ve dilden daha iyi bir şey yoktur. Kötülük için kullanıldığında da yürekten ve dilden daha kötü bir şey yoktur."*

Haşiye2: Bir rivaye göre, budha'nın da Hz. İsa'dan yaklaşık 6-7 asır önce Hindistan civarına gönderilmiş bir hak peygamber olduğu rivayet edilmektedir. Kur'an'da da üzerine yemin edilen bir kutsal incir ağacı altında iken vahiy aldığı bildirilmekte olup, hint rivayetlerindeki hayat hikayesinde 35 yaşlarında iken tüm varlığını terk ederek inziva halinde yaşamaya başlaması ise, peygamberlikle görevlendirilmesine işaret ettiği söylenmektedir ve hatta hz. Muhammedin ahir zamanda geleceğini de müjdelediği söylenir.

ON İKİNCİ DERS

ON EFSANE

Sual: Her topluma bir peygamber gönderildiğine göre, onlardan kalan ve anlatılagelen EFSANE'ler, MİT'ler veya MASAL (MESEL)'lerde yer alan öykülerde, Kur'an-ı Hakim'deki ve diğer kutsal kitaplarda bildirilen gerçeklerden İZ'ler, İŞARET'ler DELİL'ler var mıdır?

El-cevap: Elbette vardır ve tarih-i kadim içinde belki yüzden fazla farklı coğrafya veya destan niteliğindeki yeryüzüne dağılmış olan değişik coğrafi bölgelere ait metinlerde bu Kur'an-ı Hakim'de gerçekliği bizlere anlatılan kıssalar, hikayeler ve destansı efsaneler şeklinde zamanla kuşaktan kuşağa anlatılagelmiştir.

Şimdi, bu bölümde o en meşhur destanlardan yeryüzünün değişik coğrafyalarından seçtiğimiz ON ADEDİNİ burada kısaca hülasa özet halinde anlatacağız.

Kim isterse dinlesin..

BİRİNCİ EFSANE:

Ergenekon Destanı (Orta Asya, Türk destanı)

Ergenekon Destanı, Büyük Türk Destanı'nın bir parçasıdır. Kök-Türkler çağını konu alır. Ergenekon Destanı'nın, Türk destanlarının içinde ayrı ve seçkin bir yeri olup, en büyük Türk destanlarından biridir. Ergenekon Destanı'nın, Türk toplum yaşamında yüzyıllarca etkisi olduğu gibi, bugün bile Anadolu'nun dağlık köylerinde, birtakım gelenek ve göreneklerde etkisi görülmektedir.

Ergenekon Destanı, Bozkurt Destanı'nın ana çizgileri üzerine kurulmuş olup, bu destanın serbestçe genişletilmiş biçimidir diyebiliriz. Daha doğrusu Bozkurt Destanı ile kaynağını belirleyen Türk soyu, Ergenekon Destanı ile de gelişip güçlenmesini, yayılış ve büyüyüş dönemlerini anlatmıştır.

Çin tarihlerinin de yazmış olduğu Bozkurt Destanı'nın bittiği yerde, Ergenekon Destanı başlar. Bozkurt Efsanesi'nin devamı, Ergenekon Destanı'dır. Ergenekon Destanı, Cengiz Han çağında moğollaştırılmıştır. Ancak, bu efsanenin kökleri ve ana motifleri, açıkça Kök Türkler ile ilgilidir.

Kök Türk Devleti, MS 6.yy.dan itibaren bir cihan imparatorluğu olmuş ve 200 yıl yaşamıştır. Böyle büyük ve güçlü bir devletin, ilkel Moğollar'dan bir efsane alıp kökenlerini ona dayandırması mümkün değildir. Ayrıca, Ergenekon Destanı'nın ana motiflerinden biri, Demirci'dir. Destanda demirci, dağda demir madeni bulur ve Türkler bu demir madenini eriterek Bozkurt'un önderliğinde Ergenekon'dan çıkarlar. Unutmamak gerekir ki, Göktürkler'in ataları da demirci idiler. Onlar en iyi çelikleri işler, başka devletlere silah olarak satarlardı. Göktürkler'in ataları, demir cevherleriyle dolu dağların eteklerinde türemişler, demirleri eriterek yeryüzüne çıkmışlardı. Sonradan kendilerinin de demirci olmaları bundan ileri gelmektedir.

Göktürkler'in temel toprakları olan Altay ve Sayan dağları, zengin demir madenlerinin bulunduğu bir yerdi. Burada çıkan demirin yüksek cevherli olması ve Türkler tarafından mükemmel bir biçimde işlenmesi, çağın Türk savaş endüstrisinin en önemli özelliği idi. Göktürkler çağında Türkler'in işlettikleri demir ocakları ve dökümevleri bulunmuştur. Göktürkler demirden ürettikleri kılıç, kargı, bıçak gibi savaş araçlarının yanında yine demirden saban, kürek, orak gibi tarım araçlarını yapmakta da usta idiler. Oysa, Göktürklerden tam beş yüzyıl sonra, yine Türklerle birlikte olmak üzere bir devlet kuran Moğollar, demirciliği bilmezlerdi.

Cengiz Han zamanında Moğollar'a elçi olarak gönderilen Çin'deki Sung sülalesinin generali Men Hung, yazmış olduğu "Meng-Ta Pei-lu" adlı ünlü seyahatnamesinde, Moğollar'ın Cengiz Han'dan önce maden işlemeyi bilmediklerini, ok uçlarını bile kemikten yaptıklarını, Moğollar'a demir silahların Uygur Türk-leri'nden geldiğini anlatmaktadır. Zaten Moğollar, demirciliği Uygur Türkleri'nden öğrenmişlerdir. Aslında demircilik, o çağın Moğol düşüncesine göre büyücülere özgü korkunç bir sanattı. Ayrıca Bozkurt, Türkler'in kutsal hayvanıdır. Moğollar'ın kutsal hayvanı köpektir.

Ergenekon Destanı'nda Türkler, Ergenekon ovasından çıkmak istediklerinde yol bulamazlar. Çare olarak da dağların demir madeni içeren bölümlerini eritip bir geçenek açmayı düşünürler. Demir madenini eritmek için dağların çevresine odun-kömür dizilir ve yetmiş deriden yetmiş körük yapılıp yetmiş yere konulur. Yedi ve yetmiş sayıları, dokuz ve katları ile birlikte, Türkler'in mitolojik sayılarındandır. Moğollar'ın mitolojik sayıları ise altı ve altmıştır. Destanda altmış yerine yetmiş sayısına yer verilmesi, bu efsanenin Moğolca bir metinden öğrenilmemiş olduğunu, Türkler'e ait olduğunu gösterir.

Mağaralar, Türk mitolojisinde ve Türk halk düşüncesinde önemli bir yer tutarlar. Bu, yalnızca Göktürk efsanelerinde, Bozkurt ve Ergenekon destanlarında değil, Anadolu'daki masallarda da böyledir. Göktürk efsanelerinin, Bozkurt ve Ergenekon destan-larındaki motiflerin ufak değişikliklere uğramış örneklerini, Anadolu efsanelerinde de bulabiliriz. Hatta islami hikayelerde bile:

Bir Anadolu efsanesinde Muhammed Hanefi (Hz. Ali'nin Hz. Fatma'dan sonra evlendiği ve bu evlilikten olan dört çocuğundan biridir. Diğer Çocukları; ise Ümmü Gülsüm, Zeynep ve Kasım'dır), önüne çıkan bir geyiği kovalar. Geyik bir mağaradan içeri girer. Muhammed Hanefi de geyiğin arkasından mağaraya girer. Mağaradan geçerek büyük bir ovaya varır ve burada Mine Hatun'la karşılaşır. Dikkat edilirse, bu Anadolu efsanesindeki mağara, Bozkurt'un hayatta kalan tek Türk gencini götürdüğü mağaranın ve mağaradan çıkılan ova da yine Bozkurt Destanı'ndaki kurdun, yaşayan tek Türk gencini mağaradan geçerek götürdüğü ovanın aynısıdır. Ayrıca yine bu ova, Ergenekon Destanı'ndaki Kayı ile Tokuz Oguz'un yurt tuttukları ovanın aynısıdır.

Altay Türkleri'nin efsanelerinde de Bozkurt ve Ergenekon destanlarının izlerini görmek mümkündür. Bir Altay efsanesinde, bir bahadır avlanırken karşısına çıkan geyiği kovalamağa başlar. En sonunda bir Bakır-Dağ'ın önüne gelirler. Baştan başa bakırdan yapılmış olan dağ birden açılır ve geyik açılan delikten içeri girer. Genç bahadır da geyiği izler. Az sonra geyik kaybolur. Efsanenin devamında bahadır türlü canavarla, iyi yürekli yaşlı kişilerle, çok güzel kızlarla karşılaşır. Bu Altay efsanesinde de aynı mağara ve mağaradan geçilerek ulaşılan ova motifleri vardır ve bu Altay efsanesi, Muhammed Hanefi'nin efsanesine belirgin bir biçimde benzemektedir. Altay masal ve efsanelerinde bu tür öykülerin daha mitolojik biçimde olanları da vardır.

Asya Büyük Hun Devleti'nde, bizzat Hun hakanının başkanlık ettiği törenler vardır. Bu törenlerden en önemlisinde, devletin ileri gelenleri toplanarak Ata Mağarası'na giderler ve orada, hakanın başkanlığında dini törenler yapılır, atalara saygı gösterilir. Aynı törenler, Göktürk Devleti'nde de yapılagelmiştir. Bu adı geçen Ata Mağarası, Bozkurt'un Türk gencini düşmandan kaçırıp sakladığı ve Ergenekon'a ulaştırdığı mağaradır. Ancak bugün, bu mağaranın yeri bilinmiyor. Tabgaçlar da kayaları mağara biçiminde oyarlar ve burada yere, göğe, ata ruhlarına kurban sunarlardı. Bu kurban töreninden sonra da, çevreye kayın ağaçları dikilir, o bölgede kutsal bir orman oluşturulurdu. Asıl önemli olan nokta ise, bütün milletçe bunlara inanılması ve devletin de bu efsaneye saygı göstermesidir. Ayrıca, Aybek üd-Devâdârî'nin anlattığı, Türkler'in kökenine ilişkin "Ay Ata Efsanesi"nde de mağara ve mağarada türeme motifi vardır. Bu efsanede de, Türkler'in ilk atası olan Ay Ata, bir mağarada meydana gelir. Ay Ata Efsanesi'ndeki mağara, ilk ataya bir ana rahmi görevi görmüştür.

Ergenekon Destan'ı, Türkler'in yüzyıllarca çift sürerek, av avlayarak, maden işleyerek yaşayıp çoğaldıkları, etrafı aşılmaz dağlarla çevrili kutsal toprakların öyküsüdür. Ergenekon Destanı'nın önemli bir çizgisi, Türkler'in demircilik geleneğidir. Maden işlemek, demirden ve en iyi çelikten silahlar yapmak, Eski Türkler'in doğal sanatı ve övüncü idi. Ergenekon Destanı'nda Türkler, demirden bir dağı eritmiş ve bunu yapan kahramanlarını da ölümsüzleştirmişlerdir.

Ergenekon Destanı ilk kez, Cengiz Han'ın kurmuş olduğu Türk-Moğol Devleti'nin tarihçisi Reşideddin tarafından saptan-mıştır. Reşideddin, "Câmi üt-Tevârih" adlı eserinde Ergenekon Destanı ile ilgili geniş bilgiler vermektedir. Fakat Reşideddin, -yukarıda da değinildiği gibi- bir Türk destanı olan Ergenekon Destanı'nı moğollaştırmıştır (Ergenekon Destanı'nın nasıl moğollaştırıldığı hakkında Prof. Dr. Bahaeddin Ögel'in, Türk Mitolojisi [1.cilt, 59-71. sayfalar] adlı yapıtında geniş bilgiler vardır). Ergenekon Destanı, Hive hanı Ebulgazi Bahadır Han'ın 17.yy.da yazmış bulunduğu "Şecere-i Türk" (Türkler'in Soy Kütüğü) adlı esere de kaydedilmiştir.

Ayrıca, Yakup Kadri Karaosmanoğlu, Kurtuluş Savaşında'ki Anadolu'yu, Ergenekon'a benzeterek aynı adı taşıyan bir kitap yazmıştır. Ergenekon Destanı'nda Bozkurt, öteki Türk destanlarında da olduğu gibi, ön planda ve baş roldedir. Bu kez Türkler'e yol göstericilik, kılavuzluk yapmaktadır.

Bir rivayete göre Türkler, Ergenekon'dan 9 Martta çıkmışlardır. Başka bir rivayet ise bu tarihi 21 Mart (Nevruz Bayramı) olarak verir. Öyle anlaşılıyor ki, Ergenekon'dan çıkış işlemleri 9 Martta başlamış, 21 Martta da tamamlanmıştır.

Destan aşağıda özetlenmiştir:

Türk illerinde Türk oku ötmeyen, Türk kolu yetmeyen, Türk'e boyun eğmeyen bir yer yoktu. Bu durum yabancı kavimleri kıskandırıyordu. Yabancı kavimler birleştiler, Türkler'in üzerine yürüdüler. Bunun üzerine Türkler çadırlarını, sürülerini bir araya topladılar; çevresine hendek kazıp beklediler. Düşman gelince vuruşma da başladı. On gün savaştılar. Sonuçta Türkler üstün geldi.

Bu yenilgileri üzerine düşman kavimlerin hanları, beğleri av yerinde toplanıp konuştular. Dediler ki:

"Türkler'e hile yapmazsak halimiz yaman olur!"

Tan ağaranda, baskına uğramış gibi, ağırlıklarını bırakıp kaçtılar. Türkler, "Bunların gücü tükendi, kaçıyorlar" deyip artlarına düştüler. Düşman, Türkler'i görünce birden döndü. Vuruşma başladı. Türkler yenildi. Düşman, Türkler'i öldüre öldüre çadırlarına geldi. Çadırlarını, mallarını öyle bir yağmaladılar ki tek kara kıl çadır bile kalmadı. Büyüklerin hepsini kılıçtan geçirdiler, küçükleri tutsak ettiler.

O çağda Türkler'in başında İl Kagan vardı. İl Kagan'ın da birçok oğlu vardı. Ancak, bu savaşta biri dışında tüm çocukları öldü. Kayı (Kayan) adlı bu oğlunu o yıl evlendirmişti. İl Kagan'ın bir de Tokuz Oguz (Dokuz Oğuz) adlı bir yeğeni vardı; o da sağ kalmıştı. Kayı ile Tokuz Oguz tutsak olmuşlardı. On gün sonra ikisi de karılarını aldılar, atlarına atlayarak kaçtılar. Türk yurduna döndüler. Burada düşmandan kaçıp gelen develer, atlar, öküzler, koyunlar buldular. Oturup düşündüler: "Dörtbir yan düşman dolu. Dağların içinde kişi yolu düşmez bir yer izleyip yurt tutalım, oturalım." Sürülerini alıp dağa doğru göç ettiler.

Geldikleri yoldan başka yolu olmayan bir yere vardılar. Bu tek yol da öylesine sarp bir yoldu ki deve olsun, at olsun güçlükle yürürdü; ayağını yanlış yere bassa, yuvarlanıp paramparça olurdu.

Türkler'in vardıkları ülkede akarsular, kaynaklar, türlü bitkiler, yemişler, avlar vardı. Böyle bir yeri görünce, ulu Tanrı'ya şükrettiler. Kışın hayvanlarının etini yediler, yazın sütünü içtiler. Derisini giydiler. Bu ülkeye "ERGENEKON" dediler.

Zaman geçti, çağlar aktı; Kayı ile Tokuz Oguz'un birçok çocukları oldu. Kayı'nın çok çocuğu oldu, Tokuz Oguz'un daha az oldu. Kayı'dan olma çocuklara Kayat dediler. Tokuz'dan olma çocukların bir bölümüne Tokuzlar dediler, bir bölümüne de Türülken. Yıllar yılı bu iki yiğidin çocukları Ergenekon'da kaldılar; çoğaldılar, çoğaldılar, çoğaldılar. Aradan dört yüz yıl geçti.

Dört yüz yıl sonra kendileri ve süreleri o denli çoğaldı ki Ergenekon'a sığamaz oldular. Çare bulmak için kurultay topladılar. Dediler ki:

"Atalarımızdan işittik; Ergenekon dışında geniş ülkeler, güzel yurtlar varmış. Bizim yurdumuz da eskiden o yerlerde imiş. Dağların arasını araştırıp yol bulalım. Göçüp Ergenekon'dan çıkalım. Ergenekon dışında kim bize dost olursa biz de onunla dost olalım, kim bize düşman olursa biz de onunla düşman olalım."

Türkler, kurultayın bu kararı üzerine, Ergenekon'dan çıkmak için yol aradılar; bulamadılar. O zaman bir demirci dedi ki:

"Bu dağda bir demir madeni var. Yalın kat demire benzer.

Demirini eritsek, belki dağ bize geçit verir."

Gidip demir madenini gördüler. Dağın geniş yerine bir kat odun, bir kat kömür dizdiler. Dağın altını, üstünü, yanını, yönünü odun-kömürle doldurdular. Yetmiş deriden yetmiş büyük körük yapıp, yetmiş yere koydular. Odun kömürü ateşleyip körüklediler. Tanrı'nın yardımıyla demir dağ kızdı, eridi, akıverdi. Bir yüklü deve çıkacak denli yol oldu.

Sonra gök yeleli bir Bozkurt çıktı ortaya; nereden geldiği bilinmeyen. Bozkurt geldi, Türk'ün önünde dikildi, durdu. Herkes anladı ki yolu o gösterecek. Bozkurt yürüdü –Türklüğe ait olan bu bozkurt simgesi destanın bu bölümünden gelir- (ç.k.n.); ardından da Türk milleti. Ve Türkler, Bozkurt'un önderliğinde, o kutsal yılın, kutsal ayının, kutsal gününde Ergenekon'dan çıktılar.

Türkler o günü, o saati iyi bellediler. Bu kutsal gün, Türkler'in bayramı oldu. Her yıl o gün büyük törenler yapılır. Bir parça demir ateşte kızdırılır. Bu demiri önce Türk kaganı kıskaçla tutup örse koyar, çekiçle döver. Sonra öteki Türk beğleri de aynı işi yaparak bayramı kutlarlar.

Ergenekon'dan çıktıklarında Türkler'in kaganı, Kayı Han soyundan gelen Börteçine (Bozkurt) idi. Börteçine bütün illere elçiler göderdi; Türkler'in Ergenekon'dan çıktıklarını bildirdi. Ta ki, eskisi gibi, bütün iller Türkler'in buyruğu altına gire. Bunu kimi iyi karşıladı, Börteçine'yi kagan bildi; kimi iyi karşılamadı, karşı çıktı. Karşı çıkanlarla savaşıldı ve Türkler hepsini yendiler. Türk Devleti'ni dört bir yana egemen kıldılar.

Demirci Kawa Destanı (Orta Doğu, Kürt destanı)

Demirci Kawa Efsanesi, (Farsça: آهنگر کاوه (Kaveh Ahangar), Kürtçe: Kawayê Hesinker) İran mitolojisinde acımasız yabancı hükümdar Zahhāk'a isyan eden mitolojik kahramanın öyküsüdür.

Hikâye, Fars şair Firdevsi'nin en önemli eseri olan Şehname'de yer alır. Hikâyenin diğer ana karakteri olan Zahhāk (Farsça: ضحاک) veya Azhi Dahāka, Zerdüştçülüğün kutsal kitabı olan Avesta'da ve antik dönem Fars mitolojisinde yarı şeytan bir Babil kralı olarak yer almıştır. Firdevsi, hikâyeyi yeniden yorumlayarak bu karakteri şeytani ve tiran bir Arap kral olarak betimlemiştir. Hikâye, Kürt mitolojisinde de yer alır. Kürtler Nevruz Bayramı'nın dayandığına inandıkları Demirci Kawa Efsanesi'nin birkaç farklı uyarlaması vardır.

Bundan çok eski zamanlar öncesinde, daha yeryüzünde kimsenin olmadığı dönemlerde Zervan isimli tanrının iki oğlu olmuştur. Birinin adı Hürmüzdür, bereket ve ışık saçan anlamına gelmektedir. Diğerininki ise Ehrimandır, kötülük ve kıtlık saçan anlamındadır. Ahura Mazda'nın kutsadığı topraklarda Hürmüz hep iyinin ve uygarlığın temsilcisi, Ehriman da onun karşıtı olmuştur.

Bu efsane, Göktürklerin türeyişini anlatan hemen yukarıda anlattığımız Ergenekon Destanı ile benzerlik göstermektedir: Çinliler tarafından esir edilen Türkler, zamanla kaçarak dağlara sığınmış ve orada çoğalarak millet haline gelirler. Daha sonra bir demirci, demirden dağı eritip Türkleri özgürlüğe kavuşturur. Daha sonra Türkler düşmanlarını öldürerek bölgeyi ele geçirirler. Ergenekondan çıkış zamanı bahar ayları olduğundan, bu efsaneden dolayı Türk zümreleri bahar bayramı adı verilen Nevruz da, bir demirci temsili olarak demiri döverek, bayramın başlangıcını yapar. Akabinde günahlardan ve kirlerden temizlenmek için ateşten atlama törenleri yapılır. Dolayısıyla, binlerce yıl aynı coğrafyada kardeş olarak yaşayan Hem Kürt hem de Türk efsanesindeki figürler ve törenler birbirine oldukça benzemektedir.

Efsaneye ait İlk Uyarlama:

Hürmüz, dünyada kendisini temsil etmesi için Zerdüşt'ü gönderir ve yüreğini sevgi ile doldurur. Zerdüşt ise buna karşılık oğullarını ve kızlarını Hürmüz'e hediye eder. Ehriman bu durumu kıskanır ve yüzyıllar boyunca sürecek olan iyilerle savaşına başlar. Tüm iyilere, Zerdüşt'ün soyuna ve iyiliklere Medya (Kuzeybatı İran) coğrafyasındaki yaşamı çekilmez bir duruma getirir. Ehriman bazen gökten ateşler yağdırır bazen fırtınalar koparır ve iyiliğe ve iyilere hep zulm eder. En sonunda da içindeki nefreti ve kötülük zehrini zalim Kral Dehak'ın beynine akıtır ve onu bir bela olarak İran halkının üzerine salar. Dehak'ın bildiği tek şey kötülük etmektir. Zalim Dehak halkının kanını emerken beynindeki zehir bir ura dönüşür ve onu ölümcül bir hastalığın pençesine düşürür. Dehak acılar içinde kıvranırak yataklara düşer ve hastalığına bir türlü çare bulanamaz. Dönemin doktorları acılarının dinmesi ve yarasının kapanması ve hastalığının iyileşmesi için yaraya genç ve çocukların beyinlerinin sürülmesini önerirler. Böylece İran coğrafyasında aylarca hatta yıllarca süren bir katliam başlar; her gün zorla anne babalarından alınan iki gencin kafası kesilip beyinleri merhem olarak Dehak'ın yarasına sürülür. Halk çaresiz ve güçsüz düşmüştür. Gençler katledilirken, sıra bir gün daha önce bu şekilde 17 oğlunu kaybetmiş olan Kawa adındaki demircinin en küçük oğluna gelmiştir.

Hergün gençler Dehak'ın askerleri tarafından başları kesilmek üzere götürülürken, Kawa'nın aklına başkaldırı fikri gelir ve bu konuyu etrafında güvendiği birkaç kişiye açıklar. Demirci dükkânında demirden savaş malzemeleri olarak Gürz-ü Kember, Kér gibi araçlar yapar ve bir taraftan da başkaldırı için etrafındakileri eğitir. Bu hareket yavaş yavaş yayılmaya başlar. Mart ayının 20'sini 21'ine bağlayan gece zalim Dehak'a karşı direniş başlar. O gece kralın sarayı direnişçiler tarafından ele geçirilir. Aynı zamanda bu direniş Dehak'ın egemenliğindeki bütün topraklarda devam eder. Direnişçiler kendi aralarında dağlarda ateş yakarak haberleşmekteydiler. Direniş bittiğinde Kawa'nın halk harekâtı Dehak'ı ve yönetimini devirir. Sevinçle dağlara koşan halk bu ateşlerin etrafında oynamaya başlar.

Bir diğer söylentiye göre de Kawa, 20 Mart'ı 21 Mart'a bağlayan gece sabaha kadar demir ocağının başında sabahlar ve oğlunu zalim Dehak'ın katlinden kurtarmak için çareler düşünürken imdadına göğün yedinci katındaki iyiliğin temsilcisi Hürmüz, Ninowa'lı Kawa'nın yüreğini sevgi ve umutla doldurur ve bileğine güç, aklına ışık verir. Ona Zalim Dehak'tan kurtuluşun yolunu öğretir. 21 Mart sabahı, gün doğduğunda, Kawa oğlunu kendi eliyle Dehak'a teslim etmek ister ve zulmün ve kötülüğün kalesi olan Dehak'ın sarayına girer. Oğlunu zalim Dehak'ın huzuruna çıkarırken yanında getirdiği çekicini Dehak'ın kafasına vurur. Dehak'ın ölü bedeni Demirci Kawa'nın önüne düştüğü anda kötülüğün alevi Ninowa'da söner. Kısa sürede, bütün Ninowa ve bölge halkı isyan eder ve ateşler yakarak saraya yürürler. Zulme karşı isyanı başlatan Kawa, demir ocağında çalışırken giydiği yeşil, sarı, kırmızı önlüğünü isyanın bayrağı, ocağındaki ateşi ise özgürlük meşalesi yapar. Ninowa cayır cayır yanarken meşaleler elden ele dolaşır, dağ başlarında ateşler yakılır ve kurtuluş coşkusu günlerce devam eder. Zalim Dehak'tan kurtulan halklar 21 Mart'ı özgürlüğün, kurtuluşun ve halkların bayramı olarak kutlar. Demirci Kawa; başkaldırı kahramanı, Nevruz ise; direniş ve başkaldırı günü olarak tarihe geçer.

Efsaneye ait İkinci Uyarlama:

Bir diğer Kawa efsanesine göre, 2500-2600 yıl öncesinde Zuhak (Bazı kaynaklara göre Dehak) adında Asurlu çok ama çok zalim bir kralın altında yaşayan Kawa adında bir demirci vardı. Bu kral tam bir canavardı ve efsaneye göre her iki omuzunda da birer yılan bulunuyordu. Her gün bu iki yılanı beslemek için halktan iki kişiyi sarayına kurban olarak getirtip aşçılarına bu iki çocuğu öldürtüp beyinlerini yılanlarına yemek olarak verdiriyordu. Aynı zamanda bu canavar kral ilkbaharın gelmesini engelliyordu. En sonunda, bu zulümden bıkan ve bir şeyler yapmak isteyen Armayel ve Garmayel adlı iki kişi kralın sarayına mutfağa aşçı olarak girmeyi başarırlar ve Kralın yılanlarını beslemek için beyinleri alınarak öldürülen çocuklardan sadece birini öldürüp diğerinin gizlice saraydan kaçmasına yardımcı olurlar. Böylece ellerindeki bir insan beyni ile kestikleri bir koyunun beynini karıştırarak yılanlara vererek her gün bir çocuğun kurtulmasını sağlamış olurlar. İşte, bu kaçan kişilerin Kürtlerin ataları olduğuna inanılır ve bu kaçan çocuklar Kawa adlı demirci tarafından gizlice eğitilerek bir ordu haline getirilirler. Böylece Kawa'nın liderliğindeki bu ordu bir 20 Mart günü zalim kralın sarayına yürüyüşe geçer ve Kawa kralı çekiç darbeleri ile öldürmeyi başarır. Kawa etraftaki tüm tepelerde ateşler yakar ve yanındakilerle birlikte bu zaferi kutlarlar. Böylece Kürt halkı zalim kraldan kurtulmuş olur ve ertesi gün ilkbahar gelmiş olur.

ATALARIN HİKAYESİ:

{Benim Atalarımın –Çerkeslerin– Eskilerimin Öyküsü}

İTHAF & TAKRİZ: Bu eser Rus sürgünü sırasında şehit olan Atalarıma [Ahmed dedemin dedesi ve diğer akrabalarıma] ve onların ölümsüz hatıralarına saygı ile ithaf edilmiştir, mekanları cennet olsun inşallah, AMİN..

NOT: Çerkes tanımı, geniş anlamda bütün Kuzey Kafkasya halkları için kullanılırken dar anlamda Adıge ve Abaza, Kabartay; daha dar anlamda ise Adıgeler için kullanılmıştır. Çarlık Rusyası tarafından anayurtlarından sürgün edilen Çerkeslerin, Osmanlı Devleti topraklarına göç etmesi ilk olarak 1850'li yıllarda başlamıştır. Bugün 'Büyük Çerkes Sürgünü' diye adlandırılan en büyük göç dalgası ise 1864 tarihinde gerçekleşmiştir.

Esâtir-ul Evvelin

Çerkesler tarihin bilinen en eski zamanlarından beri Kafkasya'nın kuzeybatısında yaşayan yerli halklardan biridir. Sürgün yıllarında 1 milyondan fazla Çerkes, o günkü Osmanlı topraklarına göç etmiştir. Çerkesler Osmanlı topraklarına deniz yoluyla göç etmiş ve Kafkasya'da gerçekleşen bu sürgün en büyük soykırımlardan biri olarak tarih kitaplarındaki yerini almıştır.

Sürgün esnasında birçok Çerkes, açlık, susuzluk, hastalık ve çeşitli deniz kazaları nedeniyle yaşamını yitirmiştir.

Çerkesler, Osmanlı topraklarına deniz yoluyla göç etmiş ve Kafkasya'da gerçekleşen bu sürgün en büyük soykırımlardan biri olarak tarih kitaplarındaki yerini almıştır.

Sürgün esnasında birçok Çerkes, açlık, susuzluk, hastalık ve çeşitli deniz kazaları nedeniyle yaşamını yitirmiştir.

Gemilerde ölen Çerkeslerin başka çare olmadığı için, Karadeniz sularına atıldıkları ve Sürgünü yaşayan Çerkeslerin yıllarca balık dahi yemedikleri bilinmektedir.

Büyük Sürgün'den 65 yıl sonra bilimsel bir çalışma için, Adıge'ye giden Gürcü tarihçi Simon Canaşia'nın karşılaştığı 91 yaşındaki bir ihtiyarın anlattıkları, geçmişte yaşanan acının mahiyeti açısından kanıt niteliği taşımaktadır.

Eskilerin Masalları

Adıge'de genelde Şapsığların yaşadığı bir bölgede yaşayan bu ihtiyar, tanıklık ettiği Büyük Sürgün'le ilgili şunları söylemektedir:

Öyle ki, "Deniz kenarında yedi yıl boyunca duran insan kemikleri vardı. Kargalar erkek sakallarından ve kadın saçlarından yuvalarını kurarlardı."

"Deniz yedi yıl boyunca insan kafataslarını kıyıya atmayı sürdürdü. Benim orada gördüklerimi düşmanımın bile görmesini istemem."

Esâtir-ul Evvelin

Çerkes bayrağının sembolü, hilal şeklinde siyah zemin üzerinde yer alan 12 sarı yıldız ve 6 köşeli 3 adet okdan oluşur..

Çerkesler, aynı bölgede yaşamalarına rağmen; Çeçenlerin aksine dünyanın en barışçıl milletlerinden birisi olmaz özelliğine de sahiplerdir ve kendilerine has kültür ve geleneklerini hala yaşatan ender güney rusya islam halklarından birisidir....

Resim: Çerkes bayrağı ve sembolleri

಄ ❀ ಲ

ON ÜÇÜNCÜ DERS

İKİNCİ EFSANE:

Gılgamış Destanı (Mezopotamya)

Gılgamış Destanı, Mezopotamya'da ortaya çıkan tarihteki ilk yazılı destandır. Ölümsüzlüğü arayan bir kralın öyküsüdür.

Destana konu olan kral Gılgamış gerçekten yaşamış ve M.Ö. 28. yüzyılda Mezopotamya'daki Uruk kentinde hüküm sürmüştür.

Ölümsüzlüğün ve bilginin peşindeki insanı yücelterek anlatan Gılgamış Destanı, Gılgamış'ın ölümünden bin yıl kadar sonra yazılmıştır ve günümüze kadar gelebilmiştir.

Gılgamış Destanı, Akat ve Sümer mitolojilerinde geçer ve Akat dilinde yazılmış tabletlerden oluşur. Bunlardan günümüzde 12 tablet bulunabilmiştir. Ama bu tabletler eksik olduğu için destan metninin bütünü elde edilememiştir. Aslında bir tablet daha bulunmuştur ancak olayların sırasına uymamaktadır ve bu yüzden ayrı bir versiyon olduğu düşünülmektedir. 1855'te Ninova'da yapılan kazılarda, Asur Kralı Asurbanipal'in M.Ö. 7. yüzyılda derlettirdiği tabletler bulunmuş, daha sonra Türkiye-İran sınırında ve Irak'taki Nippur antik kenti kazılarında bulunan tabletler de eklenmiştir. Ayrıca Türkiye'de Sultan Tepe ve Boğazköy'de yapılan kazılarda da destanın izi bulunmuşsa da henüz tümü gün ışığına çıkarılmamıştır.

Tabletlerdeki metne göre destan, Gılgamış'ın özelliklerini övgüyle anlatarak başlar. Yarı insan, yarı tanrı olan Gılgamış karada ve denizde olan biten her şeyi bilen başarılı bir yapı ustası ve yenilmez bir savaşçıdır. Destanının, öbür bölümlerinde Gılgamış'ın başından geçen serüvenler anlatılır. Derinlemesine hikaye türünün en olağan üstü biçimde anlatıldığı Gılgamış, akılların tamamen özgür ve doğaçlama melekesini gözler önüne sermektedir.

İlk serüven Gılgamış ile Gök tanrısı Anu arasında geçer. Halkına acımasız davrandığı için Gılgamış'a öfkelenen Anu, onu öldürmek için vahşi bir hayvan olan Enkidu'yu üzerine salar. Enkidu ile Gılgamış arasındaki savaşta Gılgamış üstün gelir. Daha sonra Enkidu Gılgamış'ın en yakın dostu ve yardımcısı olur.

Bunun ardından gelen serüven Gılgamış ile aşk tanrıçası İştar arasında yaşanır. İştar Gılgamış'a evlenme önerisinde bulunur. Gılgamış bunu red eder. Onuru kırılan İştar Gılgamış'ı öldürmek için yeryüzüne bir boğa gönderir. Gılgamış, Enkidu'nun da yardımıyla boğayı öldürür. Enkidu rüyasında, boğayı öldürdüğü için tanrılar tarafından ölüme mahkum edildiğini görür.

Destanın bundan sonraki bölümüyle ilgili tabletler bulunamamıştır. Ama, destanın devamının yer aldığı Gılgamış'ın Enkidu için yaktığı ağıtı, düzenlediği görkemli cenaze törenini, sonunda Enkidu'nun ölüler dünyasına göçtüğünü anlatan tabletler bulunabilmiştir.

Enkidu'nun ölümünü Tufan öyküsü izler. Tufan, yeryüzünün sularla dolup taşmasının öyküsüdür. Gılgamış destanında Tufan'ı tanrıça İştar ve Bel'in başlattığı anlatılır. Gılgamış, Tufan'dan kurtularak sağ kaldığını öğrendiği Utnapiştim'i (Hz. Nuh) bulmak üzere yola çıkar. Utnapiştim ölümsüzlüğün sırrını bilen bir bilgedir.

Utnapiştim'i bulan Gılgamış, onun verdiği ölümsüzlük otuyla gençliğine yeniden dönecek ve ölümsüzlüğe kavuşacaktır. Ama, destanının insanlar için en üzücü bölümü burada başlar.

Çünkü, Gılgamış ölümsüzlük otunu yemeye fırsat bulamadan onu bir yılana kaptırır ve Uruk'a eli boş döner. Bazı kaynaklar, Gılgamış'ın ölümsüzlük otunu halkıyla birlikte yemek istediğini belirtir. Destan, Gılgamış'ın ölüm karşısında yenilgisiyle biter.

Gılgamış destanı Nuh Tufanı'nın anlatıldığı ilk yazılı eserdir. Uruk kentinin kralı Gılgamış'ın yaşamını anlatan destan, kimilerine göre kutsal kitaplarla benzerlik göstermesi, onun bir destandan çok içinde vahiy kırıntıları bulunan bir hadisler rivayeti bütünü olduğunu düşündürmektedir.

Çoğu tarihçi, tarihin, çivi yazısını bulan Sümerlilerle başladığını söyler. M.Ö. 4 bininci yılın ikinci yarısında Aşağı Mezopotomya'da yaşayan; Ur, Uruk, Kiş, Eridu, Lagaş ve Nippu gibi önemli kentler kuran Sümerlerden geriye, o dönemi yansıtan pek çok eser kalmıştır. Bunlardan belki de en önemlisi, içinde Nuh Tufanı'nın da anlatıldığı Gılgamış Destanı'dır. Sümer diliyle "Sha Nagba İmuru" yani "Her şeyi görmüş olan" Gılgamış, bugün Gaziantep'in Suriye'ye sınır ilçesi Karkamış'ın o dönemki adıyla, Uruk kentinin kralıdır.

İlk yazılış tarihi M.Ö. 2500-3000 yılları arasında olduğu tahmin edilen destan, Sümerce 12 tane kil tablete yazılmıştır. İlk yazılımın dışında destan, daha sonra Babil döneminde iki kez daha yazılmıştır. Toplam 2 bin 900 satır olduğu tahmin edilen destanın en önemli bölümleri eksiktir. Sadece yüzde 60'ı tam olarak bulunan şiir formatında yazılmış destanın bazı dizelerinin başı ve sonu yoktur. Destanın Sümerce yazımının anlaşılması oldukça zordur. M.Ö. 1800 yıllarında Babil kralı Hammurabi (M.Ö 1792-1750) zamanında tekrar yazılan Gılgamış Destanı'nın üç tableti bulunamamıştır. Destanın son yazılım tarihi tam olarak bilinemese de, son ozanının, Kassitler çağında yaşamış Sin Lekke Unnini adında bir sanatçı olduğu kabul edilmektedir.

Gılgamış ve Enkidu'nun Humbaba'ı öldürmesi

Destanın kahramanı Uruk Kralı Gılgamış, dörtte üçü tanrı, dörtte biri insan olan bir varlıktır. Gılgamış halk tarafından çok sevilir ama, kral aynı zamanda sert, güçlü ve mağrurdur. Halk bu öfkeli kralın burnu biraz sürtülsün düşüncesiyle tanrılardan yardım ister. Dualar boşa gitmez ve tanrıça Aruru, yarı vahşi bir yaratık olan Enkidu'yu yeryüzüne gönderir. Enkidu destanın ikinci önemli karakteridir. Fakat Enkidu'nun kırlarda yaptığı kıyımlar Gılgamış'tan çok dilekte bulunan Uruk halkının başına bela olur. Gılgamış, Enkidu'yu yola getirmek için güzel bir fahişe (Şahmat) yollar ve ehlileşmesini sağlar. Kadının peşinden kente gelen Enkidu krallar gibi ağırlanır, güzel kokularla yıkanır, kentlilere özgün elbiseler giyer, oturup kalkma dersleri alır. Tanrının isteğinin aksine Gılgamış'la Enkidu çok iyi arkadaş olurlar.

Güçlerini sınamak için yola koyulan ikili, kendilerine hasım olarak, korkunç sesiyle bile insanları öldürebilen Sedir ormanının korucusu dev Huvava'yı seçer. Ancak devin gürleyişi karşısında Enkidu korkudan dona kalır. Gılgamış ise etkilenmez ve devi öldürür. Bunu gören tanrıça İştar, Gılgamış'a aşık olur. Fakat Gılgamış tanrıça İştar'ı, fahişe gibi davranıp her önüne gelenle hatta hayvanlarla bile birlikte olduğu için aşağılar ve reddeder. Tanrıçanın intikam almak için Uruk kentine yaptığı saldırılar ise iki kahraman tarafından bertaraf edilir.

Günün birinde Enkidu ölüme yenik düşer. Dostunu yitirdiği için çılgına dönen Gılgamış, kendisinin de bir gün öleceği gerçeği ile karşılaştığından paniğe kapılır. Ölümsüzlüğün sırrını öğrenmek için "tufan"ı yaşamış ve ölümsüzlüğe ermiş olan Utnapiştim'i (Nuh as.) görmeye gider. Utnapiştim, binbir zorlukla Mutlular Adası'ndaki evine gelen Gılgamış'ı geri çevirmez ve ona tufanı anlatır. Tanrılar bir tufan ile insanları yok etme kararı alırlar. Ancak Utnapiştim, tanrı Ea'nın uyarısı üzerine ailesini, çeşitli zenaat erbabını, hayvan ve bitki türlerini içine alacak yedi bölümden oluşan bir gemi inşa eder. Yedi gün, yedi gece süren ve yeryüzünün sularla kaplandığı tufan sonunda Utnapiştim'in gemisi Nisir Dağı'nın tepesinde karaya oturur.

Utnapiştim, Gılgamış'tan, genç kalmanın sırrının, denizin diplerinde bulunan bir bitkide olduğunu saklamaz. Kral sevinçle denizin diplerine dalar ve otu bulur. Ancak Gılgamış'ın yorgunluktan uykuya dalmasından yararlanan bir yılan, otu yutuverir. Destan, yılanların her bahar deri değiştirmesini bu olaya bağlamıştır. Ebediyen varolma şansını yitiren Gılgamış deliye döner. Çaresiz bir biçimde geldiği Uruk'ta artık Enkidu'nun ruhuyla kurduğu ilişkiden başka avuntusu kalmamıştır. Gılgamış, Enkidu'ya ölümden sonraki hayata dair yönelttiği sorularla biraz olsun teselli bulurken bilgeliğin dünyanın nimetlerinden yararlanmak anlamına geldiğini kavrar ve destan da sona erer

Destan, tarihte bilinen en eski medeniyetlerden olan Sümerlerin yaşayışları hakkında bilgi verir ve kendisi de ilk yazılı destan olma özelliğini taşır.

Gılgamış Destanı'nın en önemli özelliklerinden biri de, anlattığı "Tufan" öyküsü, üç büyük dinin Kutsal Kitapları'nda yer almasıdır. "Ölümsüzlük Otu" öyküsü, Türk-İslam dünyasının "Lokman Hekim" söylemine benzer.

ON DÖRDÜNCÜ DERS

ÜÇÜNCÜ EFSANE:

Nibelungen Destanı (Kuzey Avrupa)

Ren Nehri ile ilgili destanların en tanınmışı kuşkusuz Nibelungen Destanı'dır. Destan Ren Nehri kıyısında, eski Worms şehri civarında geçer. Destanın en eski şekli elimize on üçüncü yüzyıldan kalma bir el yazması ile ulaşmıştır. Ancak daha önceki dönemlerde söylenen Latince baladlarda içinden bölümlerin olduğu düşünülebilinir.

Pagan inançları destan içinde sık yer almaktadır. Fakat aynı zamanda, Hristiyan inançları ve törenleri de destanda bulunmaktadır. Bunun yanında kral-senyör-vasal ilişkisi de destanın Orta Çağ'a ait izler taşıdığını göstermektedir.

Nibelungen Destanı Orta Çağ boyunca çok popüler olduğu için, anlatıcıların destanın içine, anlatıldığı dönemin zevkine uygun motifler katmaları büyük olasılıktır. Destanın bugünkü hali ile, on ikinci yüzyıl sonlarında tamamlandığı düşünülmektedir. Destan içinde birçok anakronizm barındırmaktadır. Örneğin, Dietrich bir antik çağ kahramanıdır. Bu destanda bulunma nedeni büyük olasılıkla kimsenin yenemediği Hagen'i yenip hapse atmak içindir.

Destanın günümüze ulaşmış birçok versiyonu vardır. Hepsinde konu aynı olmakla birlikte aralarında farklılıklar da vardır.

Destanın Konusu: Destan, 'çok eski zamanlarda', Niederland'da geçer. O zamanlar güçlü kral Siegmund'un krallık zamanına denk gelmektedir. Kraliçe ise güzel Siegelinde'dir. Destanın en önemli kahramanı Siegmund ve Siegelinde'nin oğulları Siegfried'dir. Siegfried daha genç yaşlarında, maceralara atılmak için, babasının şatosunu terk ederek yollara düşer. Kılıcı olmadığı için elinde bir sopa ile köyleri kentleri dolaşır durur.

Siegfried bir gün bir demirciye rastlar ve kılıç sahibi olabilmek için onun yanında çalışmak istediğini söyler. Mimir adındaki demirci bu teklifi kabul ederek ona yatacak yer ve yiyecek verir. Ertesi gün de yeni çırağının bu işi yapıp yapamayacağını sınamak için onu ocağın başına götürür ve eline en ağır çekici verir.

Esâtir-ul Evvelin

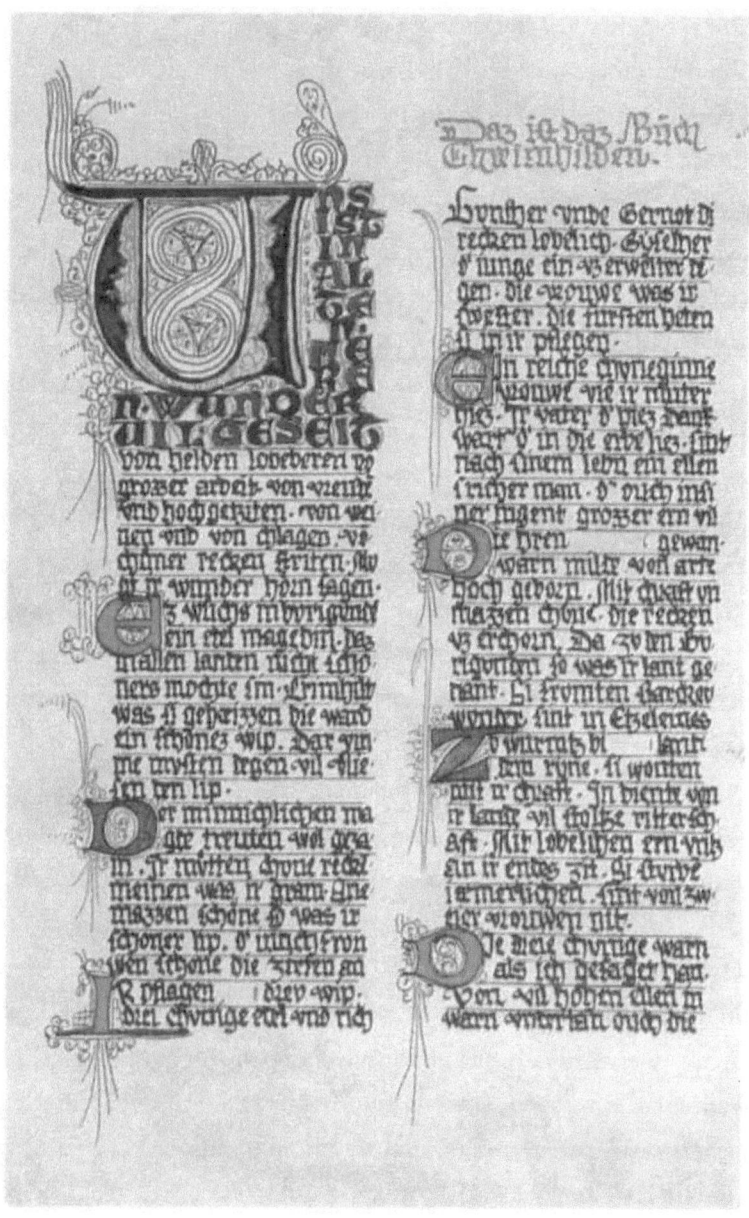

Siegfried bununla öyle bir vurur ki, örs toprağa gömülür, demir parçaları etrafa saçılır. Buna kızan Mimir Siegfried'i kulağından tutunca, Siegfried dayanamaz ve onu yere fırlatır.

Bu yeni çırağından nasıl kurtulacağını bilemeyen Mimir yeni bir yol denemeye karar verir. Siegfried'i çağırır ve ondan, ormanın öteki ucundaki kömürcüden kömür getirmesini ister. Bunu söylerken yolu üzerindeki ejderhanın Siegfried'i öldüreceğini ummaktadır. Siegfried kendine yaptığı kılıcı alır ve yola koyulur. Tam kayalığın önünden geçerken ejderha saldırır. Siegfried bu saldırıdan çevikliği sayesinde kurtulur ve önüne ilk gelen ağacı sökerek canavarın kafasına fırlatır. Ağacı kökleri canavarı sarınca, bundan yararlanan Siegfried diğer ağaçları da onun üzerine fırlatır. Daha sonra bunları tutuşturarak ejderhayı yakar.

Ejderha yanarken bedeninden bir yağ akmaya başlar. Bu akan yağ dereciğine parmağını sokan Siegfried parmağının 'boynuz' gibi sertleştiğini görür. Bunun üzerine üstündekileri çıkartarak bu yağ ile bütün vücudunu yıkar. Siegfried bu işi yaparken bir ıhlamur ağacı altında durmaktadır ve ağaçtan bir yaprak sırtına, iki omzunun arasına düşerek oranın bu yağ ile yıkanmasını engeller. İşte bu yaprağın dışında kalan hiç bir yere silah işlemeyecektir, fakat Siegfried'in vücudunun da yara alabileceği tek yer burası olacaktır.

Kömürcünün yanına varan Siegfried, ona, Mimir ve arkadaşlarının daha önce sözünü ettikleri, ağızından ateşler saçan ve üzeri pullarla kaplı olan ejderhayı sorar. Kömürcü canavarın nerede olduğunu gösterir.

Artık Siegfried'i başka bir macera beklemektedir. Zorlu bir yolculuktan sonra, Siegfried ejderhanın bulunduğu Nibelungen ülkesine varır. Burada Schilbung ve Niblung adında iki kral hüküm sürmektedir. Bu iki kral ve onlara bağlı savaşçılar, çok büyük bir hazineyi de beklemektedirler.

Siegfried, şehrin girişine geldiğinde ejderha ile karşılaşır. Dövüşmeye başlarlar. Ejderha ağızından ateşler çıkartarak Siegfried'e saldırmaktadır. Sonunda Siegfried canavarı öldürmeyi başarır. Canavarın attığı korkunç çığlığı duyan Schilbung ve Niblung saklandıkları yerden çıkarlar. Korkunç canavarı öldüren kahramanı tebrik ederler ve ondan, hazineyi aralarında paylaştırmasını isterler. Bunun karşılığında ona bütün kılıçların en iyisi olan Balmung'u vereceklerdir. Bu büyük hazineyi, Siegfried krallar arasında paylaştırır. Fakat hırstan gözü dönmüş krallar bundan memnun olmazlar ve Siegfried'i hile yapmakla suçlarlar. Savaşçıları toplayarak Siegfried'e saldırırlar. Yapılan dövüş sonrası Siegfried iki kralı ve beş yüz kadar savaşçıyı öldürür. O anda dövüş alanına Tarnkappe ile cüce Alberic gelir. Öldürülen kralların intikamını almak için Siegfried'e saldıran Alberic onu uğraştırsa da sonunda yenilir ve onun vasalı olmak için and içer. Nibelungen ülkesi savaşçıları da and içerek Siegfried'in hükmü altına girerler. Bütün Nibelungen hazinesi de onun olmuştur. Fakat hazinede gözü olmayan Siegfried bu hazineden sadece taşlı bir yüzük alır. Alberic, bu yüzüğün uğursuzluk getireceğini söyleyerek onu engellemeye çalışır. Fakat Siegfried onu dinlemez ve yüzüğü parmağına takar.

Bunun üzerine Alberic ona tehlikelerden korunması için Tarnkappe'yi verir. Siegfried'in bundan sonra gideceği yer Kuzey ülkeleridir ve buralarda maceradan maceraya koşar. Bunlardan birinde Danimarka kralı ona Grani adında bir at hediye eder.

Siegfried'in yolu İzlanda'ya kadar düşer. Burada, bir dağın tepesinde alevleri gökyüzüne kadar yükselen bir ateş görür. Dağa çıkar ve Grani alevlerin arasından atlamayı başarır. Alevlerin arasında bir şato bulunmaktadır. Siegfried şatonun içine girdiğinde içeride, zırhlar içinde uyumakta olan bir genç kız ile karşılaşır. Zırhları çıkartır ve genç kızı dudaklarından öper. Bunun üzerine genç kız uyanır ve kendine geldiğinde hikayesini anlatmaya başlar. Adı Brunehild'dir. Wodan'ın Walkyri'lerinden biri iken ona karşı geldiği için Wodan onu değneği ile uyutmuş ve bu şatoya koymuştur. Siegfried onu kurtarana kadar da uyumuştur.

Siegfried bir kaç gün şatoda kaldıktan sonra Brunehild ile vedalaşır ve parmağındaki yüzüğü ona bırakarak ayrılır.

Siegfried sonunda babasının şatosuna döner. Siegmund ve Siegelinde oğullarının dönüşünden çok mutlu olmuşlardır ve bu Niederland'da ve başkent Xanten'de törenlerle kutlanır. Her yerden gelen şarkıcılar Siegfried'in kahramanlıklarını şarkılarla anlatırlar. Şarkıcılar, bunun yanında Burgond kralı Gunther, güzel kardeşi prenses Krimehild ve sadık vasalleri Hagen hakkında da şarkılar söylerler. Siegfried'in içi bir anda Ren Nehri'nin ötesindeki bu ülkeye gidip bu insanları tanıma arzusu ile dolar. Şenliklerin sonunda fikrini ailesine açar. Babası önce razı olmasa da daha sonra oğlunun yanına on iki şövalye alıp gitmesi koşulu ile kabul eder. Siegfried ailesi ile vedalaşarak ayrılır.

Burgond'ların ülkesinde kral Gunther'in kardeşi Krimehild'in güzelliği dillere destandı. Krimehild kral Gunther'in ve ve diğer iki erkek kardeşi Gernot ve Giselher'in koruması altında büyümüştü. Krimehild bir gece rüyasında, kendi yetiştirdiği şahinlerden birinin iki kartal tarafından boğulduğunu görmüştü. Bu rüyayı annesi Ute'ye açtığında, annesi rüyasında gördüğü şahinin, en mutlu anında kaybedeceği kocası olduğunu söylemişti. Genç kız da bunun üzerine evlenmemeye karar vermiş ve bütün taliplerini geri çevirmişti.

Siegfried on iki şövalye ile birlikte Burgondlar'ın ülkesine varır. Onları gören Gunther, gelenlerin soylu kişiler olduğunu anlayarak hemen karşılanmalarını buyurur. Siegfried'i hiç görmemiş olmasına rağmen kahramanlıklarını bilen Hagen konuklarını büyük saygı ile karşılar. Siegfried önce dövüşmeyi düşünürse de onların bu konuksever davranışları karşısında dayanamaz ve konukları olmayı kabul eder.

Siegfried'in konukluğu bir sene sürmüştür. Bu bir sene boyunca Siegfried Krimehild'i hiç görmemiştir. Fakat Krimehild gizlice savaş oyunlarını seyretmiş, Siegfried'i görmüş ve kalbi onun sevgisi ile dolmuştu. Bu arada Saxonlar'ın ve Danimarka'nın kralları Burgondlar'a karşı savaş açarlar. Siegfried bu savaşta Burgondlar'ın yanında savaşır ve iki düşman kralı da esir etmeyi başarır. Haberciler Siegfried'in başarılarını bildirince Krimehild sevincini gizleyemez ve habercileri mükafatlandırır. Gunther bu zaferi kutlamak için büyük şenlikler düzenler. İşte bu şenlikler sırasında Siegfried sonunda Krimehild'i görür. Krimehild nedimeleri ile birlikte salona girdiğinde Siegfried onu karşılar, elini uzatır Siegfried onunla beraberken hiç duymadığı duyguları tadacaktır. Krimehild'i hiç bir zaman elde edemeyeceğini düşünerek umutsuzluğa kapılan Siegfried Burgond ülkesini terk etmeye karar verir. Tam gidecekken Giselher tarafından caydırılarak kalmaya karar verir.

Şölenlerden birinde bir şarkıcı, bir adada yaşayan güzel bir prensesin şarkısını söylemektedir. Ada İzlanda, prenses de Brunehild'dir. Brunehild taliplerini savaş oyunlarına davet ediyor, rakip olarak da kendisi karşılarına çıkıyordu. Brunehild en cesurlarını dahi yeniyor, oyunlardan kaçanları öldürüyordu.

Gunther bunları duyunca İzlanda'ya gidip Brunehild'i Burgondlar ülkesine getirmeye karar verir. Brunehild'i tanıyan Siegfried onu vazgeçirmeye çalışsa da başaramaz ve Gunther'in ricası üzerine onunla gitmeye razı olur. Tek koşulu vardır; Krimehild'i eş olarak alacaktır. Gunther kabul eder. Gunther ve Siegfried yanlarına Hagen'i ve kardeşi Dankwart'ı alarak yola çıkarlar. On ikinci günün sabahı Brunehild'in şatosuna varırlar. Brunehild onları kabul eder.

Savaş oyunları başladığında ise bir oyun oynarlar; Siegfried Tarnkappe ile görünmez olarak Gunther'e yardım edip onun kazanmasını sağlar. Böylece Gunther Brunehild'i de kazanır. Gunther ve Siegfried Burgond ülkesine döndüklerinde coşkuyla karşılanırlar. Siegfried Gunther'e verdiği sözü hatırlatır. Gunther kızkardeşine sorar. Krimehild Gunther ile evlenmeyi kabul eder ve masaya birlikte otururlar. Bu Brunehild'e çok ağır gelir ve ağlamaya başlar. Gunther'e Siegfried'i Krimehild'e layık görmediğini ve Krimehild'in bir vasal ile evlenmemesi gerektiğini söyler. Gunther ise kararlıdır.

Gece olunca Gunther ile Brunehild odalarına çekilirler. Brunehild Gunther ile yatmak istemez, hatta onu havaya kaldırarak duvardaki bir kancaya takar. Gunther geceyi böyle geçirir. Sabaha doğru Brunehild acıyarak onu indirir. Gunther'in Brunehild'e sahip olması yine Tarnkappe'yi takarak görünmez olan Siegfried sayesinde olur. Bu arada Siegfried Brunehild'e verdiği yüzüğü de alır ve döndüğünde Krimehild'e verir.

Siegfried Krimehild ile evlendikten sonra onunla birlikte babasının ülkesine döner. Çok mutlu olan kral Siegmund krallığını oğlu Siegfried'e bırakır. Siegfried'in hükümdarlığı on seneyi tamamlamıştır. Krimehilde ona bir erkek çocuk verir ve adını Gunther koyarlar. Aynı şekilde Gunther ve Brunehild de oğullarının adını Siegfried koyarlar.

Gunther ile Brunehild Worms'da, Siegfried ile Krimehild de Xanten'de mutlu yaşamaktadırlar. Fakat Brunehild'in içi içini yemektedir çünkü Krimehild ve Siegfried'i görememektedir. Gunther'e onları çağırmasını söyler, çünkü Siegfried hala onun vasalıdır ve çağırılınca gelmek zorundadır. Gunther buna karşı çıkar ve onları ancak dostları olarak davet edeceğini söyler. Siegfried bu daveti kabul eder ve bin şövalye ile yola çıkarlar. Worms'a vardıklarında Gunther onları sevinçle karşılar.

On gün sakin geçer. On birinci gün, savaş oyunları tertip edilir. İki kraliçe, Brunehild ve Krimehild yanyana otururlar. Her ikisi de kocalarını övmeye başlarlar. Fakat övmeyle başlayan tartışma şiddetlenir ve birbirlerine küfür etmeye kadar varır. Dayanamayan Krimehild gerçeği söyler; her şeyi yapan Gunther değil Siegfried'dir. Burnehild inanamaz. O zaman Krimehild kanıt olarak yüzüğü gösterir. Brunehild yıkılmıştır. Olayı öğrenen Hagen intikam alacağına yemin eder. Siegfried'in öldürülmesi gerekmektedir. Önceleri buna karşı çıkan Gunther sonunda razı olur. Siegfried'e bir oyun oynamaya karar verirler.

Sahte haberciler Saxon ve Danimarka krallarının saldırıya geçeceklerini bildirir. Siegfried hemen sefere çıkmaya karar verir. Hazırlıklar tamamlandığında, Hagen, Krimehild'e giderek nasıl yardımcı olabileceğini sorar. Krimehild Hagen'den kocasını korumasını ister. Siegfried ancak iki omuzunun arasından yaralanabilmektedir; eğer Hagen dikkat ederse Siegfried yara almadan dönebilecektir.

Bunun için Krimehild Siegfried'in elbisesinin üzerine, tam o bölgeye bir haç diker. Hagen amacına ulaşmıştır.

Tam sefere çıkacakları zaman yine aynı haberciler gelerek barış yapıldığını bildirirler. Bunun üzerine savaşa gitmek yerine ava gitmeye karar verirler. Krimehild kocasını engellemeye çalışır. Gece rüyasında iki yaban domuzunun onu takip ettiğini gördüğünü ve çiçeklerin de kan kırmızısı olduğunu söyler. Siegfried onu dinlemez ve ava çıkar.

Av sırasında bir kaynağın yanına gelirler. Siegfried Hagen ile yarışarak kaynağa daha önce varır, su içmek için silahlarını çıkartır. Gunther su içtikten sonra Siegfried de su içmek için eğilir. İşte tam o anda Hagen mızrağını alarak Siegfried'in elbisesinin üzerinde işli haçın üstüne, yani Siegfried'e silah işleyebilecek tek yere fırlatır.

Bir anda neye uğradığını şaşıran Siegfried silahlarını arar fakat bulamaz. Gücü tükenmiştir. Hainlere lanet ederek yere yuvarlanır. Herkes onun yanına gelir. Gunther gözyaşı dökecekken Siegfried onu engeller ve bu işi yapanın böyle davranmaması gerektiğini söyler. Daha sonra Hagen ve Gunther'e, onu öldürmekle kendi sonlarını hazırladıklarını söyler ve can verir. Etraftaki bütün çiçekler kan kırmızısına boyanmışlardır.

Hagen Siegfried'in cesedini, kilise dönüşü bulsun diye Krimehild'in kapısına taşır. Uşaklardan biri cesedi görerek, Kirmehild'in kapısında bir şövalye cesedi olduğunu söyler. Krimehild onun kim olduğunu anlar ve ağzından kanlar akarak yere yığılır. Ayıldığında bu işi kimin yaptığını tahmin etmektedir.

Gunther'in bu işi haydutların yaptığını söylemesine rağmen ona inanmaz ve Hagen ile Gunther'den cesedin yanına yaklaşarak masumiyetlerini göstermelerini ister. Gunther yaklaştığında bir şey olmaz fakat Hagen yaklaştığında yaralardan kan akmaya başlar.

Krimehilde kocasının cesedi başında üç gün üç gece bekler. Siegfried'i gömecekleri gün onu son bir kez daha görmek ister ve tabutu açtırır. Siegfried'in başını kaldırır, dudaklarından son bir kere öper. Gözlerinden kanlı yaşlar akmaktadır. Daha sonra da bayılır kalır.

Krimehild, kendisine katedralin yanında bir yer yaptırır. Her gün kocasının mezarına ağlamaya gitmektedir. Dört yıl boyunca Gunther ile tek bir kelime bile konuşmaz, Hagen'i görmek bile istememektedir. Hagen ise Nibelungen hazinesini getirmeyi düşlemektedir. En sonunda Krimehild'i razı ederek hazineyi getirir. Krimehild, hazine gelince, herkese dağıtmaya başlar. Krimehild'in çok fazla yandaş kazancağından korkan Gunther ve Hagen hazineyi Krimehild'in elinden alırlar. Gernot, hazinenin daha fazla bela getirmemesi için Ren nehrine atılması gerektiğini söyler. Hagen bu görevi yerine getirir. Hazinenin battığı yeri bilen tek kişi olduğu için, bir gün onu yerinden çıkarmayı ummaktadır.

Siegfried'in ölümünün üzerinden on üç sene geçmiştir. Bu arada Hun kralı Etzel'in de karısı ölmüştür. Etzel'e eş olarak Krimehild'i almalarını söylerler. Etzel de sadık Rudiger'i elçi olarak Burgond ülkesine gönderir.

Gunther ve kardeşleri bu teklifi memnuniyetle karşılarlar. Buna bir tek Hagen karşı çıkar çünkü Krimehild'in güçlenmesinden korkmaktadır. Krimehild önceleri bu teklife karşı çıkmasına rağmen, Siegfried'in öcünü alabilmek amacı ile kabul eder ve kendine sadık olan Eckewert, beş yüz şövalyesi ve habercilerle birlikte Hun ülkesine doğru yola çıkar.

Düğün Viyana'da olur. Daha sonra da Tuna Nehri'ni geçerek krallık merkezi Etzelbourg'a varırlar. Aradan yedi yıl geçmiştir. Krimehild Etzel'e bir de erkek çocuk vermiştir. Fakat herşeye rağmen Krimehild'in içindeki intikam ateşi sönmemiştir.

Bir gün kralın yanına gelir ve ailesini görmek istediğini söyler. Krimehild'in oynamak istediği oyunu anlamayan Etzel bu isteği kabul eder ve habercilerini Worms'a gönderir. Haberciler yola çıkarken Krimehild özellikle Hagen'in de gelmesini istediğini söyler. Haber Worms'a ulaştığında Hagen tuzağı anlar, fakat Gunther gitmek istemektedir. Gunther ve kardeşlerinin kararlılıkları karşısında, Hagen, korkak durumuna düşmemek için, gitmeyi kabul eder. Yanlarına kendilerine bağlı binlerce şövalyeyi alarak yola çıkarlar.

Haberciler döndüğünde Krimehild ise sevinçlidir. Artık intikamını alabilecektir. Gunther ve beraberindekiler Hun ülkesine vardıklarında Rudiger tarafından karşılanırlar. Rudiger ve beş yüz adamı onların güvenliğinden sorumlu olacaklardır. Yolda Hunlar arasında yaşayan Dietrich ile karşılaşırlar. Dietrich onlara Krimehild'in yasının hala sürdüğünü söyler ve uyarır. Fakat dönmek için artık çok geçtir.

Etzel'in sarayına vardıklarında Krimehild konuklarını yapmacık bir sevinç ile karşılar. Hagen'e ise Nibelungen hazinesini sorar. Hagen hazinenin dünyanın sonuna kadar Ren Nehri'nin dibinde kalacağını söyler. Krimehild hiddetlenir. Bütün konuklar tedirgin olurlar ve silahlarını bırakmazlar. Hagen suçunu Krimehild'e itiraf eder fakat pişman değildir, o sadece görevini yapmıştır. Hagen meydan okur, fakat kimse onunla dövüşmeye cesaret edemez. Ertesi gün Hagen bütün adamlarına silahlarını yanında bulundurmalarını çünkü dövüşeceklerini söyler. O gün turnuvalar sırasında Burgond senyörü Volker bir Hun savaşçısını öldürür. Ailesi intikam almak ister. Etzel zorla yatıştırır. Krimehild Burgondlar'ı yok etmesi için Etzel'in kardeşi Blödlin ile anlaşır. Blödlin ilk önce Burgond komutanı Dankward'ı öldürmek ister. Fakat Dankward ondan önce davranır ve onu öldürür. Artık müthiş bir dövüş başlamıştır. Dankwart olanları Hagen'e haber verir. Hagen Etzel ve Krimehild'in oğlunu öldürür ve yoluna çıkan Hunlar'ı öldürmeye başlar.

Artık olaylar kontrolden çıkmaya başlamıştır. Saray öldürülen Hunlar'ın kanları ile kırmızıya boyanmıştır. Burgondlar'ı korumaya çalışan Rudiger'in de öldürülmesi Hunlar'ı çileden çıkarır. Tecrübeli savaşçı Hilderbrand'ın da savaşa girmesi ile Burgondlar'ın sonu gelmiştir. Hagen ve Gunther dışında hiç bir burgond hayatta kalmamıştır. Gunther de Dietrich tarafından öldürülür. Hagen ise hapse atılır.

Krimehild Hagen'i zindanda bulur ve ondan Nibelungen hazinesini ister. Fakat Hagen yerini söylemez. Hazine sonsuza kadar Ren Nehri'nin dibinde kalmalıdır. Krimehild Hagen'in yanında Balmung'u görür. Kılıcı iki eliyle kavrar ve Hagen'in başını gövdesinden ayırır. Artık intikamını almıştır.

Hildebrand bütün bu insanların ölümüne dayanamaz ve

Krimehild'e saldırır. Kadının bütün bağırmalarına rağmen onu orada öldürür. Destan bütün "ölmesi gerekenlerin" ölümü ile son bulur..

Destan hakkında: Destan, ilk incelemeden de anlaşılacağı gibi, farklı bir çok hikayenin ustaca birleşmesinden meydana gelmiştir. Bu yüzden bir versiyonda olan bölüm bir diğerinde olmayabilir. Örneğin, Siegfried'in Brunehild'i kurtarması birçok versiyonda yoktur. Hatta daha sonra incelenen Volsunga Saga'ya göre Krimehild'in annesi Siegfried'e Brunehild'i unutması için büyülü bir ilaç içirir. Bunun dışında destanda hem pagan öğelerin hem de Hristiyanlığa ait motiflerin yer alması, destanın yazıldığı tarihi gösterdiği kadar, destanın farklı parçalardan meydana geldiğini de göstermektedir.

Nibelungen Destanı'nın kökeni de tartışmalıdır. Destanın Ren Nehri kıyılarında doğduğunu söyleyenlerin yanında, kökeninin daha kuzeyde, İskandinavya'da olduğunu söyleyenler de vardır. Bize göre, destanın köken olarak kuzeyde doğması, sonra da içine Ren Nehri kıyılarına ait öğelerin katılması daha olası gözükmektedir. Bunun en önemli kanıtı daha sonra göreceğimiz gibi kuzeyde bu destana kaynaklık eden daha eski destanların varlığıdır.

* * *

ON BEŞİNCİ DERS
DÖRDÜNCÜ EFSANE:

Harut ile Marut (Eski Babil, Mezopotamya)

Temsili bir resimde Babil

... Azatlığın zirvesinde sohbete dalmış yıldızlar
Zühre bir türkü tutturmuş Babil'den kalan
Yalancı dünya habersiz
Yalancı dünya sağır
Bir Harut'la Marut bir de ben dinliyorum
Derken kayıp gidiyor yıldızlardan birisi
Bir intikam fişeği gibi saplanıyor karanlığın bağrına
Senin namına yıldızları kıskanıyorum

Kim bilir kaç milyon ışık yılı uzakta
Öfkeyle kollarını çeviriyor yalancı fecir
İmanım gibi biliyorum vakit asılmak vaktidir.

EVVELEN

Çölle ilgili her hikâye gibi bu hikâye de kuyuyla başlıyordu. Su, çölün kıymetlisiydi ve kuyu suyu bağrında taşıyordu. Su arayana Yusuf veriyordu bazen yahut ölümün eşiğindekine hayat... İhtiyar adam kuyuya yaklaşırken Yusuf bulmayı beklemiyordu elbet ama onu çölün en bilinmez köşesine atan kum fırtınasından sonra kuyuda hiç olmazsa bir damla umut bulabilirdi... Ama bunun yerine bir hikâye buldu. Yeryüzünde yaşamın başlamasıyla başlayan, bitmesiyle bitecek olan bir hikâye.

Titreyen elleriyle kuyunun ağzını kapayan büyükçe taşı kaldırmaya çalışırken taşın üzerindeki kadim zamanlara ait yazıyı gördü. Birden ürktü, kalbinin sıkıştığını hissetti. "Bir kuyunun ağzı neden kitabeyle kapatılır ki?" diye düşündü. Sonra haline gülüp söylenmeye başladı:

"Uçsuz bucaksız çölün, günlerce süren kum fırtınalarının ve susuzluğun durduramadığı ihtiyar kalbimi bir kör kuyu durduracaktı az daha."

Üç gün önce kervanı basan haramilerden kaçıp çölün derinliklerine doğru atıyla doludizgin giderken ilk kez kalbinin teklediğini hissetmişti. İki gün süren kum fırtınasının ardından ölüme bu kadar yaklaşmışken bu kuyu bir umut gibi karşısında duruyordu.

İhtiyar, titreyen dudaklarıyla Allah'ın adını andıktan sonra tüm gücüyle kapağı açmak için yüklendi. Son gücünü son umudu için harcadığının farkındaydı. Ve kuyunun ağzını kapayan taş yavaş yavaş hareket etmeye başladığında ihtiyarın gözlerinin içi gülüyordu. Daha bir kuvvetle zorladığı kapağı yarıya kadar açtığında ise bir gariplik hissetti. Kuyunun karanlığı içinde bir kıpırdanma vardı. Daha iyi görebilmek için biraz eğildi. Gözleri karanlığa alışmaya başladığında kuyunun dibine doğru uzanan iki halat gördü. Halatların ucunda ayaklarından baş aşağı asılmış iki kişi duruyordu. Gözlerine inanamadı... Kuyuda asılı duranların hareket ettiklerini gördüğünde artık ayakları onu taşımaz oldu. Korkuyla yere yığılırken kalp atışları iyice zayıflamıştı. Kumların üzerine boylu boyunca uzanırken bu kumların mezarı olacağını anlamıştı. Son bir gayretle kelime-i şahadet getirirken, kuyudakiler "Muhammedun Rasulullah" kelamını duyduklarında irkildiler... Ayaklarından asılı duranlardan biri, diğerine:

"Duydun mu?" dedi heyecanla, *"son peygamberin ismini söyledi."*

"Evet" dedi diğeri, gözlerinin içi gülüyordu:

"Demek ki kıyamet yakın ve cezamızın bitmesine az kaldı.."

SANİYEN

Rivayet odur ki Harut ve Marut adlı iki melek bir gece kayan yıldızlar gibi eski Bâbil şehrine indiler. Ne insanlar bu gecenin diğer gecelerden farklı olduğunu anlayabildi ne de melekler hiçbir şeyin eskisi gibi olmayacağının farkına varabildiler.

Bâbil'in serin gecelerinden biriydi. Her zamanki sessizliğin içine inen iki melek, insan bedenine alışmaya çalışan tedirgin ve rahatsız halleriyle kenar mahallelerden şehre doğru ilerlediler. Gün ağarmaya başlamıştı. Uykudan yeni uyanan Bâbil halkı, evlerinden dışarı çıkarken iki melek sokaklardan hızla geçip büyük meydana doğru ilerliyordu. Harut ile Marut her ne kadar insan gibi görünseler de farklı duruyorlardı. İki meleği görenler yabancı olduklarını anlayıp garip garip bakıyorlar; kimi konuşmaya çalışıyor, kimi de hızla onlardan uzaklaşıyordu. Ama bu uzun boylu, heybetli ve iyi giyimli yabancılar herkesi ürkütmüştü. Evlerin önünden hızla geçerken, dalgalanan saçları, savrulan cübbeleri, görülmemiş güzellikteki urbalarıyla dikkat çekiyorlardı. Pencere ve kapılarda insanlar onları görmek için sıralanmıştı.

Sonunda iki melek Bâbil'in geniş ve kalabalık meydanına geldiler. Güneş ağır ağır yükseliyordu. Etrafta büyük bir telaş ve koşuşturma vardı. Mallarını pazara getirenler, erkenden alışverişe başlayanlar ve köle getiren kervancılar, çeşit çeşit hayvanı ve eşyayı satmak için hazırlıyorlardı. Telaş ve uğultu meydanın tek hâkimiydi. Sanki biraz önce, insan suretindeki bu iki meleği görmek için sokaklara çıkan halk bu değildi.

Harut'la Marut, meydanın ortasında bulunan ve kölelerin satılırken gösterildiği büyük ve yüksek taşın üzerine çıkıp bir süre dimdik durdular. Rüzgâr bile hızını kesip sakinleştiği halde insanlar onlara dönüp bakmadılar bile. Uğultu aksine daha da artıyordu ki, Harut havaya kaldırdığı iki elini yanlara doğru açarak bağırdı: "Ey insanlar!"

Harut'un sesi öyle gür çıkmıştı ki meydandaki herkes irkildi. Sesi ilahi bir ikaz gibi uzun süre yankılandı. Meydanı dolduran kalabalık adeta buz kesmişti. Daha önce duymadıkları ve hiçbir sese benzemeyen bu sesin meydanın ortasında duran iki yabancıdan birine ait olduğunu uzun süre kavrayamadılar.

Günbatımı gelip akşam yavaş yavaş inerken, iki yabancı ortadan kaybolmuştu. Kimse nereye gittiklerini bilmiyordu. Şehirde neredeyse her evde onlar konuşuluyordu. Herkes duydukları ya da gördükleri küçük ayrıntıları anlatıyor, kendi yorumlarını da olaya ekliyorlardı. Kimi, onların gece gökyüzünden rüzgârda salınarak düşen yapraklar gibi indiklerini söylüyor; kimisi tanrının elçisi olduklarını, uğur ve bereket getireceklerini iddia ediyordu. İçlerinden en genç olanı daha fazla dayanamayarak söze karıştı:

"Peki, ya bize öğreteceklerini söyledikleri şey hakkında ne

düşünüyorsunuz?"

İhtiyarlardan biri gence doğru döndü, kaşlarını çatmıştı:

"Ben bu yaşıma kadar böyle bir şey işitmedim, babamdan da dedemden de. Hakkında bir şey bilmiyorum ve bilmediğim şeyler beni rahatsız eder. Ve siz gençler, hakkında bir şey bilmediğiniz yeni şeylere tamahkâr yaklaşırsınız. İşte bu beni korkutuyor."

Yaşlılardan bir diğeri usulca ve kendi kendine konuşur gibi önüne bakarak söze karıştı:

"Sende bir zamanlar gençtin Balar. Unutma ki sende tamahkârdın. Hem bu yabancılar Tanrı tarafından gönderildiklerini söylüyorlar, senin Tanrın tarafından. Bu durumda neden endişeleniyorsun?"

Dostu Sima'yla atışmak istemeyen Balar öfkeyle odayı terk etti. Meclistekiler onun öfkeli haline alışık olduğundan gidişini umursamadılar. Onun çıkmasının ardından Sima sözlerine devam etti:

— Bu yabancılar hakkında endişelenmeye gerek yok. Eğer söyledikleri gibi bize olağanüstü bir şey öğreteceklerse eminim bu şey herkesin hoşuna gidecektir. Yok, eğer yalancı çıkarlarsa o zaman başlarına gelecekleri onlar düşünsün.

Biraz önce konuşan genç aynı heyecanla yine söze karıştı:

— Ya gerçekten tanrı tarafından gönderilmişlerse?

Sima alaycı bir şekilde gülümsedi:

— Bunu Balar'a sorun, tanrıyla arası iyi olan o.

Balar meclisten ayrıldıktan sonra şehrin çıkışındaki tepeye doğru tırmandı. Şehir ışıklarını geride bırakarak, tepenin ardındaki çölün dalgalı kumlarını kaygılı gözlerle seyretmeye başladı. Sonra kendi kendiyle konuşur gibi kısık bir sesle:

"Yakında büyük şeyler olacak, görmediklerimizi göreceğiz; bilmediklerimizi öğreneceğiz. Önce bolluk sonra darlık bizi saracak. Tüm işaretler ortada."

Sonra yere doğru diz çöktü. Başını gökyüzüne doğru kaldırdı:

"Ey atalarımın anlattığı, dedelerimden işittiğim, yerin göğün ve arasında olanların yaratıcısı! Beni duy! Çıkacak olan fitnenin şerrinden beni koru"

Derken çölün içinden şehrin karanlığına doğru ilerleyen birini fark etti. Kumlar üzeride yalın ayak yürüyen ve karanlıkta bile güzelliği alenen ortada olan bu kadın, gayet sakin bir şekilde Balar'ın bulunduğu tepenin alt kısmından geçerek şehre doğru ilerledi. Balar olduğu yerden yavaşça kalktı. Bir gün için yeterince gariplik gördüğünü düşünerek evin yolunu tuttu...

Günün ilk ışıklarıyla birlikte iki melek yine sokaklarda göründü. Meydandaki bir ağacın altına oturdular. Çevrelerini saran halk, onlara bir şeyler sormak için sabırsızlanıyordu fakat kimse bir şey söylemeye cesaret edemedi. Meleklerden biri ayağa kalkarak, "Ey insanlar" diye söze başladı. Gözleri etrafında toplanan insanların üzerinde dolaştı. Kalabalıktaki herkes, meleğin sadece kendisine gözlerini dikerek baktığını düşündü. Zannettiler ki bu bakış kalplerinde sakladıkları tüm sırları görebilecek kadar derin. Melek daha gür bir sesle devam etti:

— Eğer size öğreteceğimiz şeyleri karı-kocanın arasını bozmak için, cana kıymak, fesat çıkarmak ve bozgunculuk yapmak için kullanırsanız gizli ve saklı her şeyi bilen Rabbiniz sizi şiddetli bir azapla cezalandırır. Ey insanoğlu! Sakın ola ki bunları fenalık için kullanmayın!

O gün insanlar duymadıklarını duydular, görmediklerini gördüler. Gece olduğunda toprak damlı evlerden saraylara uzanan hayallerle uykuya daldılar.

Gece, çölü siyah bir örtü gibi kaplarken, iki melek şehrin kapısından çıktı. Çölün karanlığına doğru ilerlerken tepenin başında Balar'ı gördüler. Tepeden aşağı onlara doğru koşuyordu. Harut'la

Marut ellerini kaldırarak ona durmasını işaret ettiler. Balar olduğu yerde çakılıp kaldı. Derken içinden bir sesin kendisine hitap ettiğini fark etti:

— Allah'ın elçisini bul!

İki melek yollarına devam edip gözden kayboldular. Yerinde öylece bakakalan Balar, bir süre sonra uzaklarda göğe doğru yükselen iki ışık gördü...

Sabah olduğunda insanlar sihir öğrenmenin heyecanı ile meydana doğru telaşlı adımlarla ilerlerken, Yaşlı Balar Allah'ın elçisini aramak üzere şehirden ayrıldı.

Melekler her sabah günün ilk ışıklarıyla şehre gelip, akşam karanlık bastırdığında şehirden çıkıp ortadan kayboluyorlardı. İnsanlar öğrendiklerini uygulama telaşına düşmüştü. Her gün yeni bir garipliğe şahit oluyorlardı. Günlerce uzayıp giden işler bir çırpıda bitiyordu. Tarlalar daha çabuk sulanıyor, duvarlar kolaylıkla örülüyordu. Bütün bunları yapabilmelerini sağlayan bu garip halin sebebini çözemiyorlardı. Her nasılsa oluyordu ve bu bilinmezlik umurlarında değildi. Sebebini ve nasıl meydana geldiğini bilmedikleri bu olaylara "sihir" dediler. Sihir, yani "sebebi gizli olan ince şey".

Melekler endişe içindeydi. İnsanlara sık sık bunun bir sınav olduğunu; öğrendiklerini iyiye kullanırlarsa iyilik, kötüye kullanırlarsa kötülük yapacaklarını, nimete nankörlük etmemelerini hatırlatıyorlardı.

Günler bu şekilde geçerken, bir gün Harut'la Marut'un yanına çok güzel bir kadın geldi. Adını çöl çiçeği Zühre'den alan bu kadın, Balar'ın gece çölde gördüğü kadındı. İki melek kadının güzelliğine hayran kaldılar. İnsanlar, gözlerini bürüyen hırsın ve sihrin sarhoşluğuyla Zühre'yi fark etmediler bile. Melekler ise daha önce gördükleri hiçbir şeyle kıyaslayamadılar onun güzelliğini. Bakışları iki meleğe hiç hissetmedikleri duyguları yaşattı. Bir şeyin etkisi altına girmişlerdi. Öyle bir sihirdi ki bu, kalbi tutsak ediyordu. Ve iki melek kadına meylettiler...

Kadın onlara:

"Beni istiyorsanız, şu yanımdaki çocuğu öldürün" dedi. Oysa iki meleğe haksız yere cana kıymak yasak kılınmıştı. Harut'la Marut, biz Allahtan korkarız, dediler.

Zühre bir zaman sonra yine geldi. İki melekten İsm-i Âzam duasını öğretmelerini istedi. Bu dua Meleklerin her akşam göğe yükselmelerini sağlayan ilahi bir kelamdı... Zühre'nin bu isteğini de reddettiler. Ama her geçen gün Harut'la Marut'un bu kadına olan tutkusu artıyordu.

Zühre üçüncü kez geldiğinde adeta güzelliğin zirvesine ulaşmıştı. Onun zarafetinden başları dönen iki melek, daha fazla direnemeyip kadının üçüncü isteğini kabul ettiler. Zühre bu kez de iki melekten şarap içmelerini istemiş, onlar da diğer isteklere göre bunu daha makul görmüşlerdi. Hem onlar zaten Zühre'nin güzelliğinden sarhoş olmuşlardı bile. Oysa Allah onlara şarap içmeyi de yasak kılınmıştı. Ve iki melek Allaha verdikleri sözü tutamadılar...

Günahın kuytusunda şarabın ilk yudumlarını istemeyerek de olsa içen melekler, içtikçe daha fazla içmek istediler. Bir süre sonra kendilerini kaybettiler. Uyandıklarında ise dehşete kapıldılar. Ayıkken yapmayı reddettikleri her şeyi yapmışlardı... Zühre'nin yanındaki çocuğu öldürüp onunla birlikte olmuşlar, İsm-i Âzam duasını da farkında olmadan söylemişlerdi. Zühre ortadan kaybolmuştu ve iki melek pişmanlıklarıyla baş başa kaldılar...

SALİSEN

Balar yaptığı uzun yolculukta bulamadığı Allah'ın elçisine şehre dönerken çölde rastladı. Bir kuyunun başında duruyordu. Balar ona başından geçenleri anlatırken bir yandan şehre doğru yola koyuldular. Allah'ın elçisi Balar'ı dinledikten sonra bu yolculuk sayesinde insanların çıkardığı fitneden uzak kalabildiğini anladı. Olayların aslını en başından anlatmaya başladı:

"Âdem Babamızın çocuklarından Kabil, Habil'i öldürdükten sonra uzun yıllar boyunca sefil bir hayat yaşadı. Bir gün torununun torunu, oğluyla birlikte şehrin dışına doğru yürürken yolda ona rastladılar. Çocuk babasına "Bu kim?" diye sordu. Babası "Bu senin büyük büyük dedelerinden Kabil'dir" dedi. Çocuk öfkelenip "Benim dedelerimden Habil'i öldüren Kabil mi?"dedi. Babası evet, deyince yerden aldığı taşı hışımla Kabil'e fırlattı. Ve Kabil bu taşla olduğu yere yığılıp kaldı.

Bu manzarayı göklerden seyreden melekler, insanoğlunu kınadılar. Allah Celle Celalehu, onlara "Eğer size de nefis ve şehvet verseydim, sizde onlar gibi olurdunuz" diye nida etti. Melekler hayır, dediler "Biz onlar gibi sapkınlık yapmazdık." Allah Celle Celalehu, bunun üzerine şöyle seslendi; "Öyleyse aranızdan en güvendiğiniz iki meleği seçip bana gönderin. Onlara nefis ve şehvet verip yeryüzüne göndereyim." dedi. Melekler takvalarına güvendikleri Harut'la Marut'u seçtiler. Bu iki melek sihri öğretmek üzere dünyaya gönderilecekti. Rab'lerinin insanları sınamak için gönderdiği bu melekler, "Biz sadece imtihan ediyoruz, sakın inkâr etme!" diye uyardıktan sonra sihri öğreteceklerdi. Fakat önemli bir sınav da onları bekliyordu.

Allah Celle Celalehu onlara nefis ve şehvet vererek dünyaya gönderdi. Şarap içmeyi, haksız yere câna kıymayı ve zina etmeyi yasakladı. Ancak onlar bu yasaklara riayet edemeyip şarabın sarhoşluğuyla yasakları çiğnediler. Rab'leri onlara ceza olarak dünyada mı ahirette mi azap istersiniz diye sorunca onlar "Biz ahiret azabına tahammül edemeyiz, bize dünya da azap ver." dediler. Ve Rab'leri onları kıyamete kadar sürecek bir azapla cezalandırdı. "

Sözün bu kısmında Balar Allah'ın elçisine dönüp "Yoksa kuyu mu?" diye sordu. Ardından uzun bir sükût gecenin derinliğine doğru uzayıp gitti...

Şehre ulaştıklarında söylentiler her yere yayılmıştı. İnsanlar Harut'la Marut'un bir kuyuya baş aşağı asılmak suretiyle cezalandırıldıklarını, kıyamete kadar suya bir karış mesafede suya muhtaç olarak kalacaklarını söylüyorlardı. Zühre hakkında da söylentiler vardı. Tanrı onu bir çöl çiçeğinden kadın suretine getirmiş sonra da melekleri onun güzelliği ile sınamıştı. Peki, sonra ona ne olmuştu? Biri dedi ki: Zühre, İsm-i Âzam duasını öğrendikten sonra duayı okuyup arşa yükseldi ve Tanrı da onu gökyüzünde bir yıldız haline getirdi...

İki melek ayaklarından asılı durdukları karanlık kuyuda susuzluktan çok pişmanlıkla kavrulurken çölle ilgili her hikâye gibi bu hikâye de kuyuyla başlıyordu...

Bakara Suresi 102. Ayet:

"Süleyman'ın hükümranlığı hakkında şeytanların (ve şeytan tıynetli insanların) uydurdukları yalanların ardına düştüler. Oysa Süleyman (büyü yaparak) küfre girmedi. Fakat şeytanlar, insanlara sihri ve (özellikle de) Babil'deki Hârût ve Mârût adlı iki meleğe ilham edilen (sihr)i öğretmek suretiyle küfre girdiler. Hâlbuki o iki melek, "Biz ancak imtihan için gönderilmiş birer meleğiz. (Sihri caiz görüp de) sakın küfre girme" demedikçe, kimseye (sihir) öğretmiyorlardı. Böylece (insanlar) onlardan kişi ile karısını birbirinden ayıracakları sihri öğreniyorlardı. Hâlbuki onlar, Allah'ın izni olmadıkça o sihirle hiç kimseye zarar veremezlerdi. (Onlar böyle yaparak) kendilerine zarar veren, fayda getirmeyen şeyleri öğreniyorlardı. Andolsun, onu satın alanın ahirette bir nasibi olmadığını

biliyorlardı. Kendilerini karşılığında sattıkları şey ne kötüdür! Keşke bilselerdi!"

* * *

෮ ❀ ෬

ON ALTINCI DERS
BEŞİNCİ EFSANE:

Iason ve Argonotlar Efsanesi (Eski Yunan, Grek)

Phoibos, senin gibi yaparak altın postu elde etmek için Pontus'un ağzı ile kara kayalar arasından Argo'yu geçiren o eski zaman insanlarının muhteşem başarılarını hatırlatacağım.
RODOSLU APPOLONİOS, İÖ 3. YÜZYIL

Konusu, genç bir kahramanın bir yolculuğa çıkıp uzak bir yerden dönerek yetişkinliğe geçişi olan İason ile Argonotlar efsanesinin Yunanistan'da eskilere dayanan kökleri vardır. En azından lirik şair Pindaros'un hikâyenin bir versiyonunu İÖ 5. yüzyılda yaratmasına kadar uzanırsa da, en çok bilinen versiyonu İÖ 3. yüzyılda Rodoslu Apolonios'un Argonautika'sıdır.

İASON'UN MİRASI:

Efsane, Tesalya'da İolkos kralı Aison'un iktidar yükünden bıkıp devlet dizginlerini, oğlu İason'un erişkinliğine kadar kardeşi Pelias'a bırakmasıyla başlar. Pelias tek sandaletli bir adama karşı uyarılmıştır ve İason yetişkin bir insan olup tahtta hak iddia etmeye geldiğinde, birini yolculuk sırasında kaybettiği için saraya tek sandaletle gelir.

İason'dan korkan ve tahttan da inmek istemeyen Pelias, onu İolkos'tan belki de ebediyen uzaklaştırmak için bir hileye başvurur. İason'a iktidarı almadan önce uzaklardaki Kolkhis'ten ailesine ait olan efsanevi altın postu geri getirmesi gerektiğini söyler. İason bu yolculuğa çıkmayı kabul eder. Argo adını verdiği sağlam bir gemi yaptırır, aralarında Theseus, Herakles ve Orpheus gibi kahramanların ve yarı tanrıların bulunduğu bir mürettebat toplar.

Bilinmeyen sularda tehlikeli bir yolculuktan sonra İason ile Argonotlar Kolkhis'e varırlar. Burada Kral Aietes, İason'un bir dizi sınavdan geçtiği takdirde, altın postu alabileceğini söyler. İason sınavları geçer, altın postu alır ve yine aynı derecede tehlikeli bir yolculuktan sonra kendi krallığına döner.

(Solda) Tim Severin'in İason ile Argonotlar'ın yolunu izleyerek yaptığı yolculuktaki Argo gemisinin kopyası. (Sağda) Kırmızı figürlü vazo, İÖ yaklaşık 470-460; İason altın postu alırken Athena ona bakıyor. Sağda Argo'nun kıç direği; direk başının insan başlı olması geminin konuşabildiğini gösteriyor.

İASON'UN YOLCULUĞU EFSANESİNİN DEĞERLENDİRİLMESİ:

Altın postlu koyunlar, tanrılar ve yarı tanrılar dolu bu hikâyenin düşsel unsurlarını kimse gerçek olarak kabul edemez. Ancak pek çok araştırmacı, hikâyenin Akdeniz'den Karadeniz'e geçen eski Yunan denizcilerinin ilk deniz seferlerinde elde edilen coğrafi bilgileri içerdiğini de belirtir.

Uzak ülkelere yapılan seyahat geleneklerine tarihi bir temel göstermeye yönelik diğer çabalar gibi -Çinliler'in Fu-sang hikâyesi, ya da Aziz Brendan'ın Azizlere Vaat Edilen Ülkeye Gidişi gibi- İason'un seyahatinin tarihe uygun olduğu iddiası maddi kanıtlara dayandırılmamıştır.

Bu tür kanıtlar, yolculuğu yapanların gittikleri yerlerde bıraktıkları arkeolojik kalıntılar (Argonautika'da İason ile adamları yol boyunca arkeologlar tarafından bulunabilecek bir dizi tapınak inşa etmişlerdir) ya da gittikleri yerin yerlileriyle ticaret yaparken bıraktıkları nesneler ya da ziyaret ettikleri yerden aldıkları ve sonra yurtlarındaki arkeolojik kazılarda bulunan egzotik nesnelerden oluşabilir. Oysa İason ve Argonotlar hikâyesinin tarihi temelinin açıklanması coğrafyaya dayandırılmaktadır. Daha basit bir biçimde ifade etmek gerekirse, İason'un hikâyesinin okurları hikâyede gerçek mekânları bulmak için sözü edilen mekânların ayrıntılarını aramışlardır.

Esâtir-ul Evvelin

İASON KARADENİZ'E GİTTİ Mİ?

Yunan efsanelerini araştıranlardan çoğu bu yaklaşımı kullanarak Kolkhis krallığının Apollonios'un tarif ettiği gibi Euxine Gölü'nün (Yunanlılar'ın Karadeniz'e verdikleri ad) doğusunda günümüz Gürcistan Cumhuriyeti'nde olduğuna inanırlar. Tarihi ve arkeolojik kanıtlar Yunanlıların antik çağlarda Karadeniz kıyılarını keşfedip koloniler kurduklarını gösterir: Bölgedeki Yunan kolonileri İÖ yedinci yüzyıla kadar uzanır ve ilk keşifler İÖ sekizinci yüzyılda başlamış olabilir. Eski Yunanlılar açısından Kolkhis'in yeri Apollonios'un çok doğru olarak tanımladığı gibi "yeryüzünün ve denizin en uzak sınırlarında"ydı.

Apollonios'a göre İason, Yunan kıyı kenti îolkos'tan yola çıkmış, Çanakkale Boğazı'na girmiş, Boğaziçi'nin girişini koruyan "Çarpışan Kayalar" (Symplegades) arasındaki tehlikeli geçitten (önce bir güvercin uçmuş, kapanan kayalar güvercinin kuyruğunu kıstırınca kayaların açılmasını bekleyip ileri atılarak) çıkmış, sonra kuzey Türkiye kıyıları boyunca doğuya giderek Kolkhis'e varmıştır. İason ve yanındaki kahramanlar burada gemiden inerler, ve kral Aietes'in huzuruna çıkarlar. Postu vermek için burnundan ateş püskürten iki boğayı boyunduruğa vurma şartı ve ona yardıma koşan kralın kızı Medea ayrı bir konudur.

İason'un hikâyesinin çeşitli versiyonlarında farklılıklar varsa da, Apollonios'un Argonautika'sında Argonotlar geldikleri yoldan dönmeyip kuzeye çıkmışlar, Apolonios'un Istrus adını verdiği, Yunanlılar'ın bildiği, Tuna dediğimiz ırmağa varmışlardır. Bu yorumda îason ile Argonotlar, Apollonios'un Adriyatik Denizi'ne döküldüğünü sandığı Tuna boyunca yollarına devam etmişlerdir. Argonotlar bundan sonra Argo'yu Apollonios'un Rhodanus dediği (ki, Fransa'daki Rhône olduğu anlaşılmaktadır) ırmağa sokmuşlardır. İason yine Apollonios'un Akdeniz'e döküldüğünü tahmin ettiği Rhodanus'u izlemiş, sonra da İtalya'nın batı kıyısından aşağı inerek Thrinakia (Sicilya) ile İtalya arasındaki boğazdan geçmiş, Kuzey Afrika'da yoluna bir süre karadan devam ettikten sonra kuzeye yönelip Girit'in doğusundan geçerek İolkos'a varmıştır.

(Solda) Kül-Oba'dan Athena başlı altın pandantif, İÖ yaklaşık 400-350. Karadeniz'de Yunan altın işçiliğinden bir örnek. Yunanlılar'ın bölgenin altın madenleri konusundaki bilgileri Altın Post hikâyesine katkıda bulunmuş olabilir. (Sağda) Argo Symplegades'ten -Çarpışan Kayalar- geçerken. B. Picart, 1730-31.

İASON KUZEY AVRUPA'YA MI GİTTİ?

Dönüş yolculuğunun bir başka senaryosunda Istrus, Tuna değil, Rusya'daki Don Irmağı'dır ve Argo buradan Volga'ya geçmiş, Volga üzerinden Barents Denizi'ne çıkmış, batıya doğru Avrupa kıyılarını izleyerek Cebelitarık Boğazı'na gelmiş, oradan doğuya dönüp Akdeniz'den geçerek İolkos'a dönmüştür. Argo'yu bu yolda karadan millerce yürütmek aşılmaz bir sorun gibi görünse de, burada kahramanlardan ve yarı tanrılardan söz ettiğimiz unutulmamalıdır. Apollonius'un daha mantıklı yolunda bile, Argonotlar teknelerini

Akdeniz'i bulana kadar Libya çöllerinde taşımışlardır.

İASON AMERİKAYA MI GİTTİ?

Henriette Mertz, The Wine Dark Sea (1964) adlı çalışmasında çok daha akıl almaz bir yol önermektedir. Mertz'e göre Kolkhis, Karadeniz'de bir krallık değil, Güney Amerika'da Bolivya'da Titikaka Gölü'nün hemen güneyinde bir prensliktir. Apollonius'un Çarpışan Kayalar tanımı Hertz'e göre doğal bir gelgit olgusunu anlatmaktadır ki, bu Karadeniz'de mümkün olmayıp Küba ile Haiti arasındaki boğazı göstermektedir. Mertz, Argonotlar'ın daha sonra Kuzey Amerika kıyılarına paralel olarak kuzeye yöneldiklerini ve oradan da Yunanistan'a döndüklerini iddia etmektedir.

İASON EFSANESİ: KARAR

Bu spekülasyonları destekleyecek arkeolojik kanıt yoktur. Ne Brezilya'da, hatta ne de Kuzey Avrupa'da eski Yunan eserlerinin bulunduğu arkeolojik alanlar olmadığı gibi, Yunanistan'da da Kuzey Avrupa ya da Yeni Dünya'nın bilinen nesnelerine rastlanılmamıştır. Bir roman yazarının tezgâhında dokunan bütün eserler gibi, burada da gerçek iplikleri varsa da, İason'un hikâyesi bir tarih olarak amaçlanmamıştı. Bu bir kahramanın yolculuğu ve bir gencin erişkinliğe varışının hikâyesidir, bir anı kitabı değildir. Ancak Karadeniz kıyılarındaki Yunan kolonilerinin arkeolojik kanıtları İason'un hikâyesinin Yunanlılar'ın kendi bildikleri dünyanın ucundaki coğrafya bilgilerine dayandığı varsayımını desteklemektedir.

GEMİ VE MÜRETTEBAT

Argo ve Argonotlar Efsanevi gemi Argo (hızlı) elli beş kürekli bir gemiymiş ve onu yapan ustanın adı da Arestor'un oğlu olduğu söylenen Argos imiş. Sefere katılan Argonotlar, Troya Savaşı'ndan önceki kuşaktan kişilerdir. Efsane yazarlarının listeleri birbirini tutmamakla birlikte, İason, usta Argos, dümenci Tiphys, şair Orpheus, İdmon, Amphiaros ve Mapros adlı kâhinler, Borlas'ın oğulları ve Herakles en bilinenleridir.

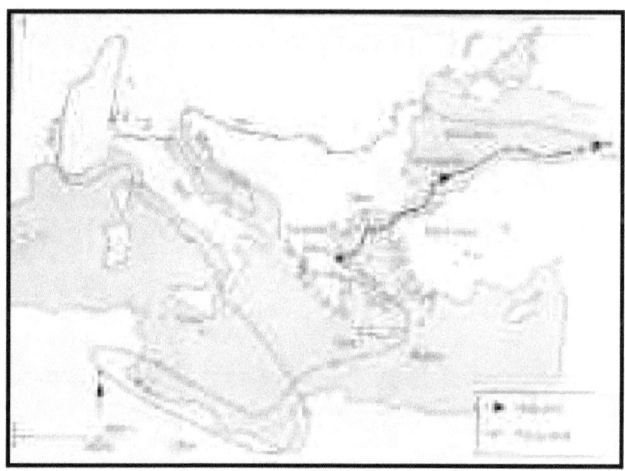

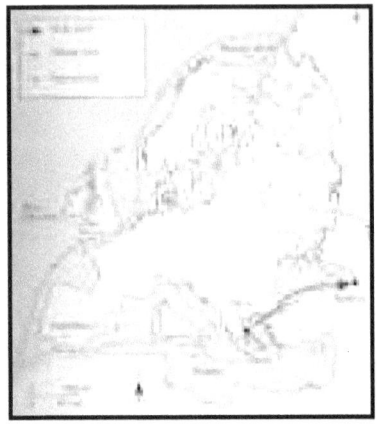 

İason ile Argonotlar'ın inanılırlık sırasına göre muhtemel yolları.1. Rodoslu Apollonius'a göre Karadeniz'in doğu ucundaki Kolkhis'e gidiş yolu doğrudan doğruya ama dönüşü dolaylı. 2. Bu daha hayali yolda dönüş yolculuğunda Argo Kuzey Avrupa, İskandinavya ve Fransa ile İspanya'nın çevresinden dolaşıyor. 3. Henriette Mertz, efsanenin çeşitli versiyonlarındaki nirengi noktalarını yorumlamasına dayanarak, Argonotlar'ın Atlas Okyanusu'nu geçerek Güney Amerika'ya ulaştıklarını iddia ediyor.

* * *

ON YEDİNCİ DERS

ALTINCI EFSANE:

Kızılderili Mitolojisi (Amerika)

Gökteki yıldızlar: Ayının Peşinde!

Avcı, balıkçı, çiftçi gibi, geçimlerinin topraktan ya da denizden sağlayan bütün insanlar hava, yıldızlar ve mevsimlere ilişkin bir şeyler bilmek zorundadır. Her çeşit üretim çabası doğrudan doğruya doğa tarafından yürütülür ve bunlarla uğraşan insanlar bu gerçekleri bilir. Kuzey Amerika Kızılderililerinin büyük törenleri mevsimden mevsime yapılır. Bazı törenler mevsimden mevsime yapılır. Bazı törenler mevsim dönenceleri ve gece-gündüz eşitliği temeline dayanır, diğerleri de gökyüzündeki bazı yıldızlar ya da yıldız kümelerine ilişkindir.

Bazı nedenlerden dolayı, Kuzey Amerika Kızılderilerinin yıldız bilimleri kaybolmuştur. İlk neden törenler için karar verme yetkisinin, yalnızca rahiplerin açıklayabildiği gizli sırlara bağlı kalması, rahiplerin de bu sırları, yalnızca kendilerinden sonra rahip olmak üzere yetiştirdikleri kimselere söylemesidir. İkinci neden ise, Kızılderililerin bildiği birçok burç ve takım yıldızının Avrupa bilgilerinde karşılığının bulunmamasıdır. Üçüncü neden de, Kızılderilileri inceleyip bilgi derleyen kimselerden birçoğunun, kendi kültürlerinin astronomisine ilişkin hiçbir şey bilmeyen, şehirli sade vatandaş olmalarıdır.

Muskuakiler (Sarı toprak insanları), ya da Tilkiler, kendileriyle birlikte olan Saukalarla (Kızıl toprak insanları) birlikte Avrupalıların akınları ve Irokian saldırıları sonucunda daha batıya doğru sürülen ve Algonkian dilini konuşan Kızılderili toplulukları arasındaydılar. Verimliliği ve nehirlere yakın olması nedeniyle, seçtikleri asıl topraklarında Tilkiler kemerli, hasır kaplı çadırlardan ve yazları kullanmak üzere, etrafı mısır tarlalarıyla çevrili, ağaç kabuklarından yapılmış evlerinden oluşan bir köy kurdular.

Mısır ektikleri tepelerin arasına fasulye ve kabak ektiler ve hasat ettikleri ürünleri kurutup kışın kullanmak üzere depoladılar. Başka kabilelerde, özellikle Algoniakan Dili'ni konuşan diğer gruplarda da bu ayıya ve onu avlamaya çalışan avcılara ilişkin, benzer öyküler bulunmaktadır. Bu öykü, "Derler ki, bir zamanlar..." gibi başlayan kalıplaşmış öykü açılışlarının güzel bir örneğidir. Böyle bir başlangıç, anlatılacak olan öykünün içinde, öyküyü anlatan kimsenin kişisel gözlem ve deneyimlerinin bulunmadığı, belirtilmektedir. Bu öyküde, "küçük öykülerden daha çok, büyük destanlarda daha sık kullanan kalıplaşmış öykü kapanışlarının da iyi bir örneği bulunmaktadır." Aşağıda sizlere sunacağım öykü, daha uzun ve büyük bir gerçek oluşum öyküsünün, belki de yalnızca bir parçasıdır ve asıl uzun öykünün diğer parçaları kaybolmuş olabilir.

Derler ki, bir zamanlar, çok eskiden, kışın ilk aylarıymış. Bir gece önce kar yağmış ve bu ilk kar ertesi gün, yerde öylece taptaze duruyomuş. Günün ilk ışıklarıyla birlikte, sabahleyin erkenden üç delikanlı avlanmaya çıkmışlar. Delikanlılardan biri, adı SIKI TUT olan köpeğini yanına almış. Nehir boyunca dolaşıp, küçük koruluklara girmişler ve sonra fundalık, çalılık ve ağaçların daha bodur ama kalın olduğu bir tepenin yamacına gelmişler. Burada çalılıkların arasında dolaşırken genç avcılar bir iz bulmuşlar ve bu izi takip etmeye başlamışlar. İzler onları tepenin yamacındaki bir mağaraya götürmüş. Böylece bir ayı ini bulmuşlar.

"Hangimiz içeri girsin de ayıyı sürüp dışarı çıkarsın?" diye birbirlerine sormuşlar genç avcılar. Sonunda en büyükleri "Ben girerim" demiş, dizlerinin üzerinde emekleyerek ayının inine girmiş ve ayıyı sürüp dışarı çıkarmak için yayıyla onu dürtmeye başlamış.

Bir süre sonra mağaradaki genç, arkadaşlarına "Geliyor. Geliyor..."diye seslenmiş. Ayı kendisini zorlayan avcıdan kurtulmuş ve kendisini mağaranın dışına atmış.

Avcılar da onun peşinden gitmişler. "Bakın!" diye bağırmış en gençleri. "Bakın, ne kadar da hızlı gidiyor. Kuzeye doğru, soğukların geldiği yerlere gidiyor." Genç avcı, ayıyı çevirip diğerlerine doğru sürmek için hayvanın peşinden koşup uzaklaşmış. Ortanca avcı, "Dikkat!" diye bağırmış. "İşte geliyor! Doğuya, öğle zamanının geldiği yere doğru gidiyor. Koşun kardeşler. Gittiği yer işte orası." O ve küçük köpeği de, ayıyı geri çevirmek için olanca hızlarıyla batıya doğru koşmuşlar. Genç avcılar ayıyı kovalarken en büyükleri eğilip söyle bir bakınmış."Oooo!" diye haykırmış. "Altımızda Yeryüzü Büyükannemiz var. Bu ayı bizi gökyüzüne doğru götürüyor. Haydi, kardeşler, çok geç olmadan geri dönelim."

Ama artık çok geç olmuş, gökyüzü ayısı onları çok, çok yükseklere götürmüş. Sonunda avcılar ayıyı yakalayıp öldürmüşler. Akçaağaç ve somak dallarını üst üste yığmış ve bu dal yığınının üstünde de ayıyı parçalara ayırmışlar. Akçaağaç ve somadan sonbaharda kan kırmızısına dönüşmesi iste bu nedenledir. Daha sonra avcılar ayağa kalkıp hep birlikte ayının başını doğu yönüne atmışlar.

Şimdi, kışın, sabahleyin erkenden, tanyeri ağarmadan az önce ufkun hemen altından ayı başını andıran bir takımyıldızı kümesi belirir. Daha sonra da avcılar, ayının omurga ve belkemiğini uzaklara, kuzey yönüne atmışlar. Kış ortasında, gece yarısı eğer kuzey yönüne bakarsanız, orada yıldızlarla şekillenmiş olarak ayının omurga ve belkemiğini görürsünüz. Yılın herhangi bir zamanında gökyüzüne bakacak olursanız, kare şeklini oluşturan dört parlak yıldız ve onların arkasında da üç büyük parlak yıldız ve bir de küçük donuk bir yıldız görürsünüz. Dört yıldızdan oluşan kare, ayı, bunların peşindeki üç yıldız, o üç delikanlı ve belli belirsiz görebildiğiniz o küçük yıldız da SIKI TUT adındaki o küçük köpektir.

Bu sekiz yıldız, gökyüzü boyunca bütün sene birlikte dolaşır durur ve öbür yıldızların yaptığı gibi asla dinlenmeye çekilmezler. Avcılar ayıyı yakalayıncaya kadar, kendileri ve küçük köpek, asla durup dinlenmezler. Öykü de burada biter...

Dil bilimsel metin, William Jones tarafından banda alınmış. Truman Michelsin tarafından çevrilmiş ve gözden geçirilmiştir. Ayrıca Bkz. Boas, Amerika Kızılderilileri Dilleri El kitabı, Bölüm1, Amerikan Etnoloji Bürosu Bülten 40, Washington, D.C. Hükümet Basın Dairesi, 1911.

Kızılderililerde Burçlar ve Şifa Çemberi. Doğanın döngüleriyle iç içe geçmiş bir burç sistemi...

Böğürtlenin Olgunlaşma Dönemi [23 Temmuz - 22 Ağustos]

Bu köşeyi hazırlama amacı, alışılagelmiş burçlardan ve etkilerinden bahsetmek değil tersine doğayı gelişmiş batı medeniyetlerinden çok önceleri anlamış ve ona saygı göstererek yaşamlarını sürdürmüş olan Kızılderililerin "Doğaya Uyum" felsefesini anlamaktır. Bu yazılardan öğrenecekleriniz, Kızılderililerin yazı kullanmadan oluşturdukları takvimleri, ayları, günleri, doğanın insan üzerindeki etkisiyle birlikte rüzgâr ve mevsimlerin değişiminin insan yasamı üzerine etkileridir. Öncelikle "Şifa Çemberi"nin Kızılderililere ne ifade ettiğini ve hayatımızı etkileyen totemlerden ve aylardan bahsedeceğim.

Kızılderililer tüm hayatın bir çember etrafında döndüğünü düşünürlerdi. Onlar bu çembere saygı duyarlar ve onu hatırlamak için günlük hayatlarında sık sık ona başvururlardı. Çadırlarını, kulübelerini daire seklinde inşa edip, kamplarının daire seklinde kurarlardı. Toplantılarında herkes eşit haklara sahip, eşit insanlar olarak bir daire oluşturarak otururdu. Eğlencelerinde, dualarında, ayinlerinde daire şeklinde dans ederler ve yuvarlak davullar çalarlardı. Dans ederken kollarını, ellerini gökyüzüne kaldırarak göğü ve yeri kapsayan daireler çizerlerdi.

Yaşamı doğum – ölüm – yeniden doğumdan oluşan bir çember olarak görürlerdi. Değişik yaşlarda, değişen enerjilerinin akışını sağlamak ve kendilerini geliştirmek için kendi yaşam çemberlerini tanımayı ve saygı duymayı bilirlerdi. Böylece, tüm yaratıkların ve yeryüzünün bir parçası olduğunu biliyorlardı. Bu çemberi anlamak için, hep onun üstünde yüründüğünü düşünmek yeterlidir. Belirli bir noktadan çembere girilir. Bu nokta, insana bazı güçler ve sorumluluklar verir. Bu başlangıç noktası, insanın doğduğu ay tarafından belirlenir. Değişik giriş noktaları değişik kabilelerin etkisi altında gerçekleşir.

Bu kabileler alışılagelmiş aile kabileleri değildir. Bunlar unsur kabileleridir, yalnızca insanın belli doğa unsurlarıyla olan ilişkilerini belirler ve bunlar da durağan değildir. Çemberdeki hareket noktaları, gökyüzündeki Koruyucu Ruhların etkisi altındadır. Şifa Çemberinin özü, devinim ve değişimdir. Bu bilgiyi kazanan insanlar yaşam içindeki hareket alanlarını geliştirmek isteyeceklerdir. Yaşam çemberinde daha da ilerlemek insan doğasının değişik görüntüleriyle tanışmak isteyeceklerdir. İnsan, kendi yaradılışı içinde tüm yönleri taşır, ama bunları hissetmek için çemberdeki değişik noktalardan geçmesi gerekmektedir. Hiç kimse kendi başlangıç noktasını hayatındaki hataları için bir özür olarak gösteremez. Bunun telafisi, çember üzerinde ilerleyerek bilgisini geliştirmekle mümkün olabilir. Bazen, bu bilgi ve güç insanın içinde vardır.

Bazen de insan bu bilgiyi bir hayvanı seyrederek öğrenebilir. İnsan bilgiyi bir taşı, bitkiyi, rüzgârı, varılan tüm varlıkları ve doğayı izleyerek elde edebilir. Kızılderililerin bilgeliği de buradan gelir ve bizim de herkes için çok geç olmadan gözlerimizi yaratıcının bize hayret-engiz gözlerle gözlemlememiz için bir pencere veya dikkatlice okumamız için bir kitap olarak yarattığı doğaya ve onun düzenine dikmemiz gereklidir. Ondan alacağımız çok ders var. Doğduğu ay, insanın Şifa Çemberine giriş noktasını belirler...

Aylar ve Totemler:

Doğduğu ay, insanın Şifa Çemberine giriş noktasını ve madenler – bitkiler – hayvanlar âlemindeki başlangıç totemlerini belirler. Yılın ilk ayı olan "Toprağın Yenilenme Dönemi"nde Güneş Baba, güneyden dönüp gelir ve Toprak Ana ile çocuklarını yeniden canlandırmaya başlar. Bu dönem, 22 Aralık tarihine rastlayan kış – gündönümüne denk gelir. Bu ay, Kuzey'in koruyucusu Waboose'nin ilk ayıdır. Onu "Dinlenme ve Arınma dönemi" ile "Büyük Fırtınalar Dönemi" izler. Waboose'nin bu aylarında, geçmiş yılın gelişimi gözden geçirilir ve gelecek yılın gelişimi için hazırlık yapılır. Bu ayları, Doğu'nun Koruyucu Ruhu Sabun'un ayları izler. Bu üç ay yeni gelişmenin, Güneş Baba'nın toprağı ısıtmasıyla birlikte onları meyveye hazırladığı dönemdir. Sabun'un ilk ayı "Ağaçların Çiçeklenme Dönemi"dir, genellikle 21 Mart'ta gece gündüz eşitliğiyle başlar. Sabun'un diğer ayları ise "Kurbağaların Dönüş Dönemi" ve "Mısır Ekimi Dönemi"dir. Bu aylar toprağın çocuklarının gelişmeye başladığı aydınlanma ve bilgelik aylarıdır.

Daha sonra, Güney'in Koruyucu Ruhu Shawnodese'nin ayları gelir. Bunlar herşeyin hızla geliştiği, toprağın çiçeklendiği ve yeni yılın ilk meyvelerinin göründüğü yıldır. "Bol Güneşli Günler Dönemi" Shawnodese'nin ilk ayıdır. Bu 21 Haziran'da yaz – gündönümünde başlar. Ondan sonra, "Böğürtlenlerin Olgunlaşması" ve "Hasat" ayları gelir. Bu, gelişim ve güven mevsimidir. Bu mevsimde hızlı bir gelişim vardır ve gelecek üzerine düşünmeye zaman yoktur. Sonbahar Batı'nın Koruyucu Ruhu Mudjekeewis'in mevsimidir. Bu mevsimin ilk ayı olan "Yaban Ördekleri Dönemi" ve "Karlı Günler Dönemi" izler. Bu aylarda insan kendini dinler. Bu mevsimde insan içe dönerek geçmiş yılın değerlendirmesini yapıp, yeniden güç toplar ve yenilenme mevsimine hazırlık yapar.

Her ayın madenler, bitkiler ve hayvanlar âleminde belli bir totemi (simgesi) vardır. Başlangıç toteminden insan hem kendisi, hem de yeryüzündeki diğer ilişkileri hakkında birçok şey öğrenebilir. İnsanlar kendilerine yaşam boyu bilgi ve enerji veren totemlerine ilgi ve saygı göstermelidir.

İnsan, başka ayın gölgesinde bulunduğunda o totemin belirli özelliklerini kazanabilir ve yeni şeyler öğrenebilir, tıpkı doğanın her ayrıntısından öğrenebileceği gibi... İnsanlar, aynı ay ve totemden olsalar bile her zaman aynı özellikleri paylaşmazlar. Herkes, çemberi kendi hızında dolaşır. Şifa Çemberinin en önemli özelliği: yola devam etmek ve hiçbir yerde sabit kalmamaktır, yoksa enerji akışı durur ve insan gelişemez...

23 Temmuz-22 Ağustos arasında dünyaya gelen insanların, madenler âlemindeki totemi demir ve gröna'dır. Bu dönemde dünyaya gelen insanların, madenler âlemindeki totemi demir ve

gröna, bitkiler âlemindeki totemi ahududu, hayvanlar âlemindeki totemi mersinbalığıdır. Uğurlu renkleri kırmızı, kabileleri Fırtına Kartalıdır. Değerli taşlardan gröna, oldukça sert, reçine gibi parlayan kristalize bir silikat oluşumudur. Kırmızı, kahverengi, yeşil, sârı, siyah ve beyaz renklerde 6 değişik türü bulunur. Koyu kırmızı ve eflatun renklerdeki almandın, altın sârısı ve kırmızımtırak sârı renk veren grosalar, koyu kırmızıdan siyaha kadar değişen pir op ve genellikle kırmızı veya kahverengi tonlarda spesartindir. Şarap kırmızısı, sârı, yeşil ya da siyah renkte olan demir – grönasına aplom veya melanit, cam parlaklığında ve açık yeşil renkteki krom – grönasına uvarovit denir. Gröna kübik kristal şeklindedir. Genellikle kireçtaşı, serpantin, peridot ve granitle çeşitli kristal bileşimi oluşturur. Grönaya bu minerallerin bulunduğu yerlerin yakınındaki ırmak yataklarında rastlanabilir. Karınca yuvalarının yakınında da bu taşa çok sık rastlanır, çünkü karıncalar grönaya soğukluk duyarlar ve gördükleri her yerde onu hemen yeryüzüne çıkarıp atarlar. Mersinbalığı – İnsanlarının uğurlu renkleri kırmızı olduğu için, grönanın kırmızıya çalan renkleriyle bu ay arasında özel bir ilişki kurulur. Kar neon gibi grönanın da yürek ve kanla ilişkisi olduğuna inanılır. Eskiden gröna parçacıklarından oluşan bir muska taşındığı zaman, bunun kalp hastalıklarına iyi geleceği söylenir, üzerine aslan işlenmiş grönanın insanı tehlikelerden koruyacağına, iyi ve saygın bir yaşam sağlayacağına inanılırdı. Bazı halklar da grönadan yapılacak bir kurşunun düşmanı yüreğinden vuracağı ve bu taşın cinsel gücü dengede tutacağına inanılırdı. Mersinbalığı – İnsanlarının ikinci totemi dünyanın en sert madenlerinden olan demirdir.

Demir aracılığıyla insanlık teknoloji çağının eşiğine gelmeyi başarmıştır. Keltler, demir çağının gelmesiyle perilerin ve büyülü varlıkların insanlara sırt çevirdiğini (yani görünmezliğe çekildiklerini) söylerler. Demir, başka madenlerle kolayca bileşim sağlar ve değerli taşlara kırmızı bir ton verir. Mersinbalığı – İnsanlarına tıpkı madenleri gibi, çok çeşitli ve değişik görünümlerde rastlanabilir, ama hepsinin kolayca fark edilebilecek ortak özellikleri vardır.

Mersinbalığı -İnsanları genellikle iyi yürekli, duyarlı kişiler olarak dikkat çekerler. Eğer içlerinde bulunan dostça duygulara kulak verirlerse dengeli ve mutlu kişiler olurlar. Kalplerinin sesini duyabildikleri sürece, sezgili ve keskin görüşlü kişilerdir. Bu yetenekleriyle kendilerini ve dostlarını gelebilecek tehlikelerden önceden koruyabilirler. Grönanın da böyle bir özellik taşıdığı söylenir. Bu kişiler, güçlü sezgileri ile öyle sözler söylerler ki, söyledikleri şeyler dostlarının ve düşmanlarının ta yüreğine işler.

Mersinbalığı – İnsanları iyi birer dost oldukları gibi sakınılması gereken birer düşmandırlar. Yanlışlıkları fark ettikleri zaman tüm güçleriyle harekete geçer ve gerçekten yıkıcı şeyler yapabilirler. İç dengeleri yerinde değilse, kendilerine karşı da dikkatli olmalıdırlar. Bu güç beklenmedik öyle anlarda ortaya çıkabilir ki, sonunda kendilerinin de zarar göreceği sonuçlar doğurabilir. Mersinbalığı - İnsanlarının soylu, büyük bir düşünüş ve davranış biçimleri vardır. Bu özelliklerinden dolayı topluluk içersinde diğer insanlardan kolayca ayırt edilebilirler. Bu insanlar çekicilikleri ve karizmalarıyla çevrelerinde cinsel etkiye neden olurlar, cinsel enerjilerinin güçlü olduğu söylenir. Maden totemleri grönadan bu enerjilerini dengede tutmayı öğrenmelidirler. Bu ayda doğan insanlar, totemleri gibi çok yönlü ve faydalı kişilerdir. Sorunların üstüne giden bir karakterleri vardır. En korkulu yollara bile yönelmekten hiç çekinmezler. Altından kalkılamayacak bir iş, kimsenin üstüne almak istemeyeceği zorlukta bir iş varsa bunların üstesinden gelmek için öne atılacak kişi kesinlikle Mersinbalığı – İnsanlarıdır. Çok cesurdurlar ve bu özelliklerini her fırsatta kanıtlamaya hazırdırlar. Bu çok yönlü kişilikleriyle iş yaşamında, kültür ve düşün yaşamının çeşitli kollarında oldukça başarılı olabilirler. Tek yapmaları gereken işi inanarak yapmalarıdır, o zaman üstesinden gelemeyecekleri hiçbir iş yoktur.

Bu insanların demir toteminden gelen doğuştan bir sertlikleri vardır, bu sertlik hayatta kazandıkları tecrübelerle daha da kuvvetlenir. Bu madenle olan ilişkileri kalp ve kanla olan ilişkilerini güçlendirir. Bu burcun insanlarının bitkiler âlemindeki totemleri, çilekgillerin bir üyesi olan ahdududur. Aslında çilek türü bir yemiş değildir, 20 kadar içi özsuyu dolu tomurcuğun birleşmesiyle oluşur. Mayıs ayında beyaz çiçekler açar, haziran veya temmuzda meyve verir.

Ahududu yapraklarının vücutta iyileştirici arındırıcı bir etkisi vardır. Eskiden safrakesesi, böbrek taşlarını düşürmek için kullanılırmış. Ahududu kökünde tanen özü bulunduğu için antibiyotik etkisi vardır. Ahududu dallarından hazırlanan bir çay soğuk algınlığına, gribe, nefes darlığına da iyi gelir ve kan şekerini ayarlayıp düzene sokar. Mersinbalığı -İnsanlarının topluluk içinde fark edilebilme ve sevilen kişi olma özellikleri, bitki totemlerinin etkisiyle daha da güçlenir. Bu insanlardaki neşe ve pozitif enerjiden dolayı diğer insanlar onlarla yakınlaşmak isterler fakat bu burcun insanları her zaman göründükleri gibi değildirler.

Mersinbalığı -İnsanlarının dışarı gösterdikleri ile iç dünyalarında yaşadıkları apayrıdır. Bundan dolayı, buradaki bazı insanlar ilk karşılaşmada saldırgan ve hırçın gözükebilirler oysa, bu onların yumuşak ve kırılgan duygu âlemlerini korumak için kullandıkları bir kalkandır. Bazıları ise, oldukça sıcakkanlı ve uysal gözükürler oysa, onlara yaklaştıkça diken tarlasına girmiş gibi olursunuz. Bu özellikleri tipik karakterlerini ortaya koyar: içlerinde kopan duygu fırtınalarını dışardaki insanlardan saklayabilme yeteneği. Çoğu zaman iç dünyalarına ulaşmaya çalışan insanları engellemek için dikenlerini acımasızca çıkartmaktan geri kalmazlar. Bu burcun insanları çok duygusal kişilerdir. Başkalarının duyguları üzerinde kuvvetli bir etki yarattıkları gibi, kendileri de başkalarının duygularından kolayca etkilenebilirler. Çok kırılgandırlar, fakat dışarı karşı oluşturdukları kalkanı öyle iyi tasarlamışlardır ki, herşeye rağmen dışardan en küçük bir çatlak görünemez. Aynı kırılganlıkları gibi, acılarını da çok büyük ustalıkla saklarlar. Fakat kendilerine verilen acıları asla unutmazlar ve içten içe intikam planları kurarlar.

Mersinbalığı -İnsanları çevrelerine huzurlu bir hava yayarlar ve bu sayede diğer insanların kendilerini toparlamalarına yardımcı olurlar. Dostça ve biraz alaycı tutumlarıyla, diğer insanların katı düşüncelerini kırarak duygu dünyalarında yumuşak bir etki bırakırlar. Bu burcun insanları Shawnodese'nin ikinci ayı olan "Böğürtlenlerin Olgunlaşma Dönemi"nde dünyaya geldikleri için oldukça sıcakkanlı insanlardır. İçlerinde bulunan güven duygusu bu özelliklerini güçlendirir. Fırtına Kartalı kabilesinden oldukları için çevrelerine sıcak ve güçlü bir etki yayarlar, enerjileri coşkundur, aynı anda birçok işle uğraşabilirler. Fakat, bu kabileyle olan bağları aynı zamanda kendilerini gereksiz yere tüketmemeleri, sağlıklarını ve enerjilerini tehlikeye atmamaları konusunda bir uyarıdır.

Mersinbalığı-İnsanlarının uğurlu rengi ve ayni zamanda ahududu ve grena tasının rengi olan kırmızıdır. Bu renk büyük bir fiziksel enerjinin, yasamla dolup tasmanın ve doğal güçlerin simgesidir. Kalbin ve kanın kırmızı rengi, bu burcun insanlarının bunlarla olan ilişkisinin bir göstergesidir. Bu burcun insanları eğer renklerini, varlıklarının gelişmemiş yönlerinde göstermeye kalkarlarsa, bu kırmızı, hesapsızlığın, gururun, açgözlülüğün, hırsın ve kendini beğenmişliğin simgesi olur. Bu renk bu burcun insanlarına hem güç hem de bir uyarıdır. Ne yazık ki dinginlik doğal yapılarında yoktur ve bu geliştirmeleri ve öğrenmeleri gereken bir şeydir.

"Böğürtlenlerin Olgunlaşma Dönemi"nde dünyaya gelenlerin hayvan totemi, balıklar dünyasının kralı sayılan mersinbalığıdır. Mersinbalığı dinozorların yeryüzünden kaybolmaya başladığı çağlardan beri yasayan çok eski bir balıktır. Bulunduğu yere ve türe göre çok değişik büyüklüklerde olabilir. En büyükleri 4 metre uzunluğunda ve 150 kilo ağırlığındadır. Mersinbalığının hortum benzeri uzun bir ağzı vardır ve ağzının iki yanında 4 duyargası vardır. Kuyruklarındaki çatalın üst kısmı büyük, alttaki küçüktür.

İskeleti neredeyse tamamen kıkırdaktan oluşur. Mersinbalığı, eskiden büyük göllerin yakınında yasayan Kızılderililer tarafından "Balıkların Kralı" olarak adlandırılırdı. Hiawatha'ya bir ölüm – kalım savaşı verdiren de bir mersinbalığıydı. Longfellow "Hiawatha Destanı"nda bu balığın başarılarını, cesaretini kuşaktan kuşağa anlatılacak şekilde ölümsüzleştirmiştir. Kızılderililer mersinbalığına büyük saygı beslerlerdi. Ojibwa soyunda, bir Mersinbalığı kabilesi vardır ve öncü kabilelerden sayılır. Ojibwalar için mersinbalığı ruhsal derinliğin ve gücün simgesiydi.

Ne yazık ki, Avrupalılar herşeyde olduğu gibi bu balığa da Kızılderililer kadar saygı göstermediler. Önceleri sık ağlarına takıldığı için bu balığı bir baş belası olarak görüyorlardı, daha sonraları etinin ve yumurtası olan havyarın lezzetini anladıktan sonra neredeyse soylarını tükettiler. Günümüzde mersinbalığına eskisi kadar sık rastlanmıyor.

Hayvan totemleri gibi Mersinbalığı – İnsanları da bulundukları her suda egemenlik kurmak isterler. Doğal güçleriyle zorluk çekmeden bunu başarırlar. Sanki lider olarak dünyaya gelmiş kişilerdir ve enerjileri düzenli aktığı sürece, haksever, iyi niyetli birer yönetici olabilirler. Yasamla uyum sağladıkları sürece, içlerinde tükenmez bir güç kaynağı ve ruhsal derinlik yatar. Ancak, başka insanlar üzerinde egemenlik kurmaktan zevk alan kötü bir yönlerinin olduğunu unutmamak gerekir, çok havalı ve herkese yukardan bakan bir tavırla davranmaktan hiç çekinmezler.

Mersinbalığı gibi, bu insanlar da çok sağlam bir korunma zırhı taşırlar. Yönetici durumda oldukları zaman, bu zırha gereksinimleri vardır, ancak insanlar arasındaki ilişkilerinde bu zırhı atmasını bilmelidirler. Bunu öğrenmezlerse, çok kendini beğenmiş kişiler olurlar ve varlıklarını geliştirecek insani duygulardan yoksun kalırlar. Bu zırhı kendileri çıkartmaları gerekir, çünkü zırhları başkalarının duygusal darbelerle bile parçalayamayacakları kadar sağlamdır.

Bu burcun insanlarının cinsel enerjilerini doğru ve mantıklı bir biçimde kullanacak olgunluğa erişmeleri için, yılların geçmesi gerekmektedir. Bu noktaya gelmeden önce, yaşam güçlerini cinselliklerini yanlış bir şekilde kullandıkları olur. Bu da, çözülmesi gereken önemli bir sorundur, çünkü Mersinbalığı – İnsanları yaşam güçleriyle cinsel güçlerini birbirine karıştırmaya, bu iki enerjiyi de kötü biçimde kullanmaya eğilimlidir. Bu tür bir davranış, sonunda önceden görünmeyen bir yıkıntı ve çözülme dönemini getirir. Mersinbalığı -İnsanları sevgi dolu yürekleri ve sevecenlikleriyle iyi birer ana – babadırlar, ancak çocuklarını denetleyip sınırlayarak, onlara gelişebilmeleri için yeterli özgürlüğü tanımamak eğilimindedirler. Onun için, mersinbalığı çocuklarının öğrenmesi gereken şeyi bu burcun yetişkinlerinin de öğrenmesi gerekir.

Mersinbalığı -İnsanları zaten bir süre sonra ana – baba olarak kendilerinin de sürekli sınırlanmasından sıkılıp yorulurlar. Mersinbalığı – İnsanları çocuklarının korunması konusunda gerçek birer sanatçı gibidirler ve en küçük bir tehlikeye karşı onların haklarını sonuna kadar korurlar. Ancak, bu davranış zaman zaman çocuklarının cesaretinin ve kendilerine güvenlerinin gelişmesine zarar verebilir. Diğer insanlar, Şifa Çemberinde bu bölgeden geçerken içlerindeki yaşam gücünün çok hızlı aktığını görürler. Kendi cesaretlerinin ve güçlerinin derinliğini kavrar ve o sırada uğraştıkları işlerde önderliği ele almayı deneyebilirler. Aynı zamanda, bu dönemde içlerinde uyanan derin duyguları ve cinsel güçleri de deneyip bunları dengelemeyi öğrenebilir. Mersinbalığı -İnsanları, susamuru – İnsanlarıyla bütünleşirler. En iyi anlaştıkları burçlar, kendi kabilelerinden olan Aladoğan ve Wapiti – insanlarıdır. Kelebek kabilesinden olan Karga ve Geyik – İnsanlarıyla iyi anlaşırlar.

* * *

ON SEKİZİNCİ DERS

YEDİNCİ EFSANE:

Theseus ve Minotauros

(Batı Avrupa, Eski Yunan-Makedonya Efsanesi)

Böylece Minos, utancını gizlemek için canavarı bir hapishanede saklamaya karar verdi ve büyük yetenek sahibi ünlü mimar Daedalos'un çizimiyle bir yer yaptı. Bu hapishane gözleri aldatan labirent geçitleriyle...
OVİDİUS, 1. YÜZYIL

Theseus ve Minotauros hikâyesinin (ki, bazı bölümleri İÖ 6. yüzyıl sonralarına kadar izlenebilir) İÖ 2. yüzyıl kaynağı Atinalı Apollodoros'a göre Theseus, Atina'nın eski bir kralıydı. Babası ölümlü kral Aigeus ise de, "biyolojik babası"nın Tanrı Poseidon olduğu iddia edilmiştir. Theseus'un hikâyesinin ana konusu bir gencin çeşitli güçlüklerle başederek ergenliğe erişmesidir. Yunan mitolojisinde çok rastlanıldığı üzere erkekliğe giden yol gurur, ironi ve hüzünle kaplıdır. Ancak bu hikâyenin başka bir tarihsel gerçeği var mıdır?

Theseus'un Troizen köyünde doğumundan sonra Aigeus, yeğenleri Pallasoğulları'nın intikamından korktuğu için çocuğunu Atina'ya götürmemişti. Troizen'den ayrılırken, büyük bir kayanın altına kılıcını ve sandaletlerini gizlemiş ve karısı Aithra'ya çocuğu bu nesneleri kayanın altından tek başına çıkartacak kadar büyüyene ve güçlenene kadar köyde tutmasını söylemişti. Ancak bu işi başardıktan sonra, Theseus'un Atina'ya babasının yanına gitmeye izni olacaktı. Theseus on altı yaşına geldiğinde güçlü kuvvetli bir delikanlı oldu. Annesi Aithra da onu kayanın yanına götürdü. Delikanlı kayayı kolayca kaldırıp babasının eşyalarını aldı. Bu görevi başardıktan sonra aldığı talimat uyarınca, Atina'ya gitmeye karar verdi. Aithra onun deniz yoluyla gitmesini istiyorsa da, Theseus haydutlar, yolkesenler ve vahşi hayvanlarla dolu tehlikeli kara yolunu seçti.

Beklenildiği gibi yol boyunca pek çok tehlikeyle karşılaştı ve hepsinin üstesinden geldi. Büyük gücünü ve kurnazlığını kullanan Theseus, başka kahramanlıkların yanı sıra Periphates'i öldürüp onun gürzünü elinden aldı, eşkıya Skiron'u yenerek denize attı, kötü yürekli Prokrustes'i öldürdü, "Crommion'un vahşi dişi domuzu"nu imha etti.

(Üstte) Theseus, Minotauros'a bu göz kamaştırıcı labirentin ortasında öldürücü darbeyi vurmaya hazırlanıyor. Salzburg yakınlarında bir Roma villasından mozaik, 400 yılları civarı. (Altta) İÖ yaklaşık 500-413 yıllarına ait Knossos'tan gümüş bir sikkede koşan Minatauros, efsane ile süregelen ilişkiyi gösteriyor.

ATİNA'NIN KAN BEDELİ: MİNOTAUROS'U BESLEMEK

Theseus, Atina'ya geldiğinde ülkesine çöken büyük bir felaketle karşılaştı. Uzun yıllar önce -Apollodoros, Troya Savaşı'ndan üç kuşak önce der- Girit Kralı Minos'un oğlu Androgeas, Atina'ya karşı bir savaşta öldürülmüştü. Kral Minos öfkesi ve yası için kan parası istedi ve Atinalılar da Girit'le daha büyük bir çatışmaya girmemek için bunu kabul ettiler. Her yıl (efsanenin bazı anlatımlarında dokuz yılda bir kere) Atinalı yedi genç erkek ve yedi genç kız Girit'e götürülecekler ve burada yarı insan yarı boğa Minotauros'a yem olmak üzere verilecekler ve o da onları Labyrenthos (labirent) hapishanesinde öldürecekti.

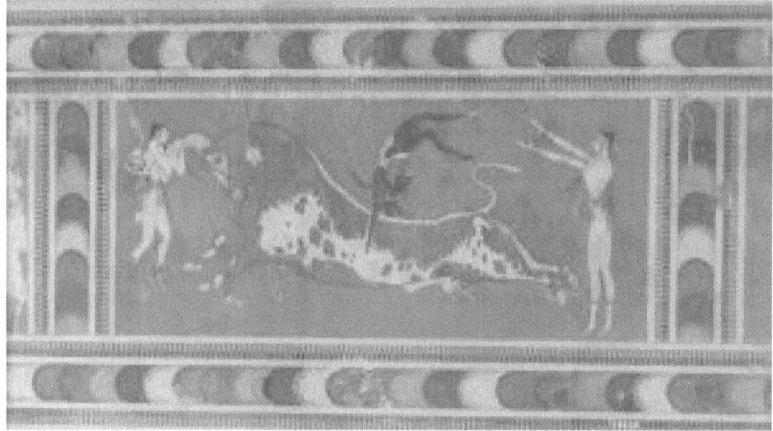

Knossos Sarayı'ndaki bu duvar resminde bir törende genç cambazlar ve saldıran boğa. Bu tür uygulamalar Atina gençlerinin Minotauros'a kurban edilmeleri hikâyesinin temeli olabilir mi?

Minotauros'un kökeni Kral Minos'un tanrıları kandırma boş çabasına kadar izlenebilir. Minos, tanrılara kurban edeceği kusursuz bir boğa için dua etmiş, Poseidon da buna razı gelmişti. Boğa o kadar muhteşem bir hayvandı ki, Minos onu kendine saklayıp daha az kusursuz bir hayvan kurban etmeye karar verdi. Poseidon, Minos'un yaptığı işi anlayarak ona bir ceza verdi. Öfkeli Tanrı'nın Minos'un karısı Pasiphae'ye yaptığı büyü nedeniyle kadın tanrısal boğaya âşık oldu. Boğayla birleşmesi sonrası hamile kalıp Minotauros'u doğurdu. Minos ünlü mimar Daedalos'a Minotauros'un hapsedileceği karmaşık bir Labyrenthos inşa ettirdi ve böylece Girit halkı bu yarı insan yarı boğa yaratığın tahribatından korunmuş oldu.

Theseus Atina'ya vardığında, son kurban grubu kendilerini Girit'e ve ölümlerine götürecek olan kara yelkenli gemiye binmek üzereydi. Theseus, Minotauros'u yenip bu korkunç kurban işine son vereceğine inanarak seçilmişlerden birinin yerine geçmek istedi. Kral Aigeus oğlunu vazgeçirmeye çalıştı ama sonunda bir şartla isteğini kabul etti: Theseus, Minotauros'u öldürüp Labyrenthos'tan kurtulabilirse, Girit gemisiyle muzaffer olarak Atina'ya dönerken babasının başardığını anlaması için kara yelkenler yerine beyaz yelkenler takacaktı.

Theseus ile diğerleri Girit'e varınca Labyrenthos'a götürüldüler. Kral Minos ile Pasiphae'nin kızı kurnaz Ariadne, Theseus'u görür görmez ona âşık oldu ve Labyrenthos'ta kaybolmasını önlemek için basit bir strateji geliştirdi. Theseus uyumakta olan Minotauros'a erişinceye kadar kızın verdiği ipek iplik yumağını boşalttı. Minotauros uyandı ve çok şiddetli bir mücadeleden sonra Theseus canavarı öldürdü. Sonra ipi izleyerek kapıya ulaştı ve Atina'ya döndü. Ancak ne yazık ki yelkenleri değiştirmeyi unutmuştu. Aigeus kara yelkenleri görünce, oğlunun öldüğünü düşündü ve acısından yüksek bir yardan denize atlayarak hayatına son verdi.

THESEUS VE MİNOTAUROS: GERÇEK PAYI VAR MI?

Girit'teki bu efsane konusunda herhangi bir arkeolojik kanıt var mıdır? Yarı insan yarı boğa yaratığı bir kenara bırakırsak, Apollodoros'un Girit'te Kral Minos'tan söz etmesinin ilginç olduğunu görürüz. Girit'te Knossos'ta 1900 yılında Sir Arthur Evans'ın başlattığı arkeolojik kazılar daha önce bilinmeyen bir uygarlığın varlığını ortaya çıkarmıştır.

(Üstte) Genelde kalpsiz bir canavar olarak resmedilmesine rağmen G. F. Watts'ın Minotauros'u burada hüzünlü görünmektedir. (Altta) Theseus, Minotauros'u öldürdükten sonra cansız gövdesi üzerinde dinleniyor. Antonio Canova'nın heykeli, 1781-83.

Evans buna Kral Minos'un adıyla Minos uygarlığı adını vermiş ve doruk noktasına İÖ 50 ile 1420 arasında eriştiğini saptamıştır. Eski Giritliler'in boğaların önemli rol oynadığı bir dinleri vardı. Knossos'ta çok büyük bir Minos sarayındaki bir freskte, bir dini tören olabilecek bir sahnede cambazlar bir boğanın üzerinde takla atmaktadırlar. Sarayın duvarları kireçtaşından stilize edilmiş büyük boğa boynuzlarıyla süslüdür. Sarayda bulunmuş tören kapları boğa başı biçiminde yapılmıştır. Knossos Sarayı'nın planı da 20 bin metrekareye yayılmış yüzlerce, belki de bin odalı bir labirent görünümündedir. Bu gerçek bir labirent olup, insanlar tapınak ile Minotauros'un Labyrenthos'u arasındaki ilişkiyi çok eskiden beri kurmuşlardı. İÖ 500 yılında, tapınak çoktan terk edilmiş olduğu sırada Giritliler, bir yüzünde Minotauros bir yüzünde bir labirent olan paralar basmışlardı.

Bu nedenle Theseus ve Minotauros efsanesinin, efsane dürbünüyle bakılan gerçek bir tarih olayını taşıdığı düşünülebilir. Hikâye Yunanlılar'ın Minos uygarlığına tabi olduğu bir dönemi yansıtıyor olabilir ve Minotauros'un Labyrenthos'u da, Knossos'taki kazılar sonrası ortaya çıkan Tunç Çağı saray-tapınağının karmaşık oda düzeninin mitolojik yorumu olabilir. Araştırmacılar Rodney Castleden ve J. Lesley Fitton, Theseus'un Minotauros'u öldürüp, Yunanlılar'ın Minoslular'a ödedikleri korkunç kan parasına son vermelerinin, Yunan uygarlığının yükselerek Minoslular'ın Tunç Çağı boyunduruğundan kurtulmalarının efsanevi bir mecazı olduğunu iddia etmektedirler.

Girit dönüşü Theseus'un kral oluşu, tanrıça Athena şerefine Panathencia, Poseidon şerefine de İsthos şenliklerini düzenlemesi, halkın çıkarlarını gözeten, zenginlerle soyluların ayrıcalıklarını kısıtlayan toplumsal yasalar çıkarması, bir yanda çeşitli yiğitliklerini sürdürmesi, hatta arkadaşı Lapith kralı Peirithos'la birlikte Argonautlar'ın seferlerine katılması, Kalydon avına gitmesi, Oidipus'u Attika'ya kabul edip rahatça ölmesini sağlaması başka efsanevi özelliklerindendir.

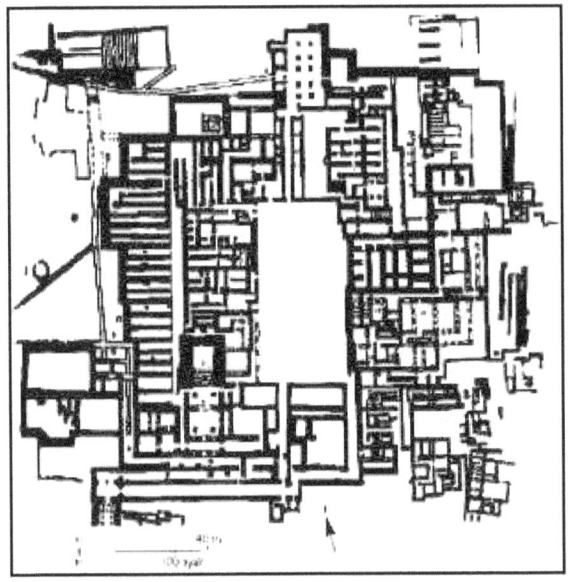

(Üstte) Knossos'tan boğa başlı törensel sıvı kabı. Minoslular'ın sanatında sık sık boğa simgelerine rastlanılması bunların büyük dini önemlerine işaret etmektedir. Yunanlılar'ın yarı insan yarı boğa Minotauros efsanesinin kaynağı bu olabilir. (Altta) Knossos Sarayının planı: Merkezdeki büyük bir avlu çevresinde koridorlardan ve odalardan oluşan bir labirent.

* * *

ON DOKUZUNCU DERS

SEKİZİNCİ EFSANE:

Yaşam İksiri Üzerine Bir Hikaye

(Hindistan, Güney Asya Efsanesi)

Yaşam İksiri

1571 yılında bir gün, kısa süre önce Hindistan kıyılarındaki Goa'ya ulaşmış olan Portekizli bir tüccar, çarşıda amaçsızca dolaşırken, bulunduğu bölgenin valisiyle olan tüm işlerini tamamlamış ve gemisinin demir almasını bekliyordu. Şimdiye kadar seyahati oldukça karlı geçmiş; bir Malezyalı tüccardan aldığı karanfil, küçük hindistan cevizi ve karabiberden oluşan kargosunu almadan önce tüm malzemelerini satabilmişti. Bu aldıklarını Lizbon'a geri döndüğünde büyük bir kârla satmayı umuyordu. Gemisi bir ya da birkaç günden önce demir almayacağından, tüccar antika değeri olan eşyalar bulmak umuduyla yöresel pazarda biraz zaman geçirmeye karar verdi. Derken nasıl olduysa kendini, kitapları bambudan yapılmış ince levhalar üzerine yazılmış ve her levhanın ortasından geçen bir parça iplik ile birbirine tutturulduğu kitap dükkanına benzeyen bir yerde buldu.

Satıcı, pagan metni olduğunu reddettiği ve kısmen resimlendirilmiş olan Mahabharata'dan bir hikaye ile onun ilgisini çekmeye çalıştı. Birkaç farklı belgeye daha baktıktan sonra, tüccarın gözü, üzerinde pagan metinleri arasına dağıtılmış birkaç küçük fil resmi bulunan bir bambu kitaba takıldı. Satıcıya bu kitabın konusunun ne olduğunu sordu. Satıcı 'Filler efendim; ve elbette sonsuz yaşamın sırrı' diye cevapladı sakin bir tonla.

Merakı daha da artan tüccar toplam iki *Venedik Dükası'na (*Venediklilerin altın sikkeleri, ÇN) bu belgeyi almayı kabul etti. Ancak bir şartla; satıcı, tüccarın gemisi Lizbon'a gitmek üzere limandan ayrılmadan önce kitabı Portekizceye çevirecek bir çevirmen bulacaktı. Tüccar bu belgeyi bu fuar şehrinin antika meraklılarından birine satmayı planladığından, kitabın konusunun Portekizceye çevrilerek muhtemel alıcısı için anlaşılır bir hale getirilmesi faydalı olacaktı. Bu sırada kitap satıcısı günün ilk ışıklarında tüccarın kaldığı hana, gerekli çevirileri yapmak üzere Portekiz diline aşinalığı olan bir bilgin göndermeye ikna oldu. 'Gelirken parşömen ve yeterli miktarda kalem ucu getirmeyi unutmasın' diye ekledi tüccar, satıcıya iki Venedik Dukasını uzatırken.

Ertesi sabah bilgin tüccarın kaldığı hana gitti. Kısa bir süre sonra tüccar, arkasında liman manzarası olan açık pencerenin önüne oturmuş, kalem uçları masanın üzerinde hazır bekliyordu. Kalem uçları, özenle taranmış tüyleri ile yelkenleri direklerine sarılı yüzen gemilere o kadar çok benziyordu ki... Bilgin sabırla ve arasıra da kuvvetli olmayan Portekizcesinin elverdiği ölçüde, tüccarın teşviğiyle "Fil Üzerine İnceleme"nin oldukça iyi bir kopyasını çıkarabilmişti.

Fil, dört ayaklı hayvanların en büyüğüdür. Bacaklarının alt kısmında ayak bilekleri ve ayaklarında beş tane ayrık olmayan ayak parmağı vardır. Burnu ya da hortumu çok uzundur ve fevkalade kıvrımlı bir forma sahiptir, öyle ki hortumunu tıpkı insanları ellerini kullandığı gibi kullanabilmektedir. Hortumunu ağzına götürerek beslenebilmekte ve bir şeyler içebilmektedir. Onunla bakıcısını sırtına kaldırabilmekte ve ağaçları köklerinden sökebilmektedir.

Ağzının her iki yanında, iki büyük fildişinin yanı sıra yemeğini çiğneyebileceği dörder tane dişi bulunmaktadır. Erkek fillerin fildişleri dişilerinkinden daha büyüktür. Dişiyle çiftleştikten sonra, ona bir daha asla dokunmadığı söylenmektedir. Erkek filler 120 yıl ve daha fazla yaşamaktadırlar. Bu sure dişilerinkinden üç kat fazladır. Nehirleri çok sever, soğuktan nefret ederler ve asla eşlerinden başkasıyla çiftleşmezler.

Eğer dışarıdan biriyle karşılaşırlarsa, derhal onun önüne geçer ve evin yolunu gösterirler. Savaşlarda cesur olsalar da, yaralanmış olanlara büyük saygı gösterirler ve onu sırtlarında taşıyarak savaş alanından uzaklaştırırlar. Arpa suyu ile evcilleştirilebilecekleri söylenmektedir.

Bilgin tüm gün ve gece çalıştı. Farklı türlerdeki filleri, ortalama boylarını ve renklerini, derileri, kulakları ve çok değerli fildişleri gibi detayları not etti. Gün ağardığında, yorgunluktan bitap düşmüş olsa da, parşömen üzerindeki her kelimeyi sanki yüksek sanatsal değeri olan bir nakış gibi, dikkatle işliyordu.

Filler, kanları soğuk olduğu için onu içmeyi isteyen ejderhalar ile sürekli bir savaş içindedirler. Bir fili yakalamak için ejderha pusuya yatmalı ve onlardan birinin geçmesini beklemelidir. Çok uzun olan kuyruğunun yardımıyla, filin kalınlaşmış deriden oluşan arka ayaklarını çevreler ve onu olduğu yere hapseder. Sonra ejderha ateş püskürten kafasını filin hortumuna zorla sokar ve hayvanın kanını emerek bayılmasına sebep olur. Fil yere düşer, düşerken ejderhayı da ezer. Ejderhanın gövdesi yarılır ve hem filin kanı hem de Ejderhanın kanı toprağa dökülür. Böylelikle filin soğuk kanı ejderhanın sıcak kanı ile karışır ve "*zincifre" (*simyada insanın mükemmelleşme potansiyelinin sembolü, Ç.N.) ya da "ejder kanı"nı meydana getirir.

Bu, eski zaman bilgelerine göre 'Ölümsüz Hayatın Kutsal İksiri'nden' başka bir şey değildir. Ejderha'nın kanından bir yudum alma, insana yaşın çok az önem arz ettiği bir düzeye erişme umuduyla ölümü arama uğraşlarından vazgeçme cesareti bahşedecektir. Fillerin ölümsüzlüğüne kavuşan biri, ki bu zincifrenin eterik nefesinden başka bir şey değildir, kendini sonsuza dek bu nazik hayvanlara borçlu hissedecektir.

Bilgin işini tamamladığında, daha sabahın erken saatleri olduğu halde, ona sanki bir asır geçmiş gibi gelmişti. Sabahın erken saatlerinde uykuya dalan ve daha ancak uyanan yorgun tüccar için 'Ejder Kanı'nın' gücüne ait bu olağanüstü durumun ortaya çıkması büyük bir sürpriz olmuştu. Çok açıktı ki bu kadim pagan metni, okült bilginin zengin damarlarından biriyle bağlantı kuruyordu. Tüccar, kazanç sağlamak amacıyla yola çıkmış olsa da, artık ebedi yaşamın sırrının koruyucusu haline geldiğini fark etti bir anda. 'Böyle bir şeyi nasıl satarım' dedi kendi kendine. Birkaç altın uğruna ebedi yaşamın sırrını Lizbon'daki bir antika meraklısına nasıl satardı? Bu doğru gelmiyordu.

'Farkına vardın,' dedi bilgin, son kalem ucunu yere koyup kanlanmış gözlerini ovarken, 'bu belge bundan sonra dünya için hem bir tehlike hem de bir *ifşaattır. (*açığa vurma, Ç.N.) Şu bir gerçektir ki, uzun yıllar boyunca kenara atılmış ve öylece duran bir kitap içerisinden çıkan bazı kelimeler bir yandan zehirlerini akıtırken, bir yandan da iyileştirici özellikleri açığa çıkmaktadır. Şimdi biliyoruz ki, filler bilge varlıklardır ve ebedi yaşamın sırlarını taşımaktadırlar. Bu yüzden bizler onların bilgeliklerinden payını alabilmek için kanlarını emen ejderhalar olmuyor muyuz?'

Bilginin bilmece gibi konuştuğuna inanan tüccar, buna rağmen onu onayladığını gösterir şekilde başını salladı. Ejderha Kanı'ndan "*zincifre*"; yani ebedi yaşam için fil kanından beslenen mistik yaratıklar olarak bahsedilmesi gibi ifadeler tüccara doğunun ünlendiği fantastik kavramlara ait gibi geldi. 'Dünya gerçekle fanteziyi karıştırmadan da yoluna devam edebilir' diye karar verdi kendi kendine. Ancak bilgin ona usulüne uygun olarak kelimelerle kaplı bir deste parşömen sayfasını takdim edip, başını öne eğerek selam vererek, ayrılmak üzere yazı malzemelerini topladığı halde, ona son bir soru sormaya karar verdi.

'Bu doğru mu?' diye sordu, 'yani bir fildişinin yaşlanmanın ürünü olduğu, ya da belki had safhadaki başka türlü bir hal ve gidişin eseri olduğu gerçek mi?"

'İkisi de' diye yanıtladı bilgin, eskimiş kalem uçlarını çantasına doldururken. 'Ejderha ile olan ölüm kalım mücadelesinde, fil geçmişte yapmış olduğu karşılaşmalarda edindiği bilgilere güvenir. Böyle had safhada sempati uyandırma yeteneği söz konusu olduğunda, karışık ve uzun bir soyağacı var demektir. Sempati, gördüğünüz gibi aynı kandan olanların farkedilmeleri için olmazsa olmazlardandır. Ebedi yaşam ve dolayısıyla filin dişinin muhtemel uzunluğu, ancak bir başkasıyla bir araya gelme kararına bağlı olarak gösterilen mutlak bir cesaretin sonucu olabilir. Hayvanlar arasında yalnızca fil ile ejderha kan kardeşleridir. Onlar, hayatlarını bir ejderha kanı olarak ifade etmenin yolunu ararlar, ki bu da kişisel formlara ait beklenmedik olaylar olmaktan çok, ebedi hayatın "zincifresidir". İşte fildişini bizim gibi insanlar için değerli bir nesne haline getiren de bu, çünkü bu olağanüstü büyüklükteki filin bedeniyle karışan ejderin donup kalan nefesini sembolize ediyor. *Bizler bu zıtların birliğini yüceltenleriz, öyle değil mi?* Sıcak ve soğuk kanları ılıklaştırmak da bence fildişinin pürüzsüz kıvamını (uyum) yaratmanın bir başka bir yolu.

Bilgin ayrıldıktan sonra, tüccar pencerenin önünde durdu ve arkasındaki limanda demirlemiş olan gemilerden oluşan küçük filoya uzun uzun baktı. Biliyordu ki kendi gemisi de orada bir yerdeydi, gövdesi suyun içine batmış, bekliyordu. Günün ilerleyen saatlerindeki med-cezirde, değerli yükü ile birlikte Eski Dünya'ya doğru geri dönmek üzere denize açılacaktı.

Sonra birden, geminin baharatlar ya da fildişlerinden de daha büyük değeri olan bir objeyi taşımak üzere olduğunu farketti. "Fil Üzerine İnceleme", yaşam iksirinin gizli formülünü içinde taşırken, şüphesiz ki, uzun eve dönüş yolunda onu muson rüzgarlarından ve korsanlardan koruyacaktı. Ve eğer, korumazsa da, ona hiç beklemediği bir şeyi belki temin edebilirdi; ejderhaların ve fillerin, ebedi savaşlarda karşılaşmaya devam ederek kanlarının birbirine karışıp, kalanlar üzerinde de ebedi hayatın kurulmasını mümkün kıldığı bilinmeyen bir ülkeye seyahat etmesini sağlardı belki de. Biliyor ki, zincifre, bundan böyle yaşam nedeni olduğu kadar, sahip olduğu kırmızı tonu ile favori rengi olarak da kalacaktı..

* * *

YİRMİNCİ DERS

DOKUZUNCU EFSANE:

Bir Hayalet Gemi Efsanesi: Mary Celeste

(Kuzey Avrupa, İngiliz Efsanesi)

- La Mary Celeste ikinci defa 1885 de İngiltere kıyılarında karaya oturmuş ve sırlarıyla beraber yok olmuştur. 1840 da bir Fransız Gemisi Rosalie akdenizde bütün yelkenleri basılı, malları anbarda dokunulmamış ve hiçbir hasar görmeden 4 ay bomboş dolaşmıştı. Mürettebatından hiçbir zaman haber alınamadı.
- 1850 Seabird adlı gemi Newport limanının yakınında sadece içinde bir köpekle bulundu. Kahve daha fincanlarda sıcak ve bütün geminin makineleri işler vaziyette idi. Kabinlere giden koridorlarda tütün kokusu vardı. Ama Tayfalar yok olmuştu. Haber alınamadı.
- 1883 de J.C. Cousins adlı yelkenli Amerika kıyılarına karaya vuruyor. Gemi de kimse yok. Mutfakta yemekler ocakta pişmekte sofra kurulmuş. Geminin seyrüsefer defteri sabah yazılmış ama hiç tuhaf bir olaydan bahis edilmiyor.

Bir gemiye saldıran Dev Ahtapot
(Illustration mecmuası, Paris, 1809)

Bunun gibi deniz tarihinde olmuş binlerce olay var muhtelif limanların olay defterlerine geçmiş olarak. Bunların hepsinin belli bir esrarlı hadiseye bağlamak doğru olmaz. Fakat bu insanların gemilerden hiçbir dövüş izi, isyan ve kaza olayı olmadan yok olmaları bu gün halen devam etmektedir. Her sene liman kayıtlarına dünya çapına en az 11 olay olmaktadır. Daha hiç birinin sebebini ve tayfalarının ne olduğu anlaşılamamıştır.

MARY CELESTE GEMİSİ'NİN HİKAYESİ:

4 Aralık 1872'de Kaptan David Dead Morehouse komutasındaki Dei Gratai adlı İngiliz gemisi New York ile Cebelitarık boğazı arasında seyrederken, tuhaf ve başıboş bir şekilde hareket eden bir gemi gördüler. Gemiye yanaştılar, seslendiler kimse cevap vermedi, Kaptan adamlarına sandalları indirip, ne olduğuna bakmalarını emretti, adamlar gemiye çıktılar, görünüşe göre gemide kimse yoktu.. Kamaradaki altı pencere tahtalarla kapatılmıştı, elbiseler kuruydu ve jiletler paslanmamıştı, belli ki gemi su almamıştı, bir dikiş makinası yağı kutusu dikey olarak duruyordu, bu da gösteriyor ki, gemi dalgalarla sarsılmamıştı yeterli yiyecek ve su vardı, bir kamaradaki masada, 'sevgili eşim Fanny....'' diye başlayan bir mektup kağıdı duruyordu...

Saat bozulmuş, pusula kırılmıştı, cankurtaran sandalları yoktu, sekstant ve kronometre kayıptı, yerde bir kadın elbisesi ve bir çocuk oyuncağı vardı, sanki herkes çok aceleyle gemiyi terketmiş gibiydi, ayrıca esrarengiz kan lekeleri vardı, en tuhafı da Kaptan'ın yatağının altına kanlı bir kılıç gizlenmişti, seyir defteri hariç tüm belgeler, konşimento kayıptı, en son 24 Kasım'da tutulan gemi seyir defterinde, enlem, boylamlarla, Kaptan'ın Benjamin Briggs olduğu ve gemide eşi ve bebekleri ile ayrıca yedi kişilik bir mürettebatın olduğu yazıyordu, peki geminin terk edilişinden bulunuşuna kadar geçen on gün içerisinde ne olmuştu?

Bu ilginç olayla ilgili, hepsi birbirinden ilginç teoriler ortaya atıldı: Korsanlar, Bermuda Şeytan Üçgeni, isyan, UFO'lar vs. ve bu konuda romanlar yazıldı, filmler çekildi. Ama gemi Bermuda Şeytan Üçgeni'nin bölgesinde seyretmemişti, korsanlar da gemiyi kargosuyla bırakıp kaçacak kadar aptal olamazlardı, isyan içinse sebep yoktu, çok ilginç bir başka de teori gemideki gizli bir yolcuyla ilgiliydi. Olay gerçekten çok esrarengiz...

MARY CELESTE GEMİSİ'NİN KAYBOLMASIYLA İLGİLİ TEORİLER:

Dei Gratia gemisinin mürettebatı, (salvaj) kurtarma parası almak için Mary Celeste'deki herkesi öldürdüler. (Eğer öyleyse bu umduklarından çok daha az kar getirecek bir riskti) Gemi su almaya başladı ama önemini anlayamadılar ve panik içinde gemiyi terkettiler (öyle olsa yetkin ve yetenekli biri olan Kaptan, kalp krizinden ölmesi gerekirdi). Korsanlar gemiyi bastı ve herkesi öldürdüler (O sıralarda o bölgede korsan gemisi olduğunu gösteren hiçbir kanıt yoktu).

Gemideki herkes salgın hastalıktan öldü (o zaman cesetlere ne oldu?) Gemiye dev bir kalamar saldırdı! Bir şekilde Kaptan'ın eşi öldü ve Kaptan üzüntüsünden kendini denize attı, mürettebat sarhoş oldu, kanlı bıçaklı kavgalardan sonra gemiyi gruplar halinde terk ettiler, ölenleri denize attılar, diğerleri karaya çıkmak için cankurtaran sandallarına bindiler. Geminin kargosunda bulunan alkol infilak etti (ama ne yangın, ne de patlama izi vardı). Bir denizaltı Kaptan'ı ve mürettebatı gemiden alıp, okyanusun dibine, oradan da bir UFO ile uzaya götürdü yani uzaylılar kaçırdılar!..

Kaptan, arkadaşıyla yüzme yarışı yaparken, mürettebat onları kollamak için bir platform yapmıştı, köpek balıkları saldırıp, yüzücüleri yedi ve platform mürettebatla birlikte suya düştü. Mürettebattan birisi psikopattı ve herkesi öldürdükten sonra intihar etti (bu durumda cesetler ne oldu?). Ruh çağıran kişilere göreyse, Kaptan kayıp kıta Atlantis'i gördü ve hepsi adaya çıktılar, hayran hayran ovalara ve mermer evlere bakarlarken, ada tekrar suya battı, hepsi boğuldu.

BBC, Mary Celeste sitesindeki bir teori ise şöyle: Gemideki ekmekler buğday yerine çavdardan yapılmıştı, çavdar nemlenince körlük ve deliliğe yol açan bir tür mantara yol açar, böylece mürettebat küflü ekmekleri yedikten sonra delirdi ve sandallara binip gemiyi terkettiler.

MARY CELESTE'NİN YOLCULARI ASLA BULUNAMADI

MARY CELESTE gemisiyle ilgili wikipedia'daki bilgiler ve geminin akıbeti: Mary Celeste, 31 metre boyunda, 282 ton ağırlığında bir gemiydi, 1861 yılında, Spencer Adaları'nda inşa edildiğinde geminin ismi Amazon'du. Geminin uğursuz olduğu düşünülüyordu, daha ilk seferinde kaptan ölmüştü ve Manş denizinide bir başka gemiyle çarpışmıştı. Ama daha sonra karlı ve sorunsuz seferler yaptı, 1867 yılında fırtınaya yakalanıp, karaya sürüklendi. Kurtarıldı ve 1869'da Amerikalılar satın aldı, ismini de Mary Celeste olarak değiştirdiler. (BBC, Mary Celeste Wreck forum sitesinden son öğrendiğimiz bir habere göre, bu isim ünlü gökbilimci Galileo'nun kızı Maria Celeste'den esinlenerek konulmuş).

5 Kasım 1972 yılında Kaptan Benjamin Briggs'in yönetiminde, kargosunda endüstriyel alkol olduğu halde New York'tan, İtalya'ya doğru yola çıktı. Kaptan'ın eşi ve 2 yaşındaki çocuğu dahil, toplam 10 kişi vardı. Sonra, yukarıda da anlatıldığı üzere Dei Gratia gemisi Mary Celeste'e rastladı, iki saat boyunca gemiyi gözlediler, sürüklendiğini düşündüler. Sonunda sandalla gemiye çıktılar ve gemide kimsenin olmadığını anladılar. Kaptanı'ın seyir defteri hariç tüm belgeler de kayıptı, 1.701 varil alkol kargoda duruyordu, 6 aylık yiyecek, içecek de mevcuttu. Seyir defterine son kayıt 24 Kasım günü düşülmüştü. (Azor adalarının 160 km. batısındayken) Yolcular

bugüne dek bulunamadı, ne olduğu hala bir muamma. 1873 yılında, İspanya'ya iki cankurtaran sandalının vardığı, birinde bir bayrak ve ceset, diğerinde de 5 ceset bulunduğu rapor edilince, bu cesetlerin Mary Celeste gemisinin yolcularına ait olduğu düşünüldü fakat cesetlerin hiçbiri kesin olarak teşhis edilemedi.

Mary Celeste, 12 yıl boyunca seferlere devam etti, 1885 yılında, çok aşırı bir şekilde yüklenip sefere çıktı, geminin kaptanı, sigortadan para almak için gemiyi kasten batırmaya teşebbüs etti. Ama başarılı olamadı, gemi batmadı ve sigorta şirketi sahtekarlığı ortaya çıkardı. 9 Ağustos 2001 yılında, yazar Clive Cussler'ın ve film yapımcısı John Davis'in başkanlığındaki bir araştırma ekibi, Haiti açıklarında, geminin enkazını bulduğunu bildirdi. Arkeolog, James P. Delgado, keresteler dahil çeşitli parçaları analiz ederek, geminin Mary Celeste olduğunu tespit etti. Buna rağmen başka araştırmacılar emin olmadıklarını söylediler. Arizona Üniversitesi'nin geminin kimliğiyle ilgili analiz araştırmaları esnasında, kullanılan ağaçların geminin batışından enaz 10 yıl sonra bile canlı olduğu ortaya çıktı.

Bir teoriye göre, Kaptan Briggs, daha önce hiç böyle tehlikeli bir yük (alkol) taşımamıştı ve tedirgindi. Dokuz varilde sızıntı vardı, tarihç Conrad Bayers'e göre kaptan Briggs, ambara indi, alkol buharı ve kokusunu alınca, geminin infilak edeceğini sanarak, herkesin sandallara binmesi emrini verdi ama telaştan sandalları gemiye iyice bağlayamadı ve gemiden uzaklaştılar. Böylece ya battılar ya da açlık ve susuzluktan öldüler.

2005 yılında bu teorinin gelişmiş bir şeklini Alman tarihçi Eigel Weise ortaya attı ve teorisini denemek üzere bir Londra'da University College'de şöyle bir deney yapıldı: Alkol buharının alev alıp almayacağını denemek için, geminin ambarının benzeri küçük bir makedi inşa edildi. Yakıt olarak bütan ve varillerin yerine kağıt küpler kullanıldı. Ambar kapatıldı ve buhar tutuştu. Patlamanın şiddetiyle kapılar açıldı ve tabut büyüklüğündeki maket sarsıldı. Kağıt küplere ise bir zarar gelmedi. Belki ambardaki bu yangın mürettabatı sandallara indirtecek kadar korkutmuş olabilirdi. Geminin arkasındaki kopuk halat, mürettebatın gemiye bağlı olduğu teorisini doğruluyor. Gemi tam yol hızla giderken terkedilmişti ve az sonra da bir fırtına çıkmıştı. Bu durumda sandalları gemiye bağlayan halat kopmuş ve sandallar da fırtınaya dayanamamış olabilirdi.

Bazılarına göre ise, mürettebat ambara inip alkolü içmek isteyince, kaptanı öldürdüler ve sandalı çalıp kaçtılar. Başka birçok saçma teoriler de anlatıldı ama ne olduğunu hala kimse kesin olarak bilmiyor..

KAYIP KOLONİ: ROANOKE KOLONİSİ {CROATOAN HALKI}

Roanoke Kolonisi (İng. "Roanoke Colony") Roanoke Adası'nda (günümüzde ABD'nin Kuzey Karolina eyaleti sınırları içinde) kurulan İngiliz kolonisi. Kraliçe I. Elizabeth döneminde Sir Walter Raleigh'in parasıyla İngilizlerin Kuzey Amerika'daki ilk daimi yerleşim yeri olmak üzere kurulmuştur.

Eskilerin Masalları

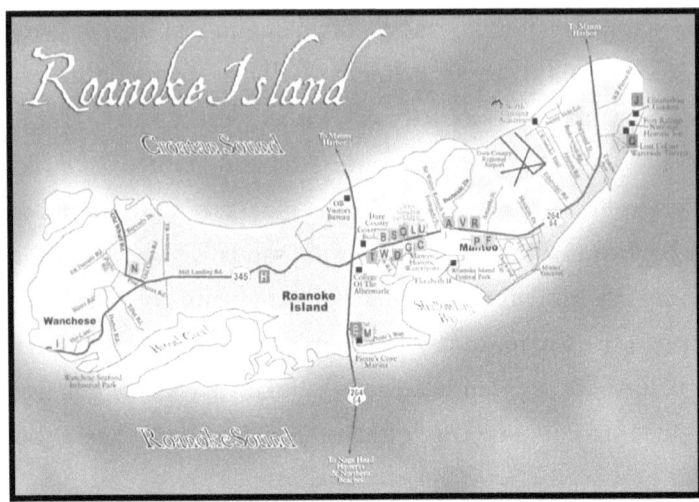

Amerika'da doğan ilk İngiliz Virginia Dare'in doğumunun 350. yılı onuruna basılan posta pulu ve Roanoke adasının haritası, (ABD, 1937).

Efsane'nin Öncesi:

İlk göçmen grubunun başkanı Sir Richard Grenville ve Roanoke adasının resmi.

Walter Raleigh 1584 yılında Kuzey Amerika kıyılarında yerleşime uygun yerler tespit etmek amacıyla bir ekibi gerekli donanımla yola çıkardı. Phillip Amadas ve Arthur Barlowe başkanlığındaki bu ekip Kuzey Amerika'dan hayvan, bitki örnekleri ve iki yerliyle beraber döndü. Getirdikleri bitki örnekleri arasında patates de vardır. Ekibin incelediği kıyılar I. Elizabeth onuruna Virjinya olarak adlandırıldı. Bu sayede Walter Raleigh Kuzey Amerika'da koloni kurmak için Kraliçe'den 10 yıllığına izin almayı başardı. Bu sürede koloni kurulamazsa Raleigh'in izni iptal edilecekti. Hem Kraliçe, hem de Raleigh kurulacak koloninin Yeni Dünya'nın zenginliklerine açılacak bir kapı ve Amerika'daki İspanyol kolonilerine saldırma olanağı verecek askerî üs olacağının farkındaydı.

İlk göçmen grubu:
1585 yılı Nisan'ında yalnızca erkeklerden oluşan ilk göçmen grubu gönderildi.

John White'ın Roanoke Adası (Croatoan halkı) yerlilerini bir ritüel sırasında gösteren resmi.

Gruptakilerin çoğu İrlanda'da İngiliz egemenliğini tesis etmek üzere yapılan savaşa katılmış olan emekli askerlerdi. Grubun başkanı Sir Richard Grenville bölgede araştırma yaptıktan sonra sonuçları rapor etmek üzere İngiltere'ye dönme emrini almış bulunuyordu. 29 Temmuz günü göçmenler Amerika kıyısına vardı. Gemilerden birinin karaya oturarak parçalanması üzerine yiyecek stoklarının önemli bir bölümünü kaybeden göçmenler, önce koloni kurma düşüncesinden uzaktılar. Kıyı şeridini ve yerlilerin yerleşim bölgelerini inceleyen İngilizler Akwakogok köyü yerlilerini gümüş fincanlarını çalmakla suçladılar ve kabile başçısıyla beraber köyü yaktılar. Grenville bu olaya ve yiyecek stokunun azlığına rağmen, 1586 yılı Nisan'ında daha fazla insan ve yiyecekle beraber dönmeyi vadederek yaklaşık 75 kişilik bir grubu Roanoke Adası'nın kuzey ucunda İngiliz kolonisi kurma göreviyle orada bırakarak ayrıldı. Amerika'da bırakılan grubun yerlilerle sorunlarının devam etmesi, yiyecek kıtlığı ve Grenville'in vadedilen zamanda dönmemesi üzerine göçmenler, Karayipler'de yaptığı başarılı keşifin ardından ülkesine dönmekte olan Sir Francis Drake'in beraber dönme önerisini kabul ederek Amerika'dan ayrıldılar. Grenville bu olayın üzerinden iki hafta geçtikten sonra Amerika'ya ulaştı ve koloniyi metruk halde buldu. Adadaki İngiliz varlığını ve Raleigh'in Virjinya'da koloni kurma iznini devam ettirmek üzere 15 kişiyi orada bırakarak kendisi de İngiltere'ye dönme kararı aldı.

İkinci göçmen grubu:

Raleigh 1587 yılında ikinci göçmen grubunu gönderdi. 121 kişilik bu grubun başkanı Raleigh'in arkadaşı denizci ve ressam John White'tı. Grup, daha önceki 15 kişilik ekibi bulmakla görevlendirilmişti, fakat bir kişinin kemikleri hariç İngilizlerin hiçbir izine rastlayamadı. Yerli kabilelerden İngilizlere halen dostça davranan biri, daha önce orada bırakılan ekibin saldırıya uğradığı, fakat 9 kişinin kurtularak bir kayıkla kaçtığı haberini verdi[1].

Göçmenler 22 Temmuz 1587 tarihinde Roanoke Adası'na çıktı. White'ın kızı "**18 Ağustos**" tarihinde Amerika'da doğan ilk İngiliz olan "**Virginia Dare**" adlı çocuğu doğurdu. White'nin yerlilerle ilişkileri düzeltme çabalarına rağmen sorun çözülemedi. Hayatlarından endişe eden göçmenler, White'ı İngiltere'ye dönerek yardım getirmek konusunda ikna etmeyi başardılar. White göçmenlerden 116 kişiyi adada bırakarak Amerika kıyılarından ayrıldı. Torunu Virginia Dare de bırakılanlar arasındaydı. Kışın Atlantik Okyanusu'nu geçmenin zorluğu, gemilerin ebatının elverişsizliği, kaptanların açgözlülüğü ve İspanya'yla savaş halinin sürmesi gibi nedenlerle White'ın adaya dönüşü 2 sene gecikti. White 18 Ağustos 1590 yılında adaya dönmeyi başardı, fakat koloniyi metruk halde buldu. Israrlı aramalara rağmen adada bırakılan göçmenlerin hiçbir izine rastlanamadı. Yaklaşık 90 erkek, 17 kadın ve 11 çocuktan oluşan göçmenler grubu hiç iz bırakmadan ortadan kaybolmuştu. Elinden hiçbir şey gelmeyeceğini anlayan White ertesi gün Roanoke kıyılarını terketmek zorunda kaldı. Kaybolan göçmenlerin arasında yer alan bebek Dare'in adı sonradan "Dare Country" bölgesine verildi. White'in bir ağacın üstüne kazınmış olarak bulduğu "CRO" hafleri ve yakınlardaki bir adada yaşayan "Crotoan" kabilesi üzerine de çeşitli teoriler geliştirildi. Koloni ahalisinin Croatan'lara katılmış olup olmadıklarına dair araştırmalar yapılmaktadır. *The Lost Colony Center for Science and Research* adındaki bir kuruluş Crotoan kabilesinin yaşadığı yerdeki kalıntılarda DNA testi yaparak Crotoan kabilesinin ataları arasında İngiliz yerleşimcilerin olup olmadığını bulmaya çalışmaktadır.

John White'in bir ağaç üzerinde bulduğu "CRO" "Croatoan'a işaret eden harflerini ve Amerika kıtasında doğan ilk İngiliz bebek olan Virginia Dare'yi gösteren temsili resimler.

John Smith'in 1612 yılında yaptığı haritanın renklendirilmiş hali.

Kayıp koloninin akıbeti:

Kayıp koloninin akıbetine ilişkin birtakım varsayımların bulunmasına karşılık, ağırlıklı görüş göçmenlerin yerlilerin arasına dağılarak asimile oldukları yolundadır. İngilizlerden bazılarına yıllar sonra çeşitli yerli kabileler arasında rastlandığına ilişkin söylentiler birtakım kaynaklarda yer almıştır. Buna rağmen, göçmenlerin adada beklemekten vazgeçerek İngiltere'ye dönmeyi denedikleri ve bu deneme sırasında hayatlarını kaybettikleri yolunda görüşler de bulunuyor.

Arkeolog Lawrence Stager göçmenlerin Kızılderili yamyamlar tarafından yenmiş olabileceğini öne sürmüştür[2]. Göçmenlerin İspanyollar tarafından öldürüldüğü iddiaları da vardır. Nitekim İspanyolların Güney Karolina'da bir Fransız kolonisini yok ettikleri daha önce biliniyordu. Fakat bu iddianın doğru olma ihtimali düşük görünüyor, zira İspanyolların, White'ın kolonisinin kaybolduğunu duyurmasının üzerinden 10 yıl geçtikten sonra bile kayıp İngilizleri aramakta oldukları bildirilmiştir.

Kayıp koloni edebiyat eserlerinde:

Kayıp koloni birtakım edebiyat eserlerine de konu olmuştur. Amerikalı tiyatro yazarı Paul Green 1937 yılında "Kayıp Koloni" (Lost Colony) adlı oyunu kaleme aldı. Yazar Philip Farmer "Dare" adlı fantastik romanında kayıp kolonisinin uzaylılar tarafından kaçırıldığını anlattı.

Kaynakça:

1. ^ Quinn, David B. (1985-02). Set Fair for Roanoke: Voyages and Colonies, 1584-1606.

2. ^ Stager, Lawrence "An Investigation into the Roanoke Colony" in the Harvard Alumni Magazine 17 Ağustos 2009 tarihinde görülmüştür.

YİRMİBİRİNCİ DERS

ONUNCU EFSANE:

10.000 Yıllık Nükleer Savaş (Destanı): Mahabharata
(Hindistan, Çin-Orta Asya Efsanesi)

Onbin Yıllık Nükleer Savaş:
"Bu günümüz, dünün düşünceleridir; şimdiki düşüncelerimiz yarınımızı inşa edecektir; yaşamımızı düşüncelerimiz meydana getirir."
Dhammapada "Mahabharata çok büyük ve karmaşıktır ama 18 Yüzyıl öncesini çok net olarak açıklamaktadır."
Reader's Digest "Mysteries of the Unexplained"
"Bu öyküyü kuru bir çubuğa anlatsaydın, yapraklanır ve köklenirdi."
(Henri Michaux)

Hindistan'ın ulusal destanı Mahabharata, aslında bir şiirdir ama çok büyük ve karmaşık bir şiir külliyatı olarak düşünülebilir. Sözcük sayısı "Mesnevi"den çok daha ötededir ama büyük olasılıkla tek bir kişi tarafından yazılmamıştır. Sankritçe yazılmış olan Mahabharata şimdiye kadar yazılan en uzun şiirdir, "stanza" denen yüzbin kıtadan oluşur yani İncil'in 16 misli, Ansiklopedi Britannica'nın tamamı kadardır. Bazılarına göre MÖ 3.-5. Yüzyıl aralarında yazılmıştır, bazılarına göre MS. 4. Yüzyıl'da derlenmiş, bazılarına göre ise çok daha eskilerde 19-20.000 yıl evvel yazılmıştır. Hintliler'e göre Mahabharata'da olmayan bir şey hiçbir yerde yoktur. Batı dünyası bu inanılmaz dev destanı ancak, 18. Yüzyıl'dan sonra tanımıştır; o da destanın sadece küçük bir bölümü olan 1785'de Londra'da Charles Wilkins çevirisiyle yayınlanan "Bhagavad-Gita"dır.

19. Yüzyıl'da doğubilimci Hippolyte Fauche, 200 kişilik bir ekiple tüm destanı Fransızca'ya çevirmeye başladı ama ömrü vefa etmedi. Sonuçta eksiksiz İngilizce çeviri ancak 20. Yüzyıl'ın başında yine Hintliler tarafından Bombay'da gerçekleştirildi. Günümüzdeki en ilginç ve inanılmaz Mahabharata olayı; Jean Claude Carriere, Marie H. Estienne, Peter Brook ve arkadaşlarının 16 yıl çabaladıktan sonra 1985'de ilk kez Avignon'da sahneye koydukları "Mahabharata" adlı oyundur, oyun 9 saat sürüyor, bazen üç gecede, bazen bütün bir gün veya bütün bir gecede oynanıp bitiriliyor, 16 ulusa mensup 25 oyuncu sahneye çıkıyordu. Carrier, üç yıl süren sahnelemenin sonucunda, farklı bir etkinin oluştuğunu vurguluyordu; "...bu etki dünyanın üzerine çöken bir tehdit miydi? Yoksa doğru eylemin gerçek anlamının inatçı araştırması mıydı? Alın yazısıyla oynanan ince ve kimi zaman acımasız bir oyun mu?... (Can Yayınları/Mahabharata-1991)"

Aynı ekip, yorulmaksızın çalışarak, inanılmaz bir performans sonucunda oyunu, bir film ve bir de tv dizisi haline getirmeyi başardı. Ama biz Türkiye'de bunları göremedik; aklı evvel film ithalatçılarımızla, tv yöneticilerimiz hayatlarında duymadıkları evrensel bir kültürü elbette ki algılayamadılar. Onların düzeyini "Yalan Rüzgarı" ile "Şaban" belirlemekte; yani bilinçsiz servetle, bilinçli cehaletin buluştuğu nokta...

Dünyalılarla Yer altı uygarlıklarının (Agarta –Ye'cüc & Me'cüc) ilk savaşı?

Sanskritçe'de "*maha*" büyük ve herşeyin toplamı anlamına gelir; "*bharata*" ise komünyel bir isimdir veya bir bilgeliğin tanımıdır. Daha öte metafizik yorumlarda sözcüğün "insan" anlamında olduğu da söylenir; bu bağlamda "İnsanlığın Öyküsü" yazılmıştır. Destanda anlatılan dev savaş öncelikle klanlar arası bir çatışma gibi görünse de, aslında tüm gezegenin egemenliği yolunda bir kavgadır ama sonunda öyle bir savaş başlar ki, tüm evren yokolma tehlikesiyle karşı karşıya kalır. Savaşta kullanılan silahlar hem dünyasal (ok, balta, kılıç, mızrak gibi) hem de tanrısaldır (ışınlar, atomik silahlar, uçan araçlar gibi). Bir bakışa göre, Mahabharata en eski bilim kurgu örneğidir ve zeki canlılar arasındaki bir anlaşmazlığı, bir savaşı ve günümüz teknolojisinin çok ötesinde silahların kullanıldığını anlatır. Örneğin, bir bölümde içinde destanın kahramanlarından Krisnha-

'nın da bulunduğu Vrishni'ler, Salva adlı lideri bir güçle kuşatırlar. Bunun üzerine zalim Salva, heryere gidebildiği Saubha adlı arabasına binerek "yükselir" ve sayısız cesur Vrishni genciyle beraber tüm bir kenti harabeye çevirir. Saubha adlı araç daha önceki bölümlerde anlatıldığına göre savaşın yönetildiği bayrak gemisidir ve Salva'nın kentinde bulunmaktadır yani oradan kalkıp, savaş alanına getirilmiştir. Buna karşın, Vrishni savaşçılarının da benzer silahları vardır; Pradyumna adlı kahraman özel bir silah kullanır, bu silah en yüksekteki tanrıları dahi durdurmaktadır; silah için "savaş alanındaki hiçbir insan onun oklarından kurtulamaz" tanımı yapılır ve Salva Krisnha'ya doğru düşer, Krisnha gökte Salva'yı izlemeye başlar fakat Saubha adlı araç göklere özgün tanımla adeta yapışmıştır. Krisnha tüm silahlarını durmaksızın fırlatır; roketler, misiller, mızraklar, çiviler, savaş baltaları, üç yüzlü oklar, alev püskürtücüler vb... Gökte yüzlerce güneş ve ay belirir, yüzlerce yıldız doğar. Ne gece ne de gündüz vardır, zaman anlaşılamaz.

Radyoaktif ölümün reddedilmez tarifi;

Krishna'nın Salva'nın saldırılarını savuşturmak için kullandığı silahların seslerinin anlatımı, aynen günümüzdeki anti-balistik roketlere benzemektedir; "Onları savuşturdum, bir hayal gibiydiler. Hızla vuran sütünları yolladığımda, gökler parladı ve parçalara ayrıldılar, gökte büyük gürültüler oldu." Ve sonra Saubha'nın görünmez olduğu anlatılır sanki Krisnha hedefi hiç şaşırmayan akıllı bombalar kullanmaktadır. Bu arada atılan bir okun "roketin" sesiyle savaşçılar ölürler, Salva'nın askerleri "Danavalar" acı çığlıklar atarak yerlere düşerler, onları güneşe benzer parlaklığı olan okların sesi öldürür. Sauba kaçmak için saldırıya kalkışır, o zaman Krisnha "özel ateş silahı"nı kullanır bu silah güneş şeklinde halesi olan bir disk şeklindedir. Ve disk Saubha'yı ikiye böler, "kent" gökten yere düşer ve Salva ölür. Bu olay, Mahabharata'nın sonudur. En garip silahlardan birisi Pradyumna'nın kullandığı özel oktur, bu okun öldürücü gücünden hiç kimse tanrılar dahi kurtulamaz. Agneya'nın kullandığı silah ise, alevli ama dumansız ateş okudur "Yoksa artık ok yerine, ışın mı demeliyiz?" Derken savaş alanına birden bir karanlık yayılır, kimse çevreyi göremez ama gece olmamıştır, vahşi bir rüzgar başlar, bulutlar kükrer, toz ve çakıl taşları yağmaktadır, doğa dengesini yitirir, güneş gökte sallanmakta, dünya titremekte, korkunç silahtan yayılan kavurucu sıcaklık, herşeyi yakmaktadır. Filler alevler içinde, çılgın gibi oradan oraya koşuştururken, diğer canlılar buruşarak yere düşmektedir, vahşi ışınlar gökten yağmur gibi yağmaktadır. Ve ateş fırtınasının yanısıra Gurkha'nın silahının sesini duyanlar da ölürler. Bütün bunlar sanki nükleer bir patlamanın yanısıra radyoaktif çöküntünün birebir tarifi gibidirler. Gurkha'nın çok hızlı ve güçlü bir Vimana'sı vardır; Vrishni'lerin ve Andhaka'ların üç kentine uçar ve saldırır, evrenin tüm gücünü taşımaktadır. Duman ve ateş sütunları fışkırtır, on binlerce güneş parlaklığında ışınlar yayarak yükselir. Vimana'nın "demir şimşek" diye tanımlanan süper bir silahı vardır, her iki aşiretten sayısız insanı ve kentlerini küle dönüştürür. Cesetler tanınmayacak kadar yanarlar, ölmeyenlerin saçları ve tırnakları dökülür, çanaklar, çömlekler kendi kendilerine kırılırlar, yiyecekler zehirlenir. Kaçmaya çalışan savaşçılar ve eşyaları küllerle yıkanmaktadırlar.

Nedir bu silahlar? Başka hiçbir mitolojide böyle bir tanım yoktur, yıldırımlar, şimşekler vardır ama ötesi yoktur. Bunu anlamak şu anda mümkün değil; umudumuz zamanla öğrenmek. Destan'da anlatılan olaylar gerçek midir yani fiziksel midir? Yoksa metafizikçilerin yaklaşımıyla simgesel midir? 1944 yılında Paris Üniversitesi Hint Uygarlığı Enstitüsü'den Emil Senart'ın özgün çevirisi olan "La Bhagavad-Gita" böyledir (Ruh ve Madde Yayınları-1995). Türkçe çevirinin önsözünde Ergün Arıkdal şöyle der; "... o halde insan kendisiyle, maddenin hakimiyeti ile savaşa hep devam etmelidir."

Galiba ikisi de doğrudur yani Mahabharata hem çok uzak geçmişte kaybolmuş bir uygarlığı ve belki de yaşanmış en büyük savaşı anlatmakta, hem de dev bir ruhsal öğretiyi içermektedir; bu öğreti Senart´ın tanımıyla "Rabb´in Ezgisi"dir.

Bilim ve Vimanalar

* "Asya ve Güney Asya kaynaklı çeşitli metinlerde uçan araçların veya göksel cihazlardan söz edilir. Hint ve Çin halk öykülerinde ve sanatçıların çizimlerinde göklerde seyahat etmek için yapılmış araçlar yer almaktadır. Kaynaklardaki farklılıklar dikkat çekecek kadar büyüktür, anlaşılmaz aygıtlar olduğu gibi, temel uçuş prensiplerine göre yapılmış ahşap araçlar da vardır. Taoist masallar sık sık göklerde uçan ölümsüzleri anlatırlar. Xian adlı bu araçlar yöneten ölümsüzlerin özgün ilahi güçleri vardır. Onlar tüylüydüler, Tao rahipleri onlara 'Tüylü Rahipler-Yu Ke" diyorlardı; "fei tian" yani uçan ölümsüzler Çin mitolojisinin sayısız yerinde raslanır. Uçan araçlar belki de bir tür teknolojik araçlardırlar ama yönetenler acaba insan mıdırlar? İkinci Yüzyıl'da yazılmış, bir şiirde uçan dragonların yönettiği gök arabalarından açıkça söz edilmektedir. Elimizde uçan araçların yapımlarını ve gelişimini anlatan sayısız öykü vardır. Bunlardan yola çıkarak olası kaynaklara giden ilginç ipuçlarına ulaşabiliriz. İşte bir araştırma sonucu; 11. Yüzyıl'da Brihat Kath Alokasamgraha adlı bir marangozun uçan bir araç yapmaya çalıştığını biliyoruz. Benzer bir öykü Eski Yunan'da vardır; 7. Yüzyıl'dan kalma bir Yunan metninde, mahkumları toplayan ve konuşabilen uçan bir araçtan söz edilir, bu araç mekaniktir ve havada durabilmektedir. Bu bilgileri Clive Hart'ın 1985'de Berkeley Üniversitesi'nde yayınlanan 'The Prehistory of Flight' adlı kitabının 'çeşitli batı kaynaklarına göre uçan makinelerin kronolojik listesi' bölümünde buluyoruz. Uçmakla ilgili bilimsel onaylı en eski kaynaklar oluşturulurken, insan yapısı kanatların gelişimi temel disiplin olarak izlenmiştir ama bu doğru değildir; Vimanalar bir yana antik Çin, Kore ve Hint kaynaklarında insan taşıyan çok daha karmaşık gök araçlarından söz edilmektedir."

– Dr. Benjamin B. Olshin, "Mechanical Mythology: Private Descriptions of Flying Machines as Found in Early Chinese, Korean, Indian, and Other Texts"

* "Rama İmparatorluğu olarak tanımlanan devletin, Kuzey Hindistan ve Pakistan'daki geçmişi en azından 15.000 yıllıktır. Bu uygarlık çok büyük bir nüfusa sahipti, kültür düzeyi yüksekti, kalıntılarına Pakistan'daki, Kuzey ve Batı Hindistan'ın çöllerinde raslanmaktadır. Rama, "Aydınlanmış Rahip Kral" bu kentleri yönetiyordu. Rama'nın 7 büyük kenti, klasik Hindu metinlerinde "7 Rishi Kenti" olarak geçer, antik Hint metinlerinde uçan araçlara "Vimanalar" denmektedir. Destanlara göre, Vimanalar iki katlıdır, daire biçimindedirler, kubbelerinde bir giriş tüneli vardır yani tam anlamıyla bir uçan daireye benzerler. Rüzgar hızıyla uçarlar ve melodik bir ses çıkarırlar, Vimanalar'ın dört türü vardır, inanılmaz ama bazıları tabak şeklinde, bazıları ise uzun silindir şeklindedirler yani sigar gibidirler..."

Vedalar, antik Hindu şiirlerdir; bilinen en eski Hindu metinler olarak tanımlanırlar. Vimanalar çeşitli şekil ve boyutlarda iki tür olarak anlatılır; 'Ahnihotra-vimana'nın iki motoru veya sistemi vardır, 'Elephant-vimana" ise daha gelişmiş bir araçtır. Ayrıca, "Kral balıkçı", "İbis" adlı ve başka hayvan adlarının da verildiği Vimana türleri de anlatılır. Göründüğü kadarıyla Mahabharata, bir atom savaşını bize anlatıyor! Kaynaklarda bir izolasyon veya tahrifat yoktur; savaşlarda fantastik silahlar, uçan araçlar kullanılmıştır. Bunlara epik Hint destanlarında çok sık raslanır. Hatta Ay'daki bir savaşta yer alan "vimana-Vailix"den söz edilir. Kısacası atomik bir patlamanın tüm etkileri ve özellikle de insanları öldüren radyoaktif etki Mahabharata'da çok belirgindir; Mohenjo-Daro'daki Rishi kentini geçen yaz kazan arkeologlar, caddelerde yatan iskeletler buldular, bazılarının yumrukları sıkılıydı sanki bir anda ölmüşlerdi, en azından bir kıyametin yaşandığı kesindi. Ve iskeletlerde tesbit edilen radyoaktivite, en azından Hiroshima ve Nagasaki düzeyindeydi. Daha ötede Mohenjo-Daro, ızgara biçiminde planlanmış mükemmel bir kenttir; su sistemi bugün Hindistan ve Pakistan'da kullanılan düzeydedir. Antik kentin caddelerinde kalıntı olarak siyah cam kümeler bulunmuştur. Bunların cam küreler olduğu sanılmaktadır ve bulunan kil çömleklerin çok yüksek ısıyla eritildiği keşfedilmiştir. Mahabarata'nın bir bölümü olan Dronaparva'da ve Ramayana'da özelikle belirtilen küre şeklinde bir Vimana vardır. İnanılmaz bir hıza ulaşmakta ve ardında büyük bir hava akımı bırakmaktadır. Hareketleri bir UFO gibidir, her yöne gidebilir, yön değiştirmesi ani çok hızlıdır, son hızla giderken aniden durup, yine aynı hızla ters yöne gidebilir. 'Samar' adlı başka bir Hint destanında Vimanalar; demir makineler olarak tanımlanırlar ama yumuşaktırlar ve örgü gibi yüzeyleri vardır; cıvayla şarj olurlar ve arkalarından kükreyen alev püskürür.

Daha da ilginci, ´Samaranganasutradhara´ adlı antik metinde Vimanalar´ın nasıl yapıldığı anlatılır ama uygulanması için yeterli çözümleme henüz yapılamamıştır; Cıva ile itici güç sağlan-ması olasıdır ve denenmektedir, günümüzde Sovyet döneminin bilim adamları tarafından Türkistan´da ve Gobi Çölü´nde kozmik yön-bulucu araçların keşfedildiği söylenmiştir. Küresel olan bu araçlar, cam ve porselenden yapılmıştır, konik uçlarının içinde bir damla cıvanın bulunduğu belirlenmiştir."

– D. Hatcher Childress, "Ancient Indian Aircraft Technology-Anti-Gravity Handbook"

Ufoloji ve Vimanalar:
(Agarta girişlerinden çıkan uçan araçlar)

* "Hindistan'ın Vedik edebiyatında Vimana olarak tanımlanan uçan araçlarla ilgili tanımlamalar vardır. Bunlar ikiye ayrılırlar;
1) İnsan yapısı olan ve kuş benzeri kanatlarla uçan araçlar,
2) Alışılmadık şekilleri olan ve insanlar tarafından yapılmamış olan araçlar.

İlk gruba giren araçlar orta çağ tarzında, Sanskrit dünyanın mimarisine uygun otomatif askeri kuşatma araçları ve diğer mekanik aygıtlarla eş düzeydedirler. İkinci gruba giren araçlar ise, Rig Veda, Mahabharata, Ramayana ve Purana'larda tanımlanan UFO'ları anımsatan araçlardırlar. Vedik Evren Maya'nın ürünü veya bir hayaldir ya da evrensel bir sanal gerçeklik olarak düşünülebilir. Ana bilgisayarın görevi, "pradhana" adlı geleneksel enerjiyi sağlamaktır. Bu enerji Maha-Vişnu olarak bilinen ve sürekli genişleyip yayılan İlahi Güç tarafından harekete geçirilir yani Maha-Vişnu bir evrensel programcıdır. Aktif pradhana, enerjinin özel bir formu olarak oluşur ve kaba maddeye dönüştürülür. Şiva'nın eşi Uma (aynı zamanda Maya Devi olarak da bilinir), sanal enerjinin tanrıçası veya "yükleyici"sidir. Uma, Ana Tanrıça olarak da bilinir, kocası Şiva ise Hayallerin ve Teknoloji'nin Efendisi'dir, Şiva ile Mahabharata'da adı geçen Salva arasında doğal bir ilişki vardır, bu ilişkinin kökeninde Salva'nın bir Vimana'ya sahip olma gayreti ve Maya Danava'ya sahip olma arzusu vardır. O zaman, Hayallerin Efendisi olacak ve enerjiyi o üretecektir." – Richard L. Thompson, "Alien Identities"

* "Vimanalar'ın yapısı akla UFO'ların sürekli değişen günlük doğasını getirmektedir, yetenekleri geleneksel fizik yasalarının ötesindedir. Carl Jung'un yorumunda UFO'ların niteliği bir rüya alanındadır; bir yerde, parlak ışıkları gözlemlemenin tam ortasında ve zaman kavramı yitirildiğinde objektif ve sübjektif bilinç arasında suçluluk başlar ve bozulma görülür. Araştırmalarım UFO ilişkileriyle, dinler, metafizik mistizm, folklör, şamanik trans, migren ve hatta yaratıcı imajinasyonlar arasında yakın bir ilişkinin ve benzerliğin bulunduğunu gösteriyor. Benzerliğin içinde, sabit imajlar, olayların ardıllığındaki tutarlılık ve genelde görülen alışılmadık "zirve deneyimi" niteliği bulunur. Kaçırılma raporlarında da, bu fenomenin paralelinde yer alan olaylara raslanır. Örneğin, nahoş ama inanılmaz "bedensel parçalanma" olayında olduğu gibi; bazen raporlarda kaçırılanların anlattıkları, şamanların "ölüm-yeniden doğum" trans deneylerine çok benzemektedir." – Alvin H. Lawson

* "Birkaç on yıl evvel batılılar tarafından Güney Hindistan'daki bir tapınakta bulunan antik Sanskrit metinlere göre, Vimanalar uçan tüm araçların en üst noktasıydılar. İtalyan bilimci Dr. Roberto Pinotti 12 Ekim 1988'de Bangalore'da yapılan Dünya Uzay Konferansı'nda yaptığı konuşmada, Hindu antik metinlerinde tanrılarla, kahramanlar arasında yapılan bir savaşın anlatıldığını belirtti. Pinotti, metinlere bir destan olarak bakılmamasını istiyor ve göklerde pilotların kullandığı silahlı uçan araçlarla yapılmış bir savaşın açıkça anlatıldığına dikkat çekiyordu. Kullanılan silahlar, savunma ve saldırı amaçlıydılar; yedi ayrı tipte mercek ve aynı sistemlerini içermekteydiler. Örneğin pilotları 'kötü ışınlar'dan koruyan 'Pinjula Mirror' bir 'Görsel Ayna' idi; 'Marika' adlı silahla düşman araçları vuruluyordu. Sonuçta Dr. Pinotti bu antik silahların bugün kullandığımız laser teknolojisinden çok farklı olmadıklarını

iddia ediyor ve; "Araçlarda 'Somaka, Soundalike and Mourthwika' adları verilen özel ısı emici metaller kullanılmış olmalı." diyordu. Pinotti'ye göre, tanımlanan itici güç prensibi, elektriksel ve kimyasal olmalıydı ama güneş enerjisinin kullanımı da çok ileri düzeydeydi. Diğer bilimciler Pinotti'nin kuramını daha ileriye götürerek, araçların bir tür 'cıva iyonlu itici güç sistemi' ile çalıştığını varsaydılar. Pinotti, Vimanalar'ın binlerce yıl önce varolduklarını belirtirken, modern UFO'larla olan benzerliğe de dikkat çekiyordu ama Hindistan'da unutulmuş bir uygarlık vardı. Bu araştırmanın ve tartışmaların ışığında Hindu kökenli Sankritçe metinler daha iyi gözden geçirilmeli ve tanımlanan Vimana modelleri daha bilimsel bir incelemeye tabi tutulmalıdırlar."

– Nick Humphries, "UFO Guide"

* "Hindistan, Mysore'da bulunan Uluslararası Sanskrit Araştırma Akademisi'nin direktörü olan G.R. Josyer, 25 Eylül 1952'de yaptığı bir açıklamada, 7.000 yıllık yazmalarda çeşitli tiplerde uçan araçların yapımlarının anlatıldığını söylemişti. Bu özel yazma üç tip Vimana vardı; 'Rukma, Sundara ve Shakuna'; yaklaşık 500 stanzada (dörtlük), karışık detaylar veriliyor, metallerin seçimi ve hazırlanması anlatılıyordu. Ayrıca yazmada, çeşitli Vimana türlerinin parçaları tanımlanıyordu. Yazma 8 bölümdü ve bir hava aracının yapım planlarının yanısıra su altında da gidebilen veya bir duba gibi su yüzeyinde durabilen Vimana planlarını da içeriyordu, bazı stanzalarda ise pilotların nitelikleri ve eğitimleri anlatılıyordu."

– Brad Steiger, "Worlds Before Our Own"

Mahabharata ve Vimanalar

* "Puspaku adlı araç güneşe benziyordu ve kardeşime aitti, onu güçlü Ravan'dan almıştı, uçuyordu ve mükemmeldi, istenilen her yere gidiyordu, Lanka kentinin göklerinde uçarken parlak bir buluta benziyordu."

– Ramayana Destanı

* "Salva'nın uçan aracı çok gizemliydi, gökte bazen görünüyor, bazen de kayboluyordu. Yani görünmeme yeteneği vardı; Yadu

Hanedanı'nın savaşçıları bu garip aracı bir türlü tam olarak algılayamadılar; bazen yerde, bazen gökte beliriyor sonra birden bir tepeye veya bir ırmağın kıyısına konmuş olarak ortaya çıkıyordu. Bu uçan harikulade araç, gökte bir ateş fırıldağı gibi dönüyor ve bir an bile yerinde durmuyordu."

— Bhaktivedanta, Swami Prabhupada, Krsna

* "Kralım; uçan araç mükemmeldi, şeytan Maya tarafından yapılmış ve bir savaş için gereken tüm silahlarla donatılmıştı. Hayal edilmesi ve anlatılması imkansız bir araçtı; görünmezlik özelliğine sahipti. Oturulan yerde koruyucu bir şemsiye ve serinletici güç vardı. Mihrace Bai'nin çevresinde kaptanları ve kumandanları bulunuyordu; geceleyin gökte yükselen bir ay gibi görünüyor, her yönü aydınlatıyordu." — Swami Prabhupada Bhaktivedanta, Srimad Bhagavatam

* "Pushpaka bir gök arabasıydı, insanları Ayodhya kentine taşıyordu. Gök bu harika uçan araçlarla doluydu, gece karanlığında yaydıkları sarımtırak göz kamaştırıcı ışık göğü aydınlatıyordu."

— Mahavira of Bhavabhuti (8. Yüzyıl'dan kalma bir Jain yazması)

* "Vata'nın arabası ne görkemli; gök gürültüsü gibi ses çıkarıyor, göklere dokunuyor; parlak bir ışığı var; kırmızı göz kamaştırıcı ve alev gibi; bir girdap gibi dönerken, dünyanın tozunu kaldırıyor."

— Rig-Veda (Vata bir Aryan rüzgar tanrısıdır.)

* "Bir zamanlar Kral Citaketu, kendisine Tanrı Vişnu tarafından verilen parlak ve ihtişamlı bir uçan araçla dış uzaya yolculuk yapar ve Tanrı Şiva'yı görür... Oklar "ışınlar" Şiva tarafından yollanır. Işınlar güneş benzeri bir küreden fışkırır ve içinde yaşanan üç gök aracını kaplar ve o araçlar bir daha görülmezler."

— Srimad Bhagasvatam, VI. Canto, Bölüm 3

İndus Uygarlığı

İndus uygarlığı dünyanın en eski ve en büyük uygarlığı kabul edilmektedir; Güney Asya'nın en uzun nehri olan İndus Irmağı çevresinde MÖ 3000-2500 arasında varolduğu belirlenmiştir ama bu tarih sadece uygarlığın varolduğu bir dönemin göstergesidir, İndus uygarlığının başlangıç dönemi bilinmemektedir. Yaklaşık 100 kent, kasaba ve köy kalıntısı bulunmuştur, kentlerin planlaması olağanüstüdür, hatta günümüz kent planlamacılığından daha düzgün olduğu söylenebilir. Ana binalar kentin ortasında bulunmakta, kanalizasyon sistemleri, büyük hamamlar ve su depoları en küçük köyde dahi görülmektedir.

Kent merkezlerinden eş sayıda düzenli bir dağılımla yayılan evler ve cadde kenarlarındaki dükkanlar, blok taşlarla döşeli çok düzgün caddelerle eşit olarak bölünmüştür. Tüm İndus kentlerindeki evlerin yapımında kullanılan tuğlaların eşit olarak üretilmiş olması bir diğer inanılması güç inşaat kültürünün göstergesidir.

Esâtir-ul Evvelin

Harappa ve Mohenjo-Daro uygarlığın bilinen ana kentleridirler; Mohenjo-daro ırmağın batı kıyısında, Harappa ise Mohenjo-Daro'nun 640 km. kuzeydoğusundadır. Daha doğuda ise bir diğer önemli kent olan Kalibangan vardır. Ve tüm bölgede yüzün üstünde, ticaret merkezi, küçük limanlar ve balıkçı köyleri yer alır. Tüm yerleşim merkez-lerinde aynı standart planın uygulanmış olduğunu görmek bir diğer şaşırtıcı olaydır; araştırmalar sonucunda

İndus insanlarının pirinç, buğday ve yulaf ektikleri ve kümes hayvanları, buffalo, domuz, at, deve, fil kambur öküz ve köpek yetiştirdikleri belirlenmiştir. Bulunan resimli plakalarda, ayrıca gergedan, boğa, fil ve bilinmeyen üç başlı bir hayvan figürleri dikkat çeker, bu buluntuların üzerlerinde görülen diğer simgelerin anlamları şu ana kadar çözülememiştir. Ana tanrı büyük olasılıkla tüm vahşi hayvanların tanrısı olan Şiva (Pasupati)´dir. Araştırmalar, İndus inançlarının erken-Hinduizm şeklinde olduğunu göstermektedir. Bu büyük uygarlığın MÖ 2. Yüzyıl´da çöktüğü sanılmaktadır ama nedenler belirsizdir; büyük savaşların olduğunu, doğal afetlerin yaşandığını gösteren bazı ipuçları bulunmuşsa da yeterli değildir ama en ilginci bölgede ve hatta Kuzey Hindistan´ın İndus dışındaki bazı başka yerlerinde kent kalıntılarının çok yüksek bir ısı altında erimiş gibi göründüğüdür. Fotoğraflarda gördüğünüz insan iskeletlerinin durumu (biri kadın, diğeri erkek), ölümün çok ani geldiğini kanıtlamaktadır; kadın elindeki eşyayı dahi hala tutmaktadır. Acaba binlerce yıl evvel ne olmuştu? Bu cevap şu anda yok, belki gelecekte öğreneceğiz...

YİRMİİKİNCİ DERS

HATİME

– SONUÇLAR –

KUR'AN-I HAKİM'İN ALLAH KELAMI OLDUĞUNA DAİR YAPILAN İTİRAZLAR VE CEVAPLARI:

Bu önemli kısımda, bu eser içinde gerçi ele almayacaktım, fakat son zamanlarda yükselişe geçen ve bilhassa internet ve sosyal medya aracılığıyla zemin bulmaya çalışan, sözde Kur'an-ı hakimin Allah katından bir kitap olmadığını ve sözde uydurma birtakım matematiksel veyahutta evrim teorisi veya bilimsel dayanağı olmayan arkeolojik veya tarihsel çürük kanıtlarla saldırıya geçen, birtakım gücünü inkarcı ateist felsefe ve düşüncelerden alan kurum ve gruplar ile şahısların bu itirazlarına karşı kuvvetli birer delil niteliğinde olan meseleler ve cevaplarına burada kısaca değinme gereği hissedildi. Yine, öyle anlaşılmaktadır ki, tıpkı cahiliye dönemi veya aklın alamayacağı vahyin semavi mertebesini kavrayamayan bazı ilkel zihinlerin gerçeği görmek ve kabullenmek yerine, sözde birtakım uydurma iddia ve kanıtlarla İslam'a ve Kur'an'a saldırdıkları gözlenmektedir ki, bu noktada bu gibi meselelere ait kısa ve sağlam ilmi izah ve isbatın elzem olduğu görülmektedir ki;

Şimdi, gelecek olan "ALTI MESELE" halinde madde madde o ilmi meselelerin akademik ve tam ikna edici, imanı şüphelerden kurtarıcı panzehir hükmündeki açıklamalarını bu kısımda vereceğim:

BİRİNCİ MESELE:
Eski kitaplarda peygamberimiz Hz. Muhammede (a.s.m) işaretler var mıdır?

Kur'an'ın dışındaki mukaddes kitaplara, zamanla insan elinin karıştığı halde Peygamber Efendimizin (asm.) bu mukaddes kitapların değişik nüshalarında yer alan isim ve sıfatlarında, büyük bir benzerlik mevcuttur.

Kur'an-ı Kerim, Cenab-ı Hakk'ın zaman zaman tebliğciler veya peygamberler gönderdiğini ve onlara vahiy suretiyle kanunlar, emirler veya kitaplar indirdiğini bildirir. Kur'an, bu ifadeye bağlı olarak Hz. İbrahim (as)' in sahifelerinden, Hz. Musa (as)'a gönderilen Tevrat'tan, Hz. Davut (as)'a indirilen Zebur'dan ve nihayet Hz. İsa (as)a gönderilen İncil'den bahseder. Kur'an'da beyan edilen **"zuhurul-evvelin"**, yani **"eskilerin kitapları"** şeklindeki ifade ise, Zerdüştler veya Brahmanların bazı kitaplarına (kesin olmasa bile) işaret eder denilebilir.

Eski İran mukaddes metinlerindeki işaretler:

İran dini, Hindu dininden sonra dünyanın en eski diniydi. Mukaddes yazıları, "Desatir" ve "Zend-Avesta" adını taşıyan iki kaynakta toplanıyordu. Bunlardan Desatir numara 14 cüz'ünde, İslam dinine ait bazı prensipler dile getiriliyor ve Efendimizin (asm.) geleceğine dair şu ifadeler yer alıyordu:

"İranlıların ahlak seviyesi düştüğünde, Arabistanda bir nur doğacaktır. Takipçileri onun tahtını, dinini ve her şeyini yükseltecektir. Bir bina inşa edilmişti (Kâbe'ye işaret ediyor) ve onun içinde, ortadan kaldırılacak pek çok putlar bulunmaktaydı. Hâlk, yüzünü ona doğru dönüp ibadet edecektir. Takipçileri, İran, Taus ve Belh şehirlerini alacak ve

İranın pek çok akıllı adamı, onun takipçilerine katılacaktır."

Yukarıdaki satırlardan açıkça anlaşıldığı gibi, asırlar sonra doğacak İslam güneşi ve onun yüce Peygamberi (asm), son derece net bir şekilde tarif edilmiştir. Ve bu Peygamberin (a.s.m), "ziyadesiyle övülmüş", "Ahmet" ve "alemlere rahmet" unvanlarıyla, putları kaldıracak birinin olduğu yazılıdır.

Bu kitabın hâlen mevcut olan kısımlarından Yasht 13'ün 129. bölümünde, aynı hakikatler bir daha dile getirilir ve putları kıracak olan zattan, **"herkese ve âlemlere rahmet"** ismiyle bahsedilir. Bilindiği gibi efendimizin bir ismi de, rahmeten-lil-alemin (alemlere rahmet olan) şeklindedir.

Hind mukaddes metinlerindeki işaretler:

Paru 8, Khand 8, Adhya 8 ve Shalok 5-8 gibi hind mukaddes metinlerinde, Efendimizden (a.s.m) şöyle bahsedilmektedir:

"Arkadaşlarıyla birlikte bir mellacha (yabancı dil konuşan veya yabancı bir ülkenin mensubu) olan ruhi bir terbiyeci gelecek ve ismi Muhammed olacaktır. Onun gelişinden sonra raja, pencap ve ganj nehirlerinde yıkanır... Ona der ey sen! Beşeriyetin iftiharı, arap ülkesinin sakini, şeytanı öldürmek için büyük bir güç topladın." (Prof. Dr. Muhammed Hamidullah, Kur'an-ı Kerim Tefsiri)

Yukarıdaki ifadede Efendimizin (asm.) has isminin aynen belirtilmiş olması, son derece dikkat çekicidir. Aynı satırlarda geçen **"beşeriyetin iftiharı"** kelimeleri ise, Peygamberimiz (asm)'nin **"fahr-i âlem"** şeklindeki ismiyle aynı manadadır.

Buda (gautama buddha) kendisinin ölümünden sonra, dünyayı şereflendirecek olan bir yüce kişiden bahseder. Palice lisanında adı "matteya", sanskritçede "maitreya", burmacada ise "armidia" olarak geçen bu kişi müşfik ve iyi kalpli olup, insanları doğru yola çağıracaktır. Budanın çok önceden vermiş olduğu bu haberde geçen isimlerin manası da, "rahmet" demektir. Bilindiği gibi peygamberimiz için, Kur'an'da Enbiya Suresi'nin 107. Ayetinde, **"Biz seni âlemlere rahmet olarak gönderdik."** buyurulmaktadır.

Bu yazmalardan birinde, şu ifade geçer:
"Buda şöyle dedi. Ben dünyaya gelen ilk buda (yol gösterici) değilim, son da olmayacağım. Belli bir zamanda dünyaya bir başka kişi gelecektir. O da kutsi, aydınlanmış ve idarede fevkalade kabiliyetli olan biridir. O benim size öğretmiş olduğum aynı ebedi gerçekleri öğretecektir... Ananda sordu: o nasıl bilinecek? Buda cevapladı: o, maitreya (Hintçe, Muhammed isminin bir türevidir ve Rahmet veya Bereket anlamına gelir) olarak bilinecek."

Pali ve sanskrit yazılı metinlerinde, ileride gelecek olan o yüce kişinin isimleri **Maho, Maha** ve **Metta** olarak geçer. Bu isimlerden ilk ikisi, **"yüce aydınlatıcı"** sonuncusu ise **"inayetli"** manasına gelir ki, bunlardan her ikisi de peygamberimizin sıfatlarıdır. Zaten dikkat edilecek olursa, başka kutsi metinlerde geçen Efendimiz (asm)'nin has ismini gösteren **Mohamet** veya **Mahamet** adının, **Maha** ve **Moha** kelimelerinden teşekkül ettiği açıkça görülecektir.

Hint Kutsal Metinlerinde Hz Muhammed.(s.a.v)'e İşaretler:
Hindistanlı ünlü yazar ve Sanskritçe uzmanı Prof. Dr. Pundit Vaid Prakash tarafından kaleme alınan kitap Hindistan çapında büyük tartışmalara neden oldu. Hindu dilinde kaleme alınan ve İngilizcesi yakında "The Last Kalki Autar" adıyla yayımlanacak olan

kitapta Prof. Prakash;

-----"Son Peygamber"in Hz. Muhammed olduğunu söylüyor. Hindistan'da "The Last Kalki Autar" adıyla basılan kitap, ülke çapında büyük tartışmalara neden olmuştur. Hindistan'ın ünlü yazarlarından ve Sanskritçe uzmanlardan olan Prof. Dr. Pundit Vaid Prakash tarafından kaleme alınan kitapta, Hindu kutsal kitaplarının haber verdiği "Son Peygamber" manasına gelen "The Last Kalki Autar"ın Hz. Muhammed'in bizzat kendisi olduğunu vurguluyor.

Hint diliyle yazılan kitabın yakında İngilizce'ye tercüme edileceği bildiriliyor. Prof. Prakash uzun yılların emeği olan kitabında, Hindu kutsal metinlerinin üzerinden uzun süre geçmesine, üzerlerinde yorum ve değişim yapılmasına rağmen, hâlâ bazı hakikatleri içerdiğini kaydediyor. Prof. Prakash, Hinduların kutsal kitapları Vedalar, Upanişadlar, Puranalar'da Hz. Muhammed'in adının ve özelliklerinin çok açık bir şekilde geçtiğini açıklıyor.

Kitabında daha onlarca örnek zikreden Hindistanlı Prof. Prakash, Hinduların hâlâ bekledikleri son "Kalki Autar"ın Hz. Muhammed'den başkası olamayacağını belirtiyor. Prof. Parkash tarafından ele alınan bu kitabın bir benzeri daha öne A. H. Vidyarthi ve U. Ali tarafından ele alınmış ve geçtiğimiz yıllarda Türkçe olarak da "Doğu Kutsal Metinlerinde Hz. Muhammed" adıyla yayımlanmıştı.

Vidyarthi ve Ali, hazırladıkları geniş araştırmada Tevrat ve İncil'in yanısıra Hz. Muhammed'in aynı zamanda Zerdüştlük, Hinduizm ve Budizm gibi Doğu dinlerinin kutsal kitapları tarafından da "müjdelendiğini" örnekleriyle ortaya koyuyorlar.

Hindu metinlerinde Hz. Muhammed:

Hindu kutsal metinlerinde verilen haberlerde, Allah Rasulü'nün pekçok vasfı, hayatı, Hz. İbrahim, Kâbe, Bekke (Mekke) ve Arap yarımadasına ilâveten, Rasûlullah'ın ismi de Mahamed, Mamah ve

Ahmed şeklinde zikredilmiştir.

Mahamed ismi Puranalar'da; Mamah, Atharva Veda'nın bir bölümü olan Kuntap Sukt'ta ve Ahmad, Sama Veda'da yer almaktadır.

17 ciltten oluşan Puranaların temel kitabı Bhavişya Puran'da şu ifadelere yer verilmektedir: "Melekhalı öğretici, kendi dostlarıyla zuhur edecek.---- Adı MOHAMMAD olacak. Raca ona en samimi sadakatini ve bütün saygılarını sunduktan sonra şöyle dedi:

-----Sana bağlı kalacağım. Sen ey Parbatis Nath/Beşeriyetin Efendisi, Arabistan'ın sakini.

Sen şerri yok etmek için büyük bir güç topladın. Ve o, Melekhalı düşmanlardan kendi kendini korudu. ".....Ben senin kölenim, beni ayaklarının altına yatır." Metnin kelimesi kelimesine tercümesi böyle. Efendimiz'in ismi, başka hiçbir şahsa uygulanamayacak şekilde açıkça yazılmıştır.

Yine, birkaç kitaptan oluşan Vedaların "Sama Veda" adlı kitabında Rişî Vatsah'ın ağzından çıkan cümleler açıkça Efendimiz'i anlatmaktadır: "Ahmed, şeriati Rabbından aldı. Bu şeriat hikmet doludur. Ben ondan ışığı aldım, tıpkı güneşten aldığım gibi..."

"Kalki Autar" Hz. Peygamber:

Hindistanlı Prof. Dr. Pundit Vaid Prakash'ın Hindu kutsal metinlerinde "Kalki Autar"ın Hz. Muhammed'e işaret ettiğini gösterdiği delillerden bazıları şunlar:

1- Vedalarda "Kalki Autar"ın son peygamber olduğu, Bhagwan (Allah)'ın Rasulü olduğu ve tüm insanlığa gönderileceği haber veriliyor.

2- Hinduların kutsal kitapları Vedalar, Upanişadlar ve Puranalar'a göre son peygamberin çölün hakim olduğu bir yarımdada dünyaya gelecek.

3- Yine Hindu kutsal metinlerine göre "Son Kalki Autar"ın babasının adı 'Vishnu-bhagat' ve annesinin adı da 'Somanib' olacak. Sanskritçe bir sözcük olan "Vishnu"nun manası "Allah" ve "Bhagat"ın manası da "Köle-kul" manasına gelmektedir. Buna göre 'Vishnu-bhagat'ın manası "Slave of Allah" yani Arapça anlamıyla "Abdullah" anlamına gelmektedir. Yine Sanskritçe bir kelime olan 'Somanib' ise "Barış içinde, huzurlu, sakin" manalarına gelmektedir. Bu da Arapça'daki "Amine" ismine tekabul etmektedir.

4- Hinduların dini metinlerinde "Son Kalki Autar"ın hurmalıkların bol olduğu bir yerde yaşayacağı ve herkes tarafında sözüne güvenilir ve emin bir şahsiyet olacağına da işaret ediliyor. Bu bakımdan Prof. Pundit Parkash, bunların Hz. Muhammed'in son peygamber olduğunu doğruladığını kaydediyor.

5- Vedalarda "Kalki Autar"ın bulunduğu bölgede soylu ve saygı gösterilen bir kabile içinde dünyaya geleceği haber veriliyor. Hz. Peygamber de Arap yarımadasında saygı gösterilen ve soylu bir kabile olan "Kureyş" kabilesinde dünyaya gelmişti.

6- "Kalki Autar"a ilk vahyin bir mağarada Bhagwan (Allah)'ın çok özel bir elçisi tarafından getirileceği bildiriliyor. Hz. Peygambere de ilk vahiy Hira mağarasında Allah'ın elçisi Cibril tarafından getirilmişti.

7- Hindu metinlerinde ayrıca "Kalki Autar"ın Bhagwan (Allah)'ın ona göndereceği çok süratli özel bir at ile dünyanın etrafını dolaşacağı ve yedi kat göğe yükseleceği haber veriliyor. Burada Hz. Peygamber'in mirac olayı ve Burak tarafından göğe yükselişi anlatılıyor.

8- Hindu kitaplarında "Kalki Autar"ın Bhagwan tarafından destekleneceği ve özel elçilerinin ona savaşta destek vereceğine de vurgu yapılıyor. Prof. Prakash bu ifadelere de özellikle Bedir Savaşı'nı örnek olarak gösteriyor.

9- Hindu kutsal metinlerinde bunların yanısıra "Kalki Autar"ın çok iyi at, ok ve kılıç kullanıcı olduğuna da işaret ediliyor.

Vedalar: Mantra [1-11]

1) O "NARASANSAH (Övülen)'tir. Barış Prensi'dir. Düşmanlarının arasında bile emniyettedir.

2) O, deveye binen Rişi'dir. Arabası göklere ulaşır. (Burakla Mirac'a çıkış)

3) Kendisine 10 Buket (Müjdelenmiş 10 Sahabe), 100 altın sikke (Habeşistan'a göçen ilk sahabeler), 300 safkan at (Bedir Ashabı) ve 10000 inek (Mekke'yi fetheden 10000 sahabe) tabi olacaktır.

4) O ve O'nu izleyenler ibadeti düşünür. Savaşta bile.

5) O dünyaya hikmeti yaymıştır.

6) O dünyanın Efendisi ve Rehberidir.

7) O insanlara emin bir yer sağlamış ve barışı yaymıştır.

8, 9, 10) İnsanlar O'nunla mutluluğa kavuşur. Yozlaşmaktan kurtulur.

11) O'ndan insanları uyarması istenmiştir.

Tevrat ve İncil metinlerinde Hz. Muhammed:

Araştırmamızı, şimdi de Tevrat, İncil ve Zebur üzerinde sürdürelim. Bu konuda yapılan en detaylı inceleme **Hüseyin-i Cisri'**ye aittir. Hicri 1261-1327 yılları arasında yaşayan ve anne ile babası ehlibeyit'ten olan bu Suriye'li alim, söz konusu mukaddes kitaplardan Efendimizl'e (s.a.v.) alakalı 114 işaret çıkartmış ve bunları Türkçe'ye de çevrilen **Risale-i Hamidiyye'**sinde neşretmiştir.

Eski mukaddes metinler arasında en çok tahrif edilmiş olma özelliğini taşıyan **Tevrat'**ta bile, Peygamberimize (asm.) ait şu işaretler vardır:

"O, iki binici gördü, biri merkep üzerinde, diğeri deve üzerindeki binicilerdi. O, dikkatle dinledi." (İşaya xxı, 7)

Burada peygamber İşaya tarafından bildirilen iki biniciden merkep üzerinde olanı Hz. İsa dır (a.s.). Çünkü İsa peygamber, Kudüs'e bir merkep üzerinde girmiştir. Deve üzerinde olan kişiyle de, Peygamber Efendimize (s.a.v.) İşaret edildiği açıktır. Efendimiz (asv) Medine'ye girişte devesinin üstündeydi.

Yeri gelmişken şunu da belirtelim ki, İncil tercümelerinde **faraklit** veya **paraklit (perikletos)** kelimeleri aynen muhafaza edilirken, yakın zamanlarda basılmış olan İncil tercümelerinde bu kelime değiştirilerek Arapça tercümelerinde **"muazzi"**, Türkçe tercümelerinde ise **"teselli edici"** şeklinde verilmiştir.

Hazreti Şuayb (as)'ın suhufunda, Efendimiz (asv)'in ismi **Müşeffeh** şeklinde geçer ki, kelime olarak tam karşılığı **"Muhammed"**dir. Tevrat'ta geçen **Münhemenna** isminin karşılığı da, yine **Muhammed**'dir. (Bilindiği gibi **Muhammed** kelimesinin lügat karşılığı da, **"tekrar tekrar methedilmiş"** şeklindedir.) Bunların dışında, Efendimizin (s.a.v.) İsmi, Tevrat'ta çoklukla **"Ahyed"**, İncil'de ise, **"Ahmet"** olarak geçmektedir.

"Benim ismim Kuranda "Muhammed", İncilde "Ahmet", Tevratta ise "Ahyed"dir." (İncil)

İKİNCİ MESELE:
Her topluma bir peygamber gönderilmiş midir?

Nebi, "Allah Teala'dan aldığı vahyi halka tebliğ için gönderilen insandır." Rasul ise, "Hükümlerini tebliğ için Allah Teala tarafından halka gönderilen insandır." Genellikle rasullerin yeni bir şeriat ve yeni bir ilahi kitap getirdikleri, nebilere ise zamanlarında geçerli olan şeriatın çerçevesi içinde Allah Teala'dan vahiy aldıkları kabul edilir.

(bk. Et-Teftazani, Şerhu'l-Makasıd, İst. 1305. II, 173; S. Şerif Cürcani, et-Tarifat, Kahire, 1938, s. 98, 214; er-Ragib, el-Müfredat, Kahire, 1961, s. 53, 195, 482)

Kur'an-ı Kerim'de, peygamberlik kavramı ile ilgili nübüvvet, bi'set, risalet ve irsal; peygamber de nebi, meb'us, resul, mürsel (çoğulları enbiya, meb'usûn, rusul, murselun) terimleri kullanılmıştır. Peygamberliğe sefaret, peygambere sefir (çoğulu: sufera) dendiği de olur. Peygamber kelimesi peygam, peyam (=haber) ve ber (=getiren) kelimelerinden oluşmuş birleşik bir isim sıfat veya isim olup Farsça'dır. Türkçe'si yalvaçtır.

Nebi ve peygamber haber getiren; rasul, mürsel ve mebus ise elçi anlamına gelir. Şu halde peygamber Allah tarafından gönderilen elçi ve haberci demektir. Görevleri, Allah Teala'dan aldıkları bilgileri, haberleri, emir ve yasakları (hükümleri) insanlara tebliğ etmekten ibarettir.

"Rasulün görevi tebliğden ibarettir." **(Maide, 5/92, 99)**

Bu tebliğin her türlü tereddüdü ortadan kaldıran apaçık bir durum da olması **(Belağ-ı Mübin, Nahl, 16:35,82)** lazımdır. Ancak peygamber herhangi bir haberci, alelade bir elçi değildir, hele bir postacı hiç değildir. Peygamberlerin, Allah'tan aldıkları vahyi halka anlatımcı ve açıklama görevleri de vardır. Nitekim Kur'an'da:

"Size açıklamalar yapan Rasulümüz gelmiştir."

(Maide, 5/15, 19, 89)

buyrulmuştur. Aslında Kur'an'ın kendisi de bir açıklamadır. **(Tibyan, Beyyine, Beyan, bak. Nahl, 16:89, En'am, 6:157, Al-i İmran, 3:138)** Peygamberin yaptığı açıklama, kutsal metni ve ilahi açıklamayı çeşitli kişi ve zümrelere anlayabilecekleri bir dille ve daha ayrıntılı bir şekilde anlatmayı esas alan bir beyandır.

Peygamberin en önemli görevlerinden biri de insanları hakka davet ve bu uğurda mücadele etmektir.

"Allah'ın yoluna hikmet ve güzel öğütle davet et ve onlarla en güzel bir biçimde mücadele et."

(Nahl, 6/125; Hac, 22/167; Kasas, 28/87; Şura, 42/15)

Daha evvelki peygamberler gibi, Muhammed (a.s.m.) da halkı Allah Teala'nın yoluna davet etmiş ve bu uğurda çeşitli sıkıntılara ve baskılara maruz kalmış, türlü türlü zorluklarla karşılaşmıştır. Şu halde Kur'an'ı açıklama ve bu yolda çetin bir mücadele yürütme de tebliğin bir parçasıdır. Bir anlamda Kur'an (vahiy) ile peygamberin görevi, amacı ve işleri birebir aynıdır. Vahyi peygambersiz, peygamberi vahiysiz düşünmek mümkün değildir. Vahyi peygamberden ayırma ve soyutlama gayretleri abestir. Vahiy nebinin kişiliğiyle bütünleşmiştir.

Yüce Allah Kur'an'a Mübîn, Nur, Hidayet (Huda), Rahmet, Meriza, Şifa, Mübarek, Hikmet, Hakîm, Sırat-ı Müstakim, Nezir, Beşir, Basiret, Beyan, Hak, Hâdi, Tezkire, Zikir, Münadi, Aziz, Belağ gibi isimler ve sıfatlar vermiştir. (bk. İtkan, Kahire, 1951, I/50) Yani Kur'an bir açıklama, bir bildiri, bir duyuru, bir ışık, bir kılavuz, bir rahmet, bir öğüt, bir şifa, bir mübarek çağrı, bir hikmet, bir dosdoğru yol, bir uyarı, bir müjde, bir ufuk açan görüş, bir doğru, bir gerçek, bir hatırlatma, bir çağrı, bir aziz davettir. Burada sıralanan kavramlar, nitelemeler ve isimler aynen Muhammed (a.s.m.) hakkında da bahis konusudur. Yani Hz. Peygamber de bir Mübin (açıklayıcı), bir ışık, bir rehber, bir uyarıcı, bir müjdeleyici, bir rahmet.... ilh'dir. Muhammed (a.s.m.) ve Onun mübarek hal, hareket ve sözlerini Kur'an'dan soyutlamak mümkün olmadığından ulema Kur'an'a "Vahy-i Metluvv", hadislere ve sünnete de "Vahy-i Gayr-i Metluvv" adını vermiş, Rasul-i Ekrem'in (a.s.m.) hal, hareket ve sözlerini bir tür vahiy saymıştır;

"O, havadan konuşmaz, söyledikleri kendisine vahyolunandan

ibarettir." **(Necm, 53/4)**

mealindeki ayetle de bu görüşünü desteklemiştir. Elbette ki Hz. Peygamber (asm), bir beşerdir, bizim gibi bir insandır. O, insanüstü bir varlık da değildir. Bundan dolayı dünya işleriyle ilgili hal, hareket ve sözleri vahiy değildir, yemek yemesi, su içmesi, uyuması, elbise giymesi, gezmesi ve evlenmesi gibi dünyevi davranışları bizim için önemlidir, ama bağlayıcı yanı yoktur. Hz. Peygamber (a.s.m.):

"Ben de sizin gibi bir insanım, sizin gibi ben de bazı şeyleri unuturum, unuttuğum bir şey olursa bana hatırlatınız." **(Buhari, Salat, 31; Müslim, Mesacid, 90)**

buyurmuştur. Bununla beraber Onun beşer tarafı da önemli ve saygıdeğerdir. Hz. Peygamber (a.s.m.) hâdidir, mürşiddir, rehberdir, yolu bilen ve yol gösterendir. Gerçek anlamda ve en yüksek seviyede hâdi, yani hidayete erdiren ve yol gösteren Hak Teala'dır, ama peygamberler de birer önemli hidayet vasıtalarıdırlar. Nitekim:

"Her kavmin bir hidayetçisi vardır." **(Rad, 13/7)** buyrulmuştur.

"İman eden zat dedi ki: Ey kavmim, bana uyun, sizi doğru yola ileteyim." **(Gafir, 40/29)**

Peygamberler hem Allah Teala'dan aldığı vahyi tebliğ ederek, hem de hal, hareket ve davranışlarıyla örnek olarak ve beyanlarda bulunarak insanlara doğru yolu gösterir, onları Hakkın yoluna iletirler. Kur'an'da sebilullah ve sırat-ı müstakim gibi isimler verilen bu yol Allah'a, yaratılandan Yaratan'a ve kuldan Mevlasına giden manevi bir yoldur. Bir kulluk, ibadet ve ahlak yoludur. Bir kurtuluş yolu olduğu kadar da kemale erme ve faziletle donanma yoludur. Daha önemlisi bu yol ahiret yoludur, Hakka dönme ve Ona erme yoludur, ebedi mutluluk yoludur. İşte, bu yolu en iyi bilen peygamberler ve onların gerçek varisleri ve ehliyetli temsilcilerdir. Bunlara da bu yolu Hak Teala öğretmiştir.

Bahis konusu edilen yol bir yerden diğer bir yere giden maddi bir yol olmadığı gibi dünyevi işlerle ilgili olarak tutulan bir yol (meslek) de değildir. Hz. Peygamber (asm)'nin, hicret esnasında Mekke'den Medine'ye gelirken, kendisini takip eden Kureyş müşriklerine yakalanmadan sağ salim Medine'ye ulaşmak için bu yolu iyi bilen bir rehbere ihtiyacı vardı. Onun için Abdullah b. Erkat isminde yol bilen bir kişiyi delil (kılavuz) edinmişti. (İbn Hişam, es-Sirl, Kahire, 1963, I, 337) Üstelik bu zat o zaman Müslüman da değildi. Görülüyor ki İlahi, uhrevi ve manevi alanda bütün cihan halkına yol gösteren Muhammed (a.s.m.)'a, maddi ve dünyevi bir konuda bir putperest kılavuzluk yapmakta ve yol göstermektedir. İşte dünyevi-uhrevi ayrımı yapmanın temeli budur.

Yüce Allah, vahye mazhar kıldığı Rasul-i Ekrem'e:
"İş konusunda onlara danış." **(Al-i İmran, 3:159)**

yani dünyevi işlerde onlarla istişare et, çevrendekilerin görüş ve deneyimlerinden yararlan, onlarla fikir alışverişinde bulun, karar alırken onların bilgilerinden faydalan, diyor. Buna uyan Hz. Peygamber (asm) devlet ve toplumla ilgili işlerde sahabesiyle müşaverelerde bulunurdu.

Akıl ve Vahiy İlişkisi:

Allah Teala, insana akıl ve fikir vererek Onun yaratıkları arasında seçkin ve ayrıcalıklı bir konumda bulunmasını temin etmiştir. İnsan hayrı şerden, iyiyi kötüden, faydalıyı zararlıdan, güzeli çirkinden, hakkı batıldan ayırt eder. Aklın tanımlarından biri: "İyiyi kötüden ayırt eden bir meleke", diğeri: "İnsanı öbür canlılardan ayırt eden ve teorik bilgileri edinmeye elverişli bir durumda olmasını sağlayan özellik." şeklindedir. Aklı: "Doğuştan insan zihninde var olan zorunlu bilgiler" şeklinde tanımlayanlar da vardır. (bk. Gazali, İhya, Kahire, 1938, I/90) Burada şu soruyu sormak öteden beri âdet olmuştur:

Madem ki ulu Allah insana hayrı, faydalıyı ve hakkı şerden, zararlıdan ve batıldan ayırt etmeye yarayan bir akıl vermiştir, peygamber göndermeye ve kitap indirmeye ne lüzum vardır? İnsanlar akıllarıyla dünyada hayatlarını düzenleyip mutlu bir şekilde ve huzurlu olarak yaşayamazlar mı?

Ateistler, deistler ve vahye dayalı olmayan Brahmanizm ve Hinduizm gibi beşeri dinler, dünyada mutlu bir hayat yaşamak için insana aklın yeterli olduğunu savuna gelmişlerdir. İslam alimleri ise, çok önemli bir bilgi edinme aracı olmakla beraber aklın yeterli olmadığını, vahiy ile desteklenmesi ve tamamlanması gerektiğini ispat etmeye çalışmışlar, bu maksatla bu konuda çeşitli deliller ileri sürmüşlerdir.

Bunlardan bazıları kısaca şöyledir:

Vahiy gelmemiş olsaydı bile dinde emredilen şeylerin güzel, yasaklanan şeylerin çirkin ve kötü olduğunu akıl bilebilirdi ama bunların tümünü bilemezdi. Mesela Allah Teala'yı bilirdi, fakat Onun sıfat, fiil ve isimlerini tam olarak bilemez, bu konuda herkes aklına göre farklı bir şey söyler, doğru ve gerçek olan bilinmezdi. İnsan Allah Teala'nın varlığını akılla bulur; ama Ona ibadet edip etmeyeceğini, ibadet edecekse hangi şekilde ibadet edeceğini kestiremez, herkes kendi aklına göre değişik bir ibadet şekli ortaya koyar, bu da çekişmelere ve karışıklıklara yol açardı. (bk. F. Razi, el Muhassal, Kahire, 1323. s. 156.) Razi, peygamber göndermenin vahiy ile bildirilmemiş olsaydı, insanlar ölümden sonra yeni bir hayatın bulunduğunu tam ve kesin bir şekilde akılla bilemezlerdi. Nelerin ahirette ecir ve sevap almaya, nelerin ceza görmeye ve azab çekmeye vesile olduğunu akıl ve fikirle kavrayamazlardı. Buradan şunu anlıyoruz ki, özellikle, Allah ve Ahiret konularında akıl yetersizdir. Vahiyle aklın aydınlanması şarttır. Gazali'nin de dediği gibi akıl temel, vahiy bu temel üzerine inşa edilen bina gibidir. Akıl göz, vahiy ışıktır. Ya da akıl lamba, vahiy onun yağıdır. Hak Teala "Nur üstüne nur" (Nur, 24/35) derken akıl ve vahiy nurlarına işaret ediyor. Akıl insanın içindeki şeriat, şeriat ise insanın dışındaki akıldır. Kur'an'da (bk. Rum, 30/30) akla din ismi verilmiştir. Fıtrat sağlam bir dindir. (bk. Gazali, Mearicu'l-Kuds, Kahire, 46) Akılla aydınlanmayan bir din hurafelere boğulur, taassup ve batıl inançlara saplanır. Vahiy ile desteklenmeyen akıl ise sapıtır, azgınlaşır, kudurur, sefahet ve ahlaksızlık bataklığına yuvarlanır, tanrılık iddia eder. Şu halde akli ve fikri hayatın vahiyle desteklenmesi bir zorunluluktur. Her toplum için dinin zorunlu olmasının sebebi budur. Cehenneme atılacak olanlar diyecekler ki:

"Eğer vahye kulak verseydik veya aklımızı kullansaydık, cehennemlik olmayacaktık." **(Mülk, 67/10)**

Vahiy de, akıl da rehberdir. Kısacası akıl-vahiy ilişkisi şöyle ifade edilir:

a) Aklı aşan ve akılla bilinemeyen ibadet ve ahiret konularında vahiy insana sağlıklı ve güvenilir bilgiler verir, ebedi mutluluğa giden yolu gösterir.

b) Akılla bilinen ziraat, sanat, ticaret, iktisat, siyaset, hukuk ve ahlak konularında, vahiy akla yardımcı olur, onu destekler ve tamamlar.

c) Sırf akılla bilinebilen aritmetik, geometri, fizik, kimya, mantık, astronomi, tıp gibi akli ve tecrübi ilimleri vahiy tavsiye ve teşvik eder. Daha önemlisi bu ilimlerin insanlığa zararlı olacak şekilde kullanılmasını önler.

Bu üç alan nübüvvet bakımından önemlidir. Birinci alanda akıl vahye tabidir. İkinci alanda geniş ölçüde akıl hür ve serbest, üçüncü alanda ise tamamıyla hür ve serbesttir. Bu hiyerarşinin korunması halinde, ne kadar hür ve serbest olursa olsun akıldan ve onun ürünü olan ilimlerden fertlere ve topluma zarar gelmez.

Vahiy-akıl ilişkisi ister istemez bütün kavimlere ve toplumlara peygamber gönderilmesi gereğini düşündürür. Çünkü, eğer vahiy ve peygamber toplum için çok faydalı ve hayati öneme sahip bir husus ise, Hakim-i Müteal dediğimiz Hak Teala'nın hiçbir kavmi ve toplumu bundan mahrum bırakmaması, vahiy ve peygamber göndermeyi sadece İbranilere ve Araplara tahsis etmemesi gerekirdi. Eğer, bir kavme ve bir topluma peygamber gönderilmiş, diğer birine gönderilmemişse, sonra bu iki toplumun ahlaki ve dini yaşayışları arasında önemli sayılacak bir fark yoksa, peygamber göndermenin faydalarından bahsetmek anlamlı ve ikna edici olmaz. Mesela Yahudi kavmi ve ırkı ahlak ve karakter bakımından öbürlerinden daha iyi durumda değildir. Üstelik Yahudiler dünyanın her tarafında pis, çıkarcı, yalancı ve sömürücü olarak görülmüşler, aşağılanmışlar, zaman zaman sürgün edilmişler, hatta jenoside (soykırım) uğramışlardır. Antisemitizm (Yahudi düşmanlığı) bu kavmin karakterinden kaynaklanmaktadır. Eğer peygamberler bir kavmi edep, terbiye, ahlak, medeniyet ve insaniyet bakımından daha iyi bir duruma getireceklerse, İbranilerde bu hal gözlenmemektedir. Bu noktada Müslüman alimler iki farklı görüş ileri sürerler:

Yüce Allah her topluma ve her kavme bir rasul, bir nebi göndermiştir. Nitekim Kur'an'da:
"Biz her topluma bir rasul gönderdik." **(Nahl, 16:36)**
"Her kavmin bir rehberi (hâdi) vardır." **(Ra'd, 13:7)**

buyrulmuştur. Hak Teala her kavme ve topluma bir nebi ve bir rasul göndermiş, belli bir kavmi öbürlerine karşı kayırmamış, bir ayrıcalık tanımamış ve özel bir muamele yapmamıştır. Kur'an'da bahis konusu edilen peygamberlerin çoğunun Yahudi soyundan olmaları, başka toplumlara ve kavimlere peygamber gönderilmediği anlamına gelmez. Nitekim, Allah Teala bazı peygamberlerden Kur'an'da bahs ettiğini, diğer bazılarından ise bahs etmediğini bildirir. (bk. Gafır, 40:789; Nisa, 4:163) Kur'an'da bahs edilen peygamber sayısı otuzu bulmaz, halbuki ulema 24.000 veya 124.000 peygamberin gönderilmiş olduğundan bahs eder. Bazen bu sayı 224.000 olarak da verilir. Ama bu rakamlar bir kesinlik ifade etmez.

Bildiğimize gore, peygamber ve peygamberlik (prophet, prophercy) sadece semavi dinler dediğimiz Musevilikte, Hristiyanlıkta ve İslam'da var. Bu üç din mensupları da peygamberlerin nitelik, kişilik, görev, ahlaki ve dini durumlarını birbirinden farklı şekilde algılanmıştır. Öbür dünya dinlerinde ise böyle bir peygamberlik kavramı yoktur. Tarih ve bugünkü sosyolojik araştırmalar pek çok toplumun ve kavmin peygamberlik kurumundan habersiz olarak yaşadığını ve yaşamakta olduğunu göstermektedir. Şu halde, her kavme ve topluma peygamber gönderilmediği ifade eden ayetleri tahsis etmek, yani bunu belli kavimlere ve toplumlara hasr etmek gerekmektedir. Ya da rehber (hâdi) sözünü vahiy olmasa bile ilham alan veli (evliya), alim, kurtarıcı ve yol gösterici şahsiyet olarak anlamak gerekmektedir. Bu durumda müşkülat kalmaz. Zira, her toplumda ve kavimde yol gösterici ve kurtarıcı olarak kabul edilen bilgili, aydın, dürüst, fedakar ve inançlı rehber ve örnek zevat vardır. Bunlar her zaman olmuştur. Şu dönemde de vardır, bundan sonra da var olacaktır. Ama İslam inancına göre bunlar peygamber değildir. Derece itibariyle peygamberliğin altında ama ona yakın konumda bulunan salihler, takva sahipleri, sıddıklar, bilginler, bilgeler ve velilerdir. Her yüzyılın başında gelen ve din yenileyen müceddid de bunlardan biridir.

Vahiy ve ilham yoluyla Hak Teala'dan insanlara bilgi akışı, ilk insandan beri kesintisiz olarak sürmektedir. Bu akışın yeni bir din tesis etme şeklinde olan Hz. Peygamber (asm)'in vefatıyla son bulmuşsa da, diğer şekilleri devam etmektedir. Mutlak Hakim olan Allah:

"Peygamber göndermeden bir kavmi cezalandırmam."

(Bk. **İsra, 17:15; Kasas, 28:59**) buyuruyor.

Bu ve benzeri ayetlerden her kavme ve topluma peygamber gönderilmediği, bu sebeple de bu kavimlerin sadece vahiy ile bilinebilen hususlardan sorumlu olmadıkları, ama akılla bilinen hususlardan sorumlu oldukları anlamı çıkarılmaktadır. Buna göre, Allah Teala bütün toplumlara eşit muamele etmiş ve adil davranmıştır, sorumluluğu ve cezayı bilgiyle sınırlandırmıştır.

Peygamberlikten bahsederken bunun evrensel boyutunu daima göz önünde bulundurmak gerekir. Hak Teala, alemlerin Rabbidir, adildir, hiçbir kuluna zulmetmez; rahmet ve merhamet sahibidir, herkese ihsanda ve lütufta bulunur, ayrım yapmaz, peygamberlik meselesini bu çerçevede görmek gerekmektedir.

Peygamber göndermenin Allah açısından gerekliliği tartışma konusu olmuştur. Mutezileye göre peygamberin insanlığa faydası çoktur. Onun için peygamber göndermek Allah üzerine vacib (gerekli)dir. Meseleye sosyal hayat ve sosyal düzen açısından bakan İslam filozofları da peygamber göndermenin zorunlu olduğu görüşünü savunmuşlardır. Eşa'ri kelam bilginlerine göre peygamber göndermek ne vacib (gerekli) ne de zorunlu (zaruri)dir, sadece caizdir, yani Allah peygamber gönderse de göndermese de olur. Maturidiler ise bunu İlahi bir lütuf olarak görürler.

Müslüman filozoflar vahyi ve nübüvvet meselesini akıl teorileri çerçevesinde ve kuvve-i kudsiye ile açıklamışlardır. Aristo biri pasif, diğeri aktif iki türlü akıldan bahseder. Pasif (münfail veya hayvani) akıl boş bir levha gibidir, kuvve halinde akıldır. Kendi kendine şekilleri maddeden soyutlayamaz. Aktif (faal) akıl ona şekilleri maddeden soyutlama imkanını verir. Pasif akıl maddi değildir, bedene bağlı olarak vardır ve fanidir. Aktif akıl ise, fiilen makulleri kendisinde bulunduran bedenden önce vardır, bedenden sonra da varlığı devam eder. Aktif akıl pasif aklı etkileyerek bilgi edinmesini sağlar.

Farabi'de akıl kuvve halindeki nefistir veya nefsin bir kuvvetidir. Fiil halindeki akıl ise kuvve halindeki aklın faal hale geçmesidir; müstefad akıl ise formları maddeden soyutlama niteliğine sahip keşf ve ilhama açık yüksek seviyede teorik bir akıldır. Göz ışık sayesinde nesneleri gördüğü gibi, insan aklı da faal aklın aydınlatması sayesinde bilgi edinir. İnsanın faal akılla ilişkiye girmesine ittisal denir. Bazı insanlar faal akılla yüksek düzeyde ve güçlü bir şekilde irtibat kurarlar. Bunlar nebiler, veliler ve hakimlerdir. Peygamberin faal akılla ilişki kurmasına vahiy, velilerin ilişki kurmasına ise ilham adı verilir. Farabi faal aklı da Cebrail olarak açıklar. Peygamberlerin faal akılla yüksek seviyede ve güçlü bir şekilde ilişki kurma yeteneğine Farabi kuvve-i kutsiye (kutsal yeti) adını vermektedir.

İslam filozoflarının çoğu vahyi ve peygamberliği bu şekilde açıklar. Bazı mutasavvıflar ve kelam alimleri de az çok bu görüşlerden etkilenmişlerdir. Gazalinin çeşitli eserlerinde filozoflara ait bahis konusu görüşlerin izlerini görmek mümkündür. Gazali peygamberlik konusundan şöyle der:

"Peygamberlik insanlık mertebesinin üstünde bir mertebedir. Hayvanlar insanların mertebesini anlayamadıkları gibi insanlar da peygamberlerin mertebesinin (vahyi) anlayamazlar. Nübüvvetin mahiyetini nebiden başkası bilmez." (İhya, III/8)

İnsan için insanlık rütbesine sahip olmak Hak vergisidir, kesbi değildir. Peygamber için peygamberlik rütbesi de böyledir. Fakat, peygamberler <u>tefekkür ve çile ile vahiy almaya</u> müsait hale gelirler. Nitekim, insanlar da insanlığın gereklerini yapa yapa kamil ve faziletli kişiler olurlar.

ÜÇÜNCÜ MESELE:
SON ZAMANLARDA YÜKSELİŞE GEÇEN VE KUR'AN-I HAKİM'İN ALLAH KELAMI VE HZ. PEYGAMBERİN SON PEYGAMBER OLDUĞUNU İNKAR ETME NOKTASINDA GELEN BİRTAKIM FELSEFİ MESELELERE CEVAPTIR

Kur'anda Nisa suresinde miras paylaşımı konusunda Matematik hatası olduğu iddiası:

Kuran'daki matematik hatası, internette inananlarla inanmayanlar arasında belki de en yoğun tartışılan konulardan olsa gerek. Bu durum, yani meselenin bu denli yoğun tartışılıyor olması, *"demek ki iddia edildiği gibi Kuran'da bir matematik hatası yok, aksi halde bu kadar tartışma olmazdı, ne de olsa matematik kuralları objektif ve kesindir"* gibi bir algıya yol açabilir. Bu konuda sözde ayetlerin inkar edilmesi için, şeytani bir tarzda, kırk türlü argüman ve itiraz geliştiriliyor. Kuran'da bir hata olduğunu zorlama bir kabullendirme şekliyle zihinlerde şüphe uyandırılmaya çalışılıyor. Oysa ki Allah kelamında böyle bir hatanın olmadığını şimdi isbatlarıyla vereceğiz. Bu yazıda, söz konusu matematik hatasını islamî kaynakları da delil göstererek açıklamaya ve inkarcılar tarafından geliştirilen karşı argümanların/savunmaların (görebildiğim kadarı ile) hepsine cevap vermeye çalışacağım. Malesef İslam tarihinde ayetler arası irtibatın koparılmasından doğan sıkıntıları her alanda görebiliyoruz. Bunun en acı örneği "**Miras hukuku**" alanındadır. Malesef mezhepler bu konuda verdikleri yanlış hükümlerle Kur'an'ı da zan altında bırakmışlardır. Bugün, inanmaya gönlü olmayanlar, miras konusunda Kur'an'da matematik hatası olduğunu söylerler ve mezheplerdeki mevcut miras dağılımı anlaşıyına göre haklıdırlar ama biraz sonra göreceğiz ki, Kur'an-ı hakim'in göz ardı edilen bir miraz ayeti daha vardır ve o ayet çözüme dahil edildiğinde, mükemmel ve tam adaletli bir miras paylaşımını ortaya koymaktadır:

2. Nisa Suresi'nin 11. ve 12. Ayetleri:

Ayetlerin hem Arapçasını hem de diğer bütün Türkçe meallerini de okuyabilirsiniz.

Nisa/11

Allah, size, çocuklarınız(ın alacağı miras) hakkında, erkeğe iki dişinin payı (e=2k) kadarını emreder. (Çocuklar) ikiden fazla kız iseler, (ölenin geriye) bıraktığının üçte ikisi (2k/3) onlarındır. Eğer kız bir ise (mirasın) yarısı (k/2) onundur. Ölenin çocuğu varsa, geriye bıraktığı maldan, ana babasından her birinin altıda bir hissesi (k/6) vardır. Eğer çocuğu yok da (yalnız) ana babası ona varis oluyorsa, anasına üçte bir (k/3) düşer. Eğer kardeşleri varsa, anasının hissesi altıda birdir (k/6). (Bu paylaştırma, ölenin) yapacağı vasiyetten ya da borcundan sonradır. Babalarınız ve oğullarınızdan, hangisinin size daha faydalı olduğunu bilemezsiniz. Bunlar, Allah tarafından farz kılınmıştır. Şüphesiz Allah, hakkıyla bilendir, hüküm ve hikmet sahibidir.

Nisa/12

Eğer çocukları yoksa, karılarınızın geriye bıraktıklarının yarısı (e/2) sizindir. Eğer çocukları varsa, bıraktıklarının dörtte biri (e/4) sizindir. (Bu paylaştırma, ölen karılarınızın) yaptıkları vasiyetlerin yerine getirilmesi, yahut borçlarının ödenmesinden sonradır. Eğer sizin çocuğunuz yoksa, bıraktığınızın dörtte biri (e/4) onlarındır. Eğer çocuğunuz varsa, bıraktığınızın sekizde biri (e/8) onlarındır.

(Yine bu paylaştırma) yaptığınız vasiyetin yerine getirilmesinden, yahut borçlarınızın ödenmesinden sonradır. Eğer kendisine varis olunan bir erkek veya bir kadının evladı ve babası olmaz ve bir erkek veya bir kız kardeşi bulunursa, ona altıda bir (e/6) düşer. Eğer (kardeşler) birden fazla olurlarsa, üçte birde (e/3) ortaktırlar. (Bu paylaştırma varislere) zarar vermeksizin yapılan vasiyetin yerine getirilmesinden, yahut borcun ödenmesinden sonra yapılır. (Bütün bunlar) Allah'ın emridir. Allah, hakkıyla bilendir, halîmdir (hemen cezalandırmaz, mühlet verir.)

Bir kere, öncelikle ardı ardına gelen bu iki ayette miras paylaşımı, kadın için (k) ve erkek için (e) öyle güzel bir şekilde ayrıştırılmıştır ki, ayetlerde böyle bir ayrıştırma olduğu daha önceki 1400 yıldır gelen alimlerce açıklanmadığı için, meselenin isbatı için önemli bir argüman daha baştan gözden kaçmıştır. Bu eserde, ilk kez bu paylaşımda hiçbir hata olmadığını ve hatta en mükemmel bir miras paylaşımı ortaya konduğunu ilk kez açıklamış da olacağız. İkincisi ise, eski devirlerde yaşayan hukukçular ve konunun uzmanları veya İslam alimleri o devirlerdeki şartları göz önüne alarak bazı açıklamalar ve ilmi isbatlar ortaya koymuşlardır. Örneğin, ilk kez bu mesele gündeme geldiğinde Hz. Ömer zamanında "**Avliye çözümü**" ile meselenin halline gidilmiş, daha sonraları ise Şia'da İbn-i Abbas'ın "**Öncelik sırası**" çözümü gündeme gelmiştir. Fakat daha sonraları (yaklaşık 900 yıl boyunca), Osmanlı ve diğer İslam devletlerinde uygulanan hukuk sistemleri dahil ya bu iki çözümü kullanmış veya o dönemin ihtiyaçlarına göre şeyh-ül İslamlar tarafından çeşitli düzenlemeleri içeren fetvalar verilmiştir. Fakat günümüze kadar, ayetlerdeki bu "**Kadın-erkek mirasçı**" ayrıştırımı hiçbir zaman dikkati çekmemiş veya yorum gerektirmiştir. İşte, şimdi kısaca bu çözümü bu kısımda aktaracağım:

Hata iddiasında bulunanlar şu örneği veriyorlar:

Diyelim ki evli bir çiftten kadın olan öldü, geriye; 3 kız, anne baba ve koca kaldı. Ayetlere göre taksimat yapalım: Baba =1/6 Anne= 1/6 kızlar=2/3 Koca= 1/4

Toplayalım: **1/6 + 1/6 + 2/3 + 1/4 = 15/12**

Verdi ve matematiksel olarak pay paydadan büyük çıktığı için sağlama yapamayız ve bu bir hata gibi görünmektedir. Oysa gerçekte öyle mi? Şimdi bakalım:

Bu işi içinden çıkılmaz bir duruma sokan fahiş bir hatadır. Mezhepler bunu Kur'an'ı daha dikkatli okuyup çözmek yerine kendi kafalarına göre yeni kat sayılar belirleyince, bu problem günümüze kadar gelmiştir. Oysa ki Allah, Kur'an'da hatasız bir sistem belirlemiştir. Evli bir çiftten kadının öldüğünü düşünün, bu kadının akrabaları, annesi, babası ve çocuklarıdır. Kocası akrabası değil, evlilik sözleşmesinden ötürü mirastan payı vardır. Allah bu konuyla ilgili şu hesaba katılmayan ayeti indirmiştir:

"Herkes için ebeveynlerini ve yakınlarını mirastan pay alacak mirasçılar olarak belirledik. Aranızda sözleşme olanlara da nasiplerini verip gönderin. İyi bilin ki Allah herşeye hakkıyla şahittir" (4/33)

{**Hesaba dahil edilmeyen, gözden kaçan ayet**}

Ayette belirtilen yakınların çocuklar ve kardeşler olduğu pay dağılımı yapılan ayetlerden anlaşılıyor. Sözleşmeden kasıt evlilik sözleşmesidir. Dolayısı ile açıkça görüldüğü üzere "**ebeynler (e-k) ve yakınlar ile eş**" ayrı sınıflar olarak zikredilmiştir. Ve Allah sözleşmeniz olanlara da nasibini verin demiştir.

Şimdi yukarıdaki matematiksel soruyu tekrar sağlama yapalım:

Kadın öldü, geriye; anne, baba, üç kız ve koca kaldı.

Mirastan hakları şu şekildedir: Anne =1/6 Baba= 1/6 Çocuklar= 2/3 Koca= 1/4

Nisa 33. ayette belirtildiği üzere kocaya hakkı verilip gönderilir. Yani kalan mirasin 1/4'ünü alıp ayrılır. Geriye kalan Nisa otuz 33'te de belirtildiği gibi merhumun asıl akrabaları arasında söylenen oranlarda dağıtılır:

(e+k)=1 olduğu düşünülürse;

1/6 + 1/6 + 2/3 = 6/6 = 1   Görüldüğü gibi hiç bir hata yoktur.

Eğer ayrılan kocanın diğer bir mirasçı kadın akrabası var ise bu durumda ona da koca'nın Nisa (1)' e göre (k=e/2)'si verileceğinden, (¼)/2=1/8 hissesi olacağından Nisa 12'ye göre diğer paylaşımın da sağlamasını yaparsak;

e=2k=1 olduğu düşünülürse;

e/4 + e/3 + e/6 + e/8 +e/8 = 8/8 = 1   Görüldüğü gibi yine hiç bir hata yoktur ki;

Bu isbatlar ayetlerin geçerliliğini iskat etmeye çalışan inkarcı münkirlerin gözlerine adeta o mirasçıların iki parmağını da sokacak şekilde iki kere iki dört eder neticesinde kuvvetli bir şekilde isbat ve ilan etmektedir.

Ölen kişi erkek olursa sonuç yine değişmez, herkes problemsiz şekilde tam olarak payını alır. Kur'an'da tüm çelişki iddiaları benzer şekilde <u>ayetlerin birbiriyleriyle olan ilişkileri koparılarak</u> meydana getirilmeye çalışılmaktadır. İşte, inkarcıların kafa karıştırmaya çalıştıkları bu miras paylaşım meselesi bu kadar basit bir ilmi yöntemle göz ardı edilen o ayeti hesaba kattığımızda çözümlenmektedir.

DÖRDÜNCÜ MESELE:
KUR'AN'IN KAYNAĞINA DAİR DİĞER İNKARCI İFTİRALAR VE CEVAPLARI:
KUR'AN'DA TEZAT YOKTUR

"Kur'an'ı düşünmüyorlar mı? Eğer o Allah'tan başkası tarafından indirilmiş olsaydı, onda birbirini tutmayan çok şeyler bulunurdu." (Nisa: 82)

Kur'an bırakın bilimle çelişmeyi, 1430 yıldır ve halen daha bilime kılavuzluk eden bir din kitabıdır. Yani, bırakın bunu, Kur'an'ı anlamak bile bir bilim ve emek, gayret gerektirir. Kur'an'ı anlama ve anlatma ilmine tefsir ilmi denir ve bu ilmin kürsüsü, profesörleri, usûl - metodları, detayları vardır. Bu detaylardan birisi de "**Müşkilü'l-Kur'an**" (Kur'an'ın bilinmeyen ayetlerinin alimlerce çözümlenmesi ve asrın yeniliklerine göre açıklanması) adlı bölümdür ki, bu kısımda ancak ilimde çok yükselmiş belki hatta zamanın kutbu olan "**Müceddid**" söz söyleyebilir ve kendi asrının zamanının ilmi derinlik seviyesine ve algılamasına göre bir yenilik, tecdid getirir, Kur'an-ı Hakim'i yeniden açıklayarak tefsir eder. Dolayısıyla, okuyucunun alt yapısı yoksa, ayetlerde anlayamayacağı farklı anlamları daha açık ve detaylı okuyucuya açıklayan bu ilim dalıdır ve açıklayan kişi de zamanın mürşid-i kamili'dir.

Okuyuculara tezatmış gibi gelen (MESELA BU ESERDE ELE ALDIĞIMIZ TEMEL KONU OLAN "ESKİLERİN MASALLARI" denen Kur'an'a yönelik itirazlar ve inkarcı fikir kaynakları) ve temelde tefsir ilminin bilinmemesinden kaynaklanan bazı meselelerin dört ana sebebi vardır:

BİRİNCİSİ: BİLDİRİLEN MESELENİN SAFHALARININ BULUNMASI VEYA BULUNAMAMASI VEYA O SAFHALARI GÖRMEK İÇİN MEVCUT İMKANLARIN OLMAMASI (ÖR:

Evrim teorisindeki canlıların başlangıçta nasıl yaratıldıkları süreci veya Evrenin Yaratılışındaki ilk başlangıç anı: "BİG BANG" gibi). Mesela insanın yaratılış safhaları: Toprak (Âli imran:59), Balçık (Hicr:26), Nutfe (Nahl:4)...gibi yaratılışın çeşitli safhalarından bahsedilmesi, bu meselenin uçları tarihin bizce bilinemeyen çok derinlerinde kalmış oldukları için, ayet özet halinde meselenin kesitlerini ortaya koyarak vermektedir.

İKİNCİSİ: KONU FARKLILIĞININ BULUNMASI: Mesela "Kadınlar arasında adaleti gerçekleştiremeyeceğinizden endişe ederseniz, bir kadınla evlenin." (Nisa:3) ayeti ile "Ne kadar isteseniz de kadınlarınız arasında adalet yapamazsınız." (Nisa:129) arasında bir fark yoktur: Birinci ayet HUKUKİ bir meseleyi DÜZENLER ve anlatırken; ikinci ayet KALPTE duyulan bir TEMAYÜLE işaret etmektedir ve aslında her iki ayette sonuçta tek eşliliği tavsiye eder.

ÜÇÜNCÜSÜ: İŞİN İKİ AYRI YÖNÜNÜN OLMASI: "Attığın zaman sen atmadın, lakin Allah attı." (ENFAL:17): Yani ey Muhammed! Kumu sen attın ama isabet ettiren Allah'tı! Hedefi tam onikiden vuran ve vurdurtan, o olayı - mucizeyi asıl sana yaptırtan, hatırlatan Allah'tır, O'nu unutma ve O'nu an! Manasında kullanılmıştır.

DÖRDÜNCÜSÜ: KELİMENİN HAKİKİ VE MECAZİ ANLAMDA KULLANILMASI: Mesela: "Kıyamet günü insanları sarhoş görürsün, halbuki onlar sarhoş değillerdir." (Hac:2): "Sarhoş" kelimesi birinci de MECAZİ (sarhoş gibi; korkudan yalpalar, titrer, akıl dışı fiiller yapar...), ikincide GERÇEK manada (yani onlar sarhoş değil, ürkek, korkak; o nedenle öyle görünüyorlar...) kullanılmıştır!

DOLAYISIYLA, TEMELİ OLMADAN KUR'AN'A YAKLAŞMAK YA KÜFÜR YA SAPIKLIĞA GÖTÜRÜR!

BEŞİNCİ MESELE:
KUR'AN'IN KAYNAĞINA DAİR İFTİRALAR
Hz. peygamber vahiy beklentisi içerisinde değildi:

Toplumun genelinde böyle bir beklenti yoktu. Bunun en açık kanıtı Hz Muhammed'in peygamberliğini ilan ettiğinde karşılaştığı tepkidir. İlk vahiy geldiği zamanki davranışları gösteriyor ki kendi dışından ve kendine rağmen bir kuvvet tarafından adeta yakalanıp kendisinin rağmına bir elçiliğe memur edilmiştir. Rasulallah, Hira mağarasında iken ansızın melek kendisine gelerek "oku" dedi. O "Ben okumak bilmem" diye cevap verdi. Melek kendisini canını acıtacak derecede sıktı ve tekrar "oku" dedi. Tekrar aynı cevabı alınca üçüncü defa sıktı ve bırakıp Alak suresinin ilk ayetlerini getirdi. Rasulallah kalbi ürperti içerisinde eve döndü. Hz. Hatice'ye "beni örtün beni örtün" dedi. Örttüler, derken korkusu zail oldu. Kendisinden endişe ettiğini bildirince Hz Hatice, iyi sıfatlarını anlatarak Allah'ın kendisini mahcup etmeyeceğini söyleyip teselli etti. Bundan sonra Hatice O'nu hristiyanlığı seçmiş bir bilgin olan amcaoğlu Varaka bin Nevfel'in yanına götürdü. Hz. Peygamber olanı biteni anlattı. Bunun üzerine Varaka, "Bu gördüğün Allah'ın Musa'ya indirdiği en büyük kanundur. Keşke senin davet günlerinde genç olsaydım da kavminin seni çıkaracakları zamanı görseydim." dedi ve o günlere yetişebildiği takdirde yardım edeceğini söyledi. Yaşanan olaydan anlaşılacağı gibi peygamber kendi dışından bir kuvvet tarafından adeta yakalanıp kendisinin rağmına bir elçiliğe memur edilmiştir. Bu durum birçok peygamberin bi'setinde görülmüştür. Eğer Rasulallah haşa yalancı olsaydı, önünde dilediği gibi şekillendireceği bir yalan alanı vardı. Cebrail'in üç kez kendisini sıkıp neredeyse canının çıkacağını söylemek yerine, dostça yanına gelip şefkatle elini tuttuğunu, mahiyetini ve amacını bilemediği "oku" şeklindeki kesin ve beklenmedik emir yerine arkadaşça sohbet ettiği gibi birşey söylemesi gerekirdi. Aynı şekilde tedirgin ve korku içerisinde eve dönmek yerine mütebessim ve sevinçli bir şekilde dönmesi daha makul idi. <u>Peygamberliğini ilan ettiğinde müşriklerden hiç kimse çıkıpta "Peygamberlik iddiasında bulunacağı öteden beri belliydi" gibi bir iddiada bulunmamıştır. Aksine kendisi ve yakın çevresi tarafından hiç beklenmeyen bir durumdu.</u> Bazı müsteşrikler de bu noktaya dikkat çekmişlerdir. İngiliz müsteşrik Alfred Guillaume Hz. Muhammed'in (a.s.m) peygamberliğine inanmadığı halde bu olayı onun samimiyetine ve Hira mağarasında kendisine görünenlerin kuşku götürmez bir gerçek olduğundan emin olma isteğine delil olarak değerlendiriyor. [1] Marksist Maxime Rodinson de söz konusu noktaya açıkça dikkat çekmekten kendini alamamıştır. Nitekim Rodinson Hz Peygamberin (a.sm) kendisine gelen şeyin Allah'ın vahyi olduğuna kesin kanaat getirmeden önce uzun bir süre tereddüt geçirdiğini kabul ediyor.[2]

İlgili kaynak:

(1) Alfred Guillaume İslam Pelican Books

(2) Maxime Rodinson Mahomet Editions du Seuil.

Hz. Peygamber Kur'anı Mekke'de oturan bazı Yahudi ve Hristiyanlardan edindi "ESKİLERİN MASALLARI" iddiası:

Hiçbir tarihi kaynakta Mekke'de yahudi ya da hristiyan dini bir grubun bulunduğu bildirilmemiştir. Olayların gelişim süreci ve sonuçları da bunu ortaya koymaktadır. Olmayan bir şeyi varsayıp üzerine tartışma yapmak doğru değildir. Kölelik, satıcılık, hamallık gibi sebeplerle Mekkeye gelmiş Romalı ve Habeşistanlı bazı hristiyanlar mevcuttu. Kölelik, satıcılık, hamallık gibi sebeplerle

Mekkeye gelmiş romalı ve habeşistanlı bazı hristiyanlar ise mevcuttu. Fakat bu kişilerin herşeyden önce dili yabancı idi ve ortada ilmi olarak istifade edilebilecek kaynak niteliğinde hiçbirşey yoktu. Böyle birşey olsaydı, Mekke müşrikleri Hz. Peygamberin arzusunu kırmak için Medineye gideceklerine diledikleri bütün malumatı o kaynaktan elde etmeleri gerekirdi. Ve Kur'an dil engelini bildirdiğinde (Nahl 103) kafirler susmazlar ve onu çürütmeye çalışırlardı. Yine görülüyor ki, müşrikler Hz. Peygambere Kuran'ın hangi yerinin öğretildiğini söylemek yerine genel bir ittihamla yetiniyorlardı. Halbuki elinde delil bulunan bir kişi böyle önemli bir ittihamda hedeflediği noktayı açıkça belirtir, şahitler getirir, gerçeğin açığa çıkmasını sağlayacak yer ve zaman gibi faktörleri belirtirdi. Halbuki kafirlerin sözlerinde genel bir ithamdan başka bir şey bulunmamaktadır. İttihamın geçersiz olduğunu gösteren akli bir gerekçe de şudur ki: Hz. Peygamber'in Kur'anı kendisinden öğrendiği iddia edilen kişi ya da kişilerin gelişen süreç içerisinde ya müslüman olmaları ya da olmamaları şıkkıdır. <u>Eğer müslüman olduklarını düşünürsek kendilerinin kopya verdiği ve bu kopya sayesinde peygamberliğini iddia eden kişiye niçin iman edip onun maiyeti haline geldiler.</u> Müslüman olmadıklarını düşünürsek o <u>zaman niçin bunu açıklamayıp kendi verdikleri bilgilerle birinin peygamberliğini ilan edip kendilerini yalanlamasına ve bu şekilde binlerce insanı arkasından götürmesine razı oldular.</u> Böyle bir itham doğru olsaydı, Ubeydullah bin Cahş (daha önce müslümanlığı kabul etmişken habeşistanda hristiyan olan), Muhacir müslümanlara karşı Necaşi'yi kışkırtmaya giden Kureyş elçileri, <u>Necaşinin sorularına muhatap olan Ebu süfyan ve beraberindekiler bu ithamı yinelerlerdi.</u> Çünkü bu ve benzeri durumlar, Hz. Muhammed ve dini aleyhinde altın bir fırsattı. <u>Üstelik bu karalamayı yapan çevredeki insanların çoğu müslüman oldu. Bir insan böyle bir ithamı gerçeklere</u>

dayanarak yaptıktan sonra dönüp müslüman olabilir mi? Herşeyden önemlisi Kur'anın 1400 senedir dünyaya ışık saçan hikmeti öyle bir kaç kişiden duymakla öğrenilecek bir şey olmadığı da söylemeye bile gerek bulunmayan bir gerçektir. Kısacası nereden bakılırsa bakılsın bu iddianın ele avuca gelen bir yönü yoktur... <u>Ve en önemlisi tevrat ve incil'e zıt olan ayetler nasıl açıklanacak..? Ya da günümüzde ancak anlaşılabilen bilimsel ayetler...!?</u>

Mekke dışındaki temasları ile yazdı "ESKİLERİN MASALLARI" iddiası:

Hz Peygamber'in mekke dışına birkaç seyehatinin olduğunu kaynaklar yazmaktadır. Hz peygamber'in bu seyehatleri esnasında Hristiyan ya da yahudi fikirlerinden etkilendiğine ya da görüşmeler yaptığına dair herhangi bir bilgi kaynaklarda yoktur. Hatta hristiyan bir toplum ile karşılaşıp karşılaşmadığı dahi kaynaklarda mevcut değildir. <u>Bu şekilde dışarıdaki diğer din sahipleri ile bir temas olsaydı, açığını arayan Mekke müşrikleri bunu ifade etmekten geri durmazlardı. Çünkü bu seyehatleri sırasında mutlaka yanınında Mekkeli hemşehrilerinden bazı insanlar vardı. Öyleyse, neden böyle bir şeyden kimse söz etme gereği duymadılar. Hadi yanındakiler bahsetmedi temas kurduğu, bilgi aldığı kişilerden niçin herhangi bir haber gelmedi? Mekke'li müşrikler Mekkedeki dil bilmeyen bir rum köleden başkası için böyle bir iddiada bulunmadılar.</u> Bu iddiaları da Kur'an tarafından cevaplandırıldı ve kuru bir itham olduğu için bunu isbatlamadılar ve sürdürmediler.

Görüldüğü gibi, bu iddiayı yapanlar hiçbir somut delile dayandırmadan tarihi ve akli gerçeklerle zıtlaşmak pahasına da olsa tamamen kafalarında tasarladıkları senaryoya göre (küçücük bir kemikten destan gibi bir evrim masalı yazdıkları gibi) küçük ve aslen alakasız bir şeyden yola çıkarak bir sürü hikaye oluşturmaktadırlar.

Araştırmanın başında karar verdikleri yalanlama ve çürütme duygusunun etkisi ile iddialarının mantıkla ne kadar çelişki içerisinde olduğunun farkına varamamaktadırlar. Olayın geçtiği zaman ve mekan içerisindeki şiddetli muhaliflerin göremedikleri ayrıntıları yüzlerce sene sonra taraflı kurgularına malzeme yapmak isteyenlerin bilime, gerçeklere ve insanlığa ne kadar zarar verdikleri ortadadır.

Mesela, Necran Hristiyanları ile tartışma sonunda yalancının lanetlenmesi şeklinde bir yola gidilmesine karar verildiğinde hristiyanlar bunu kabul etmediler. Yalancıyı lanetlememek için Rasulullahın şartlarını kabul ettiler. Bu da onların gerçek niyet ve duygularını açıkça ortaya koyuyor. Durum bu iken niçin Necran hristiyanları ta baştan Hz Peygamber'e memleketine gelen, kilise ve rahiblerini ziyaret edip onlardan bilgi alan eski tüccar olduğunu hatırlatmadılar. Böylece cizye yolunu kapatmak mümkündü. Bu kadar büyük bir açık varken! Yenilgiyi kabul ettiler.

Öte yandan, Hz. Peygambere büyük düşmanlık besleyen, Medine münafıkları ile gizlice toplantılar düzenleyen ve Mescid-i Dırar ayetlerinin kendisi hakkında indiği fasık rahib Ebu Amir neden böyle büyük bir fırsatı kaçırsındı. <u>Düşmanlıkta o kadar ileriydi ki, Hirakl'e gidip yardım dahi istemişti.</u> Eğer yalan yanlış da olsa kulağına bu konuda birşeyler gelseydi bunu söz konusu etmez miydi? Özellikle yahudiler Mekke müşriklerine ruh, Zülkarneyn vs. konularda sorular empoze edip Rasulullah'a sormalarını sağlıyorlardı. <u>Ellerindeki Tevrat ilmine son derece cimri ve kıskanç olan yahudiler niçin bu bilgilerin kendilerinden alındığına dair bir ithamda bulunmadılar.</u> Yahudiler kendilerinden zina eden iki kişi hakkında hakem olarak Hz. Muhammed'e başvurmuşlardı. Amaçları da bu çiftin recmedilmemesi idi. Eğer Hz. Muhammed'in Tevrat hakkında bilgisinin bulunmasında en ufak bir kuşkuları bulunsa idi hakem olarak ona başvurmazlardı. Çünkü o takdirde Tevratta yer alan recm ile hükmedeceğini tahmin ederlerdi. Hz. Muhammed kendilerine bu konunun Tevrattaki hükmünü sorunca onlar bunu gizlediler. Rasulullah (asm) Tevrat'ı getirmelerini emretti. Tevrat getirildiğinde onların bilgini Tevrattaki recm hükmü üzerine elini koydu. Kendince recm hükmünü Hz. Muhammed ve etrafındaki müslümanların gözünden kaçırabileceğini zannetti. (İbni hişam Es-Siretün Nebeviyye). Bütün bu gerçekler gösteriyor ki, Hz Peygamber'in sözkonusu seyehatlerinde Ehl-i Kitab'ın dini kültüründen yararlanarak Kur'anı meydana getirdiğine ilişkin iddialar tarihsel ve mantıksal olarak geçersizdir.

Rahib Bahira Öğretti "ESKİLERİN MASALLARI" iddiası:
O'nu peygamber olmadan görmüş ve tanımıştı, O'na Kur'an'ı öğretmesi nasıl mümkün olabilir?

Hz. peygamber 12 ya da 9 yaşındayken bir ticaret kervanıyla amcası Ebu Talibin yanında yola çıktı. Kervan Şam bölgesinde bulunan Busra'ya vardı. Orada bir manastırda yaşayan Rahib Bahira bu kervanı misafir etti. Yaşı küçük olduğu için kafilenin yüklerini beklemek üzere bırakılan Hz Muhammed dışındaki herkes davete katıldı. Bahira Onun da katılması konusunda ısrar etti, çünkü onda bazı belirtiler görmüştü. Hz. Muhammed'e birtakım sorular sordu. Bunun üzerine onun peygamber olacağını kesin olarak anladı ve yahudilerin tuzakları konusunda Ebu Talib'e uyarıda bulundu ve Şam'daki ticaretini bitirir bitirmez Mekkeye geri götürmesini tembihledi.*

Tarihi kaynaklarda anlatılan bundan ibaret olmasına rağmen, bu vakadan bir sürü senaryo üretilmiştir. Bu iddialardan bazıları ise;

"- Hz peygamber Bahira'nın yanına defalarca gitti." (Hiçbir kayıtta olmayıp uydurulan bir iddia. Tarihi kayıtlara göre Rasulullah bir daha Bahira ile görüşmemiştir.)

"- Bahira ile görüştüğünde 12 yaşında olması ondan bilgi almasına engel değildi." (Bütün İslami ilimlere kaynaklık eden Kuran ve Sünneti bir görüşme ile 12 yaşına elde ettiği iddiasının komikliği zaten ortadadır.)

"- 12 yaşında olduğu doğru değildi." (Demek ki tarihi kaynaklar yerine din karşıtlarının uydurmaları kaynak olmalı!)

Rasulullah o karşılaşmadan sonra sadece bir defa ticaret için sefere çıkmıştır. Onda da tüm tarihçi ve siyerciler Bahira ile karşılaşmadığına ittifak ediyorlar. Rahib Bahira zaten bu karşılaşma sırasında gayet yaşlı idi. Hz Muhammed Bahira ile karşılaşmasında ve diğer ticaret seferinde yanında Mekkelilerden insanlar vardı ve gizli bir durum zaten söz konusu olamazdı. Yanındaki insanlar ya müslüman olmuş ya da olmamıştır. <u>Müslüman olduysa böyle bir şeye şahid olmadığının kanıtıdır. Müslüman olmadıysa şahid olduğu böyle bir durumu mutlaka söylemeliydi.</u> Rum bir köle için böyle bir itham yapana kadar bunu söylemek gerekirdi. İslamiyet karşıtlarında olayı objektif bir şekilde değerlendirmek yerine "belki buradan birşey çıkartırız" psikolojisi görülmektedir. Bu anlayışla yaklaşım gösterenlerin gerçeği görme şansının ne kadar az olduğu, iddiaların mantıksal örgüden yoksunluğu ile açığa çıkmaktadır. *İbn-i Saad Tabakat, Taberi Tarih.

Varaka Bin Nevfel Öğretti "ESKİLERİN MASALLARI" iddiası:

Varaka Bin Nevfel'in Peygamber olmadan O'na iman etmiştir, O'na önceden ders vermemiştir:

<u>Varaka bin Nevfel peygambere ders veren biri değil iman eden biridir. Bir insan kendi ders verdiği kişinin olağanüstü bir iddia ile karşısına çıkması karşısında ona iman ederek mi tepki verir...</u> Hz. Peygambere ilk vahiy gelip eve döndüğünde Hz Hatice Varaka Bin

Nevfel'in yanına gelip Hz. Muhammed'in Hira mağarasında görüp işittikleri hakkında görüşünü sorduğunda, "Kuddüs kuddüs! Varakanın canı kudretinin elinde bulunan Allah'a yemin ederim ki ey Hatice, eğer bana anlattıkların doğruysa, O'na Hz Musa ya gelen Namus-u Ekber (Cebrail) gelmiştir ve O bu ümmetin peygamberidir. Ona de ki sebat etsin." Daha sonra Hz peygambere dedi ki:

"**Kavmin seni şehrinden çıkardıkları zaman keşke hayatta olsaydım!**"

Rasulullah (asm):

-Beni çıkaracaklar mı? Diye sordu,

"**Evet, senin getirdiğini getiren hiçbir kimse gelmemiştir ki düşmanlıkla karşılaşmasın. Eğer, o güne ulaşabilirsem sana büyük bir destek vereceğim.**" {Buhari- Müslim}

Varaka daha önce hristiyan olmuş tevrat ve incil hakkında bilgisi olan bilge bir insandı. Varakanın ismi ilk defa peygamberliğin gelişiyle duyulmaktadır. Varaka ile ilgili tek bilgi islam kaynaklarında verilen yukarıdaki bilgidir. Görüldüğü gibi, Varaka Hz. Muhammmed'in peygamberliğini kabul etmiştir. O sırada yaşı ilerlemiş bir ihtiyar olduğuna bakılırsa, onun bu tasdik ve şehadetinin önemi daha iyi anlaşılır. Çünkü o yaştaki bir Mekke'li ihtiyarın yeni bir fikir ve inancı benimsemesi oldukça zordur. Bilhassa, kendisiyle aynı şehirde yaşamış ve kendisinden çok küçük yaşta olan bir kişiden bunu kabul etmesi ve buna karşılık Hz Muhammed'in henüz daha bir iddiası yokken ve elinde de güç ve hakimiyette bulunmazken bunu itiraf etmesi gösteriyor ki, Varaka bu itiraflarında son derece samimiydi. Durum tüm açıklığı ile bu hal üzere iken Hz Muhammed'in ondan ders aldığını iddia etmenin ne tarihi kaynakta aktarılanla ne de olayın mantıksal sonucuyla bağdaşan bir tarafı elbette ki bulunmamaktadır. Rivayet, Varakanın ona ders verdiğini değil; ona iman ettiğini bildiriyor. Bir insan kendisinden ders alıp, daha sonra da aldığı bu derslerle peygamberlik iddia eden birine iman eder mi? Ya da tepki gösterip onu reddetmez mi?

Burada rivayeti:

- Ya kabul etmek,
- Ya reddetmek,
- Ya da olduğu gibi kabul etmemek.

gibi üç şık mevcuttur. Rivayeti kabul ettiğiniz zaman zaten onun Hz Peygamberin Nübüvvetini tasdiklediğini kabul etmişsiniz demektir. Rivayeti reddettiğiniz zaman iddia da söz konusu olamaz. Eğer rivayeti olduğu gibi kabul etmiyorsanız o takdirde Varaka'nın niçin tepki göstermediğini siz söylemelisiniz. Kendisinden ders alıp haşa halka bana vahiy geliyor diye kandıran birine niçin sesini çıkarmadı. Hadi o sesini çıkarmadı, peki 1400 sene sonraki objektif!! din karşıtlarının görebildiği bir ders olayını o herşeyi dillerine dolayan şiddetli Mekkeli müşrikler nasıl oldu da hiç göremediler. <u>Rum bir köleyi itham vesilesi yapan o müşrikler Varakayı niçin yapmadılar</u>. Görüldüğü gibi ortaya atılan iddia rivayetin kabulüyle de, reddiyle de olduğu gibi kabul edilmeyişi ile de çelişmektedir. Buna rağmen, din karşıtları bu iddiayı senaryolarının içerisine koymaktan çekinmemektedirler.

Haniflerden alındığı "ESKİLERİN MASALLARI" iddiası:

Hz. peygamber devrinde mekkede parmakla sayılacak nicelikte ve toplum üzerinde etkileri görülmeyen hanifler mevcuttu. Hiçbir hanif Hz. Peygamberin İslamı kendilerinden öğrendiğine dair bir iddiada bulunmamıştır. Kaldı ki, <u>Haniflerden bazıları ise İslamiyete kılıç ve sözle karşı koymuşlardır</u>...Hz. Muhammed'den önce Hicaz bölgesinde hanifler denen ve Allah'ın birliğine inanan bazı kimseler vardı. Bunların bazısı İbrahim peygamberin dinine yakındır diye yahudiliğe ve hristiyanlığa meylederdi. Bununla beraber bu inanç çok yaygın değildi. Böyle düşünen çok az hatta sayılı idi.[1] <u>Ümmi bir insanın hanifler, hristiyanlar ve yahudilerin kitabi bilgilerini kulaktan duyup sentezleyerek onların alimleri ile münakaşaya girip galip gelmesi ve bu galebenin sonunda bir kısım hristiyan alimlerin iman etmesi, (örnek; Necran hristiyanları) aynı şekilde yahudi alimlerinin grup grup gelip en müşkil sorular sorup cevaplarını almaları mümkün müdür? Düşünce bakımından hanifler çok müphem ve dağınık vaziyetteydi.</u> Nitekim gerek eski ve gerekse çağdaş hiçbir araştırmacı bunların özel kanunlarını gerçek anlamda açıklayabilmiş ve inançlarını tanımlayabilmiş değildir. Hiç kimse bunların kainatın yaratıcısına ve öldükten sonra dirilişe ilişkin tasavvurlarını bilemiyor. Toplum üzerinde hemen hemen hiçbir etkileri görülmemektedir. Çok az sayıda bulunmaları ve halkın tamamının onların endişelerinden uzak olmaları bunu açıkça gösterir. Bunu İslam öncesi arap edebiyatında görmek mümkündür. Her sene toplanan Ukaz panayırında ve Kabe duvarına asılan Muallekat-ı Seb'a denilen en edebi şiirlerinde tek bir dini düşünceye rastlamak bile mümkün değildir.

Hanifler gerçek ve mukaddes bir dinin özlemini çekiyorlardı. Bu doğrudur. Ancak, bu din hakkında uzaktan da olsa Kur'an-ı Kerimin doktirinini müjdeleyebilecek hiçbir mefhuma veya ilmi donanıma sahip değillerdi. <u>Bunlar arasında azmi ve bağımsızlığı ile tanınan Zeyd b. Nufeyl bile Allah'a ne şekilde ibadet edileceği hususunda bir bilgisi olmadığını itiraf etmekteydi.</u>[2]

Haniflerin inançları özellikle de Allah'ın varlığı ve birliğiyle ilgili olanları oldukça kapalı ve belirsizdir. Bunlar toplu bir birlik halinde olmadıkları, davranışlarında da dini bir özellikten ziyade ahlaki bir hava ağır basmaktaydı. İnançları böylesine kararsız ve mübhem olan bir topluluğun hüküm ve icraatlarının açık, net, karışıklık ve kapalılıktan uzak ibadet ve muamelelerinde bütün insanlık için tanzim edilen öğreti ve hükümleri içeren Kuran-ı Kerim'in kaynaklarından olması mümkün değildir. Haniflerden bazıları ise, İslamiyete kılıç ve sözle karşı koymuşlardır. Bunların inançları Kuran'ın getirdiği ile aynı olsaydı elbette ki ona karşı koymazlardı. Hiçbir hanif Hz. Peygamberin İslamı onlardan öğrendiğine dair bir iddiada bulunmamıştır. <u>En azından onlardan bir tanesi "Muhammed'e inanmayın çünkü o bilgilerini bizden öğrenmiştir. Bizim kendisine öğrettiğimizi almış ve bir din haline getirmiştir." gibi bir söz etmemiştir. Özellikle Ümeyye b. Salt susmazdı. Çünkü kendisi bizzat peygamber olmak istediği için Hz. Peygambere iman etmek istememiştir.</u> Durum böyle iken, 1400 sene sonra birileri çıkıp (bütün tarihi ve mantıksal gerçeklerle zıtlaştığı halde) haniflerden alındığını iddia ediyorsa, bu kişilerin objektiflik ve gerçekçilikle bir ilgisinin olmadığı ve tamamen önceden kabullendikleri bir düşünceye destek bulmak için iddia ortaya attıkları açık olarak görülmektedir.

Haniflikte çok gayretli insanlar bulunuyordu fakat bunların hiçbiri çıkıpta peygamberlik iddiasında bulunmadı. Çünkü, <u>peygamberlik iddiası öyle kolay bir şey değildir. Peygamber olmayıp da bu iddiayı yapanlar maskara olmaktan kendilerini kurtaramazlar.</u> Tarihten ve tarafsız, doğru akli muhakemeden çıkan netice şudur ki, hakiki bir din tesis etmek yalnız ilim ve zeka ve maharetle yapılacak bir iş değildir. Bunu yapacak olan kişi dünyaya peygamber olarak doğuştan verilen bir özellikle gelir. Bu mukaddes vazifeyi yerine getirmek için gerekli fevkelade bazı özellik ve meziyetler ona Allah tarafından fıtri olarak verilir. Onun muallime hiç ihtiyacı yoktur. Onlarda fıtri olarak yorulmak ve usanmak bilmeyen ve başka hiç kimsede olmayan bir azm, gayret ve metanet vardır. Hiçbir yaptıklarına hiçbir dünyevi karşılık beklemezler ve Allahtan başka kimseden korkmazlar. Bütün bunlar Hz. Muhammed (s.a.v) de açık bir şekilde görülmektedir. (1)Neşet Çağatay, İslam Öncesi Arap Tarihi ve Cahiliyye Çağı (2)İbn-i Hişam Essiretü'n-Nebeviyye

Ümeyye Bin Ebi's-Salt'ı kaynak edindiği "ESKİLERİN MASALLARI" iddiası:

Ümeyye bin Ebi's-Salt cahiliyye döneminin Taifli bir şairiydi. Eski kitapları okur, rahib elbisesi giyer, içki ve putlardan sakınırdı. Şam'a ve Bahreyn'e gider gelirdi. İslam dini ortaya çıkıp Hz Muhammed'in peygamberliği haberi kendisine ulaşıncaya kadar orada kalmıştır. <u>Yeni dini haber alır almaz Mekke'ye dönmüş Rasulallahtan Kuran ayetleri dinlemiştir. Mekke halkı kendisine Hz. Muhammed hakkındaki görüşünü sorunca "**Kuşkusuz o hak üzeredir**" cevabını vermiştir. Fakat bizzat kendi ifadesi ile meseleyi iyice düşününceye kadar ertelemiştir. Daha sonra Şam'a gitmiş ve bir süre sonra müslümanlığını ilan etmek üzere Mekke'ye döndüğünde dayısının iki oğlunun kafir olarak Bedir'de müslümanlara karşı savaşırken öldürülmeleri onu bu düşünceden vaz geçirmiş ve ölümüne kadar taif de yaşamıştır.</u>* Ümeyye'nin şiirlerinde hikmetler, dini öğütler, cennet cehennem tavsifi gibi ilahi kitaplarda anlatılan hususların bulunması bunların Kuran'ın kaynağı olduğunu gösteren bir durum değildir. <u>Öncelikle, Hz. Muhammed hakkında herhangi bir şekilde şüphe uyandıran bir şey Ümeyye'ye ulaşmış olsaydı sükut etmez hemen söylerdi.</u> Hatta bu bizzat kendisine sorulduğunda "kuşkusuz o hak üzeredir" cevabını vermişti. Müslüman olmayışı ise yukarıdaki sebepten ya da nefsine ait başka bir sebeptendir. Çünkü, ondan başka da hakikatı fark edip, o bazı sebeplerden dolayı o hakikata tabi olmayan insanlar çıkıyordu.

Mekkeli müşrikler ise, Hz Peygamberin Mekke'de yaşayan hristiyanlar arasında bulunduğunu sandıkları bilgi kaynağını çok araştırdılar. Fakat Ümeyye ile ilgili en küçük bir iddia yapmadılar, Rum bir köle ile ilgili karalama niteliği taşıyan bir tek ithamdan başka bir suçlamada bulunamadılar. Halbuki cinlenmiş, kahin, büyücü, şair gibi ithamları yapmaktan çekinmiyorlardı. Bunları yapana kadar 1400 sene sonraki muhaliflerin tarihi kayıtlara uygun olmasa bile yaptıkları kurgular sayesinde gördükleri bir gerçeği!! nasıl göremeyip söylemediler.

*Zarikli A'lam, "Ümeyye b. Ebis-Salt" maddesi

Kur'anın kaynağı iddialarının geçersizliğinin ortak noktası nedir?

Bu iddiaların geçersizlğinin en önemli ortak noktası; o zamanın şiddetli muhalifleri olan Mekke müşriklerinin geçersizliği kanıtlanmış birçok iddiada bulunmalarına karşın, böyle bir iddiada bulunmamış olmalarıdır. Böyle bir durumun vukuu halinde, en önce bu iddiaya muhtaç olan onlardı. Hem de Hz Muhammed hayatını yanlarında geçirmişti. Hz Muhammed'in bütün islami ilimleri netice verecek kadar bir ilimi tahsil etmesi ve bunu yanıbaşındaki insanların görmemesi düşünülemezdi. Halbuki, asılsız ve karalama nitelikli ithamlar yapmaktan geri durmuyorlardı. Bunları yapana kadar şahidi oldukları böyle bir ithamdan niçin geri dursunlardı.

Bu iddiaların geçersizliğini gösteren diğer bir delil ise; kendisinden öğrenildiği iddia edilen kişilerin müslüman olmaları ya da olmamaları durumudur. Eğer müslüman olduysa zaten iddianın geçersizliği ortadadır. Kimse kendisinden öğrendikleri ile peygamberlik iddia eden birisine iman etmez. Müslüman olmadıysa buna en büyük tepkiyi onun vermesi gerekirdi. Fakat iddia edilen kişilerde en küçük bir tepki geldiğini tarih ve olayların gelişim süreci hiç bir şekilde göstermiyor.

Bütün bunlara rağmen, 1400 sene sonra bu konuda iddialar yapılıyorsa, bu iddialarda art niyetin hakim olduğunu anlamak zor değildir...İslam Tarihine "nereden saldırabilir, nerede hata bulabilir, nereden kafalarda istifham bırakabilirim?" mantığı ile yaklaşılan bu bakış açısı aslında sadece aciziyet ve yenilginin ifadesi, tezahürü olmaktadır...Müflis Yahudinin eski defterleri karıştırması iflasını engellemez !

ALTINCI MESELE:
HZ. PEYGAMBER'İN YAŞANTISINA DAİR DİĞER İNKARCI İFTİRALAR VE CEVAPLARI:

Evlilikleri ve Çok Eşliliği meselesi:

Malumdur ki, Hz. Peygamber, 25 yaşında iken 40 yaşındaki bir hanımla evlenmiş ve bu evlilik 25 yıl sürmüştür. 53 yaşından sonra, farklı aralıklarla çoğu dul ve sahipsiz olmakla birlikte 11 evlilik daha geçirmiştir. Hz. muhammedin gençliği şehvet yönüyle en kuvvetli zamanında kendisinden 15 yaş büyük olan biriyle evlenmesi ve sonraki evliliklerininde 53 yaşından sonra olması, evlenmeden önceki döneminde herhangi bir iffetsizliğine ve aşırılığa rastlanmaması ki, -küçük bir söylenti veyahutta emare mümkün olsaydı bile düşmanları tarafından bu çok kuvvetlendirilip gösterilecek olmasına rağmen- peygamber efendimizin şehvet amaçlı evlenmediğini kör gözlere dahi göstermeye yeteceği için burada bu kısa yazıyla yetinildi. Hz Peygamberin tüm hayatına bakıldığında yine, 40-50 yaşları arasında çok evlilik yaptığı düşünüldüğünde, bu yaşlarındaki şehvet kuvveti genç birisine göre çok azdır. Hem yine, evlenmesindeki bir hikmette dul kadınlarla da evlenilebilirdi ki, buradaki evlilik amacı da Ashab-ı Suffa olarak isimlendirilen eğitici kadın öğretmenler vasıtasıyla, islamı yaymak ve İslam ahlakını ümmetine öğretmektir.

Hz Peygamberin hayatına ilişkin diğer gelen itirazlara ve gerekçelerine ilişkin detaylı sualler ile bunlara ilişkin tam açıklamalı cevaplar (El-MURŞİD-ul NİSA –HANIMLAR İÇİN DİN REHBERİ-) isimli eserimizde bulunabilir olduğu için şimdilik ona havale ediyoruz..

KUR'AN HAKKINDA BATILI AYDINLARIN BAZI SÖZLERİ

Prof. Ernest Renan: 'Bu kitap, dini bir inkılap kadar, edebi bir inkılaba da işarettir'.

Rene Basset: 'Kur'an ebedi güzelliğin ezeli ve ebedi güzelliğin ezeli vs. ebedi timsalidir. Melekler de, insanlar da o mukaddes kitabın herhangi bir ayeti ayarında tek bir cümle bile yazmaktan acizdirler.'

Gustose Le Ban: 'Kur'an, insanlara zorla kabul ettirilmekten tamamen uzaktır. Ancak inanç ve kanaatle yeryüzüne yayılmıştır.'

Prof. Cement Huart: 'Bütün Kur'an'da konuşan yalnız Allah'tır. Peygamber ise yalnız vahyin tebliğine vasıta olmuştur.'

Prof. İ. Goldziher: 'Kur'an ismiyle bilinen ve Allah tarafından vahyedilmiş olan bu kitap, aynı zamanda bütün cihan edebiyatının bir abidesidir.'

Prof. Nathan Södenblom: 'Kur'an muayyen zamanlarda Hz-Muhammed (a.s.m) tebliğ edilmiş Allah kelamıdır.'

John Davenport: 'Bu Kur'an iledir ki, Hazreti Muhammed (a.s.m) Rasullüğünü doğrulamış, O'na bir nazire getirmekten aciz bırakmıştır.'

Bertram Thomas: 'Kur'an edebi üslübu da insanı vecde getiren bir güzelliktir.' diyor.

Prof. Regis Blachere: 'Arapça bilinmeyen avrupalı bir dinleyici bile bazı sureler okunurken heyecana gelmektedir. Dinleyicileri manevi bir tesir altında bırakır.'

Emile Dermenghem: "Kur'an, Hazreti Muhammedin (a.s.m) en büyük mucizesidir. Kur'an mucizedir ve eşsizdir der."

Arthur Pellegnin: 'Kur-an'ın mukaddes metni, hiç şüphesiz ki bütün fikir hareketlerinin ilham kaynağıdır.'

Prof. Armand Abed: 'En basit kinayelerine varıncaya kadar, bütün üslübu ilahi olduğu için, insan bu kitaba hayran olur.'

Will Durant: 'Kur'an saf ve sade ruhlara dünyada mevcut imanların en safını, en açığını; dini merasimi en sade alanını ve bilhassa putperestlik ve papazlıkla alakası olmayan şeklini teşkil etmiştir.'

Prof. Edouard Mantet: 'Bu din kitabının güzelliği göklere çıkarılacak derecededir.'

Prof. Jacgues C. Rister: 'Onun insanlara tesir kudretiyle manevi yüceliği, Hazret'i Muhammed'i (a.s.m) Allah'ın nuru ile azametine (büyüklüğüne) uymuş göstermektedir. Bunu hiç kimse inkar edemez.'

Prof. Guadefroy-Domomlaynes: 'O eşsiz Allah kelamının heyecan verici bir tarzda yükselmesi, ondaki kuvvet ise, kudretin dinleyeni sarması yegane mucizesi demektir. Rasulullah'ın peygamberliğinin doğruluğu da işte bununla sabittir.'

Raymand Charles: 'Öyle tasvirleri vardır ki, onların ahenkli seslerinden hasıl olan musikinin dokunaklı güzelliği insanların zihinlerini vahyin kabulüne hazır hale getirir.'

Dominigue Soundel: 'Kur'an'ın başlıca özelliği, edebi bakımdan taklidine imkan olmamasıdır, der.'

Jacgues Jamier: 'Kur'an üslubuna tercüme imkanı yoktur.'

Baswonth-Simith: 'Gerçekliğin hikmetin ve üslüp sadeliğin mucizesi' diyor.

Prens Bismarc: 'Ben kur'an'ı her bakımdan inceledim, her kelimesinde büyük bir hikmet gördüm.'

Corsel: "Kur'an, bütün insanlığın tılsımını çözmekten aciz kaldığı muazzam bir sır olarak yaşamaktadır."

Kont H. De Castri: "Kur'an, sonsuza dek bir mucizedir. Bu kutsal kitabın ta kendisi, kaynağının ilâhi olduğunu ispata kâfidir."

Sonuç olarak, Peygamber Efendimiz (S.A.V.) bir insandır. Kendisini hiçbir zaman Allah veya Tanrı yerine koymamıştır. Tüm yaptıkları ve söylediklerini Allah-u Teala'nın izniyle gerçekleştirmiştir. İslâm, her şeyiyle mantıklıdır. Allah'ın varlığını ispatlayan milyonlarca Tarihi, Astronomik, Fizik, Matematik, Biyolojik delil vardır. Hz. Muhammed (S.A.V.), Allah'a inanmayanları cehenneme gidecek kâfir olarak değil, Müslüman adayı olarak görmemizi öğütlemiştir. Lütfen, önyargılarımızı bırakalım ve düşünelim. O zaman, Hz. İbrahim gibi tek bir yaratıcının olduğunu bulabiliriz. Allah, bu yolda attığınız her adımı mübarek kılsın inşallah..

* * *

AMİN VE SELAMUN ALE-L MURSELİN VE-L HAMDÜLİLLAHİ RABB-İL ALEMİN

~ SON ~

NOTLAR:

www.ingramcontent.com/pod-product-compliance
Lightning Source LLC
LaVergne TN
LVHW040130080526
838202LV00042B/2856